U0567641

权威·前沿·原创

皮书系列为
"十二五""十三五""十四五"时期国家重点出版物出版专项规划项目

BLUE BOOK

智库成果出版与传播平台

四川蓝皮书

BLUE BOOK OF SICHUAN

四川农业农村发展报告（2023）

ANNUAL REPORT ON SICHUAN'S AGRICULTURE AND RURAL
DEVELOPMENT (2023)

建设"天府粮仓"

主　编／张克俊

副主编／庞　淼　甘庭宇

社会科学文献出版社
SOCIAL SCIENCES ACADEMIC PRESS（CHINA）

图书在版编目（CIP）数据

四川农业农村发展报告.2023／张克俊主编；庞淼，
甘庭宇副主编.--北京：社会科学文献出版社，2023.6
（四川蓝皮书）
ISBN 978-7-5228-1827-6

Ⅰ.①四…　Ⅱ.①张…　②庞…　③甘…　Ⅲ.①农业经
济发展-研究报告-四川-2023②农村经济发展-研究报
告-四川-2023　Ⅳ.①F327.71

中国国家版本馆 CIP 数据核字（2023）第 084685 号

四川蓝皮书
四川农业农村发展报告（2023）

主　　编／张克俊
副 主 编／庞　淼　甘庭宇

出 版 人／王利民
组稿编辑／邓泳红
责任编辑／吴　敏
责任印制／王京美

出　　　版／社会科学文献出版社·皮书出版分社（010）59367127
　　　　　　地址：北京市北三环中路甲 29 号院华龙大厦　邮编：100029
　　　　　　网址：www.ssap.com.cn
发　　　行／社会科学文献出版社（010）59367028
印　　　装／天津千鹤文化传播有限公司

规　　　格／开本：787mm×1092mm　1/16
　　　　　　印张：31　字数：466千字
版　　　次／2023 年 6 月第 1 版　2023 年 6 月第 1 次印刷
书　　　号／ISBN 978-7-5228-1827-6
定　　　价／158.00 元

读者服务电话：4008918866

四川蓝皮书编委会

主要编撰者简介

张克俊　四川省社会科学院农村发展研究所所长、研究员，《农村经济》杂志常务副主编，博士生导师，四川省学术技术带头人，享受国务院政府特殊津贴专家，四川省决策咨询委员会委员，四川省乡村振兴智库专家。主要从事农村改革发展研究，主持了国家社科基金重大项目"健全城乡发展一体化的要素平等交换体制机制研究"等多项国家级、省部级课题，在全国核心期刊发表学术论文近百篇，出版了《城乡经济社会一体化新格局战略研究》《健全城乡融合发展的要素平等交换体制机制研究》等多部学术专著，提供的调研和政策咨询报告30余份获得省部级领导肯定性批示。荣获四川省政府哲学社会科学优秀成果奖一等奖2项、二等奖4项、三等奖6项。

庞　淼　四川省社会科学院农村发展研究所研究员。主要研究方向为农村发展和生态建设。主持完成2项国家社科基金课题、1项人事部对海外留学人员科技活动择优资助优秀项目，主持和承担完成省部级和国外合作课题20余项。在全国核心期刊发表学术论文30余篇，编著出版6本中文专著、2本英文专著，若干政策建议获省委、省政府领导批示。

甘庭宇　四川省社会科学院农村发展研究所研究员。主要研究方向为乡村治理、自然资源利用与管理、生态保护与建设。近年来，承担国家和省部级项目6项，主持完成国际合作项目10余项。完成相关学术专著6

部，发表学术论文 20 余篇，多项政策建议获得省委、省政府领导批示。获四川省第十次社会科学优秀成果奖一等奖 1 项、三等奖 1 项，四川省科技进步奖三等奖 1 项。荣获四川省人民政府授予的"四川省优秀留学回国人员"称号。

前　言

　　2022 年，是党和国家事业发展进程中十分重要的一年，胜利召开了党的二十大，描绘了全面建设社会主义现代化国家的宏伟蓝图。面对风高浪急的国际环境和国内新冠疫情高发频发、多重困难叠加、多种风险交织的严峻形势，四川坚持以习近平新时代中国特色社会主义思想为指导，全面落实党的二十大精神，深入落实习近平总书记对四川工作系列重要指示精神，坚定把做好"三农"工作作为重中之重，认真抓好中央农村工作会议部署落实，牢牢守住保障国家粮食安全和不发生规模性返贫两条底线，扎实有序做好乡村发展、乡村建设、乡村治理重点工作，推动乡村振兴取得新进展、农业农村现代化迈出新步伐。2022 年四川第一产业增加值 5964.3 亿元，增长4.3%；粮食产量 715 亿斤，生猪出栏 6548.4 万头，蔬菜、水果、畜禽、水产品等重要农产品供应充足、价格稳定；乡村产业加快发展，新创建国家现代农业产业园 2 个、新认定省星级现代农业园区 92 个；农村居民人均可支配收入达到 18672 元，增长 6.2%；脱贫攻坚成果持续巩固，乡村建设、乡村治理等工作扎实推进，农村基础条件加快改善，农村改革不断深化，农村社会和谐稳定。

　　2023 年是全面贯彻党的二十大精神的开局之年，希望与挑战并存。四川做好 2023 年的"三农"工作，要坚持以习近平新时代中国特色社会主义思想为指导，全面贯彻落实党的二十大精神，深入学习贯彻习近平总书记关于"三农"工作的重要论述和对四川工作系列重要指示精神，坚持农业农村优先发展，坚持城乡融合发展，以建设新时代更高水平"天府粮仓"为

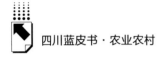

引领，坚决守牢确保粮食安全、防止规模性返贫、加强耕地保护等底线，扎实推进乡村产业发展，加快建设宜居宜业和美乡村，加快建设粮食安全和食物供给保障能力强、农业基础强、科技装备强、经营服务强、抗风险能力强、质量效益和竞争力强的农业强省。

四川蓝皮书《四川农业农村发展报告（2023）——建设"天府粮仓"》是在《四川农业农村发展报告（2022）——促进共同富裕》基础上的继续推进。本书以全面贯彻落实中央一号文件精神和四川省一号文件精神为主线，客观反映2022年四川农业农村发展总体状况和2023年基本走势。同时，重点反映四川在粮食安全新形势下，建设更高水平"天府粮仓"的科学内涵、实践路径和政策举措。本书由总报告、专题篇、案例篇三个部分组成，由以四川省社会科学院农村发展研究所为主的科研人员及研究生撰写完成。本书的写作得到了四川省发展和改革委员会、四川省农业农村厅、四川省自然资源厅、四川省统计局、四川省乡村振兴局、成都市农业农村局等有关部门的大力支持，编辑出版得到了社会科学文献出版社的大力支持。在此表示衷心感谢！

由于时间紧、资料准备不足，本书一定存在不少缺点和不足，敬请各位领导、专家学者和广大读者批评指正。

张克俊

2023 年 3 月 27 日

摘　要

　　《四川农业农村发展报告（2023）——建设"天府粮仓"》聚焦过去一年四川在建设"天府粮仓"中的经验做法及主要问题，展开深度专题研究，探讨四川乡村不同区域围绕建设"天府粮仓"的典型案例，是一本比较全面展示四川农业农村发展形势的年度研究报告。全书分为三个部分：第一部分为总报告，包括2022年四川农业农村发展形势和2023年展望、新时代建设更高水平的"天府粮仓"研究、基于大食物观的"天府粮仓"建设研究；第二部分为专题篇，围绕四川建设"天府粮仓"的相关专题展开研究，主要包括"天府粮仓"耕地保护的现状、难点与对策，四川现代种业发展的现状、问题及对策，加强农田水利设施推动"天府粮仓"建设，以农业科技创新支撑"天府粮仓"建设，农机装备提升助力打造更高水平的"天府粮仓"，四川新型粮食生产经营主体发展现状与对策建议，四川建设服务能力体系推动粮食生产规模化，四川现代粮食产业园区建设的现状、问题及对策，四川粮油加工与品牌建设研究，四川粮食储备流通体系的现状分析与效能提升，四川高标准农田建设的现状、难点与优化建议，四川数字农业发展现状、问题及对策，四川健全种粮农民收益保障机制研究；第三部分为案例篇，对四川乡村不同区域建设"天府粮仓"的典型案例进行分析，总结其成效和经验，包括攀枝花市米易县和成都市新津区等地建设"天府粮仓"的探索，以及高标准农田建设、打造特色粮油品牌、家庭农场发展、粮食储备能力提升、现代农业（粮食产业）园区建设、退苗还粮、集体经济助力"天府粮仓"建设、耕地"非粮化"治理、建设"天府粮仓""核

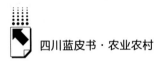

心区"、基本农田复合型保护助力粮食安全、农产品电子商务发展助力"天府粮仓"建设、宅基地"三权分置"改革助力耕地保护、打造更高水平"天府粮仓"丘区样本、撂荒地复耕复种的"三地共治"、丘陵地区整治撂荒等具有代表性的案例调查和分析。

关键词：　农业农村　四川　农民　"天府粮仓"

目 录 ↖

I 总报告

II 专题篇

Ⅲ 案例篇

皮书数据库阅读 **使用指南**

总 报 告

General Reports

B.1

四川农业农村发展：
2022年现状与2023年展望

四川省农业农村发展总报告课题组*

摘　要：　2022年"三农"工作扎实推进，在遭遇严重旱灾背景下四川农业生产能力凸显，粮食产量基本保持稳定，牢牢守住保障粮食安全的底线。本报告重点阐述了2022年四川省农业农村发展现状及在粮食生产压力下面临的挑战，同时以2023年中央、省委一号文件提出的全面推进乡村振兴、加快建设农业强国为指导，对

*　四川省农业农村发展总报告课题组成员：张克俊，四川省社会科学院农村发展研究所所长，研究员，主要研究方向为统筹城乡、农村经济；庞淼，四川省社会科学院农村发展研究所研究员，主要研究方向为农村发展和生态建设；虞洪，四川省社会科学院农村发展研究所副所长，研究员，主要研究方向为粮食安全和农村经济；吴思雨，四川省社会科学院农村发展研究所，主要研究方向为农业经济；杜婷婷，四川省社会科学院农村发展研究所，主要研究方向为农业经济；邹艳梅，四川省社会科学院农村发展研究所，主要研究方向为农业经济；张正霞，四川省社会科学院农村发展研究所，主要研究方向为农业经济；张歆，四川省社会科学院农村发展研究所，主要研究方向为农业经济；张依梦，四川省社会科学院农村发展研究所，主要研究方向为农业经济；何伊婷，四川省社会科学院农村发展研究所，主要研究方向为农业经济；陈静，四川省社会科学院农村发展研究所，主要研究方向为农业经济。

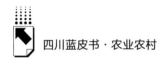

2023 年四川农业农村发展形势进行展望，围绕四川建设成农业强省积极打造更高水平的"天府粮仓"、推进现代农业产业体系建设、巩固拓展脱贫攻坚成果、千方百计促进农民收入增加、建设宜居宜业和美丽乡村、深化农村体制机制改革创新，以期实现四川农业农村发展高位提升。

关键词： 四川省　农业农村　乡村振兴

一　2022年四川农业农村发展现状

2022 年面对世所罕见、史所罕见的复杂形势和风险挑战，四川农业农村经济经受住了多重考验，实现高质量稳步增长，取得了超出预期的成效，稳住了基本盘，夯实了压舱石。2022 年第一产业增加值达到 5964.3 亿元，同比增长 4.3%；农村居民人均可支配收入达到 18672 元，同比增长 6.2%。

（一）农业生产总体保持稳定

2022 年四川省农业经济经受住了高温干旱、新冠疫情等严峻挑战，前三季度全省农林牧渔业总产值达到 7609.37 亿元，相比 2021 年前三季度增长 334.85 亿元，同比增长 4.6%，农业经济实现稳增长目标。

1.粮食产量基本保持稳定

2022 年四川受到高温干旱、新冠疫情等因素影响，全力保障粮食安全，严格落实粮食安全和耕地保护党政同责，坚持"藏粮于地、藏粮于技"，坚决遏制耕地"非农化"、严控"非粮化"。在播种面积上，全省全年粮食作物播种面积达到 9695.2 万亩，比 2021 年增加了 158.6 万亩，增长幅度是近十年来最大的一年。在粮食产量上，全年粮食总产量达到 3510.5 万吨，其中夏粮产量稳步增加，秋粮在遭受严重旱灾的影响下单产有所下降，但是通

表 1   2021 年和 2022 年第三季度四川省农林牧渔业总产值累计值对比

单位：亿元

项目	总产值累计值	
	2022 年第三季度	2021 年第三季度
农林牧渔业	7609.37	7274.52
其中：农业	4751.23	4315.42
林业	289.49	270.57
牧业	2134.10	2275.69
渔业	260.01	250.53

注：其中农林牧渔业总产值包括农林牧渔专业及辅助性活动产值。

资料来源：国家统计局，https：//data. stats. gov. cn/easyquery. htm？cn＝E0102。

过扩大播种面积、调整种植结构等方式，全省粮食总产量仍然稳定在 3500 万吨以上，体现出四川较好的粮食生产条件和更高的生产能力（见表 2）。

表 2   2021 年和 2022 年四川粮食播种面积和产量比较

年份	播种面积（万亩）	增速（%）	粮食产量（万吨）	增速（%）
2021	9536.6	0.7	3582.1	1.55
2022	9695.2	1.7	3510.5	−2.00

资料来源：《2021 年四川省国民经济和社会发展统计公报》《2022 年四川省国民经济和社会发展统计公报》。

2. 经济作物产量稳定增长

2022 年，全省油料产量达到 434.1 万吨，同比增长 4.2%，其中，油菜籽产量达到 354.1 万吨，同比增长 4.6%，油菜籽产量继续稳居全国第一；蔬菜及食用菌产量达到 5198.7 万吨，同比增长 2.9%；中草药材产量达到 64.0 万吨，同比增长 11.1%；茶叶产量达到 39.3 万吨，同比增长 4.8%；园林水果产量达到 1238.4 万吨，同比增长 7.3%（见表 3）。[①]

[①] 《2021 年四川省国民经济和社会发展统计公报》《2022 年四川省国民经济和社会发展统计公报》。

表3　2021年和2022年四川省经济作物产量

单位：万吨，%

经济作物	2021年产量	2022年产量	同比增长
油菜籽	338.66	354.1	4.6
蔬菜及食用菌	5050.4	5198.7	2.9
中草药材	57.6	64.0	11.1
茶叶	37.5	39.3	4.8
园林水果	1154.2	1238.4	7.3

资料来源：《2021年四川省国民经济和社会发展统计公报》《2022年四川省国民经济和社会发展统计公报》。

3. 畜牧业综合产能稳步提升

作为全国生猪养殖大省，四川省生猪产能持续提升，生猪出栏数量连续四年保持增加，2022年生猪出栏达到6548.4万头，同比增长3.7%；四川也是全国重要的牛羊生产基地，2022年牛出栏达到306.0万头，同比增长4.4%；羊出栏达到1792.7万只，同比增长1.5%；家禽出栏达到78087.1万只，同比增长0.8%（见表4）。四川省畜牧业综合生产能力的不断提升对保障肉食品有效供给起到了举足轻重的作用。

表4　2019~2022年四川省生猪、牛、羊、家禽出栏量

单位：万头，万只

畜牧业	2019年	2020年	2021年	2022年
生猪	4852.61	5614.36	6314.8	6548.4
牛	291.66	296.44	293.1	306.0
羊	1780.20	1792.10	1766.2	1792.7
家禽	78756.59	77444.49	77467.3	78087.1

资料来源：《四川统计年鉴2021》《2021年四川省国民经济和社会发展统计公报》《2022年四川省国民经济和社会发展统计公报》。

4. 推进特色渔业持续发展

四川省 2022 年水产养殖面积达到 285 万亩，同比减少 0.2%，但是水产品产量达到 172.1 万吨，同比增长 3.4%，渔业经济总产值达到 685 亿元以上，水产养殖能力提高，经济成效显著。同时，四川省为加快推进渔业转型升级，一方面，推进特色渔业产业发展。持续推进以稻鱼综合种养为主导的"鱼米之乡"和水产现代农业园区建设，促进特色水产品出口，推动特色渔业全产业链发展，增强水产品的出口优势。[①] 另一方面，继续开展长江"十年禁捕"工作。通过健全禁捕管理机制、加强禁捕执法监管、加强禁捕宣传等方式严格落实四川省长江流域重点水域禁捕工作。

（二）持续巩固拓展脱贫攻坚成果同乡村振兴有效衔接

一是筑牢不发生规模性返贫防线。防止返贫监测帮扶是巩固脱贫成果的前提和关键。四川严格落实"四个不摘"，提高全省返贫对象的监测收入标准，并且实施有针对性的帮扶工作。省内部分地方开展监测帮扶的网格化管理探索和实践，例如，绵阳市北川县建立"四线预警"机制。网格员定期走访辖区农户，开展监测数据收集、汇总分析、调查核实等工作，及时精准了解脱贫群众收入、"三保障"等变化情况和需求。[②] 二是落实易地搬迁后续扶持工作。为实现"稳得住、能致富"目标，四川坚持把产业兴旺作为首要任务。2022 年全省在 3000 人以上大型安置点配套建设产业园区和帮扶车间 22 个，实施后扶产业项目 280 个。协作帮扶方面，新增浙江来川投资企业 590 家，实际投资 489.7 亿元；省内对口帮扶实施项目 929 个，3.4 万名驻村第一书记和驻村干部坚守一线。[③] 三是增强脱贫地区和脱贫群众内生发展动力。2022 年四川坚持稳岗就业、产业帮扶、消费帮扶综合发力，全省中央衔接资金用于产业帮扶占比达到 56.71%，全年脱贫劳动力务工就业

---

① 《四川省农业农村厅关于印发〈2022 年全省渔业渔政工作要点〉的通知》，2022 年 3 月 14 日。

② 文露敏：《四川多管齐下　让脱贫成果更巩固　让乡村发展更美好》，《四川日报》2022 年 12 月 7 日。

③ 燕巧：《"衔接"即将过半　关键之年有何关键之举》，《四川日报》2023 年 2 月 8 日。

规模达 232.22 万人，同比增长 2.68%；全省脱贫户家庭年人均纯收入 12631 元，增速达 14.2%，高于全省农村居民人均可支配收入增速。①

（三）现代农业发展势头强劲

1. 逐步打造新时代更高水平的"天府粮仓"

四川作为全国 13 个粮食主产区之一、西部地区唯一的粮食主产省，肩负着耕地红线坚守和粮食安全保障任务，新时代打造更高水平的"天府粮仓"也是推进四川农业现代化、加快建设农业强省的抓手。从稳定增加主要农产品供给和确保"良田粮用"实现粮食生产提质增效等方面建设能装粮的"天府粮仓"。一是增加粮食播种面积。2022 年粮食播种面积比上一年增加了 158.6 万亩，完成新增大豆玉米带状复合种植面积达到 375.4 万亩、超目标 65.4 万亩，为国家粮油安全做出贡献。二是继续建设高标准农田。2022 年四川省各级财政部门把高标准农田建设放在更加突出的位置，创新政策机制，夯实财政保障，共投入资金 146.42 亿元，建成高标准农田 487.16 万亩、高效节水灌溉面积 53.97 万亩。三是全省范围内扎实推进撂荒地整治工作。把片区乡村规划编制和整治撂荒地工作结合在一起开展，大力改善农业生产条件。培育壮大新型农业经营主体，四川省财政厅、农业农村厅下达 2022 年中央财政农业生产发展资金 1 亿元支持新型农业经营主体开展撂荒耕地复耕工作。切实调动农民种粮积极性，建立健全督导考核机制，做到应种尽种。

2. 加速推进数字农业建设

随着新一代数字技术蓬勃发展，新兴技术推动现代化新农村建设成为助力乡村振兴的重要手段。2022 年是实施《数字乡村发展行动计划（2022—2025 年）》的开局之年，在数字化赋能下，四川农业建设迈上了新台阶。一是四川省国家级数字农业试点项目数量位居前列。以园区建设引领现代农

---

① 《2022 年四川守住不发生规模性返贫底线　全省脱贫户家庭年人均纯收入达 12631 元》，http://www.moa.gov.cn/xw/qg/202301/t20230131_6419557.htm，2023 年 1 月 31 日。

业高质量发展，现代农业园区建设梯次推进，截至 2022 年已创建国家级园区 15 个、省星级园区 107 个，获批国家农业科技园区 2 个，"川字号"优势特色农业加快发展。① 二是加快数字化基础设施建设。在农村地区加强数字网络、云计算等新型基础设施建设，积极拓展线上消费，完善物流配送网络，扩大农村电商覆盖面。

3. 农业科技创新强化

四川省是全国排名前列的育种制种基地，杂交水稻、生猪育种水平均全国领先，杂交油菜制种面积居全国第一，全省有农业领域国家创新平台 4 家、省级 129 家；国家农业科技园区 11 家、省级 43 家；科研机构 105 家、高校 17 所；农技人员 5.8 万名，② 农业科技创新主体丰富。2022 年，四川省农业科技创新发展迅速。全省主推了 125 项农业技术，分别属于粮油作物、特色产业、农业机械与加工、绿色防控、健康养殖、资源环境六类农业技术，引导全省的农业生产者使用和推广先进的农业技术，以科技支撑农业高质量发展，达到节约农业生产成本、提高产品质量、增加农民收入的效果。

4. 新型经营主体规模不断壮大

2022 年四川省新型农业经营主体数量持续增加，新增省级重点龙头企业 98 家，持续新增农民合作社质量提升试点县，农民合作社发展质量明显提升。2022 年全省录入全国家庭农场名录系统的农场已经超过 20 万家，数量居全国第 5 位。以成都市为例，据成都市统计局数据，成都市家庭农场数量超过 10000 家，是推进农产品销售的中坚力量，同时龙头企业的带动效应不断增强，形成了龙头企业引领、多元主体发力、农户广泛参与的格局。其中，成都市的龙头企业不断发展壮大，市级以上农业产业化龙头企业达到 445 家，国家级龙头企业达到 30 家。

---

① 黄强：《2023 年四川省人民政府工作报告》，《四川日报》2023 年 1 月 20 日。
② 《建设新时代更高水平"天府粮仓"行动方案》，http://nynct.sc.gov.cn/nynct/c100656/2023/2/9/050aa165b1754dceb7fb3f4c9217e528.shtml，2023 年 2 月 9 日。

（四）持续深化农业农村改革

1. 农村集体产权制度改革深入推进

农村集体经济组织具有特别法人身份，其发展壮大可以带动成员增收，并在一定程度上促进共同富裕。借助历时5年的农村集体产权制度改革，全省新型农村集体经济发展驶入"快车道"，为了保障改革基础稳定，2022年全省全面贯彻《四川省农村集体经济组织条例》，组织开展农村集体产权制度改革"回头看，回头查"，[①] 对清产核资、集体经济组织规范建立以及成员身份确认等进行查漏补缺，巩固拓展改革成果。同时，建立集体经济组织运行风控机制，持续为农村集体经济组织赋能，2022年新增扶持村1292个，每个村补助100万元，专项用于支持发展壮大新型农村集体经济。[②]

2. 农村土地制度改革不断深化

2022年，全省积极推进农村承包地"三权分置"，重点开展第二批省级第二轮土地承包到期后再延长30年试点工作和农村宅基地制度改革试点等工作。稳妥扩大省级延包试点范围，以整县、整乡、整村和若干组等不同方式稳步推进试点。一方面，推进承包地经营权合理有序流转。土地集中连片经营有助于农业高效生产，在不改变土地承包权的前提下，以多种形式实现土地的"三权分置"，调动农民生产积极性。另一方面，加强农村闲置宅基地的利用。鼓励村集体经济组织或者成员积极盘活闲置宅基地，通过出租、入股发展新产业等多种方式促进农民增收。

3. 持续做好"两项改革""后半篇"文章

2022年，四川省继续推进"两项改革"基础性改革，即乡镇行政区划和村级建制调整改革，主要从三个方面予以推进：一是做好片区规划编制工作，健全工作机制，加强统筹调度，以片区为单元编制乡村国土空间规划，2022年完成全省2/3的乡镇级片区国土空间总体规划编制任务。二是优化

---

① 史晓露：《四川农村改革将聚焦这些重点事项》，《四川日报》2022年7月18日。
② 《2022年省委一号文件新闻发布会》，https://www.sc.gov.cn/10462/10705/10707/2022/3/14/e1d9138d12fb43b195869bdb269ba7df.shtml，2022年3月14日。

片区资源配置，围绕片区功能定位优化布局、配置资源，构建一体化、高质量发展的镇村体系。三是推动"两项改革""后半篇"文章"四大任务"的细化落地，推动产生更强综合效应，释放更大改革红利，推动"两项改革""后半篇"文章乘势而上、行稳致远，以改革新成效推动新时代治蜀兴川再上新台阶。

（五）深入实施和美乡村建设

1. 加快农村基础设施建设

2022年四川省继续开展农村基础设施建设，让农村更宜居、更美丽。在房屋改造上，为了确保房屋安全和改善人居环境，改造了农村危房1.8万户；在农村道路提质扩面上，发展乡村客运"金通工程"达到2.7万辆、8421条线路，居全国第1位；在升级改造农村电网上，截至2022年9月28日，四川通信行业已在全省2642个乡镇建成"双千兆"网络设施，实现所有乡镇5G及千兆光网100%通达。[①] 在水利建设上，积极修建水利工程，投入水利建设资金达1603亿元，已经建成毗河供水一期、武引二期灌区等48个大中型工程，开工建设向家坝灌区一期、亭子口灌区一期等24个大中型工程，新增蓄引提水能力20.2亿立方米，新增控制灌溉面积1054万亩。[②]

2. 农村人居环境治理持续改善

2022年是四川省建设"美丽四川·宜居乡村"五年行动的第二年，一是在农村生活垃圾上，因地制宜地推进农村生活垃圾分类减量。二是在生活生产污水上，全省65%左右的行政村实现有效治理。三是推行厕所革命，全省基于8.6亿元的中央资金支持，进行20个市（州）159个县（市、区）2329个村的"农村厕所革命整村推进示范村"建设，完成2329个村64.5万户卫生厕所新（改）建任务。[③] 四是在畜禽粪污资源化利用上，全省各

---

① 唐泽文：《四川实现所有乡镇"双千兆"网络100%通达》，《四川日报》2022年10月7日。

② 黄强：《2023年四川省人民政府工作报告》，《四川日报》2023年1月20日。

③ 《四川今年已新（改）建农村卫生厕所57万户》，https：//www.sc.gov.cn/10462/10464/10797/2022/10/31/fa7152f25aa545ac9cdb81bca485a935.shtml，2022年10月31日。

地区通过标准化养殖场、推广技术培训会、试点县先行探索等多种方式加强资源利用。五是四川省进行村庄清洁行动且成效突出，全省有 5 个地区被评为 2022 年度全国村庄清洁行动先进县，分别是成都市龙泉驿区、泸州市古蔺县、乐山市沙湾区、雅安市荥经县、阿坝藏族羌族自治州汶川县。

（六）农民生活明显改善

1.农村居民人均可支配收入持续增加

一方面，居民收入持续增加。2022 年四川省城镇居民和农村居民人均可支配收入分别达到 43233 元和 18672 元，与 2021 年相比分别增加 1789 元和 1097 元，扣除价格因素实际同比增长 2.2% 和 4.4%，农村居民人均可支配收入的实际增速比城镇居民高出 2.2 个百分点。另一方面，城乡收入差距持续缩小，2019~2022 年从 2.46：1 下降到 2.32：1（见表 5）。

表 5　2019~2022 年四川省人均可支配收入情况

单位：元

年份	城镇居民人均可支配收入	农村居民人均可支配收入	城乡居民收入比
2019	36154	14670	2.46：1
2020	38253	15929	2.40：1
2021	41444	17575	2.36：1
2022	43233	18672	2.32：1

资料来源：历年《四川省国民经济和社会发展统计公报》。

2.农村居民收入结构多元

2022 年农村居民人均工资性收入达到 5844 元，比 2021 年增加 330 元，占总收入的 31%；经营净收入达到 7045 元，比 2021 年增加 394 元，占总收入的 38%；财产净收入达到 628 元，比 2021 年增加 41 元，占总收入的 3%；转移净收入达到 5156 元，比 2021 年增加 333 元，占总收入的 28%（见表 6）。

表6   2019~2022 年四川省农村居民收入结构

单位：元

项目	2019 年	2020 年	2021 年	2022 年
人均可支配收入	14670	15929	17575	18672
工资性收入	4662	4978	5514	5844
经营净收入	5641	6152	6651	7045
财产净收入	456	510	587	628
转移净收入	3910	4289	4823	5156

资料来源：《四川统计年鉴2021》《2021年四川省国民经济和社会发展统计公报》《2022年四川省国民经济和社会发展统计公报》。

3.农村消费支出增加

四川省农村居民生活改善，消费支出明显增加。2022年农村居民人均消费支出17199元，较2021年增加755元，扣除价格因素实际增长2.7%，而城镇居民人均生活消费支出为27637元，较2021年增加666元，扣除价格因素实际仅增长0.4%，① 数据表明，农村居民消费结构中刚性需求占比较高，受疫情影响相对较小，恢复程度较好。

二   存在的主要问题与挑战

2022年是四川经受考验最多、挑战最大的一年，新冠疫情高发频发，又遭遇高温干旱，对农业生产造成了一定的影响，同时全省农村经济社会发展中还面临不少困难，主要有农产品精深加工水平不高、农村劳动力数量和质量下降、农业农村数字化建设滞后和农产品质量安全保障亟待加强等。

（一）农业生产受极端气候影响严重

2022年，四川遭遇严重干旱灾害，给农业生产带来了前所未有的压力，

---

① 《2022年全省居民人均可支配收入30679元   较上年实际增长3.4%》，https：//www.sc.gov.cn/10462/10464/10797/2023/1/18/2ececd8c9ba24ef58576fb50b3d9463c.shtml，2023年1月18日。

粮食生产不同程度受到影响，虽然针对农业生产通过积极采取抗旱保灌、补种改种、晚秋补歉等措施挽回粮食生产损失12.8亿斤，[①] 但干旱仍对夏大豆、夏玉米造成了较大的减产，秋粮单产水平下降。2022年，四川粮食综合单产为362.1公斤/亩，同比下降3.6%，其中水稻单产520.2公斤/亩，同比下降2.0%；玉米单产376公斤/亩，同比下降3.8%；豆类单产139公斤/亩，同比下降10.6%；薯类单产285公斤/亩，同比下降2.2%（见表7）。[②]

表7　2021年和2022年秋粮单产数量变化

单位：公斤/亩，%

秋粮品种	2021年单产	2022年单产	同比下降
水稻	530.8	520.2	2.0
玉米	390.9	376	3.8
豆类	155.5	139	10.6
薯类	291.4	285	2.2

资料来源：《2022年四川民生调查数据》，四川新闻网，2023年1月17日。

（二）农村劳动力数量和质量下降

《中国乡村振兴综合调查研究报告2021》显示，全国人口中60岁及以上人口的比重达到了20.04%，65岁及以上人口的比重达到了13.82%，完全达到了"老龄化社会"的标准。[③] 随着农村人口尤其是青壮年劳动力的持续外流，农村劳动力短缺问题加剧，解决"谁来种地"的问题愈发迫切。四川是人口大省，也是劳务输出大省，外出务工的农村劳动力常年保持在2600万人左右，占全国农民工的近1/10。2022年，四川省外出务工农民工接近2630万人，农村地区的人口老龄化程度远超全国平均水平，给全面推进乡村振兴和保障粮食安全带来潜在隐患。[④]

---

① 黄强：《2023年四川省人民政府工作报告》，《四川日报》2023年1月20日。
② 《2022年四川民生调查数据》，四川新闻网，2023年1月17日。
③ 魏后凯主编《中国乡村振兴综合调查研究报告2021》，中国社会科学出版社，2022。
④ 杜铠兵：《出发！600余名川籍农民工乘坐免费专列返岗》，《四川农村日报》2023年2月1日。

（三）农产品精深加工水平不高

2022 年以来，全省农产品加工产业发展取得了新成效，产业规模持续扩大，"天府菜油"等品牌的影响力不断提升，但是在农产品精深加工方面还存在农产品加工技术落后、农产品精深加工层次低、融合发展水平不高等问题，导致农产品精深加工水平不高。虽然全省粮食、油料和生猪等农产品产量在全国名列前茅，但其加工比重小，精深加工占比更小，特色农业的精深加工能力亟待提升。

（四）农产品质量安全保障亟待加强

农药肥料、饲料兽药以及种子质量对于保障农产品质量安全而言至关重要。从农药来看，2022 年四川省农药质量专项监督抽查和农药市场监督抽查结果表明合格率分别为 98.4% 和 96%。从肥料来看，2022 年监督抽查的 300 个肥料产品中，合格产品仅有 270 个批次，合格率 90%。从饲料兽药来看，2022 年共抽取饲料样品 1460 批次，合格率 99.2%；抽取兽药样品 673 批次，合格率 99.3%，虽然饲料样品和兽药样品合格率较高，但实际监督管理中发现仍然存在无证经营兽药、售卖假兽药、不合格饲料等诸多问题。从种子质量来看，2022 年四川省种子领域侵权假冒伪劣等违法行为突出，有关部门累计办理种子违法案件 231 件，主要存在种子真实性和纯度不合格等问题。

（五）农业农村数字化建设滞后

四川省农业农村数字化建设在局部区域和部分领域取得了一定的成绩，但总体仍处于起步阶段，发展水平较低，还未形成成熟的、可供推广的经验和模式。一是基层管理中的数字化应用相对滞后。管理平台功能单一，村民基础信息、土地资源基础信息、生产经营基础信息等农业信息较为零散且有效利用率不高，基层信息共建共享机制欠缺，统筹协调及任务分工存在阻碍。二是四川省"三农"信息技术的普及度和覆盖率仍然偏低，导致发展进程相对缓慢。三是省内部分地区在物联网设备、软件平台开发等方面的投入较大，后期维护和更新费用也相应较大。四是人才队伍建设和储备不足。在农业农村数字化建设过程中，从业人员发挥着重要作用，而部分农民关于数字化赋能的认知不足，外加农村青年劳动力不断外流，既擅长农业生产技术又熟知信息化知识的复合型人才缺乏。

三　2023年四川农业农村发展形势预测与展望

2023年是全面贯彻党的二十大精神的开局之年，也是实施"十四五"规划承上启下的关键之年。2023年中央一号文件《中共中央 国务院关于做好2023年全面推进乡村振兴重点工作的意见》，是党中央连续二十年聚焦"三农"问题的重要举措。习近平总书记在中央农村工作会议上明确提出，全面推进乡村振兴、加快建设农业强国。在新的历史时期，四川省将全面贯彻落实党中央决策部署，坚持农业农村优先发展，加快建设农业强省，以农业农村的高质量发展不断夯实四川现代化建设的根基。

（一）发展机遇

1. 疫情防控进入新阶段，经济环境恢复向好

2023年1月8日，新冠病毒感染由"乙类甲管"调整为"乙类乙管"，这是全社会复工复产、经济恢复向好的基础，有利于进一步扩大内需、深入实施一揽子经济财政政策。2022年第四季度以来，四川全力以赴拼经济、搞建设、抢进度、补损失，全省主要经济指标快速回升，走出了一条坚韧的"V"形曲线。

我国疫情防控进入新阶段，四川将延续2022年底的经济复苏态势，全面恢复经济社会环境，助力农业农村发展。

2. 进一步融入国家战略，全省经济格局发生变化

随着国务院批准成都建设践行新发展理念的公园城市示范区、国家批复

实施成都都市圈发展规划，以及成渝地区双城经济圈成为全国第一个区域科技创新中心，成渝地区双城经济圈建设成势见效，积极打造全国经济"第四极"，提升四川经济在全国经济大格局中的发展位势；成德眉资同城化发展得到实质推进，毗邻地区的融合发展和平台建设进一步深入，川南一体化发展成效明显，川东北振兴发展水平稳步提升。

（二）面临的挑战

当前我国经济发展面临诸多不确定性因素，发展不平衡不充分问题仍然突出，推进高质量发展还面临很多障碍，粮食安全压力大、农民就业难、农业资金和人才匮乏、品牌建设滞后等问题仍然突出，四川由农业大省转向农业强省建设、推动农业高质量发展、实现乡村全面振兴仍有不小的难度。

1. 粮食安全的持续保障压力大

2023 年解决粮食危机是全球发展的首要任务。俄乌冲突造成全球粮食和能源供应紧张，给全球粮食安全带来隐患，也凸显了"中国碗装中国粮"的意义重大。我国粮食安全的责任要落实到重点产粮区，四川作为西部地区唯一粮食主产省，其粮食生产对确保全国实现粮食安全目标具有全局性意义。耕地是保障粮食安全的主要载体，目前四川省耕地资源紧缺，耕地质量和自然禀赋总体不足。国土"三调"数据显示，全省耕地面积为 7840.75 万亩，"二调"后十年间减少了 2239.25 万亩，减幅达 22.21%，比全国减幅高出 16.65 个百分点。按农村户籍人口计算，全省人均耕地面积仅 1.36 亩，按常住人口计算，人均耕地面积为 2.10 亩，均大幅低于全国平均水平，持续保障粮食安全的压力较大。

2. 农民工就业问题突出

受疫情影响，大量制造业企业裁员且面临关停风险，订单大幅减少，外资劳动密集型企业向劳动力更为廉价的东南亚等地区转移，导致国内就业岗位减少，外出务工人员失业率有所增加。2022 年国家统计局数据显示，全国城镇调查失业率为 5.5%，以农民工为主，多从事建筑、批发零售等行业，就业稳定性相对较差。2022年四川民生调查数据显示，全年城镇调查失业率均值为5.7%，较上年有所上升。农民工就业状况与过去几年城乡消费市场的持续低迷、企业经营困难、就业岗位不足有很大关系，直接关系到农民的务工收入和增收渠道的扩展，需要稳步发展量大面广的传统制造业，发展能吸纳更多农村劳动力就业的产业。

3. 农业人才和资金对农业生产支撑较弱

一方面，农村科技创新人才匮乏。农村缺乏能够支撑现代农业发展且具有较高技能的劳动者，多数农民科技文化素质不高，对于应用新型实用技术存在一定困难。另一方面，农村科技创新缺乏资金支持。农业科技投入不足，农业科技创新基础条件薄弱，缺少必要的仪器设备，加之资金监管机制欠完善，科技创新资金难以满足实际需求，导致农业科技不能较好地支撑农业生产。

4. 农产品品牌建设较为滞后

四川省在从农业大省向农业强省转型的过程中，在打造"川"字号农产品特色品牌、提升品牌知晓度等方面存在诸多瓶颈，如农业生产品牌意识薄弱，市场竞争力弱，产品辨识度较低；品牌附加值小；品牌稳定性差，制约了农产品规模化扩容；国际品牌缺乏，品牌文化挖掘、研究和推广不足，使得整体效益没有得到充分发挥等。四川在擦亮农产品金字招牌的过程中，仍需要加强政策支持，不断提升"川"字号农产品的竞争力和影响力。

（三）2023年预测与展望

2023年是建设农业强国的关键之年。四川省全面贯彻落实党中央决策部署，推进建设农业强省，继续发挥农业"压舱石"的作用，保障粮食和重要农产品的稳定供给；实施种业行动；加快特色产业品牌建设；提升农机装备水平；延伸产业链，建设农产品冷链物流体系；开展生态环境治理；推进宜居宜业和美乡村示范建设；加快推进县域城乡融合发展；加快构建新型农业经营体系，助力农业全面升级、农村全面进步、农民全面发展。

1. 农业继续发挥"压舱石"的作用

2023 年全国粮食持续实现增收，是保障国内粮食安全和经济复苏的基础。四川省农业生产稳步有序，2022 年农林牧渔业总产值突破 6000 亿元，占全年地区生产总值的 10.8%，为稳定四川省经济社会发展大局提供了有力支撑。随着四川省经济进一步复苏，农业的"压舱石"作用持续凸显（见图 1）。

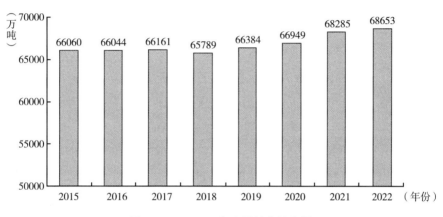

图 1 2015～2022 年全国粮食总产量

一是建设高标准农田，打造更高水平的"天府粮仓"。截至 2022 年，四川省累计建成高标准农田 5400 余万亩，2023 年四川将完成 425 万亩高标准农田新建和改造提升，[1] 预计 2023～2030 年全省累计改造提升 1600 万亩。[2] 加大高标准农田建设的激励力度，落实中央和省、市、县财政补助资金每亩不低于 3000 元的要求，确保粮食播面稳定在 9500 万亩以上。稳步扩种大豆油料，扩种油菜 180 万亩。[3] 预计 2027 年四川省粮食产量提高到 730 亿斤以上。加快启动农田建设立法工作，力争 2023 年出台并施行，用法治守护"天府良田"。二是稳定"菜篮子"供给。落实"菜篮子"市长负责制。加快生猪生产现代化，提升养殖标准化水平，确保生猪出栏稳定在

---

① 《四川将加快建设新时代更高水平"天府粮仓"》，中国新闻网，2023 年 2 月 8 日。
② 《打造新时代更高水平的"天府粮仓"——建设高标准农田"打头阵"》，《四川日报》2023 年 2 月 8 日。
③ 黄强：《2023 年四川省人民政府工作报告》，《四川日报》2023 年 1 月 20 日。

6000 万头以上。① 建立重要农产品市场预警机制，稳定重要农产品生产供给。

2. 种业建圈强链行动继续加力

2023 年四川将继续实施种业建圈强链行动，增强种业产业生态集聚力、产业链建构力、高端要素运筹力。预计 2023 年建成邛崃天府现代种业园，聚焦"种源保护利用—商业研发转化—规模生产推广"全产业链发展。打造 10 万平方米高品质种业科创空间，搭建"一库一院五中心"等重大功能平台。建成后可保存西南特色种质资源 180 万余份，其中植物种质资源 45.4 万份、食用菌种质资源 5 万份、水产种质资源 26 万剂、畜禽种质资源 105.2 万剂，促进四川乃至西南地区的种质资源保护，为推进现代种业育种创新、保障粮食安全提供种源保障。继续强化科研机构、企业及农业经营主体之间的合作，推进种源农业核心技术攻关、加快良种培育和市场推广。

3. "川"字号特色产业品牌建设持续推动

2023 年是"川"字号优势特色农产品品牌加快发展的一年。四川将以品牌打造为抓手，集中打造"天府粮仓"区域公共品牌。2023 年全省将选育 50 家"链主"龙头企业，引领 50 条产业链补短延链，培育 100 个"川"字号特色农产品品牌，提高农业综合效益和竞争力。② 发展壮大现代农业产业园，2023 年四川将新认定或晋级 60 个以上省星级园区、100 个以上市级园区，争创 2 个国家现代农业产业园，新培育 10 个以上全产业链发展的现代农业产业集群、60 个国家级和省级农业产业强镇，做大做强做优"川"字号特色产业。③

4. 农机装备水平逐步提升

加快推进农机装备数字化，实施农机购置补贴政策，以科技引领助力农业现代化。2023 年四川省已下达农机购置与应用补贴资金 4.2 亿元，支持购置使用先进适用农业机械，加快各地耕地整备进度。同时，安排资金 1.6

---

① 黄强：《2023 年四川省人民政府工作报告》，《四川日报》2023 年 1 月 20 日。

② http://nynct.sc.gov.cn/nynct/c100630/2023/3/17/eff59fc594c641c89a 6ddc40e2983763. shtml.

③ 黄强：《2023 年四川省人民政府工作报告》，《四川日报》2023 年 1 月 20 日。

亿元，聚焦水稻、小麦、玉米三大主粮紧缺机械，开展农机研发、制造、推广和应用一体化试点，着力补齐大中型农用机械的高端智能化和丘陵山区农用机械的先进适用化短板。到 2025 年，适应农业农村现代化需要的农机装备产品和技术供给基本满足，全省主要农作物耕种收综合机械化率达到70%以上，其中丘陵山区达到 55% 以上。① 薄弱环节机械化全面突破，其中马铃薯种植、收获机械化率均达到 45%，油菜种植、收获机械化率分别达到 50% 和 60%。按规定将创建 1000 亩以上全程全面机械化示范区（基地）300 个、示范县（市、区）60 个。② 建成"全程机械化+综合农事"综合服务中心 100 个。

5. 农产品冷链物流体系加快推进

2023 年将聚焦农产品"最后一公里"，围绕服务产地农产品集散和完善销地冷链物流网络，推进产销冷链集配中心建设，形成高效衔接农产品产销的冷链物流通道网络。实施县域商业建设行动，完善农村商业体系，改造提升县城连锁商超和物流配送中心，支持有条件的乡镇建设商贸中心改造提升为乡镇快递物流站点，发展新型乡村便利店。到 2025 年，四川县城综合商贸服务中心数量不少于 400 个，乡镇商贸站数量不少于 2200 个，新设和升级改造村级商业网点不少于 10000 个，每个行政村原则上应至少有 1 家农村便利店。③

6. 生态环境治理有效开展

2023 年四川省将继续推动全省生态环境质量改善，加快建设美丽四川。加强成都平原、川南、川东北地区大气污染治理联防联控，协同推进PM2.5 和臭氧防控。强化农用地、工矿用地和建设用地管理。深化饮用水水源保护，持续推进工业污染深度治理和农业面源污染防治，有效改善水生

① https://www.sc.gov.cn/10462/10464/13298/13299/2019/9/6/4bee79288 f5c4a70a9d525c00efffe4f.shtml? time=0.5666999678133997.
② https://www.sc.gov.cn/10462/10464/13298/13299/2019/9/6/791a3191b c3b4f00960937f262a23f8b.shtml.
③《四川建设县域商业体系，到 2025 年便利店覆盖每一个行政村》，《红星新闻》2022 年 4 月 16 日。

态环境。预计 2023 年底，全省城市空气质量优良天数比例力争达到 90%，全省细颗粒物（PM2.5）年均浓度控制在 32 微克/米³ 以内，单位地区生产总值二氧化碳排放较 2021 年下降 8% 左右；全省国考断面水质达标率力争达到 95% 以上，重点河湖生态流量保障目标满足程度达到 90% 以上，建成一批"美丽河湖"；70% 的行政村农村生活污水得到有效治理；受污染耕地安全利用率和污染地块安全利用率均将达到 92% 以上。[1]

7. 宜居宜业和美乡村示范创建有序推进

大力推进农村人居环境治理整治和路、水、电、气、宽带"五网工程"建设。实施农村厕所、污水、垃圾、家庭卫生治理工程和村庄清洁整治提升工程。2023 年，全省新建和改造公共厕所 7360 座，新建、改建农村户厕 144 万户，农村卫生厕所普及率达到 90% 以上。到 2035 年，畜禽粪污基本实现资源化利用，综合利用率达到 95% 以上。[2] 2023 年新改建农村公路 1 万公里，推进城乡交通运输一体化发展。2025 年，全省要建成乡村水务示范县 100 个，乡村水务示范县县域农村自来水普及率达到 90% 以上。

8. 县域城乡融合发展加快推进

2023 年中央一号文件和四川省委一号文件均提出"推进县域城乡融合发展"，以县域作为基本地域单元和重要切入点，聚焦城乡功能布局一体化、要素流动便利化、资源配置均衡化、产业发展融合化和融合模式多元化，推动城乡融合发展迈上新台阶。[3] 预计 2023 年四川将选择 20 个县（市、区）开展县域城乡融合发展改革试点，赋予县级政府更多资源整合使用的自主权利，率先在县域内破除城乡二元结构，加快形成县乡村统筹发展、一体发展格局。[4]

9. 新型农业经营体系加快构建

2023 年四川将坚持以推进专业化社会化服务为方向，构建新型农业经

---

[1]　https://www.sc.gov.cn/10462/10464/13298/13299/2021/12/29/622d8d1 a69f249939877b01739a01247. shtml.

[2]　http://jst. sc. gov. cn/scjst/ztzl04/2021/4/22/8be43f06f3da439cb 411683c82ec17b0. shtml.

[3]　黄强：《2023 年四川省人民政府工作报告》，《四川日报》2023 年 1 月 20 日。

[4]　《四川将选择 20 个县（市、区）深化县域内城乡融合发展改革试点》，《四川发布》2023 年 3 月 16 日。

营体系。深化家庭农场和农民专业合作社带头人职业化试点，实施以村（组）为单位的农业生产"大托管"示范工程，实施农民合作社联农带农能力提升工程。预计2023年四川将新增培育省级农民合作社示范社300个、示范家庭农场300个；在1000个村示范推广"大托管"模式，新增全省农业社会化服务组织2000个以上；培育认定首批省级农业产业化示范联合体50个。①

四　2023年四川农业农村发展的主要思路和对策建议

2023年四川"三农"工作和农业农村发展应以习近平新时代中国特色社会主义思想和习近平总书记对四川工作系列重要指示精神为指导，深入学习贯彻党的二十大精神和中央农村工作会议精神，坚持农业农村优先发展，坚守确保粮食安全、防止规模性返贫、加强耕地保护底线，以建设新时代更高水平"天府粮仓"为抓手，以扎实推进乡村产业振兴为重点，以加快建设宜居宜业和美乡村为重要任务，勇担促进乡村全面振兴大任，加快建设农业强省，为建设农业强国贡献四川力量。

（一）打造更高水平的"天府粮仓"，确保粮食安全和重要农产品供给

1. 严守耕地保护红线，持续建设高标准农田

严格各级党委和政府耕地保护与粮食安全责任制考核，全面推进田长制，遏制耕地"非农化""非粮化"，建立解决耕地撂荒问题的长效机制，落实最严格的耕地保护制度。严格落实耕地占补平衡制度，全面加强耕地用途管控，做好流出耕地的恢复补充。要在成都平原以及全省范围内开展耕地保护专项整治行动，确保耕地数量稳定。与此同时，要大力开展高标准农田

---

① 黄强：《2023年四川省人民政府工作报告》，《四川日报》2023年1月20日。

建设，落实差异化财政补助政策和建设标准。高标准农田建设采取新建与改造提升相结合的方式，不仅要新建一批高标准农田，还要推进已建高标准农田的改造提升，逐步把永久基本农田全部建成高标准农田。

2. 加强多元化食物有效供给

在确保水稻、玉米、小麦三大主粮供给的基础上，要树立大食物观，保障肉类、油料、蔬菜、水果、水产品、乳制品等各类农产品有效供给。在保护生态环境的前提下，向山水林田湖草要食物，向植物动物微生物等要热量、要蛋白，全方位多途径开发食物来源渠道，推动多元化食物供给体系的建设。同时，要注重提高农业生产技术，大力发展现代设施农业，提升食物均衡供应能力。要科学建设"天府森林粮库"，充分发挥四川林地优势，因地制宜发展林下种植、养殖和林业多种经营，通过发展木本粮食、木本油料、森林药材、林果饮料等领域，减轻耕地粮食生产和种植压力。

3. 深入实施种业振兴行动

统筹各方力量，为省内现代种业园区、种质资源中心库、龙头种业企业等提供人力、物力和财力支持，全力做好良种选育和推广工作。加大科研投入，大力实施农作物和畜禽育种创新攻关及生物育种、川猪等重大科技专项，开展种业科研单位和企业联合育种攻关项目，研发高端育种技术，破除种业"卡脖子"技术，培育具有自主知识产权的新品种。加快建成南繁育种工程中心，培育壮大种业领军企业，推动四川从种业大省发展为种业强省。

4. 推进农业科技化和装备化发展

加大对农业科技领域基础研究的支持力度，围绕现代农业产业发展需求，加强全产业链技术攻关、农业科技园区建设、产业技术体系创新团队建设。持续实施科技特派员制度，推进农技推广体系改革，促进科技成果转化应用。针对成都平原、盆地丘陵、盆周山区、攀西地区和川西高原不同地域特点，研发和推广应用不同的农机装备，以农业机械化带动农业规模化集约化经营。加大农机购置补贴力度，支持建设农机创新联合体和农机研发制造推广应用一体化工程，多措并举发展农机合作组织，加强农机专业人才队伍建设，完善农机服务体系和配套基础设施。加强农业科技现代化先行县、"五良"融合产业宜机化改造示范县、农产品产地冷藏保鲜整体推进县建设，鼓励不同区域之间互助学习。要逐步提高智能化技术、数字化技术应用水平，提高农业生产全过程的智能化、数字化水平。

（二）推进现代农业产业体系建设，促进乡村产业高质量发展

1. 大力推进现代农业园区建设

不断完善以国家级园区为龙头、省级园区为骨干、市（县）级园区为基础的现代农业园区梯次推进体系，建立健全四川现代农业"10+3"产业体系。支持川渝农业合作园区、农业高新技术产业园区、农村产业融合发展示范园等建设，增强园区的辐射带动作用。以财政补贴、税收减免等政策优惠吸引新型职业农民、家庭农场、农业合作社、龙头企业等各类经营主体入驻园区，引导产业集聚发展，增添农业和农村的发展活力。

2. 着力发展农产品加工和食品产业

立足本地独特资源禀赋，对接市场需求，做好"土特产"文章，形成"一村一品、一镇一业、一县一特"的产业发展格局。在农业生产的基础上，推动农业产业链纵向延伸，加快乡村农产品加工业发展，推动农产品初加工、精深加工和资源综合利用。大力发展川味预制菜产业，推动乡村从销售原料向销售制成品转变。大力发展冷链、仓储物流等多种产业。抓好农产品产地初加工设施设备、农产品加工园区、大中型农产品批发市场改造提升等建设。大力实施农业产业化龙头企业"排头兵"工程，培育壮大一批农产品加工重点企业，提升"川"字号特色产业的竞争力。

3. 积极培育乡村新产业新业态

拓展农业多种功能，开发建设农耕文化体验园、农业科研基地、休闲农业园、农旅融合园等，持续推进乡村休闲农业、乡村康养产业和乡村旅游业等新产业新业态发展，培育一批"天府度假乡村"、乡村旅游重点村镇、天府旅游名镇名村；设计打造一批新型乡村旅游民宿，不断满足人们日益提高

的乡村旅游消费需求，实现产业发展和群众增收协同推进。注重推动"交商邮"融合发展，总结推广试点县的典型做法和成功经验，逐步形成贯通县、乡、村三级的电子商务体系和快递物流配送体系。

（三）巩固拓展脱贫攻坚成果，接续推动脱贫地区加快发展

1. 坚决守住不发生规模性返贫的底线

统筹推进各项政策措施落实到位，完善防止返贫动态监测和救助帮扶机制，及时监测易返贫致贫人群并实施科学的帮扶政策，确保不发生整村整乡返贫和新的致贫。要落实最低生活保障制度、特困人员救助供养制度，稳步提高农村兜底保障水平。压紧压实责任，村"两委"和驻村工作队对全村防止返贫动态监测工作负责，要做到准确识别防返贫监测户，采取相应帮扶措施消除返贫致贫风险；跟踪回访帮扶效果，及时反映监测户的诉求；精准调整帮扶措施，提升返贫致贫治理成效。

2. 落实脱贫地区和脱贫群众持续增收措施和帮扶政策

认真落实脱贫地区产业帮扶政策，用好中央财政衔接补助资金，立足资源禀赋培育发展特色优势产业，解决产业规模小、技术水平低、链条短、同质化等问题；做好乡村振兴重点帮扶县和重点帮扶村工作，推动巩固拓展脱贫攻坚成果同乡村振兴有效衔接各类实施方案的落地落实，充分发挥东西部协作、定点帮扶、省内对口帮扶、驻村帮扶以及教育医疗科技人才"组团式"帮扶等机制的作用，增强脱贫地区的内生发展动力。鼓励脱贫群众因地制宜发展庭院经济，释放新活力。继续强化就业帮扶、以工代赈等方面的举措，发展壮大帮扶车间，继续稳定提供公益性岗位，为脱贫群众提供更多的就业机会，拓宽脱贫群众的增收渠道。

3. 做好易地扶贫搬迁后续扶持工作

深入实施巩固易地扶贫搬迁脱贫成果专项行动，加大安置区公共服务设施和配套基础设施投入，帮助搬迁群众融入安置区，提高搬迁群众对安置区的满意度。要强化搬迁群众就业帮扶专项行动，通过建设帮扶产业园区、帮扶车间和帮贫基地等创造就近就业岗位，实现搬迁群众稳定就业，解决搬迁

户收入问题。要实施安置区乡村治理专项行动，加强基层组织建设，构建社会网络体系，提高安置区的治理水平。

（四）千方百计促进农民收入增加，拓宽增收致富渠道

1. 促进农村劳动力高质量就业增收

健全劳务服务体系，积极培育"川"字号劳务品牌，稳定跨区域农民工就业规模。有针对性地对农村劳动力开展劳务技能培训，通过举办专家对口讲座、建立就业技能培训基地等方式，提高其就业能力和就业质量。纵深推进"万企兴万村"行动，在农村地区建设产业园区，促进农村劳动力就地就近就业和创业，实现村企共赢。持续推动县域富民产业发展，鼓励经济较发达地区带动县域产业发展，支持县域承接传统产业、劳动密集型产业等，为农村劳动力提供就业机会。不断完善农民工就业统计监测机制和工资支付监测预警机制，切实保障农民工合法权益。

2. 推动农民经营净收入增加

培育发展农业产业化联合体，构建完善的联农带农益农机制，落实和完善家庭农场、农民合作社、龙头企业等新型农业经营主体带动小农的增收机制，促进农民合作经营、共同增收。深入挖掘乡村文化、人文环境、绿水青山等资源，支持农民和农村各类优秀人才发展乡村作坊、家庭工场，以及旅游业、服务业和传统手工业等，盘活农村经济，增加经营净收入。大力支持村级组织和农民工匠带头人承接农村小型工程项目，带动村民增收。

3. 拓宽农民财产净收入来源

持续深化农村产权制度改革，探索农民承包地、宅基地、农村闲置农房等有序流转机制，采取入股、出租、合作经营等方式，充分盘活农村闲置农房和宅基地，拓宽农民财产净收入的增长空间。深入探索新型农村集体经济多样化发展路径，完善农村集体经济组织收益分配机制，确保农民受益。要用好农村产权交易信息服务平台，推动农村产权交易市场规范化建设。针对农村理财产品缺乏的现实，要鼓励金融机构开发适应农村家庭需求的理财产品，使农民收入来源多元化。

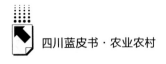

4. 增加农民转移净收入

落实强农惠农富农政策，通过实施耕地地力保护补贴、新一轮退耕还林还草延长期补助、粮食直补、农机具补贴、农户生产经营保险补助等扶持政策，增加农民转移净收入。要逐步提高城乡居民基本养老保险待遇、农村低保标准等社会保障水平，落实各项对农村低收入人口、农村困难学生、残疾人口等困难群体的帮扶政策，大力实施慈善公益项目和吸引更多公益资金流入农村地区，让政策充分惠及农村居民。此外，要推动农村公共服务提质降费，提高农民群众的幸福感和获得感。

(五)建设宜居宜业和美乡村，推动农村生活条件现代化进程

1. 加强乡村规划建设

持续推进以片区为单元的乡村国土空间规划编制工作，依托片区的发展基础、资源禀赋科学布局乡村产业，切实做好适用性强的村庄规划。加快建设村庄硬化路、产业路和旅游路。开展乡村标准化供水工程建设和改造，为乡村建立更加充足、方便、优良的供水保障体系。对农村电网薄弱地区加以改造，提升供电服务水平。实现乡村互联网络全覆盖，打造"数智"赋能乡村新模式。加大对传统村落、特色村庄和民族村寨的保护力度，注重集中连片保护，支持具有乡村文化、乡村特色的农文旅项目开发。加强乡镇所在地的集镇基础设施建设、公共服务和环境整治。落实村庄公共基础设施管护责任，对投资不大的农村基础设施建设和村庄环境整治采用"县规划+乡管理+村管护"模式。建立农村应急管理防范系统，常态化开展农村安全风险隐患排查治理，做好防风险、压责任环节，确保风险问题整改到位。

2. 开展农村人居环境整治行动

大力开展村庄清洁行动，做好村庄垃圾分类化处理，完善收运处置体系，及时清运处置农村生活垃圾。持续推进"厕所革命"，推进示范村建设，提高乡村卫生厕所的普及率。推进生活污水治理"千村示范工程"，完善污水处理配套设备，对生活污水进行资源化利用。探索畜禽养殖粪污、厕所粪污、易腐烂垃圾等有机废物的就近就地资源化利用，减少农药化肥使用

量，加强农村面源污染治理。

3. 保护和建设好农村生态环境

实施重要生态系统保护和生态修复重大工程，开展森林乡镇、森林村庄创建。严格落实森林、草原、湿地、物种保护制度，高度重视乡村原生植被、小微湿地保护，持续开展生态补偿机制试点。加快推进美丽河湖建设，全面加强河湖长制，激发群众参与护水治水的热情。落实长江禁捕长效监管机制，严厉打击违法捕捞行为。继续强化城镇污水处理设施建设和管理，开展河湖综合治理"净水"行动。强化农业生物安全治理。继续加强森林草原防火宣传教育，树立牢固的"隐患险于明火"理念。

4. 推进乡风文明建设

加大农村教育的普及力度，提升农民文化素养。发挥基层党建的引领作用，引导村民形成积极向上的文明乡风。从基层典型出发树立道德模范，通过榜样的带头作用引导村民树立正确的价值观。将滥办酒席等问题纳入村规管理，让村民自觉摒弃陋习。支持和鼓励乡村举办群众性文化活动以增强凝聚力，开设法治讲堂以提高村民的法治意识。继续实施优秀的农耕文化传承工程，鼓励青年返乡下乡创新乡风建设，为乡村振兴注入新活力。

5. 提升农村基本公共服务水平

加强乡村教师、乡村医生等人才队伍建设，落实乡村人才薪酬保障政策。加强乡村两级医疗卫生和保障服务能力建设，加强农村传染病防控和应急处置能力建设。发挥"五社联动"机制的作用，将社工服务融入基层治理，为未成年人、老年人等群体提供家门口的社会化服务。完善三级养老服务网络，打造满足老年需求的康养中心、县域养老服务联合体。提高农村妇女文化水平，关注留守人群的心理健康，针对乡村未成年人建立保护站点，为其营造健康成长的良好环境。

6. 完善党组织领导的乡村治理体系

健全党组织领导的"三治融合"乡村治理体系，建立村民监督委员会，增强乡村治理的民主性。提升乡村党员干部的治理能力，挑选和培训一批熟悉乡村振兴政策的党员，让他们更好地投入当地乡村治理工作。推进村民自治组织创新，建立民主议事会制度。大力开展乡村普法教育，树立法治观念，提高干部群众的法律素养，更好地推进法治化乡村建设。制定有针对性的奖惩制度，按贡献通过积分制等提高治理效能。充分发挥新乡贤的作用，协调和化解乡里邻里矛盾，为群众树立正确的道德风向和行为榜样。开展志愿活动，创建社区志愿服务组织，增强困难群众的获得感。

（六）深化农村体制机制改革创新，强化乡村发展要素保障

1.以县域为切入点推动城乡融合发展

坚持把县域作为城乡融合发展的重要切入点，探索不同县域城乡融合发展的多样路径，赋予县级更大的整合资源自主权，深化县域城乡融合综合改革，率先在县域内破除城乡二元结构，促进城乡资源要素双向流动、合理配置。建立健全县乡村一体化规划、基础设施一体化建设管护机制，加快建设城乡学校共同体、医疗卫生共同体、养老服务联合体等，促进县域基本公共服务一体化、均等化。加快补齐县域交通基础设施、公共服务设施、产业配套设施等短板，提升县域综合服务能力，吸引优势产业、重点项目、优秀人才等在县域落户，逐步将县城和中心镇建设成为带动周边农村地区发展的区域中心，吸引农民工就近就地城镇化。

2.加快新型农村集体经济发展

继续深化农村集体产权制度改革，积极拓展集体资产的收益权抵押担保、有偿退出等权能，完善新型集体经济运行机制，探索多种形式的新型集体经济发展模式。鼓励村与村之间集体经济组织联合抱团发展，支持村集体经济同外来企业、外来资本的合作，实现村集体经济组织与各类市场主体联合发展；支持有条件的集体经济组织与国有企业联合发展，构建"集体经济+国有企业"共建共享共赢的制度机制。开展专项资金扶持村集体项目，促进新型集体经济发展壮大。建立集体经济民主管理机制，确保组织内部各项资产使用公开化、透明化。

3.深化农村土地制度改革

落实土地承包到期后再延长30年的政策，完善"三权"分置制度，鼓

励开展适度规模经营。在承包地方面，要着力解决土地细碎化问题，健全高标准农田管护机制，完善农民的土地租金和分红收益增长机制，积极引导农民进行土地流转。在宅基地方面，继续稳妥推进宅基地制度改革试点，重点是支持农民以出租、入股等方式盘活农村闲置住房和宅基地。在农村集体经营性建设用地方面，合理优化空间布局，开展土地综合整治，继续盘活用好农村存量建设用地。

4. 培育新型农业经营体系

实施家庭农场培育计划，把有条件的小农户培育成家庭农场，执行家庭农场创建标准，支持示范场的建设，鼓励家庭农场开展适度规模经营；实施农民专业合作社规范提升计划，推动农民专业合作社联农带农能力提升，积极探索建立以当地产业为联结的集团化合作社。深化家庭农场和农民专业合作社带头人职业化试点，逐步建立职业农民制度。加快农业社会化服务体系建设，支持集体经济组织、农民专业合作社、供销合作社、各种专业性服务公司开展农业社会化服务，优化农业社会化服务方式，实施农业生产"大托管"示范工程，为农户提供订单式和全程化服务。

5. 构建多元化的乡村振兴投入机制

坚持把农业农村作为优先领域，持续增加农村公共财政投入，认真落实土地出让收益用于农业农村发展的相关政策，支持各地扩大债券资金用于乡村振兴项目的规模，将符合乡村振兴的项目纳入地方政府债券支持范围，支持省乡村振兴投资引导基金做大规模、加大乡村投入。完善多主体投入联动机制，支持金融政策、信贷业务向"三农"倾斜，更好地撬动社会资本投入乡村。推进农村产权与金融资源、农业保险和农业信贷的有效衔接，加大农业信贷投入。大力推动数字普惠金融服务升级，提升乡村"一站式"金融服务能力，提供覆盖农产品生产、加工、运输、销售的"一揽子"金融服务。稳步扩大农业保险覆盖面，支持开展特色农业保险。

6. 加强乡村振兴人才队伍建设

加大政策支持力度，留住本土实用人才，鼓励和引导科技人员、优秀返乡大学毕业生、复员退伍军人、返乡就业创业人员等各类人才投身乡村振兴事业。健全科技专家、城市专业技术人才定期服务乡村的激励机制，鼓励城市专业技术人员到乡村兼职兼薪乃至离岗创业。选派政治素养高、行动力强的帮扶干部到乡村振兴一线岗位，发挥基层党组织引领乡村振兴人才队伍建设的作用。开展"理论+实操""现场教学+专题研讨"等授课模式，对涉农技术人才深入开展培训，进一步提高他们的专业化水平，实施高素质农民培育计划，更好地推动乡村振兴。

参考文献

《四川将加快建设新时代更高水平"天府粮仓"》，中国新闻网，2023 年 2 月 8 日。

《打造新时代更高水平的"天府粮仓"——建设高标准农田"打头阵"》，《四川日报》2023 年 2 月 8 日。

黄强：《2023 年四川省人民政府工作报告》，《四川日报》2023 年 1 月 20 日。

《四川建设县域商业体系，到 2025 年便利店覆盖每一个行政村》，《红星新闻》2022 年 4 月 16 日。

《四川将选择 20 个县（市、区）深化县域内城乡融合发展改革试点》，《四川发布》2023 年 3 月 16 日。

《中共四川省委 四川省人民政府关于做好 2023 年乡村振兴重点工作 加快推进农业强省建设的意见》，https://baijiahao.com/s？，2023 年 3 月 17 日。

《四川：深化农村土地制度改革 构建新型农业经营体系》，中国新闻网，2023 年 3 月 16 日。

B.2
新时代四川建设
更高水平的"天府粮仓"

摘 要： 建设更高水平的"天府粮仓"是新时代四川"三农"工作的重要历史使命，是擦亮四川农业大省金字招牌的根本保障，也是推动四川农业农村现代化的重要举措。新时代更高水平的"天府粮仓"表现在更高水平的粮食综合生产能力、更高水平的粮食种业、更高水平的农田水利设施、更高水平的物质装备条件、更高水平的科技支撑、更高水平的农业经营体系、更高水平的产业体系和更高水平的绿色发展。新时代四川建设更高水平"天府粮仓"仍然面临许多困难和挑战，应通过提升耕地数量与质量、补齐农业水利基础设施短板、提高农业物质装备水平和科技创新水平、培育粮食生产经营服务主体、提升粮食生产比较效益、健全种粮农民收益保障机制、推进数字"天府粮仓"建设等措施，为建设更高水平"天府粮仓"提供有力支撑。

关键词： "天府粮仓" 粮食安全 "三农" 四川

粮食安全是"国之大者"。在当今复杂的国际环境下，全球粮食供应链受阻和断链风险增加，耕地保护和粮食安全问题日趋严峻。党的二十大报告

---
* 苏艺，四川省社会科学院农村发展研究所助理研究员，主要研究方向为区域经济发展；赵祥霖，四川省社会科学院农村发展研究所，主要研究方向农村发展。

提出，全方位夯实粮食安全根基，全面落实粮食安全党政同责，牢牢守住18亿亩耕地红线，逐步把永久基本农田全部建成高标准农田，深入实施种业振兴行动，强化农业科技和装备支撑，健全种粮农民收益保障机制和主产区利益补偿机制，确保中国人的饭碗牢牢端在自己手中。2022年6月8日，习近平总书记来川视察时强调，成都平原自古有"天府之国"的美称，要严守耕地红线，保护好这片产粮宝地，把粮食生产抓紧抓牢，在新时代打造更高水平的"天府粮仓"。① 这是继2018年总书记来川视察时提出把"四川农业大省这块金字招牌擦亮"之后，赋予四川的又一全新战略定位。从"擦亮金字招牌"到"打造'天府粮仓'"，是习近平总书记对四川提出的更高要求和殷殷嘱托，是时代赋予四川的历史重任，是四川落实在全国大局中的地位作用、为我国粮食安全做出更大贡献的重要标志和具体体现，是四川加快建设农业强省的根本保障，为做好新时代四川"三农"工作指明了前进方向、提供了根本遵循。

一 新时代建设更高水平"天府粮仓"的重要意义

（一）建设更高水平"天府粮仓"是新时代四川"三农"工作的重要历史使命

粮食安全是国家安全的重要基础，是实现社会稳定、人心安定的根本保障。近几年，受极端天气、俄乌冲突、新冠疫情等多重因素的影响，国际粮食安全问题加剧。根据联合国粮农组织（FAO）2022年12月发布的《谷物供求简报》，2022年全球粮食产量达27.6亿吨、同比减少570万吨，对比27.8亿吨谷物消费量，呈现产能不足、消费需求旺盛的特征。国际粮价持续上涨，2022年全球食品价格指数为143.7，比2021年上涨14.3%，国际小麦价格比上年底上涨45%，大米价格比上年底上涨16%。联合国粮农组

---

① 中华人民共和国农村农业部。

织、世界粮食计划署等发布的《全球粮食危机报告》显示，全球粮食安全形势严峻复杂，需要紧急粮食援助和生计支持的人数以惊人的速度增长，面临或正在遭受严重粮食不安全的人数从 2019 年的 1.3 亿人增加到 2022 年的 3.45 亿人。[①] 粮食危机对发展中国家的影响最为深刻，作为拥有庞大人口基数的发展中国家，只有基本实现粮食自给，才能掌握粮食安全的主动权，保障国家长治久安。四川作为农业大省，应加快建设新时代更高水平的"天府粮仓"，为保障国家粮食安全多做贡献。

（二）建设更高水平"天府粮仓"是擦亮四川农业大省金字招牌的根本保障

四川是农业大省，是全国 13 个粮食主产区之一，也是西部地区唯一的粮食主产省。虽然四川粮食生产总体稳定，但粮食供求处于紧平衡状态，粮食产量的全国排名不断下降。口粮基本能够自给，但工业和饲料用粮还有较大缺口，再加上供需结构性矛盾，稻谷、小麦、玉米、食用植物油、大豆要靠省外调入，四川农业大省的地位在全国有所下降。新时代建设更高水平的"天府粮仓"，以需求为牵引推进粮食产业供给侧结构性改革，提高粮食供给能力，全方位、多途径开发食物资源，促进粮食产业均衡、协调、高质量发展，是巩固四川粮食主产区地位的必要手段，也是擦亮四川农业大省金字招牌的必然要求和根本保障。

（三）建设更高水平"天府粮仓"是推动四川农业农村现代化的重要举措

保障粮食安全是建设农业强国的根本保证，也是农业农村现代化的重要目标。粮食生产是大农业的主体产业，是农业生产的重中之重，种植面积最大、从业人口最多、影响最为广泛。粮食生产几乎涉及农业生产的方方面面，其生产经营水平体现了农业现代化程度。建设新时代更高水平的"天

---

① 数据来源于《经济日报》。

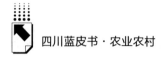

府粮仓",不仅是提升四川粮食安全保障能力的有效途径,也是加快推进四川农业农村现代化的重要举措。

二　新时代建设更高水平"天府粮仓"的内涵

(一)更高水平的粮食综合生产能力

粮食综合生产能力明显提高,粮食播种面积稳中有升,土地生产率和劳动生产率在全国处于领先水平,实现"藏粮于库"向"藏粮于市"转变,形成需求牵引供给、供给创造需求的更高层次产需动态平衡,不仅能够有效保障省内居民生活和产业发展对粮食等重要农产品的需求,而且能够为全国重要农产品保供多做贡献,让中国人的饭碗里装更多的优质四川粮,实现由粮食调入省变为粮食调出省。在保证足够口粮供给的情况下,生产种植更优质的口粮,适应市场消费者的需要,达到更高水平的粮食保障能力。

(二)更高水平的粮食种业

建成完善的良种繁育体系,四川生物育种水平和粮食优良品种数量在全国领先,实现良种全覆盖。粮油作物种子完全自主可控,供应绝对安全;蔬菜种源自主可控能力显著提升,对外依赖度降低。拥有一批实力强大的育种企业和全国领先的农作物育制种基地,是新品种新技术新方法的试验高地,建成具有区域特色、高标准的资源库。形成多元化的良种繁育和转化推广通道,建成现代种业强省。

(三)更高水平的农田水利设施

农田水利设施和灌溉体系发达,完全摆脱"靠天吃饭"困境。高标准农田基本实现能建尽建,已建成的高标准农田实现旱涝保收、稳产高产、能灌能排、宜机作业;不具备建设高标准农田条件的耕地全面完成提升改造，基本解决灌溉、排涝等问题。水利资源配置能力显著提升，农业灌溉条件显著改善，有效灌溉面积比重大幅提高，农业灌溉"最后一公里"基本畅通。

（四）更高水平的物质装备条件

农业与科技深度融合，产生一批绿色、高产、优质、高效的种植集成化技术。农机装备能力和农业机械化生产水平明显提升，小麦、水稻、玉米等粮食作物基本实现全程机械化，小农生产和丘陵山区机械化作业困难基本解决，烘干、仓储、冷链物流水平明显提升，形成标准化的高质量粮食机械化生产体系，实现粮食作物产前、产中、产后全过程机械化、信息化，建成数字"天府粮仓"。

（五）更高水平的科技支撑

粮食科技创新能力明显提升，培养出一大批粮食科技领军人才，形成一批粮食科技前沿重大创新平台，形成具有全国影响力的粮食科技创新力量。粮食科技成果推广应用能力显著提高、进程明显加快。乡镇农技推广机构的服务能力明显提升，人员队伍稳定、素质水平提升、管理机制完善，粮食科技进村入户"最后一公里"问题得到解决，四川农业科技贡献率居全国领先水平。

（六）更高水平的农业经营体系

全面形成以多种新型农业经营主体为主、发达的社会化专业化服务体系为支撑、产前产中产后紧密联系的一体化经营格局。形成一批新型经营主体，种粮大户、家庭农场的规模经济效应显著，农民专业合作社发展规范、为农服务水平高，龙头企业竞争力强、联农带农助农富农作用明显。培育多元化、多层次、多类型的优质农业社会化服务组织，构建集信息、技术、生产、流通、金融、保险等于一体的现代农业社会化服务体系，实现农业社会化服务覆盖全域、综合配套、便捷高效。

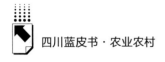

（七）更高水平的产业体系

形成"统筹兼顾、优势突出、连片发展"的粮食生产布局、"产品多样、类型均衡、优质高端、符合市场需求、粮经饲协调发展"的粮食产品供应格局、"储备功能定位差别化、储备品种差异化、储备产品多样化、储备轮换分散化"的粮食储备格局，有效做到"稳市场、保应急、保安全、产加衔接、适销对路"。川粮油供需结构性矛盾基本解决，优质粮油比重大幅提高，"天府粮仓""天府菜油"成为全国一线粮油公共品牌，"川粮油"品牌的美誉度和影响力显著提升。

（八）更高水平的绿色发展

农业发展与资源环境承载力相匹配、与生产生活生态相协调。土地和水资源高效集约节约利用，化肥和农药的使用量大幅降低、利用率大幅提高，种养业良性循环，绿色低碳发展水平位居全国前列，形成产出高效、产品安全、资源节约、环境友好的粮食生产格局。

三 四川"天府粮仓"的建设现状

（一）耕地情况

第三次全国国土调查结果显示，截至 2019 年底，四川耕地面积7840.75 万亩。① 从地类结构看，旱地 4359.33 万亩，占比 55.60%；水田3395.45 万亩，占比 43.31%；水浇地 85.98 万亩，占比 1.10%。从耕地的空间分布来看，成都平原经济区耕地面积为 2549 万亩，占总耕地面积的 32.51%；川东北经济区耕地面积为 2477 万亩，占总耕地面积的31.59%；川南经济区耕地面积为 1646 万亩，占总耕地面积的 20.99%；

---

① 数据来源于《四川省第三次全国国土调查主要数据公报》。

攀西经济区耕地面积为 940 万亩,占总耕地面积的 11.99%;川西北生态区耕地面积为 229 万亩,占总耕地面积的 2.92%(见图 1)。从耕地质量来看,位于 2° 及以下坡度的耕地面积为 1088.54 万亩,占全省耕地面积的 13.88%;位于 2°~6°(含)坡度的耕地面积为 1277.21 万亩,占全省耕地面积的 16.29%;位于 6°~15°(含)坡度的耕地面积为 3419.63 万亩,占全省耕地面积的 43.61%;位于 15°~25°(含)坡度的耕地面积为 1371.15 万亩,占全省耕地面积的 17.49%;位于 25° 以上坡度的耕地面积为 684.23 万亩,占全省耕地面积的 8.73%。可以清晰看出,四川省耕地大部分位于 6° 以上的坡地上,其中坡度 15° 以上的耕地面积占比达到 26.22%。耕地分布的坡度较大,不仅不利于规模化和机械化种植,也会增加水土流失风险。

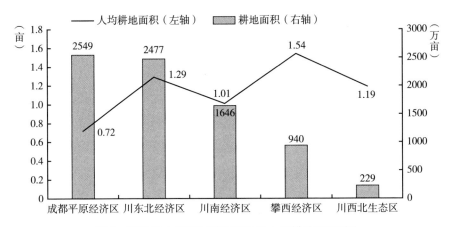

图 1 四川五大经济区耕地面积及人均耕地面积对比

从人均耕地面积来看,四川人均耕地面积仅为 1.05 亩,排全国第 26 位,低于全国 1.5 亩的平均水平。成都平原经济区人均耕地面积为 0.72 亩、全省排名最低,川东北经济区人均耕地面积为 1.29 亩,川南经济区人均耕地面积为 1.01 亩,攀西经济区人均耕地面积为 1.54 亩、排全省第 1 位,川西北生态区人均耕地面积为 1.19 亩,"人多地少"是四川耕地的突出特征。

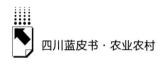

（二）粮食播种面积、产量、单产情况

2022 年四川全年粮食播种面积 9695.2 万亩，较 2021 年增加 158.6 万亩，增长 1.7%，是近十年来增加幅度最大的一年。① 主要粮食品种水稻和玉米面积保持基本稳定，大豆和马铃薯面积分别增长 17.3% 和 6.7%。

2022 年四川粮食产量为 3510.5 万吨，居全国第 9 位，连续 3 年保持在 700 亿斤以上，但受极端干旱天气影响较 2021 年略有下降。水稻、小麦、玉米、大豆、薯类的产量分别为 1462.5 万吨、247.6 万吨、1046.0 万吨、145.5 万吨、550.5 万吨，分别占粮食总量的 41.67%、7.05%、29.80%、4.14%、15.68%。四川集成创新推广大豆玉米带状复合种植，大豆产量排全国第 3。② 四川全省人均粮食占有量仅为 427.87 千克，比全国平均水平少 55.61 千克。

2022 年四川粮食单产为 362.1 公斤/亩，较 2021 年降低 3.6%。2022 年粮食主要品种中，水稻单产 520.2 公斤/亩、玉米单产 376 公斤/亩、薯类单产 285 公斤/亩。近年来通过大力推广新技术、新品种、新业态、新模式，四川粮食单产呈逐年提高趋势，年均增长约为 0.4%。

（三）粮食产量的区域分布变化③

2022 年，成都平原经济区粮食产量占比为 35.4%，比 2000 年下降8.3 个百分点；川东北经济区粮食产量占比为 33.1%，比 2000 年增加 2.7个百分点；川南经济区粮食产量占比为 22.6%，比 2000 年增加 3.4 个百分点；攀西经济区粮食产量占比为 7.8%，比 2000 年增加 2.4 个百分点；川西北生态区粮食产量占比未发生变化，2000 年和 2022 年均为 1.1%。从地市州来看，成都平原经济区仍为最大的粮食产区，但有被川东北经济区赶超的势头。与 2000 年相比，2022 年有 8 个市州粮食产量下降，其中成都、资阳、眉山粮食主产市分别下降 37.6%、32.7%、25.6%；有 13 个市

① 数据来源于国家统计局四川调查总队召开的 2022 年四川民生调查数据新闻发布会。
② 数据来源于《四川日报》。
③ 数据来源于《四川统计年鉴2001》和各市（州）政府网站。

州粮食产量提高,其中凉山、宜宾、巴中粮食主产市州分别增长 44.9%、21.6%、19.9%(见图 2)。

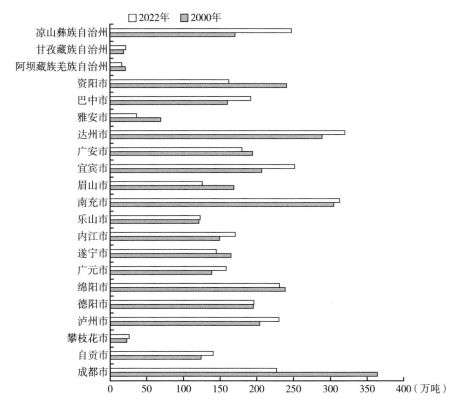

图 2   2000 年和 2022 年四川省各市州粮食产量

四   新时代建设"天府粮仓"面临的 突出问题与挑战

(一)耕地保护形势严峻

耕地是粮食生产的命根子。四川耕地资源先天不足,加之种粮效益低、对农民收入的贡献很小,近些年耕地"非粮化"特征十分明显。一是耕地质量总体不高。四川山地和丘陵面积约占全省总面积的80%，耕地分布零星破碎，影响了农业机械化的应用，在很大程度上制约了粮食规模化生产。耕地地力较差，中、低等级耕地占比高。人均耕地少且土地承包过于分散，不利于开展农业规模化经营。二是恢复耕地种粮属性与产业退出成本高昂之间的矛盾。由于种粮效益低、对农民收入的贡献很小，四川耕地"非粮化"趋势显著。在乡村振兴的带动下，很多社会资本进入农村流转土地乃至耕地，按规定对这些已形成一定规模的种植园进行整治，将面临较高的退出成本，包括投资沉没成本、耕地恢复成本、转型成本等，可能会遭到经营主体的巨大阻力。三是耕地污染治理难度较大。四川农业绿色发展水平不高，畜禽粪污处理任务重、压力大，综合利用率不高，种养业循环发展的基础设施薄弱，农业生产过程中减少使用化肥、农药的空间有限。

（二）农田水利设施短板突出

农田水利设施建设是农业农村经济持续稳定发展的保障。虽然近些年四川农田水利基础设施水平显著提升，但农业"靠天吃饭"的局面未能得到根本改变。一是农田基础设施薄弱。已建成高标准农田普遍存在基础设施薄弱、抗灾能力不强、耕地质量不高等问题，集中连片、施工条件较好的地块越来越少，建设难度不断增大。二是有效灌溉面积覆盖率低。四川水资源总量相对丰富，但时空分布不均、水资源开发利用率远低于全国平均水平，加之近年极端天气频繁，工程性缺水问题依然突出。三是农田水利设施老化失修。现有灌溉排水设施大多建设年代久远，延伸到田间地头的斗渠毛渠缺乏或年久失修，普遍存在标准低、不配套、老化失修、效益减少等问题。同时，农田水利设施行业的管理权责界定不清晰、主体责任难落实，农民参与的主动性不强，水利工程难以得到有效管理和充分利用。

（三）粮食生产机械化水平低

四川大部分地区的机械化作业难以适应现代粮食生产要求，农机的技术水平和性能也不能满足现代农业生产需要。一是农业机械装备有效供给不足。四川大宗粮食作物的农机装备水平较低，水稻、小麦、玉米、油菜和马铃薯五种农作物的耕种收综合机械化水平低于全国平均水平。二是农业机械装备供需不平衡。不同作物、不同区域、不同环节之间机械化水平差异较大、发展不平衡。水稻、小麦生产综合机械化率明显高于玉米、油菜、马铃薯等作物，成都平原区粮食综合机械化水平远高于丘陵和山区，主要粮食作物播栽、管理、收获等环节缺少适宜机具，耕整地环节的机械化水平已经达到85%，但播栽环节的机械化水平仅为28%，烘干环节的机械化水平仅为9.92%。①三是农机农艺融合不足。农机装备改良大多仍然是通过引进、吸收的方式，属于"跟踪式""模仿式""转化式"，缺乏创新，农机农艺融合不足问题十分突出，在丘陵区关键环节无机可用、农机农艺不匹配现象较多，缺少适宜丘陵和山区的套作、间作、密植、稀植等多样化机械种植模式。四是农机作业条件差。农业机械化作业水平不高，机耕道标准低，装备"下田难""有机不好用"等问题突出。

（四）农业科技支撑作用明显不足

一是制种能力有所下降。粮食作物突破性品种选育工作较为滞后，模仿育种成为主流，育种同质化严重，水稻、玉米等品种的亲本选育主要是对现有骨干亲本进行改良。龙头种业企业的创新和竞争能力不强，农作物种业企业普遍规模小、实力弱，缺乏具有带动力的大型种业企业。二是涉农企业创新能力弱。据中国农业科学院发布的《2020中国涉农企业创新能力评价》，四川涉农企业的创新能力总体仍处于中等偏低水平。龙头企业数量较少、规模偏小、科技含量偏低、综合竞争力不强、抵御市场风险的能力较弱、辐射带动效果不明显。三是农业科技人才匮乏。农业科技人才主要集中分布在市、县（区）两级，乡、镇一级较为缺乏。农技人员素质较低、实践经验

---

① 《四川省人民政府关于加快推进农业机械化和农机装备产业转型升级的实施意见》（川府发〔2019〕24号），2019年9月4日。

不足。四是农业信息化发展滞后。农业农村信息化管理平台不完善，缺乏统一的大数据平台。数字农业基础较为薄弱，5G、大数据、物联网、人工智能等新技术与农业生产、经营、管理、服务等的融合不够。数字化产品应用场景有限，在农情预警、农资调度、逆境调控、作物模型、管理决策等过程中的装备应用水平较低。

（五）农产品产业链延伸不足

一是农产品加工水平低。四川粮食、油料等重要农产品初加工多、精深加工少，高附加值产品少，梯次加工技术缺乏，农业产业链条短，加工增值率较低，位于产业链低端，在很大程度上只是农产品的原料供给者，且主要依靠酒类加工带动，资源综合利用率低。二是品牌培育不足。单一优质品种集中连片规模化种植面积小，混收、混储、混加工，无法从源头上保证产品质量，难以培育优质品牌。"一品多牌"现象比较普遍，真正具有市场竞争力的品牌较少，呈现"小、散、乱、弱"的局面，全国知名品牌数量偏少，品牌影响力偏低，多数品牌的影响力仅限于当地。在入选中国农业品牌目录（农业农村部认定）的89个粮油类品牌中，四川仅有1个；在2021年度"中国好粮油"的220个产品名单中，四川仅有2个。

（六）农户种粮的积极性不高

粮食等农产品的比较效益决定了农户的生产积极性。近些年，粮食生产成本快速攀升、利润不断下降，严重影响了农户的生产积极性。一是种粮比较效益差。虽然种粮有补贴但是力度较小，但与经济作物相比种粮效益差距较大，很难调动农户种粮的积极性。二是农村青壮年劳动力严重缺乏。四川一直以来都是劳务输出大省，除了个别条件好的区域拥有现代农业产业基地和新型农业经营主体外，大部分区域是兼业农业、老人农业，大多采用简单粗放的种粮方式，农技普及、品种推广、病虫害防治等方面工作开展的难度较大，"谁来种地""谁能种好地"的问题现实且紧迫。三是规模经营主体的盈利能力低。规模种粮主体大多处于成长初期，抵御和应对各种风险的能力还很弱,随着规模的不断扩大,其所损失的机会成本以及由此带来的农地流转、管理、监督等交易成本迅速上升。规模种粮主体的发展空间不断收窄,绝大多数主体需要依靠政府补贴,激励粮食适度规模经营的市场化机制尚未真正形成。四是社会化服务滞后。社会化服务在农业生产中的发展滞后,尤其是体现在农业生产的耕种、播种、病虫草害防治、收获等环节。此外,社会化服务存在明显的区域发展不均衡现象,丘陵和山区的社会化服务水平远远低于成都平原地区。

五 新时代建设更高水平"天府粮仓"的实现路径

(一)严格耕地保护

一是严格落实耕地保护和粮食安全党政同责。优化耕地保护和粮食安全党政同责考评细则,抓紧制定"田长制"配套措施,将土地利用监管纳入县、乡(镇)日常土地巡查范围;将落实全年粮食播种面积作为粮食安全党政同责考核、乡村振兴实绩考核的重要内容。二是严格实施耕地用途管制。坚持良田粮用原则,明确永久基本农田重点用于发展粮食生产,一般耕地主要用于粮食、油料、蔬菜等农产品和饲草饲料生产。禁止占用永久基本农田从事林果业、种植花木以及挖塘养鱼、非法取土等行为。对必须占用耕地和基本农田的项目,落实占水田补水田、占优补优、先补后占的耕地保护政策。三是分类分步稳慎推进腾退。按照先易后难的原则,充分考虑农民和业主的利益,完善配套政策,分期、分类、分区推进,对生长多年的废苗要首先进行腾退,同时通过采取移栽、销售、奖补等具体措施,最大限度减少群众损失。依托各类生态工程建设项目,合理化解苗木库存,倒逼苗木行业进行产业升级。四是加快清理"荒山""荒坡"上的耕地。针对为实现"占补平衡"和确保耕地数量而把基本农田划在了"荒山""荒坡"等不适宜区位引发的耕地"非粮化",应实事求是地恢复土地的本来属性。五是加快恢复和提升耕地地力。大力支持和推广测土配方施肥、秸秆综合利用、粪肥就近就地还田、秸秆腐熟还田、畜禽粪污资源化还田等，开展退化（酸化）耕地治理试点，改善土壤理化性质，提升耕地地力。实施化肥农药减量行动，加强农药包装废弃物和农田地膜回收处置，严格防控土壤重金属污染，全面防治农业面源污染。

（二）加快农田水利设施建设步伐

一是继续实施高标准农田建设工程。全面实施新一轮高标准农田建设十年规划，优先将大中型灌区建成高标准农田，突出田、土、水、路、林、电、技、管、制综合配套，集中连片打造，加快建设一批"集中连片、旱涝保收、宜机作业、节水高效、稳产高产、生态友好"的高标准农田，稳步提高粮食生产能力。加大对高标准农田建设的投入力度，多渠道筹集建设资金，提高建设标准和质量。针对平原、丘陵、山区不同地形分类制定高标准农田建设的内容和标准，并探索实行差异化投入补助政策。加强高标准农田建设中新增耕地指标省域内调剂统筹和收益调节分配，将收益分配优先用于高标准农田建设和政府债券还本付息、贴息等。二是加快推进水利工程建设。加快大中型水资源配置项目中的水利设施建设与配套设施建设，统筹实施水资源配置工程，全面提升灌溉保障供水能力。对年久失修的农田水利设施，及时进行升级改造或者重新建造。启动实施小型农田水利建设和提升工程，推进"五小"水利工程建设，加强丘陵、山区、蓄水池、提灌站建设，尽快解决农田灌溉"最后一公里"问题。加快先进灌溉技术的推广和应用，转变传统灌溉理念，推动灌区改造中高效节水农业与农艺、生物、管理措施的整合，强化试点示范，提高农民节水的积极性。三是加强农田水利设施管护。积极引导社会资本参与农田水利基础设施建设，最大限度激发社会资本的投资活力和创新动力。明晰农田水利设施的产权，处理好投资前的产权和投资后所增加产权的划分问题。全面建立健全"省规划、市统筹、乡镇监管、村为主体"的建后管护机制，制订管护制度，明确管护的范围、内容、标准，压实管护责任。

（三）提高农业物质装备水平

一是着力补齐农机装备制造短板。破解农机装备结构性问题，针对四川省农机装备"缺门断档"等问题，着力突破高效播种、低损收获等关键技术，加快制造适合不同地域的农机装备、适合农产品不同加工阶段的设施设备，以及促进农业废弃物资源化利用的设施设备。二是大力提高丘陵和山区粮食生产的机械化水平。以现代农业园区为引领，推进丘陵和山区粮食生产机械化先导区建设，实现农机研发、制造、推广一体化，着力破解丘陵和山区粮食生产机械化中的"机、地、人、物"等瓶颈。三是开展全程机械化试点。加快推进全程机械化，在粮油生产大县推进全程机械化先行县试点，引导建设一批集耕种管收、集中育秧、烘干仓储、加工销售、农资服务、技术示范于一体的"全程机械化+综合农事"服务中心。四是改善农机作业条件。实施"五良融合、宜机改造"项目，在沿江沿河沿湖的丘陵地区大力推进机耕道路、农机作业下田坡道建设，着力解决农机"通行难、下田难"问题。

（四）提高农业科技创新水平

一是推进种业高质量发展。加强优质种质资源保护，全面启动农业种质资源普查、收集、鉴定、保存工作。建立健全农业种质资源保护体系，加大针对种质资源保护的财政投入，创建种质资源保护利用示范县。大力推动四川省种质资源中心库、"天府种业"实验室建设，建设一批良繁制种科技示范基地，大力推进现代种业园区建设，深入开展良种联合攻关。加快培育种业行业的领军企业，支持四川现代种业集团发展壮大。二是着力推进农业科研创新平台建设。建设一批农业领域的国家和部省重点实验室，支持涉农高校、科研院所共建四川农业科技创新园和国家现代农业产业科技创新中心。支持构建以企业为核心的产学研用融合协同创新体系，加强科技攻关和成果转化。三是加强集成应用和示范推广。实施全域粮食生产现代化科技创新工程，推动一批粮油作物新品种与丰产优质高效栽培、全程机械化、冷链物流与信息化等先进适用技术成果的相互融合。引导高校、科研院所建立健全专业化科技成果转移转化机构和面向企业的技术服务站点网络，推动科技成果与产业、企业有效对接。四是强化农技推广服务。健全农村科技服务体系，持续组织农村科技特派员开展下乡活动，鼓励农村科技特派员队伍和其他农村科技服务组织机构开展服务对接、技术培训等项目。进一步完善基层农业技术推广机构的管理机制，优化专业技术岗位及人员配备，确保农技推广责有人担、事有人干。

（五）加快培育粮食生产经营服务主体

一是大力培育粮食生产经营主体。全面实施家庭农场培育计划和农民专业合作社质量提升行动，开展家庭农场主、农民专业合作社带头人全产业链培训，重点发展壮大一批经营管理型、专业生产型和技能服务型的粮食生产经营主体。支持从事粮食种植的家庭农场组建联合体、农民专业合作社组建联合社，以及由龙头粮油企业牵头带动多元经营主体组建农业产业化联合体。优化调整农业专项资金结构，开展种粮大户补贴试点，逐步提高针对种粮大户的补贴标准。探索建立粮食规模经营主体流转土地租金指导及协调机制。支持开展家庭农场和农民专业合作社带头人职业化试点，加快探索建立职业农民制度。二是加快发展粮食生产社会化服务。加快培育以提供专业化社会化服务为主的农民专业合作社、农村集体经济组织、涉农企业、基层供销社等粮食生产服务组织，因地制宜开展单环节、多环节、全程托管等菜单式服务，有效满足多样化的市场服务需求。鼓励粮食生产社会化服务组织拓展业务内容，从以耕种防收为主拓展至农资供应、工厂化育秧、秸秆处理、烘干仓储、冷链物流、农产品初加工和销售服务等。支持成立区域性服务组织联盟。三是充分发挥农村集体经济组织的功能和作用。支持村集体经济组织开展耕地撂荒整治，发展现代粮油产业。鼓励村集体经济组织领办创办粮食类农民专业合作社，推动集中连片经营，积极引导农户在自愿的基础上，通过村组内互换、并地等方式，实现"一户一块田""按户连片耕种"，与撂荒地整治及高标准农田建设等相结合实行托管、代耕代种、联耕联种等多种社会化服务模式。支持村集体经济组织盘活利用撤并村闲置活动阵地、办公用房等资源资产，与新型农业经营主体和农业生产社会化服务组织开展合作，解决农机生产用房等问题。

（六）提升粮食生产的比较效益

一是优化粮食品种结构。提高粮食供给质量，将满足消费需求和提升市场竞争力摆在突出位置，减少过剩低端供给，不断扩大有效供给和中高端供给，推动粮食生产全面向优、特、名、精转型。优化粮食作物结构，在稳定水稻面积的基础上，提高高档优质稻面积占比。适当恢复小麦种植面积，重点发展优质专用小麦。适当扩大玉米种植面积，积极推广玉米的"粮改饲""粮改专"。扩大大豆种植面积，发展间作套作复合种植，重点发展优质、高蛋白大豆及鲜食大豆。二是提高粮食加工水平。围绕粮油主产基地，发展粮油产地初加工，加大烘干仓储设备投入，每个以粮油为主导产业的中心镇建设1个初加工中心并辐射带动周边镇村。充分发挥产业集群的整体发展能力，大力发展粮油加工业集群。大力培育农产品加工主体，鼓励国有企业参与农产品精深加工企业兼并重组，培育一批行业领航企业、高新技术企业、科技型中小企业、专精特新和"小巨人"企业，鼓励加工企业开发符合市场需求的主食加工产品，引导龙头企业在精深加工和产业融合方面发挥引领作用。在农产品初加工、深加工、综合利用、智能制造等关键技术上发力，降低农产品的原料损失率，增加农产品附加值，推进稻壳米糠、麦麸、油料饼粕等副产物的综合利用。三是提高"川"字号粮油品牌的知名度。实施"川"字号粮油品牌提升工程，培育打造"天府粮仓""天府菜油"等区域公共品牌，加快形成具有全国影响力的粮油公共品牌。大力培育地方优势特色粮油产品品牌和企业品牌，推广"三品一标"粮油产品，开展"四川好粮油"产品遴选工作，积极争创"中国好粮油"，构建"川"字号优质粮油品牌体系。完善"区域公共品牌+重点企业自主品牌+重要农产品品牌"体系，打造"区域+企业"差异化品牌。加强政企联动，加大多渠道、多层次、多形式宣传推介力度，提升"川"字号粮油产品的知名度、美誉度和影响力。加强农产品安全生产和质量监管,建立健全农业品牌监管机制。四是提升粮油产业的产业链和价值链。依托粮油产业,推进农业与其他行业有机融合,因地制宜地发展"农业+文化""农业+旅游""农业+康养""农业+电商"等新产业新业态,探索农产品在乡村的多元利用价值。

(七)健全种粮农民收益保障机制

一是加大粮食生产补贴力度。综合考虑平原、丘陵、山区的生产成本差异,分区制定粮食补贴标准,优化农业专项资金支出结构,将新增粮食补贴向种粮大户等新型经营主体倾斜,并逐步提高补贴标准。支持农村集体经济组织整治撂荒地开展粮食生产。二是优化发展粮食作物保险。扩大粮食完全成本保险和收入保险范围,支持产粮大县开展三大粮食作物完全成本保险,探索开展水稻、小麦、玉米种植收入保险,逐步降低农户自交保费比例,提高农户参保积极性。支持具备条件的地方探索开展大豆玉米带状复合种植完全成本或收入保险试点。支持政策性农业信贷担保机构对从事粮油种植的适度规模经营主体给予保费优惠,探索通过财政奖补降低担保费率。按规定对种粮大户贷款给予适当贴息。三是强化粮食生产政策支持。统筹用好中央和省级衔接推进乡村振兴补助资金,按规定加大对粮食产业的支持力度。支持各市县提高省级乡村振兴先进市县乡村奖补资金用于支持粮食产业的比例。鼓励有条件的涉农县(市、区)加快建设具有引领带动作用的现代粮食产业园区。探索建立粮油适度规模经营主体流转土地租金指导及协调机制。四是完善农资保供稳价机制。建立健全农资分级储备制度,督促指导市县政府因地制宜制定化肥、农药、种子等重要农资储备管理办法,采取政府贴息补贴方式支持承储企业做好重要农资储备供应工作。优化农资供给模式,鼓励农资企业开展送货下乡、上门服务,降低中间环节成本,实现最大限度让利于民。完善农资价格监测制度,探索农资最高限价和专项支持政策,适时投放储备,稳定农资市场价格。

（八）加快推进数字"天府粮仓"建设

一是大力发展数字农业。构建"三农"基础数据资源体系，统筹整合各类数据资源，建设省级数字"三农"大数据信息平台，形成多层级、多要素的全省农业农村数据资源系统，实现"三农"信息"一张图"，建设四川"天府粮仓"数字中心，夯实数字农业农村发展基础。二是加强农村地区互联网基础设施建设。实现农村光纤网络、移动通信网络、数字电视和下一代互联网全覆盖，尽快建成相对完整的县、乡、村三级农业信息网络体系，提升农村地区的信息化发展水平，提高农业现代化支撑力。三是大力发展智慧农业。支持开展数字农业试点，提升装备智能化水平，推动智能控制、卫星定位、农业物联网、大数据、农机自动驾驶、农业传感等技术与农机装备等的应用，着力提升全省农业装备和冷链物流的自动化、信息化、智能化水平。四是加强灾害预警。建立系统、规范的预警业务服务体系，健全农村灾害性天气预警发布机制和防灾减灾部门合作机制，滚动开展精细化农业气象灾害预报。

参考文献

朱晶、王容博、曹历娟：《俄乌冲突下的世界粮食市场波动与中国粮食安全》，《社会科学辑刊》2023 年第 1 期。

杜志雄、肖卫东：《全方位夯实粮食安全根基：意义、内涵及重点任务》，《中州学刊》2022 年第 12 期。

《巩固和完善农村基本经营制度，深化农村土地制度改革——习近平关于"三农"工作论述摘编》，《中国农业文摘》2019 年第 4 期。

刘燕、陈彬、于庆旭等：《大豆玉米带状复合种植机械化技术与装备研究进展》，《中国农机化学报》2023 年第 1 期。

赵霞、徐杰、涂正健：《新时代国家粮食安全保障的理论逻辑、实践路径与时代启示——基于马克思主义中国化时代化视角》，《农业经济与管理》2023 年第 1 期。

杨凌云：《新时期高职院校助推农业产业化发展的问题及对策》，《教育与职业》

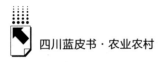

2017 年第 14 期。

郧文聚：《开创耕地保护全面升级的新局面》，《中国土地》2023 年第 2 期。

张宗毅：《"十四五"期间丘陵山区农田宜机化改造若干重大问题与举措》，《中国农村经济》2020 年第 11 期。

刘小红、陈兴雷、于冰：《基于行为选择视角的农地细碎化治理比较分析——对安徽省"一户一块田"模式的考察》，《农村经济》2017 年第 10 期。

B.3
大食物观视角下的
"天府粮仓"建设研究

张克俊　孙哲正*

摘　要： 基于大食物观推进"天府粮仓"建设，对于打破粮食增产的资源瓶颈、适应食物消费结构变化、发挥四川资源多样性优势具有重要意义。应从狭义的耕地拓展到广义的土地、从传统的植物动物拓展到现代的所有生物、从单一的供给侧拓展到全面的供给需求两侧，关键是要协调和平衡多样化食物供给与确保主粮安全之间的关系。

关键词： "天府粮仓"　大食物观　食物安全

《中共中央　国务院关于做好2023年全面推进乡村振兴重点工作的意见》指出，树立大食物观，加快构建粮经饲统筹、农林牧渔结合、植物动物微生物并举的多元化食物供给体系，分领域制定实施方案。这也是自2016年大食物观这一概念提出后时隔七年再次出现在中央一号文件中。2023年第6期《求是》杂志刊发的习近平总书记重要文章《加快建设农业强国　推进农业农村现代化》生动阐释了大食物观。习近平总书记指出，"吃饭"不仅仅是消费粮食，肉蛋奶、果菜鱼、菌菇笋等样样都是美食。习近平总书记关于大食物观的重要论述和系列中央政策文件要

---

* 张克俊，四川省社会科学院农村发展研究所所长、研究员，主要研究方向为农业经济理论与政策；孙哲正，四川省社会科学院农村发展研究所，主要研究方向为农业经济理论。

求,对深刻把握现代农业发展规律、深化农业供给侧结构性改革、科学有效破解人多地少国情下粮食安全重大战略问题,具有重要指导意义。四川2023年初举行的省委农村工作会议中也对于树立大食物观进行了工作安排部署。

作为"天府之国"的四川省,拥有肥沃的耕地和多样的生态资源,有很大的农业生产潜力。四川作为西部地区最大的粮食生产省份,同时也是最大的粮食消费省份,不仅需要建设新时代更高水平的"天府粮仓",确保"食"的安全;也需要建设更多元、更稳定的食物供给体系,拓展"食"的范围。"天府粮仓"和大食物观均是我国粮食安全战略中的应有之义,两者相辅相成。前者更加侧重于保证粮食安全,以粮食供给为目标,以耕地建设保护为着力点,建立起由耕地保护、耕地占补平衡、高标准农田建设和收益保障机制组成的完整行动体系;后者则打破传统农业对于耕地的依赖,创造性地将农业生产扩大到所有国土资源、所有动物植物微生物上,推动食物生产结构的变化,将传统的"粮食安全"拓展到更加广泛的"食物安全"之中去。

一 基于大食物观推进更高水平"天府粮仓"建设的多重逻辑

新形势下,大食物观使粮食安全具有了新内涵,也为建设新时代更高水平的"天府粮仓"提出了新的思路和更高要求。目前居民的食物需求结构发生了很大变化,传统主粮失去了主导地位,食物更趋多样化,基于大食物观推进"天府粮仓"建设,具有多重重要逻辑。

(一)打破粮食增产的资源瓶颈

2022年,四川耕地面积约为7840.75万亩,占四川省总面积的13.9%,其中实际用于粮食播种的土地面积约为6357.7万亩。2022年全国人均耕地面积约为1.36亩,而四川的人均耕地面积仅为0.93亩,不足全国人均耕地面积的 70%，排全国第 26 位。四川耕地中旱地占 55.6%，水田占 43.3%，高标准农田面积仅为 4989 万亩，总体上讲，耕地面积总量有限、人均耕地面积较小是四川粮食生产的基本情况。从四川的耕地水平来看，虽然四川土壤类型丰富，但是可耕作土壤面积仅占土壤分布总面积的 38.3%，主要为紫色土（19.4%）、水稻土（8.2%）和黄壤（5.5%）（见图 1）。

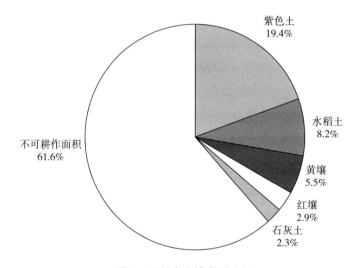

图 1　四川省土壤类型比例

资料来源：四川省人民政府网站。

从粮食生产结构来看，2010～2021 年，四川粮食播种面积仅增加 1.9%，粮食产量仅增长 10.83%，其中稻谷产量由 1484.1 万吨降至 1475.3 万吨，基本保持稳定；玉米产量增幅 41.87%，豆类产量增幅 41.73%，薯类产量增幅 22.11%，小麦产量下降 30.67%。2021 年的四川省粮食产量分作物比例数据显示（见图 2），四川粮食种植以水稻、玉米、薯类和小麦为主，但从占全国产量的比例来看，水稻排名由过去全国第 3 位下降到 2022 年的全国第 7 位，小麦排名由全国第 6 位下降到全国第 10 位，马铃薯排名由全国第 15 位上升到全国第 1 位，大豆排名由全国第 12 位上升到全国第 2

位，油菜籽排名依旧保持全国第1位的位置。① 由此可知，四川作为西部地区唯一的粮食主产省份，传统主粮产量占全国的比重下降幅度较大。在此背景下，四川提出建设新时代更高水平的"天府粮仓"，是建设农业强省、保证粮食安全题中的应有之义。

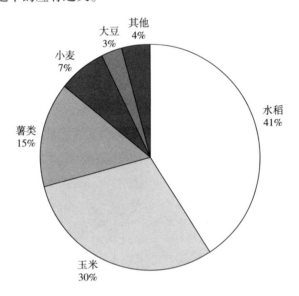

图 2 2021 年四川省粮食产量分作物比例

但是，四川地形地貌较为复杂，丘陵山地面积较大，耕地细碎化问题较为严重，在城镇化的背景下，保证原有的耕地面积已属不易，通过大幅扩大耕地面积的方式来提高粮食总产的可能性不大，应把视角转向传统耕地之外的丰富多样的土地类型的食物生产潜力，这就需要牢固树立大食物观，向草原、森林、江河湖海要食物。

（二）适应食物消费结构的变化

随着人们食物结构和消费结构的变化，主粮已经远超传统的粮食范围，即水稻、小麦和玉米三种主粮。2022 年 6 月，我国食物总消费量从 1978 年

① 资料来源于《四川统计年鉴》（2010~2021 年）。

的 515 千克/（人·年）增长到超过 1400 千克/（人·年），但城乡居民人均原粮消费却由 1978 年 247.8 公斤/年下降到 130 公斤/年。相较于 2013 年，2021 年我国居民人均谷物粮食消费降低 2.76%，肉禽类消费提高 37.8%，水产品消费提高 36.54%，蛋奶类消费提高 38.69%，果蔬类消费提高 23.59%。这充分反映了我国居民食物消费结构发生了巨大的变化：从食物消费需求来讲，由"吃饱"转向"吃好""吃营养"；从食物消费结构来讲，由主粮独大转向多元食物，传统的"以粮为纲"不再适应现代的中国人的膳食结构。①

四川也同样表现出从"吃饱"向"吃好"转变，居民的膳食结构呈现向更营养、更健康、更绿色、更安全的方向转变趋势，居民食物消费中谷物的占比不断减少，肉蛋奶、水产品和瓜果蔬菜类的占比逐渐上升。由表 1 数据可见，四川居民粮食消费数量由 2015 年的 160.7 公斤减少到 2021 年的 147.4 公斤，降幅约为 8.3%；肉蛋奶类和禽类消费量由 2015 年的 69.4 公斤上升

表 1 2015~2021 四川省居民人均主要食品消费结构变化

单位：公斤

类　别	2015 年	2016 年	2017 年	2018 年	2019 年	2020 年	2021 年
粮　食	160.7	155.8	160.2	156.6	142.70	146.90	147.4
油　脂	13.0	12.9	12.7	12.1	11.34	11.69	12.2
蔬　菜	130.2	130.0	132.5	120.7	122.65	119.63	123.3
肉　类	39.3	37.6	41.1	45.4	39.41	33.55	42.4
禽　类	10.7	11.3	10.9	10.4	13.24	14.54	13.1
水产品	6.8	7.3	7.6	7.2	9.42	9.21	9.9
蛋　类	8.7	8.6	8.9	8.4	9.01	9.95	10.0
奶　类	10.7	11.1	12.3	12.5	11.57	10.04	11.5
瓜果类	33.8	37.6	40.7	40.6	46.02	45.75	49.4
其　他	123.00	126.40	134.20	136.60	140.01	134.74	148.50

① 数据来源于国家统计局。

到 2021 年的 77 公斤，增幅为 11%；瓜果类消费量由 2015 年的 33.8 公斤上升到 2021 年的 49.4 公斤，增幅为 46%。2021 年，四川居民人均瓜果蔬菜类消费为 172.7 公斤，人均粮食消费 147.4 公斤，瓜果鲜菜类已经成为第一大消费食品。在此情况下，如果再一味强调以主粮为主的传统种植生产结构，实际上对于保障居民更高层次的食物安全、构建更加多元化的食物供给体系是不利的。综合来看，要适应居民膳食结构的变化趋势，推进食物供给多元化，就需要四川在建设新时代更高水平的"天府粮仓"中牢固树立大食物观。

（三）发挥四川自然资源多样性优势

四川现有林地 3.81 亿亩，90% 以上的林地分布在乡村特别是山区，原有 88 个脱贫县林地面积占全省的 77.7%、50 个乡村振兴重点帮扶县林地面积占全省的 61.6%。有高等植物 1.4 万余种、占全国总数的 1/3 以上，可供开发为森林粮食的有 6000 余种，总体利用率不到 10%。截至 2021 年底，全省林下种植、养殖、采集面积扩展到 1700 余万亩，经济林总面积达到 5502 万亩，经济林产品种植与加工产值 1288 亿元。尤其是在广袤的川西地区，开发林下经济空间较大。目前，四川主要的林业产品是油桐籽、油茶籽、核桃和竹笋干等，属于四川特色林业产品，发展空间仍然较大。四川地处长江、黄河上游，草原资源十分丰富，草原面积 3.13 亿亩，占全省的 43%，可利用天然草原面积 2.65 亿亩，占全省草原总面积的 84.7%，是全国五大牧区之一，发展草食家畜产品的条件得天独厚。2021 年四川水产养殖面积 19.05 万公顷，比上年下降 1.39%，另有稻田养鱼面积 32.10 万公顷，比上年增长 0.91%。依托于较为宽广的稻田面积，发展稻田养鱼等生态渔业也是大有可为的。总体来讲，四川需要以丰富多样的自然资源为依托，深入贯彻落实大食物观，做到"向森林要食物，向江河湖海要食物"，挖掘各种自然条件下的食物供给可能，提升食物的多样性，充分发挥广义的土地食物供给作用，促进形成多元的食物供给体系。

二 大食物观视角下建设更高水平 "天府粮仓"的路径选择

在大食物观下，建设新时代更高水平的"天府粮仓"就代表着应开辟全新的农业发展路径，打破过去依赖耕地、依靠狭义植物动物资源和以供给侧政策为主的传统路径，探索一条拓展到全部国土资源、全部动物植物微生物和同时注重供给需求两端政策的全新农业发展路径。

（一）路径一：从狭义的耕地拓展到广义的土地

近年来，深入贯彻落实"藏粮于地、藏粮于技"的政策对于保障我国的粮食安全起到了不可替代的作用，尤其是在现阶段我国"谷物基本自给，口粮绝对安全"的新政策导向下，更加强调了耕地这一资源的重要性，但是也要看到，耕地资源难以大量增加、耕地质量短期难以提高的现实局限性。在此约束下，大食物观更加强调从传统的粮食视角转向食物视角，把有限的耕地资源扩张到广袤的山林湖海中去。在大食物观下，通过多角度开发食物资源，既可以减轻对传统主粮的依赖，保障我国粮食安全的基本目标，也可以更好地满足人民群众日益多样的食物需求，提升人民生活水平，可谓一举两得。

必须强调的是，虽然在大食物观下要求拓展土地空间，但最基本的前提是必须牢牢守住耕地红线，落实最严格的耕地保护制度。要全面落实耕地保护党政同责，严格落实"三区三线"管控规则，下达耕地保护目标，严格考核、一票否决、终身追责。严格落实"占一补一、占优补优、占水田补水田"的耕地占补平衡要求，按照"先补后占"的原则进行监管。全面开展农户承包耕地撂荒整治，健全消除耕地撂荒的长效机制，对历史流出的耕地有计划、有目标、有节奏地予以恢复和补充，实施存量违法用地整改清零行动。要加快实施高标准农田建设工程，通过大力新建和改造提升，逐步把永久基本农田全部建成规划起点高、科技水平高、建设标准高、管理水平高、产出效益高的"五高"高标准农田，努力建设"吨粮田"。要确保高标准农田原则上全部用于粮食生产，从源头上遏制耕地"非农化"、基本农田"非粮化"。要开展全域土地综合整治，以乡镇为基本单元，统筹开展农用地整理、建设用地整理、生态保护修复等整治工程，实施耕地质量保护与提升行动。

（二）路径二：从传统的植物动物拓展到现代的所有生物

习近平总书记强调，要从传统农作物和畜禽资源向更丰富的生物资源拓展，发展生物科技、生物产业，向植物、动物和微生物要热量、要蛋白。这是大食物观下特有的拓宽食物来源渠道、提高食物供给多元化水平的崭新理念。

传统的农业生产集中为粮食作物和部分动物，而在大食物观下将其拓展到更普遍意义上的植物、动物和微生物之中，尤其是强调了微生物产品这一概念，包括了第一类传统的大型食用菌，如蘑菇、木耳等；第二类通过微生物发酵繁殖自身或产生代谢产物，如单细胞蛋白、氨基酸、多糖、多肽等，通过这类微生物获得人造肉等细胞培养制成品，以及使用现代科学技术更高效环保地生产出人类所需的营养物质等；还有并非直接用于食用的第三类，以农用微生物制品的形式促进动植物产品增加和质量提升，如微生物肥料、微生物农药、微生物饲料、微生物兽药等。这三类微生物及其制成品在保障粮食安全、生命健康等方面均有着重要作用。

具体到"天府粮仓"建设，推进从传统的植物、动物拓展到现代的所有生物，关键是科技创新。结合大食物观，深入实施种业振兴行动、建设农业科技高能级创新平台、强化农业科技攻关、加快农业装备现代化，同时高度重视森林、牧草和水产品等的关键技术攻关，推进科技创新领域拓展。首先，要积极探索设施农业和植物、动物、微生物工厂，利用技术手段来生产食物，提高生产效率，避免自然灾害带来的风险。其次，要大力发展生物育种，建立大食物资源种质库，针对优质的粮食、畜禽、水产品和微生物制品育种核心技术进行重点攻关和创新，加强生物育种产业化应用。要围绕四川优势的木本粮食类（核桃、板栗等）、木本油料类（油茶等）、森林果蔬类（香椿、竹笋等）及其他特产类（蕈菌类等），研究高效栽培、农林复合和高附加值加工等技术体系。加大对于未来食品（大豆蛋白、藻类制品、人造肉等）的科研投入，促进其形成成熟的产业。最后，要创新食物开发技术和运输储藏技术，全方位、多角度地优化食物生产品种结构和区域布局，加速促成食物产业链、价值链、供应链和利益链"四链"融合，形成协调发展的现代食物产业结构。

要充分挖掘植物、动物和微生物对于食物安全的保障作用，加大设施农业的支持力度，提供强大的科技支撑。应大力支持微生物产品的开发生产，提高农业生产过程中的工业化水平，加强微生物种质资源保护，建立产业集群，开展产业示范引领，加强产业监管，以发挥微生物在食物供给方面的作用。同时，也要注重植物、动物、微生物的循环系统，尤其是在川西北高原农牧循环生态农业发展区，需通过发展生态农业和有机农业，实现食物生产的可持续性，构建起人与自然和谐共生的食物产业循环发展模式，践行食物供给体系更稳定、食物供给渠道更多元、食物供给品质更高的大食物观。

（三）路径三：从单一的供给侧管理拓展到全面的供给需求两侧管理

现阶段我国的粮食安全政策偏向于供给侧管理，秉承"谷物基本自给，口粮绝对安全"的战略目标，主要补贴对象是三大谷物主粮，包括粮食价格支持政策、价格补贴政策和生产补贴政策。现阶段偏向于供给端的政策既对于保证我国粮食安全作出了巨大贡献，又在一定程度上促进了城乡收入差距缩小，实现了工业对农业的反哺。但不能忽略的是，范围限定较为严格的粮食安全政策对需求端也有着一定的影响，主要包括：一是限制了多样化的农作物种植，难以适应现今消费者食物消费结构的转型；二是人民群众多样化和营养化的消费需求受到了限制；三是抑制了全产业链的发展，限制粮食加工产业的发展，最终导致消费端的福利损失；四是难以满足人民对于高品

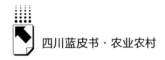

质食物的需求；五是过剩资源的低效利用一定程度上使得食物供给能力下降；六是对于生态环境的破坏，影响食物的持续性供给。在大食物观下，需要结合供给端和需求端政策，打破单一供给侧政策带来的桎梏。

具体到"天府粮仓"的建设，首先，仍要积极推进农业供给侧结构性改革，全方位、多途径开发食物资源，通过实施果蔬生产设施提升工程、推进畜禽养殖现代化、稳步发展设施渔业、大力发展饲草产业、科学建设"森林粮库"等手段，以开发更加丰富多样的食物品种，实现各类食物供求平衡，更好满足人民群众日益多元化的食物消费需求目标。其次，要制定针对性的消费引导和营养干预政策，在全社会积极引导并树立食物消费新观念，推动居民膳食结构优化与升级，并以此促进农业生产结构调整。加强食品安全和食用知识宣传，全面普及膳食营养和健康知识，鼓励减量、营养、健康、绿色消费。最后，要坚决杜绝食物浪费情况，尤其是对于餐饮行业、机关事业单位及学校食堂、公务接待等要加强管理，杜绝食物浪费情况出现。要注重宣传工作的开展，倡导"光盘行动"，全方位、多角度、宽领域地开展"节约粮食光荣、浪费粮食可耻"等宣传活动，着重引导全社会形成节粮惜粮的风尚。

三 大食物观视角下推进"天府粮仓"建设
过程中应注意的"两种"倾向

2020年9月以来，国务院发布了《关于坚决制止耕地"非农化"行为的通知》《关于防止耕地"非粮化"稳定粮食生产的意见》等，强调加强耕地保护和用途管制，增强粮食综合生产能力，稳定发展粮食生产等。

目前各地的"三农"工作中，确保主粮绝对安全固然是重要议题，但也是综合性问题，其蕴含着很多结构性矛盾和冲突。四川在大食物观下推进"天府粮仓"建设，需要理顺和处理好多样化食物供给与确保粮食生产稳定的关系，防止两种倾向，一种倾向是以大食物观为名忽视粮食稳定生产，另一种倾向是以粮食安全为名忽视多样化的食物供给。

（一）第一种倾向：以大食物观为名忽视粮食稳定生产

在建设"天府粮仓"的过程中，需要防止的一种倾向就是认为人们对主粮的需求越来越少，种粮比较效益低，外加四川地形地貌多种多样，为此，没有必要每年都强调稳定粮食播种面积、稳定粮食生产。这种倾向在实际工作中还具有相当的"市场"。要明确的是，传统主粮在食物系统中仍占据首要地位和具有不可替代的作用：粮食作为食物本身，是最基础的生活资料，是维持人民最基本生活、保障身体健康的首要食物，也是多样化食物转化的重要原料来源，必须坚持粮食生产供给稳定，高质量发展"大食物"产业。同时，粮食还是重要的战略物资、工业原料，因此在任何情况下只有保障粮食的稳定生产，才能掌握粮食安全主动权。四川作为全国重要的农业大省，尽管具有人多耕地少、地形地貌多样、特色农业资源丰富的特点，但在建设新时代更高水平的"天府粮仓"过程中，最基本的还是要稳定粮食生产、增加粮食供给，否则"天府粮仓"的建设名不副实。

应当指出的是，在稳定发展粮食生产过程中，一个不可回避的现实问题就是如何提高种粮农户收入。只有提高种粮的比较收益，让农产得到实惠，才能激发农户种粮积极性，从而使建设"天府粮仓"工作行稳致远。但现实严峻的问题和挑战是，种粮比较效益低的问题难以得到有效解决。由表2可以看出，2021年我国三种粮食（稻谷、小麦、玉米）平均每亩净利润为116.82元，是近八年的最高水平；大豆每亩净利润为42.23元，也是近八年来首次为正，而之前三种粮食（稻谷、小麦、玉米）平均每亩净利润常年为负，少数盈利年份平均每亩净利润也不足百元。对比来看，2021年蔬菜的平均每亩净利润为3072.70元，是三种粮食平均每亩净利润的26.3倍，金额上相差2955.88元。与种植经济作物相比，种粮比较收益过低，使之难以成为农民和经营主体自发的市场选择行为。在这样的现实条件下，如果政策上再不以充分保障种粮收益为导向和支持重点，伴随着市场挤出效应，粮食生产就可能会出现"大滑坡"。四川作为西部地区唯一的粮食生产大省，如果不能形成充足而有效的粮食供给，"天府粮仓"建设即便在其他方面做得再好也会变质。必须把稳定粮食生产作为多样化食物供给的基础和前提，作为"天府粮仓"建设的首要任务。

表2　2015~2021年我国主要农产品每亩净利润

单位：元

年份	三种粮食平均	大豆	两种油料平均	烤烟	苹果	蔬菜平均
2015	19.55	−25.73	−81.67	278.57	2128.34	2187.89
2016	−80.28	−115.09	−30.22	−112.13	896.8	2137.86
2017	−12.53	−209.81	−75.10	−102.18	1909.61	1776.96
2018	−85.59	−130.89	−79.99	83.61	2614.02	2265.47
2019	−30.53	−192.04	92.50	116.6	1413.10	3125.16
2020	47.14	−60.33	158.55	78.46	1953.78	3802.39
2021	116.82	42.23	121.53	316.27	69.04	3072.70

（二）另一种倾向：以粮食安全为名忽视多样化的食物供给

近年来，由于国际形势的复杂性，国家提高了对主粮绝对安全政策的强调力度，各地也在通过开展整治耕地"非粮化"工作，从根本上确保主粮供给的绝对安全，但在这个过程中存在以粮食安全为名忽视多样化食物供给的倾向，表现在：对于稳定粮食播种面积的要求，不考虑因地制宜，而是"一刀切"地硬性下达到每一个县、每一个乡镇甚至每一个村；对于耕地"非粮化"治理，不考虑问题形成的历史背景，一律要求恢复种植粮食；对于已经种植经济作物的耕地，不考虑适宜性，一律要求粮经复合种植。在四川地形地貌比较复杂多样的省情下，特别不能搞"一刀切"的政策，如果不加区别地要求种植蔬菜、瓜果、药材的耕地恢复为主粮种植用地，必然会对已经形成规模化的特色产业带来巨大损失，对增加农民收入和地方政府发展特色产业的积极性产生不良影响，这也不符合大食物观的要求。据某地方乡村干部反映，以前没有提过防止耕地"非粮化"，现在要求清除基本农田上已经种植的林果、花卉、苗木及鱼塘等"非粮化"作物和田间设施，如果操之过急，不考虑形成这种情况的历史原因的话，容易引发社会矛盾，不利于农村社会稳定和乡村振兴战略实施。

人民群众对于食物的需求日趋多样化，在确保主粮产量稳定的前提下，必须尊重和保障人民群众对于多样化食物供给的需求，而四川作为饮食特色鲜明的地区，有着丰富的自然资源和悠久的饮食传统，这些优越的先天条件都是特色农产品生产消费的优势，要求在进行"天府粮仓"建设时，不能将目光仅局限在主粮生产上，要树立大食物观，充分发挥四川自身的长处，保证多样化的食物供给，这是提高农民收入的重要举措。针对四川自然条件复杂的状况，更要正确把握哪里应该防止耕地"非粮化"、哪里应该促进耕地多种经营，这样既可以避免低效的劳动生产力投入，提高农民收入，也是在践行大食物观、助力"天府粮仓"建设。总之，在当今我国居民食品消费结构发生变化、主粮消费占比越来越小、对食物要求越来越多样的趋势下，要正确把握主粮安全和多元化食物供给之间的尺度，是在大食物观下建设更高水平"天府粮仓"极其重要的问题。

（三）综合采取各方面措施努力在粮食生产和多样化食物供给中统筹平衡

要正确把握主粮安全和多元化食物供给之间的尺度，综合采取各种措施，努力在粮食生产和多样化食物供给之间寻求平衡。

首先，应从内生动力着手，关键是农户种粮要赚钱。为此，要不断加大补贴力度，继续实施好稻谷、小麦最低收购价政策，优化农业专项资金支出结构，调整完善种粮大户补贴政策，逐步提高种粮大户补贴标准。要统筹考虑粮食的生产种植成本、所获利润等，做到因地制宜，针对不同的粮食产区和粮食品种分类施策，制定不同的最低收购价格和政策优化方案。要进一步推进完全成本保险和收入保险的"扩面、增品、提标"，提升保险补贴的针对性与精确性，支持产粮大县全覆盖开展三大粮食作物完全成本保险，探索开展水稻、小麦、玉米种植收入保险。支持具备条件的地方探索开展大豆玉米带状复合种植完全成本或收入保险试点。支持政策性农业信贷担保机构对从事粮油种植的适度规模经营主体给予保费优惠，探索通过财政奖补降低担保费率。加大公共投资力度，健全生产托管、订单农业、加工物流等社会化服务机制，让农民得到更多的实惠，进而充分调动农民生产积极性。

其次，要稳步妥善处理历史遗留的耕地"非粮化"问题，稳中求进，切不可急于求成。对于永久基本农田上存在的"非粮化"问题，应制定工作计划分批分期逐步予以解决，以做到尽量减少对农业结构调整和农业投资的冲击。由于防止耕地"非粮化"政策文件出台在后、耕地"非粮化"问题发生在前，应允许流转承包地的新型农业经营主体在合同到期后清除永久基本农田及其他粮食功能区上的林果及鱼塘并恢复耕地种粮条件。同时，也要对于历史遗留问题，尽快出台管理办法，全省要有统一的标准模式，让基层人员做到有法可依。

最后，积极推动有条件的地区采取粮经复合、轮作套种等一系列创新模式。这些新型农作模式是现阶段解决粮经作物争地矛盾、最大限度实现钱粮双增、助推农民致富的有效措施。要进一步调动农民粮经复合种植的积极性，加强对粮经复合种植的成本收益分析，科学、动态调整补贴政策，让农户"有利可图"；引导相关保险机构优化险种结构，为粮经复合种植全程"保驾护航"。农业技术部门要不断强化田间管理等技术保障，在提高种植技术水平的同时，采用多种有效方法，因地制宜提供更多的种粮经套种模式。

参考文献

刘长全、韩磊、李婷婷等：《大食物观下中国饲料粮供给安全问题研究》，《中国农村经济》2023 年第 1 期。

樊胜根：《大食物观引领农食系统转型，全方位夯实粮食安全根基》，《农村·农业·农民》2023 年第 2 期。

蓝红星、李芬妮：《基于大食物观的"藏粮于地"战略：内涵辨析与实践展望》，《中州学刊》2022 年第 12 期。

朱晶：《树立大食物观，构建多元食物供给体系》，《农业经济与管理》2022 年第

6 期。

杜志雄、肖卫东：《全方位夯实粮食安全根基：意义、内涵及重点任务》，《中州学刊》2022 年第 12 期。

翟涛、王大庆、习凯杰：《牢固树立大农业观大食物观　全面保障更高水平粮食安全》，《宏观经济管理》2022 年第 12 期。

钟钰、崔奇峰：《从粮食安全到大食物观：困境与路径选择》，《理论学刊》2022 年第 6 期。

周立、罗建章、方平：《21 世纪中国的食物安全与食物主权》，《中国农村经济》2022 年第 10 期。

李冬梅、李庆海：《以"大食物观"保障粮食安全的路径探析》，《人民论坛》2022 年第 13 期。

全国政协农业农村研究智库课题组：《牢牢把住"国之大者"粮食安全底线——学习贯彻习近平总书记参加全国政协联组会上的重要讲话精神》，《人民论坛》2022 年第 7 期。

吕欣彤、郝士横、吴克宁等：《耕地"非粮化"管控路径梳理与展望》，《土壤通报》2023 年 3 月 17 日。

李国祥：《新时代国家粮食安全的目标任务及根本要求——学习习近平关于国家粮食安全论述及十九届六中全会相关精神的体会》，《中国农村经济》2022 年第 3 期。

杨鑫：《大食物观下消费者粮食安全社会责任的内涵及强化路径》，《中国食物与营养》2023 年 3 月 17 日。

陈泳：《更高水平"天府粮仓"怎么建?》，《成都日报》2023 年 2 月 9 日。

郭晓鸣：《打造新时代更高水平"天府粮仓"的思考与建议》，《四川日报》2022 年 8 月 8 日。

罗海平、潘柳欣、余兆鹏：《基于粮食安全贡献度的中国粮食主产区粮食供求格局演变》，《浙江农业学报》2020 年第 11 期。

韩磊：《大食物观下我国重要农产品稳产保供的现实困境与政策思路》，《当代经济管理》2023 年第 4 期。

《牢记习近平总书记嘱托　在新时代打造更高水平的"天府粮仓"》，《中国粮食经济》2022 年第 7 期。

习近平：《加快建设农业强国　推进农业农村现代化》，《奋斗》2023 年第 6 期。

专 题 篇
Special Reports

B.4
"天府粮仓"耕地保护的现状、难点与对策

张克俊 文浩羽 王志伟*

摘 要： 四川作为全国的农业大省和粮食大省，推动"天府粮仓"建设，对于助力我国建设农业强国目标、保障国家粮食安全具有十分重要的理论和实践意义。本文从耕地面积、耕地质量、"非粮化趋势"、耕地撂荒现象、高标准农田建设五个方面对四川耕地保护现状进行了分析，结合国际国内形势，解析城镇化、工业化发展与耕地保护之间的矛盾，指出了四川在耕地质量提升、耕地保护政策落实、耕地保护意识等方面存在的问题，从落实各级主体责任、健全耕地占补平衡管理制度、加强耕地用途管控、提高农民耕地保护意识、加快高标准农田建设、强化耕地污染治理五个方面提出了相应的对策建议。

关键词： 耕地保护 "天府粮仓" 乡村振兴

---

* 张克俊，四川省社会科学院农村发展研究所所长、研究员，主要研究方向为统筹城乡、农村经济；文浩羽，四川省社会科学院农村发展研究所，主要研究方向为农村经济；王志伟，四川省社会科学院农村发展研究所，主要研究方向为农村经济。

古语曰"仓廪实，天下安"，粮食安全问题作为我国的基本民生问题，在保障国家安全中发挥着基础性作用，而耕地作为粮食生产的基础性资源，对一个国家的粮食质量与产量有着决定性影响。近年来，伴随城镇化、工业化的快速发展，保障粮食生产的耕地不仅面积迅速减少，质量退化和污染问题也不断加剧，对我国的粮食安全产生了严重威胁。耕地保护历来深受我国政府高度重视。2022 年中央一号文件明确提出要强化现代化的农业支撑，落实"长牙齿"的耕地保护硬措施。实行耕地保护党政同责，严守 18 亿亩耕地红线。四川作为我国农业大省，区位条件优越、自然资源丰富，耕地面积大，质量好，素有"天府之国"的美誉，四川粮食生产状况对保障我国粮食安全而言意义非凡。如何加强耕地保护，严守耕地红线，是四川"天府粮仓"建设当前和今后需要重点解决的核心问题。

一 四川耕地保护现状

四川作为我国西部地区唯一的产粮大省，是全国 13 个粮食主产省之一，在我国粮食安全保障体系中扮演着重要角色。四川为了增加粮食产量、提升粮食质量，十分重视对事关粮食生产的耕地的保护，出台了《关于严格耕地用途管制实行耕地年度进出平衡的通知》《四川省高标准农田建设规划 2021—2030 年》等一系列文件，建立了"一系统+一库"等一系列制度，通过对耕地恢复、使用、监管的全链条信息化管理，有效地实现了耕地保管结合，确保了"良田粮用"。

（一）耕地面积减少趋势放缓

近年来，随着城镇化和工业化的加速推进，四川的耕地资源保护面临着严峻的挑战。然而，经过推行耕地占补平衡制度、加强土地整治和土壤修复、调整农业结构、建设高标准农田等一系列政策措施和社会各界的共同努力，四川耕地减少趋势已得到明显改善。据 2022 年度全国国土变更调查初步结果，2022 年，四川耕地面积约为 7840.75 万亩，耕地减少趋势较"三调"前有了明显的放缓。这表明了四川在土地资源利用方面所做出的努力取得了初步成果（见图 1）。

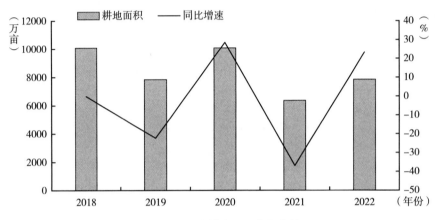

图 1　四川省耕地面积变化趋势

（二）耕地土壤质量总体稳定

四川得天独厚的自然环境为其提供了优越的土地资源。四川土壤类型丰富，共有 25 个土类、66 个亚类、137 个土属、380 个土种，土类和亚类数分别占全国总数的 43.48% 和 32.60%，其中分布于四川盆地的丘陵和盆周山区的紫土因含有丰富的钙、磷、钾等营养元素，具有成土作用快、耕性肥力高等特点，尤为肥沃，仅次于东北地区的黑土地。优越的土壤资源为四川粮食生产提供了强有力的保障。2022 年初，150 个土壤基础点和 478 个土壤风向监控点的监控数据显示，四川 21 个市（州）土壤状况均为"优"和"良"，农用地土壤环境总体稳定。同时，随着近年来相关部门对化肥施用的日益重视，四川农业化肥施用量总体保持下降趋势，有效缓解了四川耕地土地酸化、水土流失、病虫害滋生、作物品质降低等问题，对"天府粮仓"的建设产生了积极影响。继续加强耕地生态保护、发挥耕地环境调节功能，是"天府粮仓"建设的应有之义和必经之路（见图 2）。

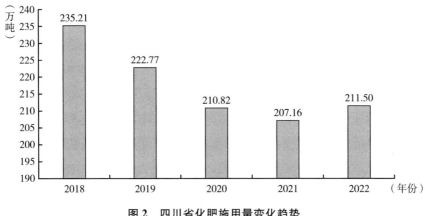

图2 四川省化肥施用量变化趋势

（三）四川耕地"非粮化"的趋势得到遏制

耕地"非粮化"是指农民将原本用于种植粮食作物的耕地改种为经济作物或蔬菜水果等非粮食作物的现象。这样做可以带来更高的经济效益，但也会引发粮食安全风险。近年来，经济社会快速发展，为了谋取更高的经济收益和更富足的生活水平，大量农民选择转而种植经济效益更高的经济作物，四川耕地"非粮化"问题日益凸显。为了推动"天府粮仓"建设，保障区域粮食安全，四川采取了包括制定土地利用总体规划、加强耕地质量管理、优化农田布局、控制非农业用地占用、加快耕地保护制度建设、鼓励农民合理利用农田等一系列措施来遏制耕地"非粮化"趋势。通过多方面的努力，四川耕地"非粮化"趋势得到了有效控制。2022年，四川全年粮食作物播种面积646.4万公顷，比上年增长1.7%，粮食产量3570.5万吨，连续三年稳定在3500万吨以上（见图3）。

（四）四川耕地撂荒现象得到初步改善

近年来，为推进"天府粮仓"建设，四川从维护粮食安全的战略全局和维护国家安全的政治角度，坚持分类指导，有序推进撂荒地利用。通过建立信息台账，制定统筹利用撂荒地的具体方案，将平原地区的撂荒地优先用

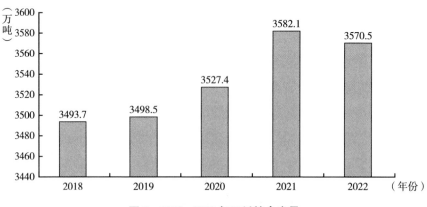

图3　2018~2022年四川粮食产量

于粮食生产；对于丘陵地区的撂荒地，宜粮则粮、宜特则特。同时强化政策扶持，积极引导农民复耕撂荒地。充分发挥政策导向作用，释放价格信号，健全补贴机制，完善保险政策，加大创业支持力度，提高种植比较效益。重视设施建设，改善撂荒地耕种条件。将具备条件的撂荒地纳入高标准农田建设范围，尽快修复因灾损毁的撂荒地，对撂荒地开展地力培肥，加快适合丘陵山区的农机装备研发制造。通过一系列实践，四川撂荒耕地治理取得了显著成效。2022年，四川新增数万亩有效耕地，极大地改善了耕地撂荒不断加剧的趋势。

（五）四川高标准农田比重稳中上升

高标准农田建设是指依据现代化农业生产要求，按照一定的标准和规划，通过改良耕地、改善农田基础设施等手段，实现农业高产、高效、优质。近年来，为应对四川耕地资源日益紧张的困境，四川省委、省政府提出了以提高农业生产效率和农民收入为主要目标，加强农村基础设施建设，通过实施土地平整、灌溉与排水、田间道路、农田防护与生态环境保持等耕地保护项目，实现了土地旱能浇、涝能排，田平、路直、渠通，确保了农田高产、稳产，有效调动了农民从事农业的积极性，提高了耕地质量和农业生产能力。到 2022 年末，四川通过"改田""置农机""规模经营"等多种方式，共建成高标准农田 5400 余万亩，占耕地总面积的比重增加到 68.8%，有效地提高了四川耕地进行粮食生产的综合能力。

二 四川推进耕地保护的主要难点

（一）城镇化、工业化的发展与耕地保护的矛盾

作为中国西南地区经济最为活跃的省份之一，四川城镇化、工业化的快速发展有力地加速了经济发展，然而这也带来了一系列问题，其中最为突出的就是城镇化、工业化与耕地保护之间的矛盾。首先，城镇化和工业化导致耕地面积不断减少，直接影响了四川的农业生产和农民的生计。国家统计局数据显示，1999～2019 年，四川省耕地面积从 415.9 万公顷下降到了 354.2 万公顷，这主要是由城镇化和工业化对耕地资源的需求不断增加所导致。其次，城镇化和工业化的发展也带来了环境问题。四川省有许多重化工企业，这些企业在生产过程中产生的大量废气、废水和废渣会严重污染周围环境。这不仅会影响到当地居民的生活，也会对农业生产造成负面影响，进而影响四川的粮食安全。最后，城镇化和工业化的发展使得土地价格不断攀升，加剧了城乡之间的贫富差距。在城镇化和工业化的推动下，城市发展速度较快，城市人口的收入和生活水平也不断提高。而农村地区的居民则由于缺乏资本和技术等，难以获得同等的收入和生活水平，这使得四川的农民不得不把更多的土地流转出去，或者直接放弃耕种，转而从事非农生产或者外出务工。此外，由于土地资源的有限性，外加城镇化的发展，土地价格不断攀升，在加剧城乡之间的贫富差距的同时，也削弱了农村地区进行耕地保护的能力。

（二）耕地质量提升成本高、难度大

四川是我国的农业大省，也是重要的耕地保护区。然而，长期的过度开

发和不合理利用，使得耕地面临肥力下降、水土流失等问题。为了解决这些问题，需要提升耕地质量。但是，四川的耕地质量提升面临着成本高、改善难度大等一系列挑战。首先，四川的土地类型和气候条件复杂多样，这使得提升耕地质量的成本相对较高。不同地区的土地类型和气候条件都不同，需要采用不同的技术和方法进行耕地质量改善。比如，四川南部山区地形复杂，气候潮湿，土壤肥沃，适合水稻种植，需要采取特殊的耕作方式；而四川北部丘陵地区，人多地少，劳动力丰富，需要采取土地平整、施肥等方式来改善土地质量，提高土地单产。这些都需要投入相应的人力、物力、财力。2022年，四川通过直接投入资金146.42亿元，辅以建立质量监督体系、常态化年度综合评价机制，构建起省市县全覆盖、多层次的高标准农田建设支持体系等，成功建成高标准农田487.16万亩。即便如此，四川的高标准农田面积仍只占耕地总面积的68%左右。其次，四川农民的耕地管理水平相对较低，耕地保护经验相对匮乏。四川农民大多数是传统的小农户，耕作管理经验较少，缺乏先进的耕地管理技术和知识，在进行耕作管理时也面临着资金不足、劳动力匮乏、专业设备稀缺等一系列问题。最后，四川的耕地保护政策和措施还不够完善。为了加强耕地保护，四川省政府制定了一系列的耕地保护政策和措施，如耕地质量监测和评估、农田水利建设、土地整治等。然而，由于缺乏有效的监督和评估机制，这些政策和措施的执行效果还有待进一步提高。

（三）四川耕地质量下降的因素依然存在

首先，耕地不合理利用现象依然存在。为了满足不断增长的人口需求和经济利益，许多农民会在同一块耕地上不断种植同一种作物，导致土壤养分流失。随着机械化农业的发展，农业机械使用过度频繁，这虽然有利于提高农业生产效率，但也会压实土壤，可能导致土壤的通透性降低、水分渗透能力下降等一系列问题，加剧耕地质量下降。其次，化肥和农药的使用量仍然较大。为了提高作物产量，农民在耕作过程中会大量使用化肥和农药，这不仅会导致土壤养分失衡、微生物丰富度下降，还会对土壤生态系统和生物多样性造成危害。四川近年来通过农业技术改革和农业政策扶持，使得化肥使用量保持递减趋势，但仍达每年 200 万吨左右。最后，耕地水土流失问题依然严峻。四川盆地属于亚热带季风气候，雨季长、降水量大，外加地势复杂，山地较多，水土流失问题成为四川耕地保护中最为棘手的问题。当耕地土壤被剥蚀，肥沃的表层土壤会被移走，这会影响耕地质量，导致作物生长受阻，影响农业质量。因此，如何对耕地水土流失问题进行有效治理，是四川应对耕地质量下降风险、推动"天府粮仓"建设的重要着力点。

（四）耕地保护政策落实难度大

为保护宝贵的耕地资源，四川实行了一系列耕地保护政策，包括严格的耕地转用审批制度、建设用地与耕地补偿制度等。然而，由于多方面的原因，耕地保护政策的落实还面临不少困难。四川地形复杂，耕地具有集聚性较高的特点，呈现出了较为明显的空间分布特征，农业用地的生态环境和资源状况存在很大差异。复杂的地理环境要求四川的耕地保护政策必须因势利导、因地制宜，根据具体情况出台具有针对性的耕地保护政策，这使耕地保护政策的制定和实施都面临巨大的挑战。耕地保护政策的落实难度大在很大程度上也取决于地方政府。地方政府面临发展经济、推进城镇化、增加财政收入的压力，而无论是推动经济发展还是增加财政收入都不得不靠土地，因而会自觉或不自觉地在耕地资源保护、土地利用等方面执行不严，导致一些耕地被非法征用或占用。

（五）农民耕地保护意识弱

保护耕地在很大程度上要依靠农民。随着农业农村现代化和乡村振兴的推进，作为农业生产的主体，农民的耕地保护意识和能力不足已成为影响耕地保护的一个严重问题。首先，农民传统思想观念根深蒂固。长期以来，农民在传统"小农经济"生产方式下，往往将土地视为可以无限利用的资源，忽视对其的保护和可持续利用。他们认为，土地是可以自由使用甚至随意破坏的。这种思想观念如今在农村依然普遍存在。其次，农民缺乏耕地保护的法律意识。在耕地保护上法律法规是最基本的保障，然而，农民文化水平普遍较低，对法律法规的理解和认知不足，导致他们依法使用土地、遵守相关法律法规的行为自觉性不够。再次，缺乏技术支持。现代农业生产需要运用大量科技。然而，农民往往由于缺乏科技支持，难以掌握先进的种植技术和管理方法，他们没有意识也没有能力正确地使用土地，导致土地被过度损耗和破坏。最后，经济利益驱动。随着农村经济的发展，农民对经济利益的追求越来越强烈。有些农民为了增加经济收入，会采取不合理的耕作方式和土地利用方式，导致土地的质量和肥力下降，影响耕地的可持续利用。

（六）农业生产技术更新缓慢，机械化程度低

农业机械化是农业现代化发展的一个重要标志。四川省耕地面积虽然排全国前十，但八成以上为丘陵山地，是丘陵山地农业机械推广应用大省，这就使四川农业机械化面临诸多问题，如农机作业条件差、宜机化改造难、丘陵山地耕地不连片和地块小等，对农业机械作业产生很大制约，进而影响生产效率。丘陵山地的农业生产成本要高于平原地区，所消耗的人力、物力也较多且收益较低，因而农村的青壮年大多会选择外出务工。四川耕地地块小、不宜机械化的状况，导致农民对耕地的保护动力不足，甚至出现耕地撂荒现象。

三 四川推进耕地保护的对策建议

（一）落实各级主体责任

党的二十大报告明确指出"推进耕地保护建设全方面加强"，是加快建设农业强国的重点任务。政府作为耕地保护政策的制定者和耕地保护实践的引领者，在耕地保护中发挥着重要作用。要强化各级政府对耕地保护之间的重视程度，加强对耕地保护的监督管理，尤其要督促耕地"占补平衡政策"

落实落地，确保耕地红线不动摇，夯实国家安全的粮食基础。地方政府要树立正确的政绩观，处理好工业化、城镇化发展与耕地保护之间的关系，坚定不移地走集约型、节约型、创新驱动型的高质量发展道路，切实减少对土地尤其是耕地的占用。要改革政府对土地的低价征用制度，建立完善的市场化土地征用制度，以此严格遏制耕地的"非农化"。

（二）严格落实耕地占补平衡管理制度

耕地占补平衡制度作为耕地保护制度的重要组成部分，对于弥补建设用地对耕地的占用具有十分重要的作用。各级政府应当按照中央的统一要求，制定本地区的相关规定，明确耕地占用审批、补充、监管等方面的具体职责和机构设置，各责任主体必须承担起相应的管理职责，加强协调联动，确保耕地占补平衡管理制度得到有效的贯彻和执行。同时，要建立严格的审查机制，提升耕地占用审批的严格性。对于拟占用耕地的项目必须进行耕地质量评价，严格按照土地利用总体规划进行审批，不得超出规划范围。对于符合条件的项目，须严格履行耕地占用手续，确保每一块被占用的耕地都能够得到合理的替代，对于不良情况及时发现并予以严肃处理。与此同时，要加大土地整治力度。土地整治作为土地补充的主要渠道，是实现耕地占补平衡的主要手段。各级政府要统筹考虑各方面因素，在保障当地经济健康有序发展的同时，因地制宜，通过耕作层剥离、移土培肥等技术对补充耕地进行综合治理，确保补充耕地在质量、数量上均与原有耕地保持一致，以达到占补耕地产能的综合平衡。

（三）加强耕地用途管控

首先，制定完善的法律法规是加强耕地用途管控的基础。应当加强对土地利用总体规划和耕地保护专项规划等相关规划的编制，明确耕地保护的范围、标准和要求，规定违规行为的处罚力度，让进行耕地用途管控的执法人员有法可依，以便更好地打击将耕地挪作他用的行为。其次，建立健全耕地用途监管体系是加强耕地用途管控的重要措施。从各级政府部门到社会各界都应参与监管。政府部门应建立综合管理机制，加强各地区各部门间的联系，形成全面覆盖、互相配合的监管网络。同时，要明确监管职责和权力，落实监管责任，特别要加强技术手段支撑，利用高科技手段监测耕地使用情况，及时掌握耕地利用状况、违法行为等信息，提高监管效能。

（四）提高农民耕地保护意识和能力

农民作为耕地的主要使用者，是推动耕地保护中不可忽视的一环。长期以来，农民的耕地保护意识较薄弱。加大耕地保护宣传教育力度、提高农民的耕地保护意识，对于推动"天府粮仓"的建设而言不可或缺。耕地保护宣传教育不仅是对农民知识文化水平和思想素质的提升，也是对耕地保护知识与政策的灌输，更是对履行耕地保护义务与责任的确立，是调动农民参与耕地保护积极性的重要途径。要充分利用电视、互联网、广播、报纸等新闻媒体开展广泛宣传，做好《土地管理法》《基本农田保护条例》等相关法律法规的普及工作，不断提高农民对农村耕地保护重要性及耕地资源多样化价值的认知。除了耕地保护理论知识的宣传教育外，还要做好实践方面的宣传教育。要开展农村耕地保护模范人物的评选活动，依据一定的评价体系，将农民主体参与耕地保护的突出行为或事迹择选出来，重点进行人物宣传。通过鲜活的实例，让农民对参与耕地保护有更为切身的感受，发挥榜样的力量，进而达到耕地保护宣传教育的目的。进一步说，各级人民政府及其相关部门、基层群众性自治组织、新闻媒体及农业院校都应该对农村耕地数量、质量、生态等方面的保护进行宣传教育，并加强科学普及，提高农民参与耕地保护的积极性。

（五）加快高标准农田建设

推动高标准农田建设，应按照《高标准农田建设通则》中的国家标准，加快地方标准修订工作，分区域、分门别类地制定高标准农田建设标准，完善耕地质量监测评估标准，构建全省高标准农田建设的标准体系。要丰富高标准农田建设的内涵，围绕工程建设进行统一规范、科技服务及建后管护。推进高标准农田建设，应重点突出改造土地田型，提升耕地平整程度；改造灌排设施，提升旱涝保收能力；改造田间道路，提升生产便捷度；改造土壤结构，提升耕地质量等级。推进高标准农田建设要与完善水利基础设施相结合，扎实推进重大水利工程建设，加快构建水网骨干网络，加快大中型灌区建设和现代化改造，实施一批中小型水库及引调水、抗旱备用水源等工程建设，加强田间地头渠系与灌区骨干工程连接等。推进高标准农田建设要与宜机化改造相结合，对耕地实行"小改大、陡改缓、坡改梯"，满足农业机械化作业、农资运输等需求。要建立健全高标准农田建设的投入机制，严格落实高标准农田建设财政补助政策，整合涉农项目资金支持高标准农田建设，省级实行差异化补助政策，提高丘陵、山区补助标准。同时，按照"政府主导"的原则，引导社会资本参与高标准农田建设。

（六）加强耕地污染治理和土壤改良

耕地的质量直接决定着粮食的品质。要采取多种治理手段，坚定不移地打好耕地污染防治攻坚战，全面提升土壤的健康水平。要对耕地污染进行科学的防治，相关人员必须多方面了解耕地污染的类型，结合相关知识，科学分析耕地污染产生的原因，并针对性地提出解决方案。首先，应充分发挥大数据在土地治理中的信息收集功能。通过大数据收集的信息，结合当地农业生产和土地污染的具体情况，因地制宜地提出符合当地实际的污染解决方案。其次，转变农业生产模式，大力推行可持续发展的生产方式。传统分散粗放的生产方式、落后封闭的生产理念等更不利于耕地保护。转变落后的生产方式，建立起符合自然发展规律、与生态环境相适宜、耕种工具高效先进的现代生产方式，对于解决土壤肥力下降、水土流失等问题而言十分重要。最后，建立土壤保护政策支持体系，加大土壤保护资金投入。通过加大资金投入，建立科学的土壤保护治理结构，推动土壤的健康水平提升。

参考文献

胡海川、殷羽奇：《粮食安全战略下耕地生态补偿机制与实施路径研究》，《农业经济》2023 年第 1 期。

陈红、陈莎、叶艳妹：《面向农业高质量发展的耕地保护转型研究》，《农业现代化研究》2023 年第 1 期。

王飞虎：《基于夯实"天府粮仓"视角的耕地撂荒问题探究——以四川渠县撂荒地整治为例》，《乡村振兴》2022 年第 8 期。

周荣鸿：《粮田变良田，夯实天府粮仓"耕"基》，《成都日报》2023 年 3 月 2 日。

李传君：《为"天府粮仓"夯实根基》，《农民日报》2023 年 3 月 1 日。

金晓斌等：《面向中国式现代化的耕地保护学理解析与地理学支撑框架》，《经济地理》2022 年第 11 期。

于法稳、代明慧、林珊：《基于粮食安全底线思维的耕地保护：现状、困境及对策》，《经济纵横》2022 年第 12 期。

付弘流、杨荣和、杨惠：《生态文明背景下耕地高效保护路径探析——以贵州省铜仁市为例》，《自然资源情报》2023 年第 4 期。

刘丹、巩前文、杨文杰：《改革开放 40 年来中国耕地保护政策演变及优化路径》，《中国农村经济》2018 年第 12 期。

毛志红：《党政同责牢守耕地保护红线》，《中国自然资源报》2023 年 2 月 7 日。

郧文聚等：《发展耕地保护思想，建设耕地资源强国》，《中国农业综合开发》2022 年第 12 期。

鲍旭辉、杨旭、鲍立平：《谈北斗系统在耕地保护中的应用》，《山西建筑》2023 年第 4 期。

吴宇哲、许智钇：《大食物观下的耕地保护策略探析》，《中国土地》2023 年第 1 期。

B.5
四川现代种业发展的现状、问题及对策

高 杰 罗巧玲*

摘 要： 作为西部地区唯一的粮食主产区、重要的种业资源大省，四川肩负着重要的粮食安全与种子安全责任。通过高质量推进现代种业发展实现四川打造新时代更高水平"天府粮仓"的目标，是四川建设农业强省的重要内容。党的十八大以来，四川省在种质资源保护、品种创新繁育、多元主体培育等方面取得了显著成效，但仍面临关键技术突破、适宜品种选育、育繁推联动等主要问题，应着重在种源开发、技术创新、市场对接、企业培育等方面齐出力，为深入实施种业振兴行动做出重要的贡献。

关键词： 现代种业 种业政策 种业振兴 四川

种子被称为现代农业科技的"芯片"，是保障国家粮食安全的关键，是确保重要农产品持续安全供给的基石。党中央高度重视种业工作，1982年至今我国出台的25个中央一号文件中，有23个都对种业发展提出了工作要求，2023年中央一号文件再次强调要"深入实施种业振兴行动"，确保粮食安全和农业高质量发展。四川是西部地区唯一的粮食主产区，也是重要的种业资源大省，承载着确保粮食安全与品种安全的历史责任。在打造新时代更

---

* 高杰，四川省社会科学院农村发展研究所研究员，主要研究方向为农村经济；罗巧玲，四川省社会科学院，主要研究方向为农业经济政策。

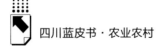

高水平"天府粮仓"重要战略推进的关键时期，必须高度重视现代种业体
系建设，以高质量推进现代种业发展、推动四川农业强省建设，为国家实现
种业科技自立自强、种源自主可控，进而确保粮食和重要农产品安全稳定供
给做出四川贡献。

一 四川省现代种业发展的工作成就

党的十八大以来，四川省委、省政府把促进现代种业发展工作提到了新
的高度，围绕"种质资源、育种创新、良种繁育"等工作作出了重要指示
并取得了显著成效。"十三五"期间，四川省在农作物育种上紧扣生产实
际，优质高产品种、机械化轻简化栽培品种、节水节肥抗逆性强品种和加工
专用品种等新品种选育取得了突出成效，育种及配套栽培（养殖）技术水
平显著提升，平台建设步伐加快，为推动四川省现代种业发展、打造新时代
更高水平"天府粮仓"和建设农业强省提供了重要的科技支撑。

（一）种质资源保护持续加强

四川省属于全球生物多样性热点地区，种质资源数量丰富、种类齐全、
利用价值高，全省资源保护工作走在全国前列。现保存农作物种质资源 6 万
余份，通过全国第三次普查共征集和收集种质资源 7557 份，获得特异性、
独占性资源 40 余份。米易县梯田红米、合江县带绿荔枝、彭州市大蒜、得
荣县树椒先后入选全国十大特异资源品种，数量均居全国第一；苍溪红心猕
猴桃、龙泉大五星枇杷等优良品种均是利用野生种质资源选育而成，前者种
植面积和产量均已占全省猕猴桃种植面积和产量的 40% 以上，后者种植面
积占全国单一红肉枇杷品种总栽培面积的 30% 以上。有野生经济植物 5500
余种，其中药用植物种类占全国的 80% 以上。建有林木种质资源保存库和
重点林木良种基地 35 个（国家级有 19 个、省级有 16 个），桑种质资源
1172 份，居全国前列。全省已经保存农业种质资源 20 万余份，建立粮、
果、茶、桑、草等种质资源圃 27 个；保存畜禽遗传物质 15 万份，居西南地

区第一；有国家认定的畜禽遗传资源66个，地方畜禽遗传资源52个，居全国第二；建成西南地区最大、保存畜禽遗传材料最多的畜禽遗传资源基因库，完成9个藏区畜禽遗传资源调查；有自然分布的鱼类246种，占全国淡水鱼类的27%、长江水系的2/3；建立水产种质资源保护区39个（国家级31个、省级8个）；保存蚕种质资源688份、全国9个中蜂生态类型中，四川省有5个；建成畜禽（蜂蚕）保种场（保护区）51个，其中国家级有10个、省级有25个。

同时，四川省是全国首个出台农业种质资源保护与利用文件并将落实情况纳入各市（州）年度政务目标考核的省份。为保护种质资源，投资9223万元建设四川省历史上最大体量的种业工程——四川省种质资源中心库，这是国内唯一的省级综合性种质资源库，建成后预计保存各类种质资源188.4万份（剂），为新品种选育和农业科技创新提供丰富的物质基础。

（二）育种创新能力明显提升

为提升育种创新能力，四川省通过人才培育、主体建设等方式为种业创新提供基础保障。在科研人才上，四川省实施了育种人才储备计划，目前全省从事种业科研育种和推广的专家2400余名，其中院士1名，学术和技术带头人100余名。在创新主体上，形成较完善的育种创新机制以及企业、科研院所、推广部门等协同配合的联合攻关育种体系。省农科院、川农大等科研院所的育种创新能力位居全国第一方阵，具有较强实力和影响力。在政策激励上，四川省实施了《四川省农作物联合育种攻关计划》《四川省畜禽良种联合攻关计划》等四大育种计划，安排专项资金开展主要农作物、畜禽、蚕业、蜂业等育种技术攻关。在育种基础上，"十三五"期间，全省审定主要农作物品种475个，其中水稻品种131个，居长江上游地区第二；获得登记品种1207个，其中油菜品种134个，居长江上游地区第一；毛木耳品种15个，居全国第一。此外，专用粮油作物品种育种加速，选育水稻、玉米、小麦、薯类和油菜专用型品种52个，比"十二五"期间增加了30%。在

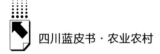
"十三五"期间先后育成天府肉鸡、大恒肉鸡799、蜀兴1号肉兔等畜禽新品种（配套系）3个，育成饲草新品种65个，育成"川蚕30号""川桑98-1"等蚕新品种9个、桑新品种5个，审认定林木良种73个。全省自主选育优质蚕品种使用量达70%，为育种创新迈向4.0时代夯实了基础。

（三）良种繁育体系不断完善

四川省是全国三大育制种基地之一，杂交水稻制种面积占全国的1/5，杂交油菜制种面积居全国第一，三系杂交水稻、杂交油菜繁育体系在全国处于优势地位。拥有国家级制种基地市1个、国家级制种基地县15个、国家级区域性良种繁育基地4个；初步建成了以川西平原为主的杂交水稻、杂交油菜制种优势区，以安宁河流域为主的杂交玉米制种优势区；建成国家级现代农业种业园区1个（天府现代种业园），启动建设9个省级现代种业园区。建有各类种畜禽场（站）582个，其中国家级种公牛站1个、国家级畜禽核心育种场13个、省级畜禽核心育种场21个；建有水产苗种场（站）1168个，其中国家级水产原良种场2个，省级原良种场45个；建有蚕种场14家，其中省直属蚕种场5家；建成国家草种质资源圃3个、省级草种基地3个；建有以种子园、母树林、采穗圃为主的林木良种基地96个，其中国家重点林木良种基地13个、省级重点林木良种基地9个，为进一步提升供种能力提供了有力保障。

（四）企业主体培育持续加力

全省现有取得生产经营许可证的农作物种业企业349家，其中育繁推一体化企业6家、进出口企业13家；取得生产经营许可证的畜禽种业企业402家，其中育繁推一体化企业18家（生猪类企业9家，肉牛类企业1家，肉羊类企业3家，家禽类企业4家，兔类企业1家）；水产种业企业115家，其中育繁推一体化企业2家，国家级龙头企业1家，省级龙头企业2家；蚕种生产企业6家，桑树种子（苗）生产企业8家；林木良种生产经营单位86家；草种企业50余家，其中育繁推一体化企业5家。最新发布的全国种企 20 强名单中，全省有 5 家企业上榜，占比 1/4，中国种业信用骨干企业 4 家，较"十二五"期间增加 2 家，畜禽种业在主板上市的企业有 2 家。为培育全国前 50 强的领军型企业创造了条件。

（五）行业监管能力不断强化

四川省种业法制建设不断加快，及时修订了《四川省农作物种子管理条例》《四川省蚕种管理条例》，认真贯彻落实《种子法》、《畜牧法》及配套规章，依法治种氛围更加浓厚。监管制度不断健全，建立以产地检疫为重点的水产种苗生产经营许可管理制度和林木种苗质量抽查制度，实施蚕种生产经营行政许可，抓实畜禽种苗监管制度，完善"春秋查市场、夏查基地、冬查企业"的农作物市场例行抽检制度，主要农作物样品抽检合格率从 2015 年的 96% 提高到 2020 年的 98.3%，高于全国平均水平（98%）。畜禽精液质量稳步提升，牛冷冻精液 15～19 年，国家抽检合格率 100%，种公牛冷冻精液质量居全国前列。检测基础不断夯实，建立了种猪质量检测站、种猪遗传评估中心和奶牛 DHI 测定中心，成立了省级牧草种子质检中心，构建了以部级蚕桑产品质量检验检测中心、省蚕种质检站为核心，5 个市（州）蚕种质检站为网络的全省蚕种质量监督检验体系。以省为中心、市州为骨干、县为基础、第三方为补充的农作物种子质量监督检验体系形成，21 家农作物种子质量检验机构在全省发挥重要作用，其中 4 家具备分子检测能力，数量居全国第一，进一步确保了四川省的种子（苗）质量安全。

二 四川省现代种业发展面临的突出问题

四川现代种业发展取得了显著成效，但是在关键技术突破、适宜品种选育、育繁推联动等方面仍存在一系列问题，无法满足农业强省建设对现代种业产业发展的要求。特别是对标我国其他种业强省，四川在现代种业发展中还存在以下问题。

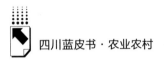

（一）种质资源保护的关键技术仍待突破

种质资源保护是种质资源开发利用的初级阶段，充分挖掘种质资源潜力能够实现保护的最大价值。当前四川省在种质资源保护中的主要问题包括：一是对种质资源鉴定精准度和系统性还不够。四川省拥有丰富的作物资源，但还缺乏系统精确的表型研究，对资源的鉴定评价多侧重于产量、抗病抗逆等传统目标性状，缺乏对适应"寡日照"、广适、加工等重要性状的深入评价，突破性资源缺乏制约了突破性品种选育。同时，对资源的研究不深入，一些资源相关的关键科学技术问题有待解决。由产量、品质、抗性和适应性形成的遗传基础不明，尽管鉴定了一些相关基因，但数量较少且基因间的作用关系不清，影响育种应用。二是对野生和地方种质资源的利用较少。四川及西南农业野生植物资源分布广泛，资源丰富，这些野生和地方种质资源含有大量有利基因，对于农业生产和生态多样性具有重要的作用。需根据地区生态特点和经济发展需要，进一步加大农业野生植物资源的收集保存和评价利用力度，为适宜生态类型的农业优良品种选育奠定良好的基础。

（二）育种方向与市场需求缺乏有效对接

种业育种应基于市场化需求，在满足农业生产的实际上精准对接科研院所育种成果，既要保障育种方向紧跟市场需求，也要围绕市场需求缩小优良品种上市时间。以水稻为例，2009 年以前，四川省培育的三系杂交水稻品种在长江流域稻区大量培植，但是随着长江中下游稻区产业结构的调整以及机械化水平的提高，其栽培耕作制度发生了重要变化，具有耐肥抗倒特点的常规稻和两系杂交稻得到了迅速推广。数据显示，长江中下游 6 省的常规稻面积由 2001 年的 6642 万亩增加到 2017 年的 7778 万亩，增长 17%，同时，两系杂交稻由 1645 万亩增加到 5139 万亩，增长 212%，而三系杂交稻推广面积大幅度萎缩，由 2001 年的 11265 万亩减到 2017 年的 4664 万亩，减少59%。到 2015 年，长江中下游稻区的两系杂交稻种植面积首次超过了三系杂交稻。但四川省相关科研单位并未根据长江中下游水稻生产特点，重新制定该稻区的育种目标，仍然采用以重穗、少肥为育种目标的三系杂交水稻品种选育，因此在品种审定方面很难通过长江中下游审定，四川省的三系杂交水稻品种逐渐退出了长江中下游市场。选育品种数量上，2016~2019年四川审定优质水稻品种共22个，而湖南审定45个、广西审定212个，在优质2级及以上高端优质品种中，四川审定11个、湖南审定30个、广西审定110个。这些数据都进一步证实了四川当前品种选育与实际农业生产之间缺乏有效的对接。

（三）科研育种成果市场化过程尚需加速

近年来，四川省育种创新能力有所提升，但种业企业自主创新能力弱，代表性企业的核心竞争力与其他省份相比存在很大差距。企业育成品种占比低，种子企业普遍规模小、实力弱；育种材料、人员和技术缺乏。在数量上，以水稻品种选育为例，2011~2015年，企业通过省审品种数四川有24个、广西有87个、湖南有89个、安徽有61个，商业化育种指数四川为34%、广西为75%、湖南为68%、安徽为73%；企业通过国审品种数四川有17个、广西有2个、湖南有17个、安徽有20个，商业化育种指数四川为32%、广西为100%、湖南为71%、安徽为88%。2016~2019年，企业通过省审品种数四川有20个、广西有275个、湖南有160个、安徽有146个，商业化育种指数四川为28%、广西为82%、湖南为89%、安徽为85%；企业通过国审品种数四川有58个、广西有22个、湖南有355个、安徽有101个，商业化育种指数四川为66%、广西为100%、湖南为100%、安徽为90%。在质量上，2016~2019年企业通过省审的优质稻品种四川有8个、湖南有34个、广西有167个，商业化育种指数四川为36%、湖南为89%、广西为90%，并且在优质2级及以上高端优质品种选育上各省份差距巨大，四川有5个、湖南有24个、广西有88个。

（四）整体育种创新供给能力较弱

育种创新上，全省基本还停留在常规杂交育种"2.0时代"。基因编辑、分子设计和人工智能等新型育种技术应用不足、短板明显；农作物、饲草品种同质化严重，创新性品种较少，市场竞争力相对较弱；高代次畜禽品种过多依赖国外，自主培育畜禽新品种能力不强，选育力度小；优良乡土树种良种选育和挖掘利用严重滞后。

育种供给上，农作物种子生产基地面积减小，其中杂交水稻制种面积向省外转移3万~5万亩，萎缩较快，排名从全国第一下降到全国第三，基地"五化"程度低，旱涝保收面积不足45%，抵御自然灾害能力不足。种畜禽场拥有数量优势，但普遍规模较小，设施设备和技术水平跟不上，导致生产能力提高困难，尤其在非洲猪瘟疫情影响下种猪供种能力缺口较大，良种繁育体系不健全。水产种业苗种场（站）生产规模普遍较小、建设标准低、装备落后，生产能力不能满足现代渔业发展需要，每年需要从广东、海南等地引进水花鱼苗约100亿尾。饲草种子主要依靠省外调进或国外进口，适合在四川农区种植的多花黑麦草、饲用燕麦、青贮玉米和川西北牧区种植的披碱草属、羊茅属、早熟禾属等种子缺口大。林木良种基地树种单一、结构不合理，区域分布不均，核桃、油橄榄等经济林专用采穗圃和用材林高世代种子园建设滞后。

（五）省内企业缺乏核心竞争优势

全省农作物种业企业普遍规模小、综合实力弱、市场竞争力不强。农作物种业企业的整体实力排名由2011年的全国前2位下降至目前的全国第8~9位，进入全国种业50强的企业由2003年的5家减少到目前的3家，前10强中无四川省企业。在种猪、蛋种鸡供应量的全国排名中，四川省畜禽种业企业中仅有1家列前10。企业研发投入偏少、创新不足，全省农作物种子企业研发总投入不到1亿元，科研人员平均数量不超过3人，联合育种攻关体系在企业之间尚未真正形成。2011~2017年省审品种中，四川省企业占比平均为29.3%，远低于广西、湖南、安徽（分别为74.2%、58.4%和73.6%），国审品种中四川省企业占比平均为40.1%，与广西、湖南、安徽（分别为100%、79.3%和87.2%）相比有巨大差距。

（六）种业发展融资难问题仍需破解

企业科研投入严重不足。四川省在科研育种方面的投入不少，但更多的是投向科研院所，对企业的育种投入则相对较少。企业作为资本市场的投资方，对省内乃至国内种业的创新能力的信任度较低，有"育种不如买种，买种不如套牌"，追求快速、短期回报的错误思想，不愿意投资科研育种，导致出现企业融资难度大、农业投资回报低、风险系数高等问题。据统计，近三年年均科研投入100万元以上的企业有29家，200万元以上的企业有15家，500万元以上的企业有7家，与发达省区相比差距甚远。目前国内农业企业尚未形成健全的融资体系，严重依赖政企合作模式来产出创新成果。而企业在发展上更多的是通过传统的银行金融质押获取发展资金，对政策性贷款的依赖性较强。投融资周期长、创新周期长等在一定程度上加剧了种业企业的融资瓶颈。

三 促进四川省现代种业发展的对策建议

四川省必须在现代种业发展上取得关键突破，从种源开发、技术创新、市场对接、企业培育等方面推进现代种业全面发展，为建设农业强省、确保国家粮食安全和种业安全贡献四川力量。

（一）加强种质资源开发，重点突破关键技术

四川省种质资源保护数量逐年增多，但对于种质资源的基础开发尚处于起步阶段。一是应健全现阶段种质资源保护、开发、利用体系，及时展开抢救性种质资源收集工作，加强针对性的野生品种、地方特色种质资源保护工作，降低优良种质资源丧失风险，进一步丰富种质资源库；构建国家级、省级上下统筹、共建、共筹的保护、开发、利用体系，填补财政缺口和科研资金投入不足，完善资源库保护性基础设施。二是应在种源储存上加快引进国际优良品种，强化本土种质资源的开发利用，深度利用各种先进的生物技术

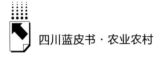
手段，增加种业种源创新渠道，立足本省现有种质资源利用现代育种开发技术，攻关重点基因种子的关键性技术，形成有人才、有科研、有成果、有市场的研发体系。

（二）精准对接育种方向和市场需求

当前育种方向主要受科研院所、农业资源孵化器等单位影响，与市场需求存在一定程度的脱钩现象，要解决育种方向和市场需求不相符的问题就要实施精准对接策略。一是相关种业工程发展规划、科研院所研究方向要紧密联系市场，逐步打开两者对接的闸门，通过科企互联合作模式，使科研院所更好地把握育种研究方向。二是推动重点种业科研院所的市场化，适时推动科研人员挂钩横向科研创新项目、科研院所挂钩重点扶持企业，支持种业实验室等单位成立市场对接部门，积极利用省级种业科研成果开发平台，把握市场育种动向，制定市场化育种路线。

（三）缩短优良育种成果的市场化进程

深化当前种业科研、市场体制改革，发挥种子企业在商业化育种、种业创新工作中的主导作用。以科研院所为主导的育种成果的市场化过程受限于其管理体制，大大延长了优良育种成果市场化的时间。因此必须推动整体研发机制以种子企业为主导，加快科研资金筹集，加大研发投入，在由企业为主导的市场化进程中尽快实现科研成果的转化，健全种业知识产权专利保护体系，加大对新优良品种的保护和推广力度。推动"育繁推一体化"体系的完善，省域种业企业应加大研发投入，与科研院所开展联合攻关，打造科研实验平台，按照市场化、产业化模式研发优良新品种，健全营销网络，做对农户的技术服务，形成完善的产业链。

（四）保障生产层面育种供给能力

国际上，种业生产层面的育种供给体系比较健全，以企业为主导的育种成果供给平台相对成熟。反观四川省则在生产层面的育种供给能力较弱。一方面可以健全种业发展的育种供给体系，将商业化农资公司作为农资产品下沉种业市场的主要力量。积极借鉴全球知名企业在农业种子领域的经验，以现代化营销手段和理念，建立健全四川省的育种网络和产品营销体系。另一方面强化组织协调能力，政府要加强宣传，引导农户正确认识优良品种，行业要健全一体化供给体系，企业要丰富营销渠道和面农机会，农户要及时了解掌握最新育种成果。

（五）增强地方企业核心竞争优势

种业企业是种业市场的主体，科技创新是种业企业保持市场领先地位的关键。提升企业的核心竞争力是四川省当前种业市场发展中的重点工作。一是强化企业的市场地位，培育地方种业领军型企业、种业独角兽企业，大力扶持由创新型科研院所主导的企业，积极发挥企业潜力，在市场竞争中占据有利位置。二是深度创新"产学研"模式、科企合作模式，由地方政府牵头组织动员会，鼓励种业企业牵头组建行业联盟、行业创新联合体等组织，形成健全的产业上下游合作机制；在科企合作上要鼓励有条件有资质的科研院所参与市场化运行，但必须坚持以科研育种为主，保障科研人员利益，具体模式上尽量遵循现有院所+现有企业的模式。

（六）加快破解种业发展融资难问题

种业企业在融资上存在阻碍，其融资理念、融资手段也需要紧跟时代创新。一是增强节俭式创新理念，提升企业融资的包容性和产品融资的包容性，可以考虑企业融资、项目融资、种子融资等模式；盘活企业现有资金，增强现有资金的流动性，强化金融市场的需求侧改革。二是开展创新研发占用大量企业资金，投融资方向可以紧跟市场需求，完善阶段性投资体系，既要简化融资流程，又要把握资金使用动向。解决四川省种业企业面临的融资难题，大胆创新融资模式是种业企业推进产业集群式创新的必然选择，提高资金拼凑能力，化解企业所面临的金融风险，真正保障融资模式的可持续性。

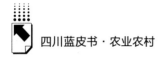

参考文献

《2021、2022年中央一号文件关于种业发展的部署》,《农村工作通讯》2022年第16期。

毛长青、许鹤瀛、韩喜平:《推进种业振兴行动的意义、挑战与对策》,《农业经济问题》2021年第12期。

黄季焜:《国家粮食安全与种业创新》,《社会科学家》2021年第8期。

余志刚、崔钊达:《中国种子战略的内涵、特征、难点及其进路》,《新疆师范大学学报》(哲学社会科学版)2022年第2期。

王洪秋、朱光明:《我国粮食安全的潜在风险及对策研究——基于对种业发展现状分析》,《中国行政管理》2021年第4期。

王强盛、苏雪莲、张慧:《地方农业种质资源保护存在问题与利用途径》,《江苏农业科学》2023年第4期。

蒋小松、张红、何志平:《关于加快推进四川现代种业创新发展的建议》,《决策咨询》2021年第5期。

B.6

加强农田水利设施推动"天府粮仓"建设

唐　新　毛小静*

摘　要： 农田水利是我国粮食安全的重要保障、实现农业现代化的基础支撑。四川省作为我国西南地区的粮食大省，农田水利设施建设严重影响着耕地质量、粮食产量和质量。本文基于四川省打造"天府粮仓"的战略背景，分析了农田水利设施对于"天府粮仓"建设的重要意义，并结合四川农田水利设施建设的现状和面临的挑战，提出了以弥补短板为核心建好天府良田、以优化布局为重点加快农田水利设施建设、以农业现代化为目标加快现代设施农业建设、构建农田水利设施建设的长效投入机制等主要路径来支持"天府粮仓"建设。

关键词： 农田水利设施　"天府粮仓"　粮食安全

农田水利设施有利于增强耕地的综合生产能力、夯实保障粮食安全的根基。党的十八大以来，习近平总书记多次就加强农田水利基础设施建设发表重要讲话，"保障粮食安全，关键是要保粮食生产能力，确保需要时能产得出、供得上。这就要求我们守住耕地红线，把高标准农田建设好，把农田水利搞上去"。[①] 2023 年中央一号文件明确指出要加强水利基础设施建设，将

---

* 唐新，四川省社会科学院农村发展研究所副研究员，主要研究方向为农村经济；毛小静，四川省社会科学院农村发展研究所，主要研究方向为农业管理。
① 《谱写农业农村改革发展新的华彩乐章——习近平总书记关于"三农"工作重要论述综述》，《人民日报》2021 年 9 月 23 日。

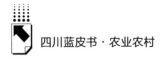

加强田间地头渠系与灌区骨干工程连接等农田水利设施建设措施作为其中一项重点内容。

作为西部地区的农业大省，四川省的粮食产量稳定不仅关乎国家粮食安全，还关乎国家经济发展。四川省将建设新时代更高水平的"天府粮仓"作为重要的发展战略之一，这也对农田水利设施建设提出了更高的要求。然而当前四川省有效灌溉面积覆盖率低、耕地综合生产能力不高的问题还很突出，较为落后的农田水利设施远远无法满足新时代建设更高水平的"天府粮仓"的要求。以农田水利基础设施建设为重点，形成新时代更高水平的"天府粮仓"建设的物质支撑，成为当前四川农业发展需要解决的现实问题。

一 农田水利设施对于"天府粮仓"建设的重要意义

四川非常重视农田水利设施建设，截至 2019 年底共建成各类农田水利工程 120 余万处，实现有效灌溉面积 4485 万亩。以占耕地面积不到 50% 的有效灌溉面积，生产了 75% 的粮食和 90% 以上的经济作物，灌溉条件持续改善，有效提升了四川省农业综合生产能力，为保障粮食安全、促进农民增收做出了突出贡献。2021 年以来，四川省争取中央补助资金 19.8 亿元，统筹省级财政资金 2.3 亿元和地方政府债券资金 18.5 亿元，保障水库除险加固和运行管护工作，2021~2022 年投资额超过"十三五"时期投资之和。支持全省实施病险水库除险加固 939 座，占"十四五"时期规划总量的 60%，完工 691 座，恢复蓄水能力 3.3 亿立方米，恢复灌面 128 万亩。2022 年，四川省高标准农田建设亩均实际总投入达到 3253 元，建成高标准农田 487.16 万亩、高效节水灌溉面积 53.97 万亩，粮食产量达到 702 亿斤，农田水利基础设施建设为保障粮食安全、促进农民增收做出了突出贡献。

但是总的来看，农田水利设施建设滞后的问题依然比较突出，有效灌溉面积覆盖率低、耕地综合生产能力不高，严重影响了"天府粮仓"的建设。尤其是广大丘区、山区水利基础设施建设与平原地区相比明显滞后，有效灌溉面积不大，导致粮食生产效率不高，制约了四川省农业高效发展。截至2020年底，四川省机耕面积为587.77万公顷，耕地灌溉面积为299.22万公顷，平均有效灌溉率约为0.45。其中眉山市和成都市耕地有效灌溉率均超过0.7，广元市和巴中市耕地有效灌溉率均低于0.3。

全面推进农田水利设施建设，是"天府粮仓"建设的物质基础。利用现代农田水利设施改善土壤结构和作物生长环境，有效提高灌溉面积、优化灌溉效果、节约水资源、提高种子潜力，从而增强耕地综合生产能力。便利且充足的农田水利设施条件是粮食稳产高产的基础，是促进产业集群高效发展和农业现代化的前提。

二 "天府粮仓"建设背景下四川农田水利基础设施建设面临的主要问题

当前，四川省农田水利设施仍然存在缺乏统一规划、配套设施不完善、管理理念落后、资金投入不足等问题，导致四川省农田水利设施建设无法有效支撑"天府粮仓"建设。

（一）农田水利基础设施建设滞后

四川省特殊的地形地貌和区域经济发展水平差异，使得农田水利设施发展不协调，尤其是丘区、山区农田水利基础设施建设严重滞后，有效灌溉面积较小，"靠天吃饭"现象突出。四川省农田水利设施建设基础条件较差，农业骨干水网尚未形成、重点水源工程不足、渠系配套建设滞后等问题凸显，农田水利设施不能发挥其应有的蓄水灌溉作用，从而造成有效灌溉面积不大、抵御自然灾害能力不足、农田灌溉问题不断出现。田间道路、灌排等工程设施建设滞后，存在设备陈旧老化等问题，农田不能得到高效利用，粮食产量得不到质的提升，农田水利基础设施与"天府粮仓"建设的高需求相差甚远。

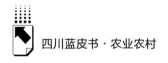

（二）农田水利设施规划布局有待优化

打造更高水平的"天府粮仓"的关键在于调整优化粮食产业布局，这就对农田水利设施的科学布局提出了更高的要求。农田水利设施作为农业的毛细血管，其规划、建设、使用效果等均影响着作物品种选择、种植范围、种植结构、土地空间结构等后续环节，是粮食产业布局的重要基础。当前，四川省大部分农田水利建设项目缺乏有效的整合和规划，且与水利部等相关部门的工程建设衔接不足，导致大中小型农田水利设施之间缺乏互补与衔接，影响全省农建项目的统筹。农田水利设施缺乏整体配套设施，导致农田水利基础设施的基础性作用未能高效发挥、水力耕地资源未能得到有效配置和利用，严重制约着粮食产业的发展，阻碍"天府粮仓"的进一步建设。

（三）农业科技配套农田水利设施不足

"天府粮仓"建设离不开天府良种、现代园区等农业科技支撑。一方面，"良种"是粮食作物稳产增产的核心，也是建设"天府粮仓"的重要抓手。在克服种业"卡脖子"问题、培育更优品种时，更迫切需要通过现代科学技术和合理的规划为优质品种营造良好的土壤环境和农田水利设施等基础设施环境，进一步挖掘良种潜力，使"良种"能够真正地转变为实实在在的产量。另一方面，"天府粮仓"建设要充分发挥现代园区的示范作用。通过示范区内农田水利等基础设施的完善、新技术不断试错和优化等行动为农民增收和"天府粮仓"建设打牢坚实的物质基础，推动构建高质高效的现代农业体系并形成适配的现代农业发展模式。但四川省现有的农田水利设施水平不足以支撑"天府粮仓"进行种业振兴、农业装备现代化、现代园区建设等对科技水平要求较高的行动，制约了"天府粮仓"的建设进程。

（四）农田水利基础设施管护低效

"天府粮仓"对农田水利设施高效管理的需求与现阶段农田水利基础设施低效管护情况相悖，使"天府粮仓"的建设受到诸多限制。首先，农田水利设施建设项目缺乏统一规划和统筹管理。不同的农田水利项目的管理主体、实施主体、监督主体不同，各个主体之间的信息获取存在延迟或偏差，导致重复建设、衔接性不足等现象普遍存在。这些问题导致农田水利设施利用效率不高，使农业灌溉等生产成本增加，而抵抗风险的能力减弱。其次，"重建轻管"观念普遍存在。很多地方政府将农田水利设施建设作为重点，而轻视后续的管理等环节，后续管护经费配套不足，降低了农田水利设施的管理效率，造成部分设施的使用寿命缩短。最后，责任主体模糊。我国农田水利基础设施参与主体随着农业结构的调整发生了变化，逐渐由以集体组织为主向多元化主体共同参与转变，但由于缺乏明确的政策文件和评判标准，导致农田水利责任主体模糊，也难以对项目实施主体进行督促和有效监管，使得农田水利基础设施管理缺乏内在动力，阻碍了农田水利设施的建设。

（五）农田水利设施资金来源单一

作为公共产品，农田水利设施盈利性差的特点导致了融资难、社会资本不愿进入等问题，因此其投资主要由政府部门承担。随着农业发展对于农田水利设施建设提出更高的要求，农田水利设施不仅前期规划、建设需要资金投入，后期维修、改造也需要大量资金来支撑以保障其长期高效使用。但仅靠稳定且单一的政府投资，农田水利项目资金缺口会持续扩大，资金短缺必定会阻碍农田水利体系的构建，进而限制农业综合生产能力的提升，使农业经济发展滞后。"天府粮仓"建设对农田水利设施建设提出了更高的标准，更加完备的农田水利设施网络会使资金需求大幅增加，单一的政府投资渠道不再能满足其高资金投入的需求。因此，农田水利设施建设必须突破长期以来依赖政府直接和无偿投资补助的局面、落实政府和市场两手发力、充分发

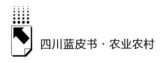

挥政府投资的撬动作用、用好金融政策和工具、积极引入社会资本参与，充分发挥社会资本的专业能动性和各方积极性，实施多渠道多主体的多元化资金筹措，最终破解农田水利设施建设资金难题。

三　农田水利设施支持"天府粮仓"建设的主要路径

以打造新时代更高水平"天府粮仓"为目标，加快建设高标准的农田水利基础设施，弥补建设短板，优化产业布局，发展设施农业，加大资金投入，强化后期管护，为进一步打造"天府粮仓"提供坚实的物质基础。

（一）以弥补短板为核心建好天府良田

建设天府良田的首要条件就是该区域必须具备良好的农田水利系统，这不仅是农作物生长的必要条件，更是"天府粮仓"实现高效、可持续发展的必备条件。首先，在"天府粮仓"的建设中，政府必须扮演好统筹者的角色，根据辖区内农业生产、经济发展、基础设施建设等实际情况，做好农田水利设施建设的前期工作，借助原有的大中型公共灌溉渠道以及机械设备，通过重建、改造等方式，建立合理的灌溉水网，并基于现有的公共系统，鼓励农民参与农田水利设施建设，自主设计满足其农业生产需求的农业供水系统，建设小型农田灌溉系统。此外，要增强农田水利工程与其他骨干灌排工程的一致性和衔接性，使灌排体系进一步优化，实现从水源到农田的最优灌溉设计路线，在降低农业生产的灌溉成本的同时确保农业生产。其次，为破除区域间农田水利发展不平衡的困境，四川省应该加快构建骨干网络为支撑、大中小协调配套的农田水利设施网络。尤其是针对山区和丘区，应该通过加大对其农田水利设施建设的政策支持力度、加快提灌站建设等方式，提高其农田水利设施水平，协调推进四川省农田水利设施建设，为高标准农田项目筑牢水利设施基础。最后，借助现代化的科学灌溉方式，如高效节水灌溉等方式，通过有效灌溉率的提高、抗风险能力的加强等措施实现旱涝保收。高质量实施一批灌区节水续建配套改造工程和防汛抗旱、生态水保、骨干水网联通等工程，增强乡村水利管理服务能力，全面提升农田抗旱排涝防治减灾能力。

（二）以优化布局为重点加快农田水利设施建设

调整农业结构、优化产业布局是打造"天府粮仓"的重要手段，必须加快以优化布局为重点的农田水利设施建设。首先，农田水利设施有利于优化土地空间布局。逐步完善的农田水利设施有利于改善农业生产条件，为土地结构调整提供可持续的物质基础，通过土地流转、规模化经营等方式，打破现有的土地细碎化、分散化、低效利用等局面，提高土地利用率。其次，农田水利设施有利于优化农业种植结构。农业种植结构调整不是简单意义上的农作物种植区域、面积等的调整，而是结合现阶段该区域的土壤情况、农业发展水平等，通过对农作物种植方式、种植模式等的合理调整从而提高综合效益，是打造"天府粮仓"的重要手段。因此，现阶段农田水利设施建设的目标不仅仅是满足粮食作物的水分生理特性，而是在打造"天府粮仓"的目标下，建设适应作物多样化、提高作物复种指数要求的农田水利设施。农田灌排等水利体系的完善为农业种植结构调整和优化提供了坚实的物质基础。最后，农田水利设施有利于优化农业结构。农田水利设施建设使农田资源、水资源能够得到有效利用，借助发达的农田水利设施网络，能够有效提升农业生产效率。此外，良好的农田水利设施还能够为特色经济作物提供良好的生长环境，促进农业特色产业规模化、集约化，达到农民增收的目的。

（三）以农业现代化为目标加快现代设施农业建设

现代农业必然是设施化农业，其诸多环节如建设高标准农田、优化现代农业产业布局等必须依赖于现代农业生产设施。因此，实现农业现代化的目标，必须要加快现代设施农业建设，推进农业生产设施化。首先，强化政策引导。加快促进农业设施化等的系列扶持政策，不断加大对农田水利设施建设等的引导和奖补力度。加大涉农资金、项目整合力度，使节水农业、农业综合开发项目等向设施农业倾斜。同时通过政策引领扩大设施农业的投资主体范围，提升民间资本投资设施农业的数量和质量水平。其次，加大科技支撑力度。现代设施农业的关键是配套技术体系，配套技术体系的关键是科技创新。因此政府应该加大鼓励技术创新力度，为技术创新创造良好的政策环境。通过信息化和科技化赋能农田水利设施建设等，不断加强新技术的引进、实验、示范、推广，提升现代农业科技水平。最后，加快建立现代设施农业示范区。围绕在新时代打造更高水平的"天府粮仓"目标，四川省必须借助现代设施农业来促进农村经济发展、满足人们对农产品品质的需求、促进农民增收。但现代设施农业仍处于探索阶段，尚未形成统一且可借鉴的模式，因此，需要通过建立现代设施农业示范区，发挥其带动作用，结合省情逐步形成适合四川省的现代设施农业模式，从而促进农业现代化发展。

（四）构建农田水利设施建设投入的长效机制

以财政投入为主的农田水利设施投入机制已不能满足"天府粮仓"建设所需的高标准农田水利设施建设资金要求，因此，必须建立农田水利设施长效投入机制，确保其能够保障"天府粮仓"稳定高效的建立。首先，政府应该尽快完善关于农田水利设施建设的投入政策体系，为各种社会资金投向农田水利设施建设提供优惠的条件，并鼓励社会组织加大对具备公共物品性质的项目的投资力度。其次，拓宽长期资金筹措渠道。在保障公共财政投入稳定增加的同时，降低社会资本参与农田水利工程建设的硬性条件和准入门槛，引导社会资本对农田水利建设的投资，增加农田水利设施建设的资金来源，建立政府、农户、金融机构等社会组织多方主体参与的农田水利投融资机制。最后，鼓励农户成为农田水利设施的投资主体。农户由使用主体的单一角色转变为使用与投资主体的双重身份时，不仅有效增加了农田水利设施建设的投资来源，也在一定程度上转变了其管护意识，间接延长了农田水利设施的使用时间。此外，政府应该支持新型农业经营主体投资农田水利设施建设，这有利于其根据自身所需，建设符合自身发展需求的农田水利设施，从而实现农田水利设施投资的高效使用。

（五）完善符合"天府粮仓"建设需求的管护机制

"天府粮仓"建设不仅需要前期科学规划和建设完备的农田水利设施，更需要后期完善的农田水利设施管护制度，保证农田水利设施能够长期高效发挥其基础性作用。首先，积极发挥政府在农田水利设施建设与管理问题方面的主导作用。加快完善与农田水利设施建设相挂钩的奖惩制度，为相关部门的行为提供评价标准。通过实行奖惩制度等来转变政府相关人员"重建轻管"的管理理念，在一定程度上解决相关部门的缺位问题，从而保障农田水利设施的高效管理。其次，充分发挥农民的主体作用。农户作为农田水利设施的使用主体，其管护意识严重影响着农田水利设施实际使用的高效性。农民应该提高自身对农田水利设施的认识，自觉履行自身的使用和维护职责。农户应该积极参与农田水利设施建设，并及时将自身的有效需求和可行性建议反馈给相关部门，与政府建立高效的沟通机制。最后，明确划分各主体的监管责任。"天府粮仓"对农田水利设施有了新的需求，其主体不再仅仅局限于政府和农户，更是鼓励社会组织等多重主体参与。为避免出现由主体责任不明导致的低效管护现象，应该加快明确各个主体的管理内容、管理责任，建立相应的监管机制。通过内部自查、社会监督等方式加强主体责任落实，提升农田水利工程管护的综合效益。

B.7
以农业科技创新支撑"天府粮仓"建设

高 杰 杨晓宇*

摘 要: 农业科技创新是推动现代农业高质量发展的重要动力。在高水平"天府粮仓"建设过程中,四川省积极推动农业科技创新,探索了农业科技创新的可行路径。在新阶段,四川应通过推动农业科技创新导向由以农业生产需求为主向生产生活和生态多元综合需求转变,加大农业科技创新投入、加强企业创新主体培育等,以强化"天府粮仓"建设的科技支撑。

关键词: 农业科技创新 粮食安全 "天府粮仓"

建设"天府粮仓"、确保粮食安全的根本支撑是农业科技的创新和应用。四川省通过坚持加快培育农业科技创新供给主体、加大农业科技支持力度、培育引进优质品种、完善农业科技创新体系、促进农业科技信息服务网络建设,推动了农业科技创新发展,为"天府粮仓"的建设作出贡献。

一 以农业科技创新保障粮食安全的必要性

从长远来看,要提高我国粮食供给与保障能力,必须充分发挥农业科技创新的核心支撑作用。要充分认识到科技创新是四川加快建设"天府粮仓"

---

* 高杰,四川省社会科学院农村发展研究所副研究员,主要研究方向为农村经济;杨晓宇,四川省社会科学院农村发展研究所,主要研究方向为农村经济。

的根本保障，是新形势下四川建设"天府粮仓"的必然选择，是信息化时代保障粮食安全的现实需要。

（一）加强农业科技创新是四川高水平推进"天府粮仓"建设的根本保障

农业科技的发展应用是建设"天府粮仓"的重要支撑。据计算，1949~1978年和1979~2012年，我国的粮食单产增长对总产量的贡献率分别为86.0%和116.5%，其面积效应分为14.0%和-16.5%，这意味着，在改革开放之前，粮食总产量增长主要依赖于单产增加，而在改革开放以来，在粮食播种面积减少的条件下，完全依赖于单产的增加而获得。小麦、水稻单产的增加趋势具有一致性。而粮食单产面积的提升根本上依赖于农业科技进步。学者研究证明，农业科技进步与粮食单产效率呈现显著的正相关关系，科技要素是增加粮食单位面积产量的最主要因素。我国实践证明了，农业科技进步是提高粮食生产能力的直接推动力量，如在四川眉山东坡区进行了水稻新品种、新技术的试验，并进行了全机械化技术的示范和推广。目前该地区的高标准农田已经达到了3100亩，连片种植1500亩，成为四川最好的高标准农田示范点之一。通过采用机械化、绿色增产等新技术，节约了40%左右的水稻播种面积，单产达840公斤，百公顷水稻产量提高10%~20%。

（二）农业科技创新是信息时代保障粮食安全的现实需要

在全球经济一体化进程中，各国都通过加大投入、改革体制、开展重要的科技活动来促进农业科技创新。特别是生物技术持续取得重大突破，并快速实现产业化，信息技术和新材料等高新技术在农业中的应用变得越来越广泛，这也就代表着科技创新为加快农业现代化进程提供了新的动力。目前国内农业科技进步的贡献率超过了60%，我国的粮食生产已经告别了传统的劳动密集型生产方式。但由于农业科技的发展起步较晚，我国在保障粮食安全方面仍然面临着农业资源匮乏、粮食进口的不确定性、不断增加的人口等挑战。将大数据技术深度融入农业的各个环节，是突破我国农业和粮食发展制约因素的一项战略方针。在信息时代，要想确保粮食安全，就需要将科技创新在粮食生产、仓储、加工、流通、消费等产业链各个环节中的支撑作用发挥到最大程度，只有这样，才可以更好地促进粮食产业链供应链的发展，从而为确保粮食安全、促进乡村全面振兴、实现共同富裕打下坚实的基础。

（三）农业科技创新是新形势下高水平建设四川"天府粮仓"的必然选择

世界气象组织（WMO）称，近50年来由全球气候变化引起的水患等灾害已增长了5倍，自然灾害对粮食生产的威胁仍持续存在，加之疫情因素影响，国际粮食市场供求关系发生了重大变化，特别是随着世界局势的变化，以美国为首的部分资本主义国家实施粮食出口限制等政策，加剧了世界粮食安全问题。国际政治形势不断变化，世界主要农产品市场供应不稳定，对我国的粮食安全造成了更大的压力和挑战。因此，"天府粮仓"建设不仅是保障区域粮食安全的重要任务，更是关系到整个国家政治、经济、社会发展的重大战略。从"天府粮仓"建设基础和四川粮食生产资源禀赋来看，农业科学技术的发展和创新是基础性和关键性的内容，是高水平建设四川"天府粮仓"的必然选择。因此，在"天府粮仓"建设过程中，要充分利用科技的力量，把握好以科技推进农业现代化的历史机遇，用科技创新来保证粮食安全，始终保持农业科技的独立自主；要充分认识农业科技的公共性、基础性等特征，打破体制障碍，增加农业科技投入，推动农业科技跨越式发展，在新时代打造更高水平的"天府粮仓"。

二 四川省以农业科技创新推进
"天府粮仓"建设的主要做法

推动我国农业和农村的发展水平不断提高，必须坚持实施科教兴农战略，坚定不移地把农业科技创新摆在更加突出的位置。四川省通过培育农业科技供给主体、加大农业科技的支持力度、培育引进优质品种等农业科技创新措施为全面提升"天府粮仓"建设的质量、效益和竞争力作出了巨大贡献。

（一）培育农业科技创新供给主体

农业科技创新供给主体包括政府、企业、高等学校、研究与开发机构等。培育农业科技创新供给主体是培养和凝聚高层次人才、保证和推动农业科技创新活动、推进高水平"天府粮仓"建设不可或缺的物质基础和重要载体，但由于其本身非竞争性、高风险性、复杂性等特点也决定了必须依靠政府的力量来提供。四川省在落实中央关于科研机制改革政策的基础上，针对"天府粮仓"建设过程中农业科研体系现实问题推进了相关改革。在研发平台建设方面，根据"天府粮仓"的建设要求和农业产业的发展要求，一批高层次的农业科技创新平台随之布局建设起来，充分发挥省市科研院所、高等学校的农业科技创新能力，投入科研经费建设国际联合研发中心、产业技术研究院等创新平台。大力鼓励企业带头建立产业技术创新战略联盟和创新中心、重点科学实验室等创新平台，支持龙头企业进行科技创新投入、提升创新能力，通过科技特派员服务企业的方式实现政府与企业间的科技研发合作。

（二）完善农业科技创新主体激励体系

为激励农业科技创新，筑牢"天府粮仓"建设的技术基础，四川省政府持续加大对农业科技研发及应用环节的支持力度，通过建设各类农业技术研发载体、培育农业技术团队、完善农技推广体系等，四川省农业科技创新能力显著提升。根据全省农业科技体系现实情况和现代农业产业发展内在需求，四川省制定了覆盖农业科技创新全过程、农业产业经营全链条的农业科技创新政策保障体系，包括"五大工程"和"一大行动"的"5+1"支持体系，即优质专用品种培育引进科技工程、优势特色产业瓶颈技术创新工程、农业机械化信息化技术创新工程、农业科技创新体系建设工程、农业科技成果转化工程，以及科技精准扶贫专项行动。"5+1"支持体系覆盖了全省现代农业产业，重点支持粮油、特色经济作物、畜禽水产等产业品种培育引进、生产技术提升，通过农业技术园区和创新基地（平台）建设、农业高新技术企业和科技人才培育等支持政策提升全省农业产业科技水平。同时，为增强科研机构的技术创新积极性，四川省持续深化农业科技创新激励改革，在省属农林科研院所、涉农高校等科研机构推进绩效评价和科技成果制度改革，在农科院、畜科院等实施"一院一策"方案，推进科研经费管理制度、成果转化制度改革，为科研人员构建更加自由便利的科研环境。推进科研机构与地方合作，实施"院州合作""校地合作"等科技研发转化机制。同步完善农业科研人员创新创业政策，在宣汉县、省农科院、省畜科院等地开展了对科技人员进行创新创业的激励机制改革，并将其扩展至21家涉农科研单位和62个县（市、区），具体制定了10项改革措施，如鼓励科技人员离职自主创业，允许其兼职工作取得劳务报酬，授权科技成果的使用、处置和收益权，提高其科研成果转化收益的比重，完善其职务聘任和职称评审制度，扶持其实现技术转化，探讨其科研成果产权制度等。

（三）优化农业技术推广应用体系

农业科技成果的转化应用是农业科技创新体系的重要环节，高效的技术推广应用体系则是决定农业科技成果应用效率的关键因素。为切实提高粮油等主要农产品技术的应用水平，四川省制定实施了成果推广载体培育、体系建设等一系列政策，有效提升了农业技术成果在产业中的应用效率。在建设农业科技推广应用载体方面，四川省推进重大农业技术协同推广计划试点项目，在油菜、茶叶、柑橘和肉羊等四大工业领域开展试验，构建"省市县"三级纵向协作和"政产学研推用"六方横向协作工作机制，以达到技术信息供需协同、参与主体利益和服务力量相协同的目的。根据产业布局情况选择县（区）进行农业科技示范基地建设，在每个项目县建设不少于2个长期稳定的农业科技示范基地。推动国家和省级农业科技园区提档升级，建设成果转移转化高地。发挥农业企业成果转化的主体作用。通过建设专家大院、产业技术服务中心等成果转化平台，推动创新要素向产业集聚。在深化农技推广服务机制改革方面，四川省以农业产业技术需求为导向，通过公益性和经营性农技推广机构协同发展的方式构建了"一主多元"农技推广体系。实施了基层农业技术推广体系改革和建设补助资金项目，针对农技人员为合作社、家庭农场或者农业企业提供技术增值服务，可以合理地获取报酬，采用公开招标、定向委托等方式，开展产前、产中、产后全过程农技指导。针对基层农技推广人员不足的现实问题，四川省高度重视基层公益性农技推广队伍建设，要求各级资金投入和人员编制向基层农技站倾斜，并提高基层农技人员待遇，建成较为稳定的基层农技推广体系。在推进农业科技推广方面，推行农业科技推广试点工作，培育农业科技示范主体，建立农业科技创新示范基地，推广稻田综合种养、小麦全程绿色高效生产、牲畜健康养殖、畜禽粪污资源化利用等绿色高效技术，建立农业技术推介发布机制。

（四）加快建设农业科技信息服务网络

农业科技信息服务平台将在广大的农村地区通过广播、互联网等信息化方式高效地传递，让农民能够以更低成本、更高效、更快捷的方式获取科学技术信息，让科学技术和农户之间可以进行"零距离"接触。近年来，四川省的研究机构通过对国际、国内农业信息技术的深入研究，加快了"政务联网"项目的实施，建立了一批符合全省实际情况的信息化平台。从省级开始，到市级、县级、乡级、村级，基本形成了农业信息网。借助广播、电视、电话和互联网等现代通信设备，全省已建立起一个上下连接、左右贯通、初具规模的农业信息服务系统。在互联网上开通的农业信息站点，将农村科技信息服务、合作医疗、社会保险、劳动力就业、现代物流等信息资源进行了汇总，已经基本完成了综合信息处理的网络化与自动化，有效实现了信息资源的共享和交换，让各个部门、单位及多元生产主体之间形成了一种有效的互动和合作机制。

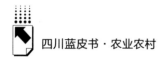

（五）持续加大农业科技创新财政投入力度

从财政资金支出情况来看，四川省农业科技创新财政资金主要来自农业农村厅和科学技术厅农业科技发展中心两个部门预算支出。从农业农村部门支出看，四川省农业科技创新项目包括科学技术支出和农林水项目中的科技转化与推广服务支出两大类。2020 年，四川省农业农村厅科技创新相关支出 8713.51 万元，其中科学技术支出 5514.48 万元，科技转化与推广服务支出 3199.03 万元，分别占支出总额的 63.29%和 36.71%。从科技部门财政预算支出看，四川省农业科技创新财政经费由四川省科技厅农业科技发展中心列支，主要包括科技条件专项、科技成果转化与扩散、其他科学技术支出等其他六大类项目。2020 年，预算支出总额 201.48 万元，其中社会公益性研究、科技成果转化与扩散项目、年科技条件专项三类支出分别为 51.53 万元、68.89 万元、65.25 万元，分别占预算支出总额的 25.58%、34.19%和 32.39%。

三 四川省以农业科技创新推进
"天府粮仓"建设的政策特征

四川省已经形成了以"天府粮仓"建设为导向的现代农业科技创新政策供给总体框架，形成了覆盖科技研发、推广和运用全过程的政策支持保障，在引导现代科技成果在特色优势农业中的运用、提升产业科技水平方面发挥着重要作用。通过对相关政策的梳理和分析可以发现，四川现代农业科技创新政策供给具有重视农技推广、重视载体建设等特征，但也存在对科技研发环节支持力度偏弱、支持政策连续性和稳定性不足等问题。

（一）从政策供给环节上看，重科技应用类研究，基础性研究支持力度较弱

"十三五"时期以来，四川省农业科技创新支持力度持续加大，支持

保障性政策供给逐年增加。从政策供给内容上看,"十三五"时期对农业新品种研发、重大技术创新等基础性研发领域的投入力度较"十二五"时期显著加大,但是从政策对不同领域支持的横向比较来看,基础性研究和推广应用型研究投入存在较大差异,总体呈现出重技术推广运用、重推广体系建设、轻基础研发的政策供给特征。以近年四川省农业农村厅农业科技类预算支出为例,2019~2021年,在全省农业科研经费中,用于基础研究和应用研究的经费支出比大约是1:61,用于基础研究和技术推广类的经费支出比大约是1:33。农业科研投入结构中,农业基础类研究能力尤为薄弱。从应用研究预算支出内部看,50%~80%的经费支出为机构运营经费,主要用于研究保障单位正常运转的机构人员工资、日常公用支出。

(二)从政策供给方式上看,重周期性项目投入,长期稳定性支持相对薄弱

在农业科技创业政策供给方式上,四川省采取了年度基本经费支持和项目制投入两种手段,通过向科研机构拨付基本经费、设立相关项目等方式给予支持。但是从不同方式投入比例看,四川仍以竞争性项目制投入为主,一般每1~5年为一个项目周期,且支持内容会根据现实需求而设置,如为确保生猪供应,2019年开始四川省将生猪繁育养殖相关领域作为农业科研领域重点资助内容。项目制投入能够确保财政资金投入政府最为关注的农业生产领域,实现政策对农业生产经营的引导激励作用。但是,项目制的问题在于,不同部门项目过多、部分项目间交叉、部分项目涉及较多的人为因素、基础研究投入强度较小。农业科技创新同样遵循科学发展的内在规律,特别是一些重大、基础性科研需要较长周期,且很难在短期内取得经济收益,此类研究更加需要政府持续且稳定的投入,如农业种养循环领域关于微生物的基础性研究、农产品新品种研发等。在竞争性、短周期的资助模式下,科研工作者很难在短周期内获得突破性的研究成果。

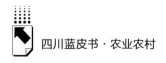

（三）从政策供给内容上看，重硬件载体性投入，体制建设类投入
相对不足

四川农业科技创新政策较为全面，涵盖了从科技研发支持到技术运用主
体培育等各个领域。从政策供给内容上看，较为关注农业科技示范园区、基
地、实验室等载体建设，对于硬件载体建设的政策支持力度较大，各类技术
示范园区建设投入中省各级资金总量较大。相对而言，虽然四川省较早提出
推进农业科研体系改革要求，但是农业科研机构和科研制度改革相对滞后，
相关支持政策较少。在农业科研管理体制改革方面，2016 年四川省出台
《关于进一步扩大农业科技体制改革试点激励科技人员创新创业的实施方
案》，2020 年出台《关于深化赋予科研人员职务科技成果所有权或长期使用
权改革的实施意见》，但是缺少配套性政策操作指导，现行农业科研机构的
评价体系和激励机制仍以传统管理方式为主。国家、省级、市级农业科研机
构、涉农高校与农业主管部门、技术推广部门之间的关系尚未理顺，各研究
机构间协作不够紧密，队伍中人员管理缺乏科学合理性，科研力量较分散，
无法形成强大的科研综合实力，成员也很难共享研究资源。在目前的体制
下，政府决策在农业科研项目的确定和农业技术推广中发挥着重要的作用。
然而，大多数申报成功的项目完成之后，其实际转化率和应用率都较低。

四　强化"天府粮仓"建设科技支撑的
主要路径和对策建议

（一）主要路径

在新时代打造更高水平的"天府粮仓"是四川作为农业大省的责任和
使命。"天府粮仓"建设过程中，迫切需要全面提升农业科技水平。随着
"天府粮仓"建设的持续推进，四川农业经济结构也随之发生了深刻变化，
现代农业科技需求结构悄然转型。因此，要在把握农业技术需求变化客观规

律的基础上，全面完善农业科技体系，构建以技术进步为根本动力的"天府粮仓"发展机制。

1. 推动农业科技创新导向由以农业生产需求为主向生产、生活和生态多元综合需求转变

随着农业产业深度融合发展，农业产业科技需求趋于多元化，除了基本种养殖技术外，生态保护、循环发展、安全生产、健康养殖技术和标准等也成为科技需求的重要内容。在"天府粮仓"建设过程中，要推动以生产技术为主的需求结构向生产、经营和管理复合型需求型转变。在原有经济结构下，农业以经济功能为主，产业链较短，但随着产业集中、集约和集聚发展，农业功能由单一的经济功能向文化传承及休闲功能、教育功能、生态功能等多元化功能转变，产业链条和产业融合得以不断延伸和深化。因此，现代农业发展对经营主体提出了更高要求，推动科技需求从简单的生产技术向经营、生产和管理的复合型技术转变，这就需要不仅有基本的种养技术，而且对农副产品精深加工、设施栽培等技术的要求更加标准规范，从而更好地适应现代农业发展需要。

2. 推动农业科技产品供给由满足传统农户需求向满足多元新型农业经营主体需求转变

工业化和城镇化的快速推进，促使农业兼业化、村庄空心化问题日益严重，多地细碎化小农分散经营模式越来越表现为留守农业格局，其经营格局也从多种经营向单一经营转变，小农多为自食而种，农业商品经济又向着自给经济倒退，在很大程度上减弱了对农业技术的需求。四川的新型农业经营主体，如家庭农场、农业产业化龙头企业和农民合作社迅速兴起。在商品化、盈利性驱动下，新型农业经营主体对新技术、新模式与新理念的需求较为强烈，这就需要原有适应于传统小农经营的科技资源配置和服务向新型农业经营主体规模化、专业化、商品化、产业化、园区化、融合化等科技诉求转型升级。

3. 推动农业科技服务由瞄准共性需求向瞄准个性化需求转变

现代农业发展推动生产模式变化以及生活水平提高，从而促进对科技的需求从共性需求向个性化需求快速转变。特别在农业生产经营上，为了消除由同质化造成的竞争力弱、盈利性差等制约，就必须在共性竞争技术上寻求新的技术支撑，从而提高产品的差异化程度，增强产品的市场竞争力。我国现代农业发展的空间就是延伸并拓展涉农产业链，特别是产后环节的做大做强，这也为我国农业科技发展提供了巨大的空间。

（二）对策建议

随着科学技术在农业领域的作用不断增强，农业产业竞争已经进入以新品种研发、新技术应用、新产品推广为核心的现代科技竞争阶段。要建设更高水平的"天府粮仓"，必须高度重视现代农业科技在产业体系中的运用，通过精准高效的农业科技创新政策供给来大大促进四川农业科技创新能力的提高。

1. 加大农业科技创新投入

要加强对粮食生产的基础性、关键性、战略性问题的研究，努力实现有重要应用价值、拥有自主知识产权的技术突破。加大各级财政对粮食和农业科技的投资，保证其增加速度超过政府的经常性开支增速。四川省农业科技创新是在国家、省、市三级财政的基础上，依托项目资金促进农业科技创新。目前，我国对农业科技创新的发展十分关注，每年都在增加对农业的投资，四川省要把握机会，积极谋划、开展有实际意义的科研课题，争取中央、省科研课题的支持，为全省的科研课题提供更多的支持。扩大资金来源，积极引入金融资金、外资和私人资本，积极推动农业科技创新投资主体多元化，构建农业投资多渠道体系，更好地促进农业科技创新发展。

2. 加大粮食生产关键技术应用和重大工程建设的政策支持力度

在继续增加农民种粮补贴、完善粮食主产区转移支付奖励制度的基础上，对粮食生产的关键技术，如防灾减灾、稳产增产、节约成本、提高经济效益等进行补贴。要加大对中低产田改造、高标准农田建设、耕地重金属污染和地下水超采严重地区的综合治理力度，在有条件的区域进行管道式节水灌溉试点。

3. 加强科技人员队伍建设和新型生产经营主体培育

要建立以公益性农技推广为主体的多元化农技推广服务体系，发展壮大科技创新队伍和技术创新队伍。为适应我国粮食生产规模化、标准化、社会化的要求，必须重点培育一大批农业经理人、科技带头人、农机作业能手等新型农民，引导更多的农民专业合作组织、科技示范户、种养大户、农企参与科技成果的转化与利用。

4. 建立健全合理的人才评价与激励机制

一是要强化农业技术队伍的力量，突出农技人才培养主体地位，提升其素质。二是要建立新型的农业科技人才配置机制，解决人才短缺与人才闲置共存的问题，将广大农业科技人员的工作积极性完全调动起来。三是要增进农民的福利，为农民创造发展空间，让农民放心劳动，激发农民的生产积极性。

5. 加强企业创新主体培育

一是支持各大企业建立自主研发中心，推动优秀种质资源和科研人员由科研院所、高等院校等有关单位向种业企业的有序流动，充分发挥"育繁推一体化"在商品化育种、成果转化和应用中的重大作用。二是增加龙头种业企业培育油菜、玉米、水稻等主产粮食作物新品种进行区域试验的名额，加快优质品种的推广与应用。三是在信贷、技术成果转化和税收优惠等方面给予支持。特别要加大对现代种业企业的支持力度，加大对标准化种子生产基地、现代化种子加工中心、商品化育种中心的政策倾斜力度。

参考文献

苑菁菁：《把"藏粮于地、藏粮于技"真正落实到位》，央视网，2022 年 3 月 7 日。

陆琦：《粮食增产须靠科技保障》，《中国科学报》2013 年 12 月 26 日。

丁麟：《科技支撑因素对解决我国粮食安全问题的作用》，《农业科技管理》2012 年第 1 期。

《关于加快建设现代农业"10+3"产业体系　推进农业大省向农业强省跨跃的意

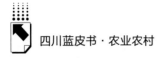

见》,《四川日报》2019年10月8日。

彭建华、吕火明:《新阶段农业科研院所提升科技创新能力的实践与思考——以四川省农业科学院为例》,《农业科技管理》2017年第5期。

翟金良:《中国农业科技成果转化的特点、存在的问题与发展对策》,《中国科学院院刊》2015年第3期。

省人大常委会重点课题调研组:《四川农业科技投入调研报告》,2021年12月31日。

陈春燕、彭迎、赵颖文:《四川省农业科技创新存在的问题与对策》,《现代农业科技》2011年第20期。

舒长斌、张熙:《关于提升四川省农业科技创新能力的思考》,《四川农业与农机》2014年第3期。

B.8
农机装备助力打造
更高水平的"天府粮仓"

陈明红 杨 旭*

摘 要: 农机装备作为现代农业的物质装备支撑,提升其科技创新及应用水平,发挥其在节粮减损、增产增效中的关键作用,是建设更高水平"天府粮仓"目标任务的重要环节。近年来,四川省农机装备提升效果显著,但仍面临诸多难点,如农机装备结构性过剩及需求不足并存、技术创新相对不足、装备研发缺乏市场导向、农机制造企业的核心竞争力较弱等。为实现打造更高水平"天府粮仓"的目标,需提升农机装备科技创新水平,推动农机装备的智能化、绿色化升级,推动农机产业集约化发展,完善农机装备推广体系,优化农机装备扶持政策。

关键词: 农机装备 "天府粮仓" 农机产业

　　农业是立国之本、强国之基。四川作为中国 13 个粮食主产省份之一,更是西部地区唯一的粮食主产省份,自古便被称为"天府之国",在中国保障粮食战略中的地位举足轻重。为发挥国家粮食安全战略大局中的重要作用,四川省提出在新时代打造更高水平"天府粮仓",建成保障国家重要初级农产品供给战略基地。"更高水平"的内涵之一便是更高水平的技术和物

---

* 陈明红,四川省社会科学院农村发展研究所副研究员,硕士研究生导师,主要研究方向为"三农"政策、社区发展等;杨旭,四川省社会科学院农村发展研究所,主要研究方向为农业农村经济。

质装备，实现全程机械化、数字化、信息化。农机装备不仅是农业机械化的物质支持，同时也是农业数字化、信息化的重要载体。现代化的农机装备能够减少农业生产投入以及改善农业生产要素，在促进农业全要素生产率增长的同时，也有效推动了农业农村现代化以及粮食安全战略的顺利实现。2012年以来，四川农机装备制造和农业机械化一直保持较快的发展速度。据统计，截至 2021 年底四川农机总动力已经突破了 4800 万千瓦的大关，[①] 同时主要农作物的耕种收综合机械化率达到了 65%，但是为实现打造更高水平的"天府粮仓"这一目标，仍有许多问题亟待解决。

一 农机装备提升对建设高质量 "天府粮仓"的重要意义

（一）农机装备提升是实现粮食生产减损增效的现实需求

目前中国田间地头的粮食损失情况严重，已经对中国粮食安全构成了重大威胁。在粮食生产的全产业链中，浪费情况最为严重的是收获环节，水稻、玉米、小麦三种主粮作物在收获环节的总损失率达 4.09%。[②] 面对如此严峻的浪费情况，中国于 2021 年 10 月发布了《粮食节约行动方案》，明确指出未来减少粮食生产在田间地头的损失、推进粮食精细化收获，必须加快研发推广应用智能化、绿色化、高效率的收获机械。解决粮食生产的损失问题就等于增产增效，在粮食生产全产业链进行节粮减损，相当于增加了"无形良田"，持续推进农机装备提升，减少粮食生产在收获环节的大量损失，已然成为国家粮食安全保障体系中的重要一环。因此，加强农机装备基础性科学技术研究、交叉融合人工智能技术、提高农机装备精细化作业水平，是粮食全产业链减损增效的重要路径，也是打造低损高效"天府粮仓"的现实需求。

---

① 《中国统计年鉴 2022》。
② 武拉平：《我国粮食损失浪费现状与节粮减损潜力研究》，《农业经济问题》2022 年第 11 期。

（二）农机装备提升是实现粮食生产全产业链技术进步的核心牵引

新时期，农业农村现代化愈发依靠农业科技进步，四川正处于向现代农业转型的重要时期，农业科技进步的重要性不言而喻。农机装备在农业科技体系中具有基础性地位，农机装备的推广及应用，能够有效提高农业机械化水平，优化农业生产方式，推进农业科技进步。农机装备提升具有极强的辐射带动作用，其影响不仅仅局限于农机装备本身，能够有效带动农业生产全产业链各环节的技术提升，没有农机装备的现代化，就无法实现农业农村现代化。四川正在大力实施以农机装备为核心的"五良"融合工程。该工程以农机装备技术水平提升为牵引，带动作物品种的选育、栽培方法的推广、经营制度的总结示范，从而实现全省农业生产技术的高质量发展。因此，要建设更高水平的"天府粮仓"，就必须以农机装备提升为重要抓手，推动"天府粮仓"向更高水平发展。

（三）农机装备提升是粮食生产破解劳动力、地形约束的重要途径

随着人口老龄化问题的加剧，农村劳动力结构性短缺已经严重威胁到了四川的粮食安全。而破解农村劳动力问题的根本要义在于农机装备提升，特别是农机装备的智能化、无人化，在农村地区大面积实现机器替代人力耕作，从根本上解决人口老龄带来的农村劳动力结构性短缺问题，实现粮食生产的高质高效。除农村劳动力问题外，制约四川粮食生产高质量发展的另一大因素便是地形条件，丘陵山地面积占四川全省面积的绝大部分。但广大的丘陵山地长期面临无机可用、无好机可用的问题，而智能化农机装备的发展及相关基础设施的完善，能够有效破解丘陵山地地形复杂、土地破碎对农业机械化的约束，推进全域粮食生产机械化、现代化，补齐四川粮食生产短板。因此，加快推进农业大数据、物联网等技术与农机装备研发制造的有机融合，促进农机装备的智能化、无人化升级，同时完善农村相关基础设施，充分发挥农机合作社、农机大户等重要农机应用主体的示范带动作用，实现智能化农机装备的平稳

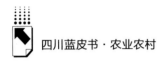

发展，才能有效破解四川粮食生产面临的两大难题，实现建设更高水平"天府粮仓"的目标。

（四）农机装备提升是推动粮食生产绿色化发展的必由之路

四川在向现代农业转型的过程中，面临农业资源日趋紧张、生态环境逐渐恶化等现实问题，不仅给农业高质量发展造成了巨大阻碍，同时也持续威胁着全省食品安全、生态安全和资源安全。随着农业机械化的不断推进，农业生产力得到大幅提升的同时，农机装备带来的农机面源污染问题日趋严重。传统农机装备高碳排放量、高能耗的特点，不仅造成能源浪费、污染农村人居环境、阻碍农机安全生产等问题，也不利于农机装备的更新换代，成为"天府粮仓"向更高水平发展的桎梏。同时，农机装备是"五良融合"的核心，农机装备绿色化升级，势必会带动品种选育、栽培方法、经营制度等方面的绿色化转型。因此，农机装备绿色化升级是全面打造绿色化"天府粮仓"的必由之路。

二 四川农机装备提升取得的成效

（一）农机装备供给数量稳步增长

近年来，在农机购置补贴等中央强农惠农政策的有力推动下，四川农机持续快速健康发展，整体发展态势良好。根据 2021 年四川省统计数据，全省农机装备总动力较上一年增长了 1.3%，已经达到了 4754 万千瓦，主要农作物的综合机械化率提升到了 65%，其中水稻和小麦的综合机械化率超过了 80%，粮食作物生产的全过程机械化也在持续推进中，先后建立了11 个示范县；农机装备结构逐渐优化，功率较大、集成化程度较高的设备，如大中型拖拉机、谷物联合收割机等设备增长迅速；在粮食生产的薄弱环节（产前产后环节）也有新突破，新型水稻育秧机、主粮作物烘干机正在快速推广应用中。目前四川农机装备制造产业也得到了长足发展，企业数量超过 500 家,主要产品覆盖了 11 个农业生产领域,整体产值达到了 100 亿元。[①]

(二)农机装备研发水平显著提升

四川初步建立起以农机装备制造企业为核心、各大科研院所为基底、各大农业高校为支撑的农机装备研发推广一体化科研创新体系。四川全省共有农机装备研发机构超 80 家,其中农机企业研发中心近 60 个,从事农机装备研发工作的科研院所及大专院校 20 余所,总计相关科研人员近 2000 多名。[②] 为实现农机装备发展补齐短板的目标,四川整合相关科研力量,相继成立了丘陵山地智能农机装备创新战略联盟和四川现代农机产业技术创新联盟,集中力量攻克丘陵山地农机作业难度大、效率低及农业生产全产业链产前产后环节农机装备匮乏等难题。在众多科研人员的努力下,近年来四川涌现出诸多农机装备科技创新成果,如华西农机制造有限公司研发的全自动玉米收获机,实现了玉米的自动化收获,大大提高了收获效率和质量;四川农业大学研发的智能化田间作业系统,实现了农作物的自动化种植、施肥、除草等田间作业,大大提高了农作物的产量和质量;四川省农机装备研究所研发的智能化收获机,通过传感器和自动化控制技术实现了作物的自动化收获,提高了收获效率和质量。

(三)农机装备应用主体发展迅速

农机合作社和农机大户作为四川农机装备的应用主体,在各项农机补贴扶持政策下,已经呈现出规模化发展态势。2022 年的统计数据显示,四川共有农机大户 230 万户,农机服务组 23 万个,农机合作社 1400 个,农机作业面积达 1420 万亩。[③] 农机合作社和农机大户通过开展适度规模经营,其经营范围已经从传统的耕种收三大环节拓展到基本能够覆盖农业生产全产业

---

① 张友才、林俊:《四川:农业机械化发展势头强劲》,《四川省情》2022 年第 5 期。
② 杨建国:《强化农机科研助推乡村振兴》,《四川农业与农机》2018 年第 1 期。
③ 张友才、林俊:《四川:农业机械化发展势头强劲》,《四川省情》2022 年第 5 期。

链，建立了水稻育秧中心、农副产品加工中心、农机使用培训中心等，弥补了四川农机化发展在产前产后环节农机服务供给不足问题。全省农机专业化、社会化体系不断完善，跨区作业、代耕代种、土地托管、订单作业、"互联网+农机作业"等服务模式不断创新且效益不断提升，向广大农户提供全程全面农机装备服务。

三 四川农机装备实现更高水平提升面临的难点

（一）农机装备整体结构性过剩和需求不足问题并存

四川农机装备结构性过剩问题主要表现为除少数平原地区外，大部分丘陵山地农机作业装备以小功率、单一功能的小型拖拉机、微耕机等小型机具为主，特别是部分地区微耕机极度饱和，而微耕机的作业效率较低，不仅难以实现农业节本增效的目标，甚至会出现"有了机器，累死人"的极端情况。

四川农机装备需求不足问题主要体现在两个方面，一是四川农业机械化水平相对较低，虽然近年来四川农机化高速发展，但仍低于全国平均水平，农机装备普及率不高，农民对于农机装备的需求意识和使用水平有待提高；二是四川农村经济发展水平相对较低，农民的资金状况不够宽裕，购买农机装备的能力有限。

（二）农机装备研发缺乏市场导向、创新能力弱

四川农机装备研发未能精准对接市场需求、缺乏市场导向，主要体现在两个方面。一是无法满足四川现阶段对多功能复式农机装备的需求，四川全域丘陵山地广布、耕地破碎，农作物耕作制度特殊，复种指数大、间套作普遍，这一系列因素导致农业生产对适地性强的多功能性农机装备需求量较大，但现有复式作业机具数量少、功能单一。二是无法满足四川当前对经济型、节能型农机装备的需求，四川0号柴油均价已超过7元/升，并且农机

装备缺乏专项柴油价格补贴，再加上农机作业的人工成本不断上涨，多个因素同时作用使得农机装备的使用成本高企，但目前市场上低耗能、高效率的农机装备存量较少，无法满足农业生产需求。

创新能力薄弱主要体现在三个方面。一是农机装备研发机构的自主研发能力弱，大部分研发机构的研究工作尚处于"模仿"或者"转化"阶段，研发水平相对较低，缺乏核心技术和自主知识产权。二是农机装备研发过程中产学研合作不足，高校、科研机构在理论技术上的成果，无法通过企业转化应用到生产环节，而企业独立研发新型设备的成本较高，研发进展缓慢。三是对农机装备技术创新的激励制度不完善，政府和各类农机装备研发主体对科技创新的奖励机制不完善，科研人员的薪酬相对较低、职业发展空间相对较小，导致人才流失严重，严重制约科研创新能力的提高。

（三）农机装备生产企业整体实力较弱

四川农机装备制造业起步时间较早，在 20 世纪 80 年代四川的农机装备制造企业就初具规模，但目前四川农机制造企业的竞争力仍然较弱。四川农机制造企业面临三大难题：一是人才短缺，四川大部分农机制造企业的人员构成中，高层次人才和科研人员的占比相对较小，同时企业自主培养研发人员的成本较高，这极大地限制了自主创新能力的提升；二是产品单一，川内农机制造企业的产品主要是能够适应丘陵山地复杂作业条件的小型农机，这类农机技术水平偏低、应用范围窄，单一的产品成为川内农机企业向省外开拓市场的重要制约因素；三是省内竞争激烈，川内农机制造企业以中小型民营企业为主，其目标市场集中在省内，产品结构趋于同质化，导致企业间竞争激烈、内耗严重，难以有企业能够在竞争中整合资源、提升核心竞争力，"川造"农机迟迟无法实现"走出去"的目标。

（四）农机装备推广体系建设滞后

农机推广是连接技术研发和生产应用的关键枢纽，是实现农业生产节本增效的必要手段，但当前四川农机装备推广体系建设滞后。农机推广渠道相对单一，主要依靠政府推广和传统销售渠道，难以满足市场需求。必要的农机推广设施匮乏，一些基层农机推广机构，由于缺乏推广资金，农机推广必要的实验、示范基地及培训中心缺失严重。大部分地区农机推广人员的专业技能水平偏低，兼职、混岗现象严重，新型农机装备在地方的推广效果往往较差。

（五）农机装备应用主体规模小、抗风险能力弱

作为农机装备应用主体的农机大户、农机合作社，近年来虽然发展迅速，但是仍存在两大问题。一是组织规模偏小，地区差异大。四川省丘陵山地因受经济水平、基础设施和地形地貌的限制，其农机应用主体的规模与平原地区相比较小，注册资金少、人员数量不多，拥有的机具数量也较少。丘陵山地农机合作社服务的土地面积和收入与平原地区相比差距很大。丘陵山地的地形地貌不仅阻碍了农机社会化服务的发展，也阻碍了农机装备的规模化、集约化发展。二是经营内容单一，抗风险能力弱。目前农机合作社虽然较前几年有所发展，抗风险意识有所提高，都通过流转土地进行自主经营，但经营内容较单一，基本以种植粮食作物为主，有少数服务组织种植少量蔬菜。由于生产对象以粮食作物为主，受粮食价格不稳定影响，时常出现"谷贱伤农"的情况，导致抗风险能力降低。

四 提升农机装备助力打造更高水平 "天府粮仓"的对策建议

（一）提升农机装备科技创新能力

一是完善资金投入机制。引进社会投资，缓解农机研发的资金压力，建立以财政资金为引领、企业投资为核心、社会资本为补充的资金投入机制。研发资金重点用于补齐四川农机装备提升中的短板。

二是加强创新人才培育。积极引进农机装备领域的高素质人才，加强基层农机推广及使用人员的技术培训，挖掘具有培养潜力的技术人员。提高农机科研人员薪资待遇，完善技术创新奖励机制，避免人才流失。

三是推动产学研全面合作。企业、院校及科研机构聚焦农机装备提升的短板和弱项，通力合作、协同攻坚，同时利用各自优势，促进科研成果转化。建立完善的农机装备技术创新合作平台，为川内研发机构与国内外先进技术企业合作交流、技术引进提供平台支撑。

四是完善知识产权保护制度。提高知识产权保护法治化水平，加强农机装备研发各环节的行政保护，强化打击侵权假冒他人成果的违法行为，优化农机装备研发环境。

（二）推动农机装备数智化、绿色化转型

一是围绕降本增效、供需对接的现实需求，推动农机装备向数字化、智能化转型。加强农村信息基础设施建设，统一农机制造企业生产标准，为数智化转型夯实基础。全力加快物联网、大数据、人工智能、5G 等前沿技术与农机装备的融合，促进农机装备从生产到应用全链条的互联互通。加大数智化农机装备的示范推广力度，检验智能装备在实际生产过程中取得的成效，提升农机应用主体对智能化装备的认可度。

二是着力提升绿色发展能效，尤其注重在农机装备研发、生产、推广、应用全环节实现资源节约、环境友好的目标，推动整个农机装备产业绿色化转型。加大科研投入，突破节能减耗、精准作业等关键技术；推进农机农艺融合，选育适合机械化生产的作物品种，制定宜机化的耕作制度，为农机装备的绿色化转型创造条件；强化农机购置补贴的生态导向，加大对精准施肥、高效施药等绿色高效农机装备的补贴力度。

（三）提高农机制造企业核心竞争力

一是整合资源，走集约化发展道路。四川应该制定出台一系列优惠政策，支持大型农机制造企业向集团化转型，培育发展一批农机制造龙头企

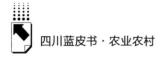

业；鼓励中小型农机制造企业加强合作，成立产业发展互助联盟，整合中小企业资源，走上集约化发展之路。

二是扩充产品种类，提高技术水平，打造本土品牌。以补齐四川农机装备发展中的短板弱项为抓手，积极开发适应四川丘陵山地复杂作业条件的农机装备，同时开发适宜多种经济作物生产亟须的专业化农机装备；在加大自主研发投入的同时，加快引进国内外先进技术，提高产品技术水平；注重品牌培育，鼓励农机制造企业争创国家驰名商标、国家名牌等，提升"川"字号农机装备的影响力。

三是持续加大对农机制造企业的政策支持力度。完善农机制造企业在税收、信贷方面的优惠扶持政策，落实细化税收优惠政策，特别是免征企业所得税的项目，如对农业机械化贷款实行贷款期限贴息措施，建立农业机械化贷款补偿机制，引导和鼓励金融机构增加对农机的贷款项目，降低抵押担保门槛。制定农机产业示范园区优惠政策，将四川农机装备生产企业、农机装备科研机构和推广单位统一纳入园区规划，对进入园区的四川省农机企事业单位给予税收方面的优惠，对农机科研、鉴定、推广等事业单位还应给予土地出让方面的优惠。

（四）完善农机装备推广体系

加大对基层农机推广机构的资金投入，完善实验示范基地、培训基地等基础设施。加强对基础农机推广人员的管理和培训，切实提高推广人员的业务素质，保证专岗专职。鼓励农业专业大学生返乡从事农机推广工作，优化农机推广队伍人员结构；强化对农机推广人员的业务考核，不定期进行抽检，保证农机推广效果。提高专职推广人员的福利和待遇，职称评定可向专职推广人员倾斜，增强专职推广人员的获得感。

（五）优化农机装备扶持政策

一是扩大农机装备补贴政策的覆盖范围。加大对各地特色经济作物生产所需专业机械以及智能化、绿色化装备的购置补贴力度；针对农机装备研发、推广项目予以更多的政策优惠，促进新型农机装备快速应用。鼓励各地方政府加大对农机装备发展中短板领域的机械作业补贴力度，突破四川生产全程机械化难题。

二是完善农村金融信贷优惠政策。各级主管单位依据当地农村经济发展现状，鼓励农村金融机构加大对农村信贷的支持力度，降低贷款利率，增加贴息贷款额度，提高贷款的可获得性；为农村金融机构提供必要的政策支持和优惠政策，促进其扩大业务规模和提高服务质量。有效解决经营主体在购置大型农机装备和扩大机械化生产规模方面面临的资金短缺难题。

参考文献

武拉平：《我国粮食损失浪费现状与节粮减损潜力研究》，《农业经济问题》2022 年第 11 期。

张友才、林俊：《四川：农业机械化发展势头强劲》，《四川省情》2022 年第 5 期。

廖敏、张勃、杨建国等：《科技创新引领四川农机化供给侧结构性改革研究》，《西南大学学报》（自然科学版）2018 年第 12 期。

唐波：《关于振兴四川农机产业的建议》，《四川农业与农机》2015 年第 1 期。

杨建国：《强化农机科研助推乡村振兴》，《四川农业与农机》2018 年第 1 期。

B.9
四川新型粮食生产经营主体
发展现状与对策建议

赵利梅　方志伟　刘春宇*

摘　要： 四川作为农业大省、西部地区的唯一粮食主产省，始终把确保粮食安全作为"三农"工作的首要任务。基于四川省新型粮食生产经营主体的基本概况等调研数据，总结四川在培育新型粮食生产经营主体方面的主要做法，分析新型粮食生产经营主体发展过程中存在的问题以及面临的挑战，提出应健全农业生产服务基础设施；做好引导，有效保障种植户收益；依靠科技创新和人才培养，不断提高粮食生产水平；发展特色产品，增强辐射带动能力。稳定四川粮食生产规模和水平，调动农户种粮积极性，不断提高粮食生产效益，从而保障粮食安全，促进农业增效、农民增收。

关键词： 新型粮食生产经营主体　农业现代化　四川

党的十八大报告指出，坚持家庭联产基本经营制度，发展多种形式的规模经营，培育和发展新型经营主体，构建集约化、专业化、组织化、社会化相结合的新型经营体系，而后党的十九大、党的二十大、中央一号文件等陆续对培育新型经营主体作了具体部署，表明新型粮食经营主

---

* 赵利梅，四川省社会科学院研究员，主要研究方向为农村管理；方志伟，四川省社会科学院，主要研究方向为农村管理；刘春宇，四川省社会科学院，主要研究方向为农村管理。

体在实施乡村振兴战略与保障粮食安全进程中被予以厚望。四川是全国13个粮食主产省之一、西部地区的唯一粮食生产省。四川通过实施《建设新时代更高水平"天府粮仓"行动方案》等，加快建设农业强省。同时，2023年四川将确保粮食播种面积稳定在9500万亩以上和粮食产量稳定在715亿斤以上。现阶段，四川正处于农业大省向农业强省、传统农业向现代农业转变的重要时期，以多项措施保障粮食生产提质增效：集中力量加快推进省内各市县高标准农田建设，严格落实"长牙齿"的耕地保护硬措施，并用多种举措保障种粮农户收益。在全省加快推进土地流转和适度性规模经营的背景下，为粮食生产培育了一批拥有先进农业生产力和较高专业化程度的规模化种植户、家庭农场等新型粮食生产经营主体。因此，本文在对四川省新型粮食生产经营主体的重要性、发展现状、面临的困境进行研究的基础上，提出了培育和发展新型粮食生产经营主体的对策建议。

一 培育新型粮食生产经营主体的重要性

（一）破解"谁来种粮、怎样种粮"的难题

随着工业化和城镇化的加快，越来越多的农村劳动力持续流出，现有农村劳动力不足以支撑粮食生产所需，表现为劳动力老弱化、低文化，以及呈年龄段、季节性和区域性短缺现象。种粮主体长期缺失将会影响我国粮食有效供给，为此，不断加大新型粮食生产经营主体培养力度，可以有效解决"谁来种粮"的问题。

我国人口规模巨大，粮食经营土地面积有限，农户所获得承包地规模相对较小，外加我国地形复杂多样，土地整合能力较差，因而农户较为分散，不利于生产经营集约化、规模化，难以实现降本增收的目标。农业社会化生产的分工和细化，对农业生产社会化服务提出了更高要求。为从根本上破解"谁来种粮""怎么种粮""怎样增收"等时代之问，近年来，各地不断推

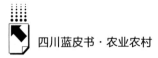

进新型农业经营体系建设，加快培育发展新型农业经营主体和服务主体，为发展粮食生产提供了坚实的保障。

（二）培育和发展新型粮食经营主体是确保我国粮食安全的重要保障

全方位夯实粮食安全根基，全面落实粮食安全党政同责，牢牢守住18亿亩耕地红线，关键在于种粮主体。我国土地面积是有限的，适合粮食生产的耕地面积更是有限的，粮食产量受到耕地面积的制约。18亿亩耕地与14多亿人口相比并不充裕，如何以有限的耕地资源满足无限的粮食需求，不能仅仅局限于保护耕地，更重要的是提高耕种质量，培育一批有文化、懂技术、善经营、会管理的种粮主体。换言之，种粮主体是社会生产中最活跃的生产要素，能够更好地发挥其他生产要素的生产潜力，促进粮食增产提质，保障粮食安全。

（三）壮大新型粮食经营主体是走中国式农业农村现代化的根本支撑

习近平总书记在党的二十大报告中指出，中国式现代化是人口规模巨大的现代化，是全体人民共同富裕的现代化，是物质文明和精神文明相协调的现代化，是人与自然和谐共生的现代化，是走和平发展道路的现代化。新型粮食生产经营主体不仅是社会化服务主体，也是实现小农户和现代农业有机衔接的重要力量，更是在中国农业现代化发展中发挥着主体作用。当前，小农户在我国农业生产中占据较大比重，而培育新型农业经营主体能够带动小农户共同发展，把小农生产引入现代农业发展轨道。理论和实践表明，新型粮食生产经营主体作为我国农业农村现代化发展的重要组成部分，具备集约化、专业化、组织化、社会化特征，是粮食增产、农业增效、农民增收的关键，是先进生产力的代表，能更好地运用和推广新技术，为"藏粮于地、藏粮于技"开辟新路径。

二 四川培育新型粮食生产经营主体的主要做法

四川省新型粮食生产经营主体大多是由传统小农生产者转变而来，但是相较于传统小农生产者，又具有明显的时代特征。四川省应形成以农户家庭经营为基础、合作与联合为纽带、社会化服务为支撑的立体式复合型现代农业经营体系，构建框架完整、措施精准、机制有效的政策支持体系，鼓励发展种养大户、家庭农场、农民合作社、农业企业等新型农业经营主体。

（一）突出服务导向

随着传统农业的改造，其生产经营方式也在发生转变，逐渐形成了适度的粮食种植规模。农业生产社会化服务就要实现从大到小、从内到外的服务，不仅服务现代农业，还要服务新型粮食生产经营主体，更要延伸产业链下游，完善产业链服务。一方面，启动"川粮产后服务工程"。2012 年，为处理省内新型粮食生产经营主体的粮食烘干、粮食储藏等问题，四川启动"川粮产后服务工程"，将粮食部门的技术优势和人才优势等落实到针对新型粮食生产经营主体的产后服务中。比如，崇州市粮食部门通过集中粮食部门、地方政府和专业合作社三方主体的资金，成立了 15 个粮食烘储中心为新型粮食生产经营主体提供烘储服务，完善了新型粮食生产经营主体的产后服务。另一方面，实施"龙头培育"行动。龙头企业立足产业基础和自身优势，是粮食生产的重要主体之一，是粮食经济的立足点。四川省坚持"引进来+走出去"，利用外出招商、东西部协作等契机，招引一批农业龙头企业，构建龙头企业多层次发展梯队，从中筛选出具有经济实力强、发展前景好等特点的省级重点龙头企业，从政策支持、资金扶持、技术护持、平台加持四个方面培育培优农业产业化重点龙头企业，比如巴中市出台《2022 年农业产业化龙头企业培育培优工作方案》。

（二）培育现代农业主力军

以现代农业园区和优势特色产业为出发点，发展粮食生产经营主体，加大力度培育现代农业主力军。2022年，四川安排资金4.8亿元，用于建立省级家庭示范农场，围绕家庭农场培育与建设，筛选样板，持续打造家庭农场示范工程。此外，在19个市县区开展农民专业合作社高质量建设。聚焦"一个目标"，即以实现粮食产业高质量发展为目标，做强做优一批大型重点粮油龙头企业，提档升级一批中小企业，培育一批精品粮油品牌，力争"十四五"末全省粮油加工业总产值实现规划目标，保持稳定增长。坚持"三链协同"，即延伸粮食产业链，引导中小粮油企业发展精深加工；提升粮食价值链，鼓励企业以市场需求为导向，增加品种、提升品质、创造品牌，提高产品附加值；打造粮食供应链，促进企业创新销售方式，打造高效便捷的粮油供应和销售网络。[①]

（三）打造乡村产业振兴雁群

突出"领头雁"作用，落实乡村产业振兴带头人，用"领头雁"带动产业建设，提升自身硬实力，提高自身农业竞争力。首先，培育具有竞争优势和产业带动性的粮食产业龙头企业，并不断发展壮大队伍，稳步提升粮食产业龙头企业在省内重点产业龙头企业中的占比。其次，将粮食产业龙头企业与新型粮食生产经营主体和农户视为整体，构建稳定的利益联结机制，在区域内开展水稻、菜籽、玉米等粮食种植。最后，创新地方粮食的储备机制，给予一定的政策支持，让满足条件的龙头企业可参与粮食收储业务。[②]

---

① 《打造"优质粮食工程"升级版四川着力实施"六大提升行动"》，《四川观察》2022年10月19日。
② 《四川省人民政府办公厅印发〈关于加快推进农业供给侧结构性改革大力发展粮食产业经济的实施意见〉》，2018年5月22日。

（四）培养高素质职业化农民队伍

新型粮食生产经营主体培育不仅体现在类型多样性上，还体现在其整体素质、专业技术、科技文化知识水平的提升上。四川不断落实高素质农民培育计划，对种粮大户家庭农场主、龙头企业负责人、合作社带头人等进行专项培训，培育一批懂经营、会管理的新型职业农民。同时支持深化家庭农场和农民合作社带头人职业化试点工作，安排资金 4000 万元，加快构建教育培训、生产扶持、社会保障及退休养老等制度体系，培育一批爱农业、懂技术、善经营的新型职业农民。

（五）加强农田水利基础设施建设

首先，落实两项改革要求，结合片区规划，以永久基本农田和粮食生产功能区为重点，集中连片规划建设"旱涝保收、宜机作业、稳产高产、生态友好"的高标准农田。其次，建设"资源节约化、工程标准化、环境生态化、手段信息化"的现代化灌区，加大交通、水利、文旅等专项资金整合力度，稳步提高市、县两级对高标准农田的投入补贴标准。最后，建立高标准农田管护利用整体制度体系，落实农田管护主体机制，明确针对农田的管护责任和管护资金，确保高标准农田用于粮食生产。

三 四川新型粮食生产经营主体发展面临的困境

四川新型粮食生产经营主体总体发展较好，但也面临着许多障碍，并在一定程度上影响了其可持续发展。

（一）基础条件较薄弱

基于新型农业经营主体的"新"特点——规模化、专业化、集约化、市场化，我国传统农业以家庭为单位，形成了分散化、小规模的农业生产经营格局，从而使我国农业基础设施聚焦小型、多元的功能设计，生产经营所

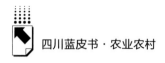

需的配套设施小而少，具体表现在：一是农村道路状况差，不利于大型田间作业和运输。二是农田水利仓储设施条件差。三是农村信息网络有待优化，无法满足现代农业经营主体生产经营需要。

近年来，四川不断加大高标准农田建设力度，但地形复杂，以山地为主，土地综合整治难度大。首先，一些地区种粮大户承包的耕地一般是地处偏远、道路和农田水利等基础设施较差的地块，为了保证粮食生产，需要投入大量的资金用于改善生产条件，从而增加了前期的生产投入。其次，现有耕地较少、后备耕地缺乏，而且人增地减趋势难以逆转。目前全省人均耕地仅 0.67 亩（统计口径），是全国人均的 48%；中低产田土占耕地的比重大，且有 50% 的少氮、58% 的缺磷、73% 的缺钾及其他元素。最后，旱山村、严重缺水村近 1.5 万个，占村总数的 29.4%；有近四成的耕地灌溉难，"望天"耕地达 1400 多万亩。全省每年农业生产缺水面积高达 20 亿立方米。

（二）生产风险不确定

自然风险方面，四川省地域辽阔，地势复杂，自然灾害频繁，特别是近几年极端天气频发，对粮食增产的制约较大。近五年，全省粮食作物年均受灾面积近 4000 万亩，其中成灾 2100 多万亩，绝收 200 万亩左右，损失粮食产量 60 亿斤左右。气候变化也导致了重大病虫害发生的时间、种类、地域出现了新的变化，重发频率显著上升，有害生物年均发生面积达 2 亿多亩次，增加了综合防控难度。

市场风险方面，粮食价格走势具有不确定性，加之国际市场的波动等多种因素，导致农业生产风险加大。特别是近年来国际资本对我国农业领域的渗透日渐深入，从参股经营发展到兼并收购，从参与单一环节发展到控制整个产业链，粮食价格波动剧烈，对粮食生产的持续稳定发展不利。

（三）人才短缺问题凸显

与全国农村劳动力受教育的平均年限相比，四川省农村劳动力平均受教育年限明显较低，懂技术、会经营、善管理的新型农民仅占农村劳动力的13.2%。目前新型粮食生产经营主体中初中及以下学历者占多数。随着农村劳动力长时间、大规模转移，特别是高素质、青壮年农村劳动力大量外出务工，种粮农民老龄化、妇弱化趋势越来越明显，农村劳动力素质呈结构性下降。"谁来种田"等问题逐渐凸显，与发展现代农业需要大量职业农民不相适应。农村劳动力呈现结构性短缺，一些地方出现了粗放种植和季节性撂荒现象。不同于工业生产，农业作为一个投入周期长、风险大的行业，培育新型农业经营主体，关键在于人才，人才短缺成为农业农村现代化的一大痼疾。

（四）耕地非粮化未完全遏制

随着新型城镇化的快速推进，新型粮食生产经营主体不断涌现，许多地区加快了耕地流转进程，对发展现代农业、提升土地产出效益等起到了积极作用。但是一些新型土地流转模式片面追求流转规模，忽视了土地真正流转后的实际使用，加之种粮的经济收益较低，当生产成本大幅度提升时，新型粮食生产经营主体不愿意种粮的意愿增强，因此，耕地"非粮化"现象严重。以成都市为例，2021年第三次全国国土调查数据与之前"二调"数据对比显示，成都平原的耕地面积10年时间减少了40%。耕地流转"非粮化"从长期来看可能会造成耕地面积减少进而危及粮食安全，甚至会威胁社会稳定。

四　培育新型粮食生产经营主体的对策建议

（一）加强对新型粮食生产经营主体的引导

首先，加强对各类新型粮食生产经营主体的引导，使其改变原有观念，树立"大食物观"。在政策性粮食收储方面，实现领域内主体多元化；在国家政策和资金支持方面，把符合条件的新型粮食生产经营主体纳入支持范围,以实现各类粮食生产经营主体的平等竞争和共同发展。其次,各级政府应该切实加强有效引导,探索新型粮食生产经营主体发展的内在规律,研究如何建立合理的运行机制,积极稳妥地促进新型粮食生产经营主体的发展。最后,在新型粮食生产经营主体的支持服务中,应动员各种社会力量,加大对新型粮食生产经营主体的扶持力度,促进龙头企业和新型粮食生产经营主体互为依托、共同发展。

(二)有序进行土地流转,促进适度规模经营

土地资源要素流转是实现土地规模经营、发展新型经营主体的前提条件。首先要搞好土地确权工作,厘清各利益主体之间的关系,强化履约责任,确保确权到户到地,强化土地承包经营权物权保护,真正让农民吃上"定心丸"。加强土地流转信息服务平台建设,优化土地承包经营权的流转服务,建立健全土地承包经营权流转市场,同时完善市场交易规则和服务监管机制,确保农村土地资源规范有序流转和优化配置。制定针对粮食型新型经营主体的土地流转倾斜政策,因时因地因势制定相关政策,引导和鼓励新主体选择合适的利益分配方式,稳定土地流转关系。逐步完善城乡社保体系,缩小城乡差距,解决离土离乡农民的后顾之忧,积极有序地推进农村土地流转。

(三)完善农业基础设施,改善农业生产条件

完善的农村公共基础设施和健全的农业公共服务体系是新型粮食生产经营主体规模化、集约化、专业化和可持续化发展的硬性要求。基于新型农业经营主体的"新"特点,推进农田宜机化改造,逐步扩大农用地"宜机化"试点面积,促进农机提质增效,稳步推进农田基础设施机械化建设,提升农业耕种收的综合机械化率,推进农田基础设施建设标准化。加快农业农村信息化建设,健全农业信息服务平台,进一步推进现代信息技术与农业农村融合,开展农业创新应用示范,利用数据平台和信息技术,提高农业生产经营全过程监测和全服务提供水平。利用信息平台拓宽农业农村产业链,实现农

业兴、农村美、农民富的美好愿望。地方针对各地条件实行资金扶持、技术扶持等政策，加快粮食生产服务基础设施建设，为新型粮食经营主体提供良好的外部环境。

（四）发展特色产品，增强辐射带动能力

新型农业经营主体是农业现代化的重要组成部分，其带动效应显著。一些发展好的新型粮食生产经营主体可以充分发挥其带动作用，带动周边的农户共同发展，并且还有利于搭建交流平台，分享实时经验、农资信息、最新政策等，实现良性互动。一些新型粮食生产经营主体将高校和科研院所作为技术支撑，能够及时获得最新农业技术和农业资源。同时，在水稻、玉米、红薯等省内主要粮食作物的基础上，以粮食作物消费需求为导向，各新型粮食生产经营主体应实时调整生产结构。此外，应大力支持新型粮食生产经营主体发展其优势，鼓励粮食生产龙头企业到粮食产区加工生产，带动周边农户共同发展。

（五）鼓励科技创新，提高新型农业生产经营主体的市场竞争力

科学技术是第一生产力，先进的科学技术能创造更多的效益。创新农业科技和农业科技服务体系不仅有利于推动新型粮食生产经营主体发展，还能提高其市场竞争力。首先，优化农业技术推广站服务，加快成果转化，将农业科技应用第一时间投向粮食主产区，构建农业科技信息化平台，实时传递农业科技信息。其次，加强与高校、科研院所的合作。积极引导新型农业生产经营主体与高校和研究院所加强技术攻关合作。最后，在提升粮食产量的同时，提升粮食质量，保障粮食安全。应落实培育主体、企业等的社会责任，提升新型粮食生产经营主体的粮食安全意识，规范使用农药和肥料，以免造成土地生态破坏，强化对食品安全的监督和管理，通过完善组织体制等多种举措稳步促进粮食增产增收。

参考文献

林景元、林武：《我省新型粮食生产经营主体发展现状与对策》，《福建农业》2013年第4期。

汪萍：《我国新型粮食生产经营主体研究》，《农业经济》2015年第4期。

王小虎、王雪刚、陆燕等：《常熟市粮食生产新型经营主体现状、存在问题及发展对策》，《中国种业》2021年第5期。

姜涛：《培育新型农业经营主体扛牢粮食安全重担》，《农村经营管理》2022年第5期。

《打造"优质粮食工程"升级版　四川着力实施"六大提升行动"》《四川观察》2022年10月19日。

《我省粮食总产量稳居全国第9位》，《四川经济日报》2023年1月18日。

滕明雨：《种粮大户国内研究综述》，《北京农业职业学院学报》2015年第1期。

李玲子、赵科、梁迎祖、介元芬：《河南省不同规模种粮大户小麦生产收益研究》，《中国农技推广》2020年第10期。

曹太云：《乡村振兴背景下现代家庭农场发展困境与解决策略》，《乡村科技》2018年第4期。

孙福兵、宋福根：《新型农业经营主体信贷风险的识别与防范研究》，《经济纵横》2020年第8期。

胡轶歆、霍学喜、孔荣：《新型农业经营主体培育：政策演变与实践响应》，《经济与管理研究》2022年第8期。

B.10
四川建设服务能力体系
推动粮食生产规模化

胡俊波　王健瑞　梁新宇　刘钦阳*

摘　要：　建设服务能力体系是推动粮食生产规模化的重要途径。四川正着
力从发展农业社会化服务、创新服务合作模式、发展现代服务
业、坚持科技创新和加强质量安全监管五个方面来建设服务能力
体系。但是，服务能力体系的建设并不能一蹴而就，当前四川省
的服务能力体系建设存在县域差异明显、体系内部缺乏协调、服
务现代化水平不高以及服务主体多元化程度低等问题，必须从加
强政策扶持、建立服务网络、提升服务能力和培育多元服务主体
等入手，打造现代化服务能力体系，推动四川粮食生产规模化。

关键词：　服务能力　粮食生产　四川

为应对国际粮食供求格局的深刻变革，确保中国人的饭碗牢牢端在自
己手中，党的二十大报告强调"夯实粮食安全根基"。而夯实粮食安全根
基的重要途径之一就是通过粮食生产规模化来提高粮食生产效率。作为粮
食主产区的四川省，近年来针对粮食生产的产前产中产后全方位发力，将
建设服务能力体系、推动粮食生产规模化作为打造更高水平"天府粮仓"

---

* 胡俊波，四川省社会科学院农村发展研究所副研究员，主要研究方向为农村经济；王健瑞，
四川省社会科学院农村发展研究所，主要研究方向为农村经济；梁新宇，四川省社会科学院
农村发展研究所，主要研究方向为农村经济；刘钦阳，四川省社会科学院农村发展研究所，
主要研究方向为农村经济。

的有效路径，以政策、资金和技术为支撑，在发展农业社会化服务、创新服务合作模式和坚持科技创新等方面取得显著成绩，农业适度规模经营成效凸显。然而，服务体系内部缺乏协调、服务主体多元化程度低等问题仍客观上制约着粮食生产规模化进程。为此，应尽快消除四川建设服务能力体系中存在的瓶颈。

一 建设服务能力体系推动粮食生产规模化发展现状

（一）发展农业社会化服务助力粮食生产规模化

党的十七届三中全会提出"建立新型农业社会化服务体系"，农业农村部印发《关于加快发展农业社会化服务的指导意见》，四川省大力发展多元化、多层面、多种类的农业社会化服务，经过多年的努力取得了明显的成效。农业技术推广服务体系、农业生产社会化服务体系、农村商品流通服务体系、农村金融服务体系、农村信息服务体系、质量安全监管体系等六大服务体系逐步健全，提供农机服务、植保服务等种粮托管服务的专业合作社和专业化企业（或公司）数量持续增加，服务模式持续创新。

截至 2022 年，四川省蒲江县、雅安名山区、岳池县、西充县等被评为全国农业社会化服务创新试点县（区）。4 个试点县（区）农作耕种收平均综合机械化率达到 66%，共推广 16 项高轻简化栽培技术、动植物疫病绿色综合防控技术。成都平原经济区成立的各种专业合作社及专业化服务公司基本涵盖农业器械、畜牧、种植、养殖、农产品加工销售等多个方面，服务内容囊括农业产前、产中和产后各个环节，如产前提供生产规划和农技咨询服务，提供化肥、种子、农膜等生产资料；产中提供机播、机插、施肥、无人机防虫喷雾和机收服务；产后提供品牌打造、销售等服务，突破了传统的生产技术服务范畴且基本做到全程、全覆盖。

（二）创新服务合作模式助推粮食生产规模化

四川省各地积极探索创新服务合作模式，其中崇州市农业托管服务与邛崃市"异地循环"模式取得良好成绩，成为典范。

崇州市以政府引领"托管服务中心+种粮托管专业化服务组织+农户"的合作模式，努力探索政府公共服务与各方主体的有机统一，寻找社会化服务组织盈利和农民节本增收的"最大公约数"方案。崇州市依托政府全额购买病虫害防治服务的1.2万亩农田，建立托管服务中心，将农业托管分为全托管服务和半托管服务，全托管服务开展从育秧栽插到科技化储存的全程机械化服务，而半托管服务需要提前签订服务协议，依据时间安排提供农业生产过程的某个或多个环节的"DIY菜单式"选择服务。2016年，当地水稻生产全托管服务在保障产量550公斤/亩的基础上，托管中心收取托管费用700~750元/亩，收获的粮食（约1350元）归农民所有，与托管前相比农民每亩共计增收240元，半托管则以水稻育秧（98元/亩）、机插（70元/亩）、机收（65元/亩）等为主要内容。到2017年，示范托管区域粮油等主要农作物委托管理服务总规模达到3万亩，带动周边种植面积近30万亩。试点托管区域可实现年托管服务收入800余万元，净利润达120余万元，粮食作物产量1.7万吨，农业产值近4000万元。

邛崃市创新"异地循环"模式破解养殖污染难题。依靠合作社积极利用"互联网+"技术建立信息共享中心，促进散养户、养殖大户、合作社、种植大户等紧密联系、充足配合，为粮食生产基地提供规模化绿色农家肥，实现了畜禽粪便"产生—供给—销售"一体化信息共享。以合作社为主体建立"粪便转运使用记录平台"，可以详细记录粪便的来源与去向，由各有关主体相互监督并签字确认。此外，政府引导搭建了"畜禽粪便动态监管平台"，定期记录养殖户畜禽出入栏量、粪便存量、沼气池和蓄粪池等基础设施配备情况。通过对两平台进行对比分析，能够全面跟踪监督养殖户的粪便动向，偷排、乱排现象大幅减少。截至目前，全市18家抽粪专业合作社已累计解决200余个就近就地就业岗位，实现经营收入1977万元。种植大户、种植基地业主使用畜禽粪便有机肥后，全市全年化肥使用量减少了约1.4万吨、节约近3500万元。为推广该模式，邛崃市加大了政策扶持力度，共整合财政资金1900余万元，撬动社会投入2400万元，完善了农村现代化信息服务体系及农业生产社会化服务体系。

（三）建立现代服务业促进粮食生产及运营

在疫情防控期间，为保障粮食生产的稳定运行和粮油、蔬菜、水果等农产品的有效供给，四川省农业农村厅积极对接各类金融机构，以满足农业信贷的需求。四川省农村信用社迅速响应号召，为全力支持四川的春耕备耕，出台了一系列措施强化金融产品服务能力，加强对农村的信贷支撑，以涉农主体为中心面向全省打造了农村综合金融服务平台——"四川农业信贷直通车"。在春节假期结束后便深入农村地区开始了调查与宣讲工作。目前，该平台入驻各类金融机构3000余家，上线专属性金融服务产品21个，总申请金额达2.23亿元，已完成的授信额为3600余万元。针对农户、农资生产供应企业、农业基础设施和农用机具产销等相关主体，各金融机构采取了精准支持、切合需求的服务措施，助力农资供应和生产，确保农村金融服务体系让利于民。

传统粮食物流、仓储在粮食流通中的信息流和物流链条较长，容易形成信息孤岛，往往造成库存积压和额外浪费等情况。在大数据背景下，四川结合"互联网+"创新粮食网络的运销一体化模式。研究打造"互联网+放心粮油"新模式，坚持将现代服务创新与推进供给侧改革结合起来，更好地发挥粮食作为特殊商品和重要战略物资的作用。推动经营主体根据实际情况，改进销售方式，利用短视频等平台开展网上营销，与市场需求精准对接，提供由厂商到终端的一体化促销服务，减少粮食流通的中间环节，提高粮食流通效率，有效改善销售结构、降低运输成本。内江市电子商务产业发展成效显著，被省粮食局确定为全省"互联网+放心粮油"工程试点城市。内江市有200多家"放心粮油店"入驻平台，市民可以通过手机App，观看产品讲解小视频，了解及选购商品，并有专人送货上门，既方便又快捷，做到农产品流通体系普惠于民。

（四）坚持科技创新推进粮食生产规模化

"科技兴粮，藏粮于技"，科技创新是推动粮食生产系统中全要素综合生产率增长的关键。四川高度重视农业技术推广及研发工作。近年来，省农科院在生产技术研发和重大小麦新品种培育方面都取得了实质性的突破。"川麦104"具有抗病、抗逆、高产综合特性，成为多县农户心目中的"理想品种"，在主产麦区的覆盖面提升至30%以上，为丰年扩产增收、灾年抗灾提效奠定了品种技术基础。"稻茬小麦免耕带旋播种高产高效栽培技术"也成为长江流域小麦稳产增量的重要抓手。为加快推进四川省粮食生产规模化，省农科院提出"围绕水稻、小麦、玉米（或高粱）、薯类四大类粮食作物，加快专用突破性新品种选育、器械化高效生产、耕地提质增效、病虫害科学与绿色防控、智慧农业和粮食安全质量监管体系建设六大核心技术攻关和集成示范"。四川在贯彻"藏粮于技"战略中，全方位夯实粮食安全根基，逐步做好顶层设计，不断把握技术进步方向，激发要素活力，聚集技术进步的关键性问题，构建农业科技社会化服务体系，满足高质量农业发展新阶段的科技需求。

（五）创新质量安全监管体系助推粮食生产规模化

四川省是西部地区唯一的粮食主产省份，也是人口大省、粮食生产和消费大省，为此，四川必须继续推动粮食规模化生产、增加单产，实现粮食总产量稳步提升。但在由传统农业向现代农业转变的过程中，四川也面临农产品质量安全问题。农产品的质量安全不仅关系到广大人民群众的身体健康和生命安全，还严重影响了农产品的市场竞争力和农业的可持续发展。搭建农产品质量安全监管体系已经成为保护消费者权益、应对国外绿色壁垒及打造新时代更高水平"天府粮仓"的关键。近年来，四川创造性地完善农产品质量安全监管体系，不仅依靠以政府部门为主体的外部监控来保障农产品质量提升，而且积极发展第三方力量（农民专业合作社及区域公用农产品品牌）。从农产品生产特点出发，构建包括农产品生产者在内的多元主体监控

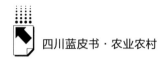

体系，通过内外部共同监控，确保农产品质量安全。

成都市在完善农产品质量安全监管体系的过程中，建立健全区域公用品牌建设与质量安全监管体系的互助机制。"天府源"区域公用品牌平台的发展取得了显著成效。"天府源"是全国首个副省级城市农产品区域公用品牌，以"打造具有国际竞争力的成都农产品"为首要目标，在深化农业供给侧结构性改革方面打开了新的思路。"天府源"区域公用品牌致力于多方位提升成都农业品牌的知名度和美誉度，带领旗下子品牌不断提升市场影响力，严格把控产品质量，并为省内所有与农业相关的生产经营主体提供水土环境质量检测、标准化种植养殖技术、保鲜贮运等支持，还在文创打造、标准管理、产品溯源、渠道升级、营销推广、品牌孵化、大数据应用等多环节提供服务。定时评选培育县级区域（企业）品牌，符合相关条件的，可免费申请使用"天府源"标志，入选后全程监控产品质量。区域公用农产品品牌建设不断从内部提高农产品质量，优化了成都农产品质量安全监管体系。

二 建设服务能力体系推动粮食生产规模化面临的问题

（一）县域之间发展差异明显

作为农业大省，四川省人口众多，幅员辽阔，地形地势复杂，平坦肥沃的成都平原周边是起伏绵延的丘陵地带，而西部多为高耸纵横的高原山地。自然条件和经济发展水平差异造成了各地服务能力体系建设的起步时间、发展水平和建设难度的不同，服务能力体系在县域之间建设水平不一的现象较为明显。

成都平原地区服务能力体系已经初步形成，丘陵地区在近年来服务能力体系建设不断加快，而由于经济发展水平较为落后，农业现代化水平较低，加上自然条件的客观限制，川西地区的服务能力体系建设成为难点所在。

2021 年四川省统计局数据显示，截至 2018 年，三个自治州共有耕地面积 869.34 万亩，2020 年粮食播种面积为 795.01 万亩，但是粮食产量只有 286.1 万吨，粮食亩产量仅 359.87 千克，远低于成都市的 400.88 千克。川 西地区拥有规模可观的粮食播种面积，但是粮食产量却远远低于东部平原地 区，农业社会化服务体系尚未建立是其重要原因之一。四川省第三次全国农 业普查数据显示，在与社会化服务能力相关的农业机械、农田水利设施和农 田灌溉三个方面，作为川西地区主体部分的川西北生态经济区仅拖拉机数量 一项占优，其他设施数量都远远低于平原地区和丘陵地区。缺乏农业社会化 服务能力体系导致川西地区粮食生产规模化进程受阻。更需要注意的是，川 西地区不仅服务能力体系建设滞后，一些地区甚至缺少有效的能力体系孕育 机制。川西地区交通不便利，难以吸引相关人才，近年来农村劳动力外流现 象严重，缺乏资金和技术，外部支援帮助力度较为有限，与其他地区相比服 务能力体系建设水平的差距拉大。

而在丘陵地区，虽然服务能力体系建设较快，但与成都平原地区相比仍 有差距。丘陵地区也是四川省粮食产区的重要组成部分，由于成都地区对丘 陵地区人口产生虹吸效应，这些地区农村劳动力大量外流，土地撂荒问题严 重，当地小农户对代耕、全托、半托等农业社会化服务的需求强烈。然而， 在丘陵地区土地大多细碎化、分散化且存在高低落差，影响大型机械作业， 导致服务主体经营成本高、效率低，社会化服务供给不足，存在明显的社会 化服务供需矛盾，影响了当地服务能力体系建设速度。

（二）服务能力体系内部协同整合力度不够

社会化服务涉及农业生产的产前、产中、产后各个环节；社会化服务主 体包括农民专业合作社、农村集体经济、专营社会化服务公司及其他涉农的 经营性或公益性组织；社会化服务的对象包括新型农业经营主体和小农户 等。因此有效协调服务能力体系的各组成部分，促进内部有机整合是提升服 务能力体系专业化、综合化和规模化水平的关键。平原地区是四川省粮食产 区的主体部分，农业社会化服务能力体系基本建立，但目前存在内部缺少协同、整合程度不高的问题。

一是粮食产业链各环节发展不平衡，全产业链服务力量薄弱。在家庭联产承包责任制背景下，我国早期农业社会化服务主要面向小农户。然而小农户的服务需求层次低，主要表现为产中环节的简单作业服务。经过几十年的发展，产中服务供给充足，但是产前和产后服务仍然亟待发展，全产业链的服务能力体系尚不健全。

二是服务能力体系内部沟通协调不畅，主体之间各自为营。产前产后服务能力的提升需要科技创新，需要营销、物流、法律、金融、保险等领域的社会力量的参与，需要能有效配置资源、协调体系各主体的机制。由政府主导的公共服务机构的灵活度不够，且市场化手段仍不足，难以将各种社会力量统筹起来以形成发展合力。由于缺少内部整合，各方力量一般从自身利润最大化的角度出发组织经营，各县区乡镇也相继面向当地服务需求建立服务平台，导致重复建设。许多业务内容相近的组织间的无序竞争，降低了资源的利用效率，更不利于高效运转的服务能力体系的建立。

三是各类主体服务小农户的意愿不强。首先，尽管社会化服务体系是基于小农户的需求而发展起来的，但由于小农户土地细碎化、分散化，没有形成连片需求，大型机械设备运转成本较高。其次，四川省小农户的平均年龄偏大，受教育程度不高，受传统小农思想禁锢，且小农户之间需求分化较大，在与"下乡"的公司和企业的沟通中存在一定的障碍，交易成本较高。最后，社会化服务主体与小农户之间的利益联结机制没有形成，小农户的契约意识不强，服务主体难以形成持久且稳定的服务预期，对服务提供存在很大的不确定性。出于自身利益的考虑，许多服务主体不愿意服务小农户。然而，如何将小农户分散的需求整合起来，形成规模化服务需求，使得社会化服务主体能够更多地服务于小农户，是推动粮食生产规模化的核心问题。四川省第三次全国农业普查数据显示，四川省有农业经营户1666.12万户，其中规模经营户仅13.51万户。此外，截至2021年底，托管服务小农户仅417.61万人，还存在较大的发展空间。

（三）服务能力体系的现代化水平不高

服务能力体系的现代化体现了服务能力体系的质量。粮食生产规模化依赖于农业现代化，农业现代化是完善农业社会化服务能力体系的重要支撑。农业现代化意味着引进现代化农业生产技术、建设掌握现代化农业生产知识和技能的人才队伍以及形成现代化的农业经营组织形式。以农业社会化服务能力体系建设推动粮食生产规模化就需要有高水平的技术支持、高素质的人才队伍和高效率的组织形式。目前四川省农业社会化服务能力体系建设水平还需要进一步提高。

首先，农业生产技术现代化程度较低。在数字化和信息化的背景下，前沿技术在农业生产中发挥着越来越重要的作用，农业技术日趋精准化、集约化和专业化。由于技术更新速度快，需要投入的资金量大，四川省农业生产基础设施的更新速度慢于数字化和信息化技术的更新速度。无人机、区块链、大数据、遥感、视频监控、新媒体农产品推广平台等数字化和信息化技术手段的应用仍处于初步阶段，制约着社会化服务质量的升级。

其次，缺少具备现代化农业素养的人才。一是缺少熟练操纵农机设备的人才。绝大多数农业社会化服务主体自身技术和资金实力有限，无论是自建一支规模化的、掌握全产业链专业知识和技能的人才队伍，还是通过劳动力市场购买这样一支人才队伍的服务，成本都较高。这导致对农机手、植保员等的需求得不到满足，而供给又难以有效增加，供需缺口持续拉大。二是缺少具备管理经营能力的人才。农村高素质人才队伍建设仍处在初级阶段，人力资本积累不足，许多社会化服务主体经营者缺乏现代公司管理知识和才能，从而影响了服务主体的发展壮大。三是缺少金融、法律方面的人才。农村劳动力受教育程度不高，既没有金融、法律方面的知识，也缺乏现代服务意识，导致其融资渠道受阻，并且合法权益往往难以得到有效维护。

最后，农业经营组织现代化水平较低，导致组织生产的低效率。公益性农业服务体系是公共服务机构的主要形式，但是其组织形式与现代化农业生产脱节。一方面，一些公共服务机构"有形无实"，并不履行职能，导致组织粮食生产的相应职能无法落实或转接。另一方面，公共服务机构的人员知识水平不高，发展现代化农业的意识和能力不足，导致许多县区缺少有效的公共服务平台。这在一定程度上阻碍了农业社会化服务主体跨县区甚至跨乡镇提供服务，不利于降低信息搜寻成本，也不利于各县区的交流合作，影响了服务能力体系的建设。

（四）服务主体的多元化发展不平衡

新型农业经营主体是粮食规模化生产的重要组织形式，党的十八大之后，农业社会化服务体系成为新型农业经营体系的一部分。服务主体的市场化、多元化是农业社会服务能力体系建设的应有之义，对于激发粮食规模化生产活力、创新粮食规模化生产方式、动员粮食规模化生产社会力量发挥着举足轻重的作用。2019年中央一号文件提出，通过农业服务型企业、生产合作社、公共服务组织，以及供销、邮政、其他社会力量等公益性或经营性主体开展农技推广、土地托管、代耕代种、统防统治、烘干收储等农业生产性服务有利于完善农业社会服务体系。但是，四川省农业社会化服务主体的发展并不平衡。

首先，四川省农业社会化服务主体数量发展不平衡。四川省专营农业社会化服务主体中的企业发展滞后，仍以专业合作社为主。截至2021年底，四川省农业社会化服务主体为26146家，其中大多数是生产合作社，服务型农业公司只有约1100家。农业农村部中国社会化服务组织名录库数据显示，2022年，组织类型为"专业服务公司"的服务主体数量仅占四川省农业社会化服务组织总量的10%左右。其次，四川省农业社会化服务主体质量发展不平衡。地方性专业服务公司一般表现出"小而散"的状态，具体表现为规模较小、提供的服务类型单一且重叠、业务领域涉及面窄、服务层次较低。专业合作社则存在资金约束和技术壁垒，其规模扩大受阻。而具有规模优势和信息优势的龙头企业的存在又容易造成垄断现象。各类主体在发展质量上的差距逐步加大，难以实现优势互补，无法对粮食规模化生产发挥带动作用。最后，四川省农业社会化服务主体的市场地位不平衡。目前服务主体以生产合作社为主，而许多合作社以当地农民为主体，再加上行政干预，一定程度上存在由非价格机制主导的市场力量。这影响了各类经营性服务主体之间的公平竞争，导致市场力量在社会化服务能力体系建设中的作用发挥不充分。

三　建设服务能力体系推动粮食生产规模化的对策建议

在推进四川粮食生产规模化的进程中，服务能力体系建设具有举足轻重的作用，但在诸多方面存在短板，必须从加强政策扶持、建立服务网络、强化服务能力、吸引多元主体等角度发力。

（一）加强政策扶持，缩小服务能力体系建设的地区差异

四川不同地区的资源禀赋、地理条件各有不同，决定了不同地区粮食生产规模化的推进程度也有所不同。加快服务能力体系建设是推动粮食生产规模化的重要途径，但受历史原因和现实条件的影响，四川不同地区的服务能力体系建设程度也不同，必须借助政策工具，消除不同地区间服务能力体系建设程度的差异。一是通过制定有针对性的财政、税收、信贷等政策，降低参与门槛，鼓励各市场主体参与农业服务能力体系建设。政府特别要支持粮食类农业龙头企业做大做强，在其投资经营各个阶段予以各种优惠政策支持，发挥其新型农业服务主体的主心骨作用，在粮食生产、储运、销售等方面提供更高水平的服务。二是加大财政资金支持力度，并向落后地区倾斜，助力落后地区农业基础设施建设，为服务能力体系建设提供物质保障。摸清不同地区的农业基础设施存量，有的放矢、因地制宜地进行基础设施建设。道路不通地区进行道路建设并硬化，实现公路到田到户；灌区抓好农田水利设施建设和改造升级；粮食产区加强粮食烘干贮藏设备建设。三是完善市场监督的相关法律法规，维护农业经营和服务主体的合法权益。对于不法分子假借构建农业服务能力体系的名义，欺骗农业经营主体的资金等要素以及破

坏农业服务主体的商誉的行为要予以坚决打击。高度重视服务供给政策在落后地区的落实,通过自媒体等新兴媒介宣传政策,引导鼓励更多人投身农业服务能力体系建设。

(二)建立服务网络,协调服务能力体系建设的多方主体

市场上存在各级各类服务主体,其服务对象有重叠、服务内容繁复冗杂、服务质量高低不一,容易造成不必要的资源浪费。四川省应当建立覆盖全域的农业社会化服务网络,统筹公益性和经营性服务资源,构建合理的农业经营主体和服务主体之间的利益联结机制,使全域范围内服务能力体系建设水平更上一层楼。一是探索更多形式的服务载体。通过各类服务主体的联合,建立服务联盟、合作社联合社、行业协会等新型服务载体,以促进服务的组织化、规模化、集约化。鼓励各服务主体之间建立资源、信息共享机制,以及便于交流的社会化服务先进模式,分享服务过程的实用经验,避免资源错配,提高服务效率。二是依托当地特色农业资源,结合优势产业发展需要,搭建面向区域或产业的服务平台。要将各类服务平台打造成服务资源的集聚中心以及服务网络的关联结点,形成区域综合服务平台和全产业链服务平台联动发展的局面,同时引导服务平台合理布局、有序发展、公平竞争。三是健全互利共赢的利益联结机制。要兼顾农业经营主体和服务主体利益,探索多元化的复合型联结机制,打造全服务链利益共同体,实现利益共享、风险共担。这有助于构建公平互惠的良好服务市场环境,农业生产者能够更加真实有效地提出自身的需求,便于服务主体为农业生产者针对性地提供服务,同时强化双方的利益联结,能够确保服务主体更加尽心尽力的服务,避免出现"出工不出力"的情况。

(三)强化服务能力,提升服务能力体系建设的质量水平

农业服务能力体系的现代化决定了农业现代化的成色,城乡之间在金融服务、人才数量、数字化水平方面的差距严重阻碍了农业服务能力体系建设。提高四川农业服务水平,一是创新农村金融服务体制。积极建设农村信

贷体系，拓展农村信用贷款的更多可行路径；支持有条件的农业经营主体通过债券或股权融资，增加直接融资的可行性；大力发展农业保险，联合其他农业服务主体帮助农民参保，降低农业生产风险。二是加强人才队伍建设。要坚持本土培养和外部引进相结合，建设一支高素质的农业服务队伍，为农业服务能力体系建设提供人才支撑。一方面，对于基层服务人员要加大专业技术职称评定的政策倾斜力度，对于有成果转化的予以奖励。通过定期培训、考察学习、继续教育等多种方式更新知识结构，提升服务能力。另一方面，多项措施并举引进优秀农业人才，通过优厚待遇吸引人才，创建先进平台，留住人才。三是大力发展农业数字化服务。农业数字化服务建设是数字乡村建设的题中应有之义，同时农业信息的多样性和复杂性为农业数字化服务提出了必然要求。要充分利用大数据、人工智能等建立数字化标准模型，将农业要素状况直接转化为经营决策供农业经营主体使用。农业生产者还可通过物联网直接接收来自农业科技公司的先进技术、来自其他农业生产者的有益经验，由此降低服务成本，提高服务效能。

（四）发挥多方力量，探索服务能力体系建设的多元路径

当前四川绝大多数农业服务主体的服务能力不强、市场化程度不高、自身发展后劲不足，难以助力粮食生产规模化更快发展，必须要带动多元主体参与农业服务能力体系建设，并引领现有服务主体逐步走上市场化道路，为推动粮食生产规模化贡献更多力量。一是精简基层政府相关涉农部门。根据2020年中央农村工作会议强调的"强化县域综合服务能力，把乡镇建设成为服务农民的区域中心"，整合乡镇政府的农业站、土地所、经管站、畜牧站等涉农部门，面对本乡本土农民，针对当地优势产业，建立公益性服务平台，基于此打造若干个涉农服务窗口，为农业生产者提供专业服务。二是发挥农民专业合作社、村集体经济组织在服务能力体系建设中的作用。当前小农户仍然是农业经营中的主力军，但小农户所具有的经营规模较小、经营风险较大等特点成为新型农业服务主体为其服务的天然壁垒。因此要重视传统农民专业合作社、村集体经济组织的作用，依靠其把小农户联合起来，集中

收集服务需求，有规划、统筹兼顾地提供服务。三是大力推进新型农业服务主体建设。新型农业经营主体迅猛发展致使对专业化、市场化的农业服务的需求日益增加，因此与之适应的新型农业服务主体建设亟待加快。一方面要引导传统农民专业合作社转型并走上市场化道路，建设合作社联合体、行业协会等新型农业服务主体；另一方面要重视农业服务公司的建设，农业供给市场不能只"重产品"而"轻服务"。

参考文献

卢慧、揭虹、魏建美等：《南昌市农业社会化服务推进"三品一标"建设的探索与实践——以江西省绿能农业发展有限公司为例》，《江西农业学报》2022年第11期。

崔建玲：《崇州市：农业托管　为农服务》，《农产品市场周刊》2017年第33期。

《探索"异地循环"治理，破解散养污染难题》，http：//gk.chengdu.gov.cn/govInfoPub/detail.action？id＝1855688&tn＝2，2017年12月29日。

《四川省农村信用社联合社支持春耕备耕工作》，《四川农业与农机》2020年第2期。

杨海红：《大数据在粮食物流仓储信息化中的研究与应用》，《食品研究与开发》2022年第1期。

穆月英、张龙：《我国"藏粮于技"战略的实现路径与对策研究》，《中州学刊》2022年第12期。

王裕官：《新型农业社会化服务体系建设中政府支持策略与建议》，《农业开发与装备》2018年第1期。

董银果、钱薇雯：《农产品区域公用品牌建设中的"搭便车"问题——基于数字化追溯、透明和保证体系的治理研究》，《中国农村观察》2022年第6期。

《康文智委员：充分挖掘四川丘陵粮食主产区产业优势　建设新时代更高水平"天府粮仓"示范区》，人民网，2023年1月13日。

张红宇、张涛：《农业大县如何发展农业生产性服务业——四川省的调研与思考》，《农业经济问题》2015年第12期。

韩春红：《小农户参与现代农业发展：现实特征、实现基础与机制构建》，《世界农业》2022年第3期。

《四川农业社会化服务组织已达2.6万余个》，《潇湘晨报》2021年10月15日。

《四川：农业社会化服务促增收》，新华社，2021年11月2日。

《创新服务模式　实现多方共赢——四川仪陇县大力推进农业社会化服务建设》，

《农民日报》2022 年 8 月 20 日。

卢千文、崔红志：《农业专业化社会化服务体系建设的历程、问题和对策》，《山西农业大学学报》（社会科学版）2021 年第 4 期。

穆娜娜、钟真：《中国农业社会化服务体系构建的政策演化与发展趋势》，《政治经济学评论》2022 年第 5 期。

杜洪燕、陈俊红：《推动小农户与现代农业有机衔接的农业生产托管组织方式和利益联结机制》，《农村经济》2021 年第 1 期。

蒲有能、蒋梦侠：《龙头企业参与农业社会化服务的实践与启示》，《四川农业科技》2022 年第 9 期。

B.11
四川现代粮食产业园区
建设的现状、问题及对策

付宗平　张　慧　杨丹瑶*

摘　要： 粮食问题始终是关乎国计民生的根本性问题，推进粮食产业可持续发展是有效保障粮食安全的重要方式，建设现代粮食产业园是推动粮食产业现代化的重要途径。近年来，四川省政府集中力量和资源，全面推进现代粮食产业园区建设，引领粮食产业高质量发展，促进了全省粮食生产稳定和农民持续增收。本文分析了四川省现代粮食产业园区建设现状与取得的成效，并提出应健全组织机构、创新园区管理体制机制、加大政策扶持力度、培育发展全产业链等建议，以推进现代粮食产业园区建设。

关键词： 粮食产业园区　粮食安全　四川

现代粮食产业园区是在一定的区域范围内，以粮食产业为主导，集生产、加工、仓储、服务、物流等于一体，集现代化生产要素、产业链纵向延伸和横向拓展于一体，集"全产业链、绿色生态、高融合、高附加、强竞争"于一体的多功能现代化粮食产业发展平台。粮食是人类生存之本，是经济社会发展的基础，是稳民心、安天下的战略性产业。四川作为中国13个粮食主产区之一，拥有优越的自然条件、湿润的气候和种类繁多的农产

---

* 付宗平，四川省社会科学院农村发展研究所研究员，主要研究方向为农村经济；张慧，四川省社会科学院农村发展研究所，主要研究方向为农村发展；杨丹瑶，四川省社会科学院农村发展研究所，主要研究方向为农村发展。

品，主要粮食作物有水稻、小麦、玉米和大豆。目前，四川着力构建现代化粮油产业体系，以现代化粮食产业园区为载体，打造一批"川粮油"特色优势区。通过健全组织机构、创新园区管理体制机制、加大政策扶持力度、培育发展全产业链、强化科技支撑、拓宽资金来源等多种方式，建设科学的现代粮食产业园，推动粮食产业园区规模化、集约化经营，促进全省粮食生产稳定和农民持续增收。

一　现代粮食产业园区建设总体现状

截至 2022 年底，四川省现代粮食产业园区数量在省内星级现代农业产业园区评定总量中占比超 40%，其中成都市新津区粮油现代产业园区、剑阁县粮油现代产业园区、岳池县粮油现代产业园区、仁寿县粮油现代产业园区等被评为四川省五星级园区。以成都市新津区粮油现代产业园区为例，该园区内已建成高标准农田 29800 亩，占园区内耕地面积的 82.15%，其中粮食播种面积占园区耕地面积的 96.64%。在推进粮食生产提质增效上，园区示范推广中杂优 8 号、宜香 2115 等水稻良种，通过优质稻保优提质绿色高效栽培技术、水稻全程机械化生产技术等，园区内水稻亩产达 597 公斤，较新津区水稻亩产平均水平高 10.56%。广安市岳池县粮油现代产业园区通过"五良配套"（良田、良机、良种、良法、良制）以及智慧农业技术推广应用，建成智能育苗中心，通过营养配土、穴盘育苗等方式，保障园区良种栽种，确保稳产高产，实现粮食作物各环节的智能化操作、数字化分析和综合服务。这些粮食产业园区将许多周边城镇和村庄纳入规划范围，扩大园区覆盖面积，围绕粮食主导产业做大做强，同时促进一二三产业深度融合发展，促进农民持续增收。

二　现代粮食产业园区建设成效

（一）聚焦地域优势条件，形成特色园区

各产业园区立足于区位条件、自然资源、发展水平和发展潜力，选择特

色产业作为主导产业。近年来，四川利用特色资源禀赋，聚焦主导产业，建成规模化特色粮食产业园区。以成都市新津区粮油现代产业园区为例，该园区依托都江堰精华灌区优势，大力发展优质粮食产业，形成了"稻鱼共生、稻菜复合"的特色产业园区新模式。突出稻鱼综合绿色种养特点，将资源优势、地理优势转化为产品优势、产业优势和竞争优势，推动形成产业融合发展、要素高度聚集、辐射带动有力的特色优质现代粮食产业园区；通过发挥粮食生产、加工、流通等产业集群功能，优化生产要素空间和产业配置，加强产业链延伸，不断扩大产业园区在本区域与邻近区域乃至全国的影响力。

（二）产业链条持续延伸，园区效益提升

粮食加工是实现乡村产业振兴、农户创收、企业盈利的重要环节。"十四五"开局之年，习总书记提出产业振兴是乡村振兴的重中之重，四川省贯彻落实习总书记指示精神，始终坚持把完善粮食产后服务体系作为深化粮食供给侧改革和加快粮食产业发展的重要抓手，积极引导各地区围绕"建基地、创品牌、搞加工"做文章，延伸产业链条，打造产后服务带动模式，带动园区效益大幅提升。如四川青白江区围绕"一园三片"现代粮油产业园区建设布局，通过科学规划生产、加工、仓储、研发、销售等部门，打造"天府粮仓"全产业链示范区，建设"一带一路"农副产品供应链中心、中储粮粮食仓储物流中心、青白江益海嘉里大米加工中心等，创建中国（成都）国际农产品加工产业园，形成集加工、物流、仓储等于一体的发展区，促进产业链的纵向延伸和产业间横向拓展，提高园区效益。

（三）园区创新流通消费模式，激发内在活力

近年来，随着物流和网络技术的飞速发展，农超对接、直销配送、电子商务等现代流通方式不断涌现，粮食产品流通更加便捷，为消费者提供了更多的选择。这些新的流通模式在优化传统模式的基础上，使消费者能够充分

利用网络信息技术改善购物体验，获得更多的消费选择。在此背景下，粮食产业园区通过线上线下有机结合，充分利用现阶段大数据背景下的数据优势，与知名电商平台、地方骨干粮油企业电商平台、大型企业自建电商平台（如京东、川南电子商务中心"放心粮油"旗舰店、川粮便民连锁等）密切合作，充分利用"互联网+"扩大优质粮食产品销售规模。这种新的销售模式与传统的销售模式相结合，并将网络信息技术融入该模式，快速实现信息共享，加快粮食的流通速度，同时有利于为社会提供更便捷、更多元的粮食产品购买渠道。在四川省现有粮食产业园区中，崇州市粮油现代农业园区采用线上与线下有机结合的粮食生产销售模式，联合京东、苏宁等组建"天府好米联盟"，通过产销直接对接的形式，创新园区流通消费模式，形成园区自身发展特色，激发内在活力，为四川省建设现代粮食产业园区起到典型的示范作用。

（四）培育龙头企业，品牌建设实现突破

龙头企业是粮食产业园区发展中的主力军，对粮食产业园区的发展具有良好的促进作用，因此培育龙头企业是现代粮食产业园区蓬勃发展的重要一环。龙头企业能够依托当地资源禀赋，发挥带动、辐射效应，推进相关粮食企业向粮食产业园区集聚，打造高水平、高标准的现代化粮食产业园区。相关数据显示，四川省拥有粮油产业化国家级重点龙头企业16家、省级重点龙头企业91家，深入推进"川字号"优质粮油品牌建设并打造75个"四川好粮油"品牌。粮食产业园区着力构建绿色生产体系，加强龙头企业培育力度，以产业园公用品牌为支撑，以企业品牌为着力点，齐头并进，打造地域特色鲜明的粮食产品品牌体系。如崇州市通过政策、资金、项目、税收等对入驻崇州粮油现代农业园区的企业给予政策倾斜，增加财政投资，支持龙头企业发展。通过引入培育龙头企业，依托崇州"崇耕"农产品公用品牌，着力培育"稻虾藕遇"优质粮油品牌，构建"崇耕"农产品公用品牌+"稻虾藕遇"优质粮油品牌"双品牌"联动推广体系，提升"崇州造"优质大米的知名度、美誉度和诚信度，实现崇州品牌的新突破。

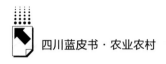
（五）产业融合持续深入，园区功能拓展

近年来，四川以粮食主导产业发展为重点，在建设过程中对园区进行科学规划和合理布局，将园区分为生产、加工、销售、文化、服务等功能板块，推动主导产业链的纵向延伸和产业间横向拓展，形成集生产、销售、文创、旅游于一体的发展格局，逐步改变三次产业的割裂形态，形成一二三产业融合发展新业态。依托本地资源禀赋，因地制宜，因时制宜，积极拓展粮食新功能，粮食产业园由原来的功能单一逐步向生产、加工、销售、生态、休闲多功能转变。近几年，崇州、什邡、安州区等地结合县域粮食产后服务体系建设实际，加快建设"田园综合体""泉水粮食产业园""丝路油都"等各具特色的粮食产业融合示范工程，初步探索形成了各具优势的粮食生产、休闲旅游、体验消费、文化感受等多功能的特色粮食产业园区。以崇州市北部粮经旅融合发展园区农韵匠艺小镇为例，该小镇主打"创意农业+体验农业+精致农业"，通过一二三产业融合发展，形成一批集生态农业、体验农业、文旅农业、休闲农业于一体的新发展模式，打造农韵匠艺体验与古蜀农耕湿地文化游赏型田园综合体，不仅有效促进粮食产业融合发展，而且进一步丰富粮食产业园区的功能。

三　现代粮食产业园区建设困境

（一）组织职能界定不清

粮食产业园区的组织职能涉及在产业园区建设和运营过程中所产生的问题由谁来解决以及如何解决的过程。一方面，现代粮食产业园区建设过程中往往会出现组织职能边界不清、事权多头管理的现象。粮食产业园区建设主要受资金、土地、技术、服务等因素影响，各因素之间互相作用又相互制约，构成了粮食产业园区赖以生存和发展的基础条件。现阶段粮食产业园区建设主要依托三方主体共同完成，即政府、企业、科研院所。在建设过程中三方主体缺乏有效沟通，使得各部门之间责权不明、条块分割，出现各管一块的现象，未能将各区域管理部门职责规划不清楚的问题予以及时解决，园区内各个部分由谁管、归谁管的问题落实不到位。另一方面，粮食产业园区建设是一项周期长、投资大的巨大工程。粮食产业园区从规划设计到动工建设需要耗费大量的人力、物力、财力，而在该过程中粮食生产、贸易、工商、物流、土地等部门间的沟通存在壁垒，再加上缺乏统一的领导，布局相对分散，辐射带动能力不强，对园区发展产生消极影响。

（二）园区管理体制机制不完善

健全的管理体制是保证园区可持续性运营的基础，产业园区的高质量发展离不开完善的运行体制机制。政府部门应准确把握粮食产业园区建设任务与目标，并对园区进行精准的定位，根据当地资源优势找到与园区发展相匹配的路径，促进粮食产业园区的组织化、一体化发展。目前，大部分园区已建立了协调机制，但实际上在园区运行中仍然面临一系列问题。首先，园区内负责协调人员多为兼职，人事变动较为频繁。园区工作人员更换频繁或同一岗位的工作人员经常更替，导致对其工作职能没有充分了解掌握，往往会造成园区工作断档现象，不仅会造成园区管理人才流失，而且会大幅度降低园区的运营效率。其次，园区内部门以及人员冗杂，管理方式较为固化，基层操作人员发现问题无法及时向园区决策层反馈，存在问题反馈过于形式化问题。最后，园区建设中最关键的问题就是保障园区土地、水、电等基础设施的正常使用，而这些基础设施涉及部门较多，因此落实园区基础设施保障工作难度较大。

（三）园区公共设施建设不足

近年来，自"两山"理论提出以来，我国生态环境得到了较为明显的改善。生态环境具有不可再生性，土地资源一旦遭到破坏，就难以恢复至原有的土壤肥力。首先，调查显示，四川省耕地质量总体不高，以山地和丘陵为主，其中中低产田土比例高，全省高标准农田（一、二、三等地）面积仅占16.61%，中低产田土面积占83.39%。高产土的产量比中低产土高150公斤以上，高产田的产量比中低产田高180公斤以上。目前全省很多地区在粮食产业园区建设过程中面临的制约就是土地资源质量较差。其次，粮食产业园区的可持续发展离不开基础设施的完善。事实上，四川省水资源总量丰富，但时空分布不均，加之水资源开发利用率较低，形成了水资源地区分布与粮食产业园区布局不匹配的局面。然而仅依靠自然降水的农业园区生产模式已不适用于现代化生产要求，也无法充分发挥粮食产业园区的价值。最后，粮食生产、加工、仓储、运输等环节离不开网络、用电等基础设施为其服务，以保障粮食产业园区正常运营。这些基础设施的完善程度影响着园区内企业的盈利能力以及经营成本。

（四）相关产业链关联度低

从四川省的情况来看，仍有一些园区存在一二三产业发展不平衡、产业链延伸不足的现象，园区内部产业之间关联度较低，难以突破瓶颈，制约着粮食产业园区的发展。一方面，部分粮食产业园区的规模较小，受传统的经营管理理念束缚，很多农产品生产加工只停留在初级产品加工阶段，运输、仓储、销售等能力不足，不具备产品深加工、运输、销售的能力，导致产品加工率低，无法促进粮食产业链延伸、打造供应链、提升价值链，致使大部分产业园区的经济效益较低。另一方面，个别粮食产业园区虽已经建立了完整的产销平台，引入了互联网、大数据等先进技术，但主产区规模不大，往往需要从其他园区外调资源，导致产品供应能力较低，粮食精深加工升级难度大，无法发挥粮食产后服务带动功能，同时无法发挥其对周边的带动辐射作用，导致园区一二三产业融合度、关联度低。

（五）科技创新支撑力量较弱

近年来，四川省在粮食安全、种业振兴和现代农业科技创新体系建设等方面取得了一些成绩。现有农业领域国家创新平台4家、省级129家；科研机构 105 家、高校 17 所、农技人员 5.8 万名，但将这些科技创新引入粮食产业园区仍然是一个亟待解决的问题。粮食生产受自然因素影响较大，具有较大的风险，因此在粮食产业园区建设过程中要引入现代科学技术，通过科技创新促进粮食产业高质量发展。当前，四川省粮食产业园区还存在科研投入不足、缺乏研发能力强的龙头企业、与高等院校和科研机构的合作深度不够、科技成果转化难等问题。首先，园区的科技创新要有充足的资金保障，现如今政府将更多的财政资金投向园区及配套基础设施建设，对粮食生产技术的开发与推广等的科研投入不足。其次，粮食产业园区普遍缺乏能够进行自主研发、带动园区内部粮食产业发展的龙头企业，无法充分发挥龙头企业的辐射和带动效应，导致粮食生产的科技研发过度依赖科研机构。再次，调查发现，目前粮食产业园区主要劳动者来自园区周边社区中专门从事传统农业的农户，其受教育程度、科技文化素质相较于年轻劳动力较低，特别是缺乏懂经营、懂管理的现代农业经营管理人才。最后，园区在发展过程中与科研机构、高等院校之间的合作往往停留在表面，其粮食生产所需的技术主要由科研机构和相关企业提供，自主研发能力较弱，科技成果转化与推广应用遇到较大阻碍，难以形成创新发展合力。

（六）园区建设资金匮乏

粮食产业园区的建设与高质量发展离不开资金支撑，从实践来看，四川粮食产业园区建设面临的资金问题较为突出。一方面，园区内基础设施建设主要依靠财政拨款，但目前地方财政形势较为紧张，地方政府财力有限。在园区建设过程中，缺乏科学规划以及监督管理人员，出现部分资金流失和投资浪费现象，现有财政能力难以为园区建设提供必要的资金保障。另一方面，四川省长期受自然灾害如高温干旱、洪涝等极端天气影响，粮食生产不稳定因素较多。农业作为弱势产业，生产周期长、机会成本高、回收周期长，粮食企业需要同时考虑市场风险和自然灾害风险，这降低了企业投资意愿，加大了产业园区建设中的融资难度。在现实中，抵押物不足造成产业园区贷款难，往往粮食产业园区因不具备符合银行条件的抵押物而无法申请到

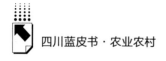

大额银行贷款，而商业性担保公司从资本逐利性角度，缺乏支持产业园区建设的动力，资金匮乏严重影响着园区的发展。

四 现代粮食产业园区建设的对策建议

（一）健全组织机构，明确组织职能

首先，园区内产业功能区较多，园区各个功能区由谁管、归谁管的问题要落实到位，依托粮食产业园区的功能区分布健全管理体系，明确各区域管理部门的权责划分，落实责任。其次，建立"政府主导、市场运作、粮企参建、农民参与"的现代粮食产业园区，设立加工部门、仓储部门、物流部门、销售部门、监督部门等多个部门，并对各个部门实行问责制，使各个领域均由专人管理，避免园区监管不力、行政效率低的问题。粮食产业园区从规划到落成，不仅各个部门主体需要完成自己的工作任务，更需要加强与其他部门之间的沟通协作，形成园区发展合力，促进产业园区提质增效。最后，粮食部门和企业应抓住机会，在社会各界的支持和帮助下，高质量高标准建设现代粮食产业园区，擦亮四川农业大省金字招牌，打造连片成带的绿色园区。园区内部产业布局合理、经营主体带动力强、配套设施完善以及资金来源有保障是保证粮食产业园区可持续发展的重要因素，只有通过各部门的共同努力才能实现资源最大化利用，实现粮食产业园区高质量发展。

（二）创新园区管理体制机制，增强园区发展活力

首先，应不断完善产业园区建设的顶层设计，创新管理体制机制，建设粮食产业园区。基于四川省粮食产业园区发展现状及趋势、地理位置、资源禀赋条件等，建设彰显四川特色的现代粮食产业园区，积极推动"一带十园百片"的粮油产业园区建设。其次，园区建设要将资源的有效开发和循环利用摆在突出位置，在高效建设产业园区、提高粮食产业附加值的同时实

现资源循环利用。最后，要在政府主导、市区（县）共建的管理体制下建设粮食产业园区。因此在粮食产业园区建设过程中要不断创新体制机制，通过招商引资、股份合作等形式不断融入民间资本，使多种经营主体参与园区建设。比如四川省青白江现代粮食物流加工产业园，引进益海嘉里、红旗油脂厂、中储粮等龙头企业41家，形成粮油产业精深加工集群，引进盒马鲜生、玉湖冷链等冷链物流企业，持续提升粮食口岸功能，使产业园区的功能得到充分发展。简阳市禾丰片区十万亩粮油产业园通过引入成都市益民投资集团，形成了政企合作的新模式，推动简阳市粮油产业园绿色高质高效发展。

（三）加大政策扶持力度，强化园区设施建设

首先，政府应制定粮食产业园区相关土地政策，加大对粮食产业园区建设用地的支持力度，在将农用地转化为建设用地的过程中，在不违背土地资源利用总体规划的前提下，对其用地价格给予适当优惠。其次，集中开展撂荒耕地整治。合理利用农村现有土地和闲置土地，缓解园区建设用地所带来的压力。以成都市为例，在建设粮食产业园区时，通过落实成都市防止耕地撂荒的十条措施，盘活撂荒耕地，实现撂荒耕地复耕复种，为粮食产业园区提供丰富的土地资源。由村里将农村闲置土地进行统一回收，并转租给产业园，在企业的带动下合理利用土地资源。整合农村土地资源，使有限的可使用土地资源发挥最大的功能，利用园区科学的管理方式、先进的技术和高素质的人才，实现园区高水平、高质量发展。最后，产业园区的整体运营离不开基础设施建设，拥有良好的配套设施可以大大提高产业园区的发展水平，四川省水资源分布不均匀，可将人工滴灌等方式应用于现代化农田耕种，充分发挥粮食产业园区的价值。现代农业生产生活中处处离不开用电，而粮食产业园区在运营管理中更需要大量用电。因此，政府要加大对粮食产业园的扶持力度，对园区水利、用电等基础设施给予相应补贴，不断加强粮食产业园区内部配套设施建设，对粮食产业园区的用水用电制定优惠价格，解决园区配套设施难题，促进园区可持续发展。

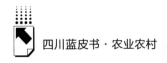

（四）培育发展全产业链，做强精深加工和品牌

首先，园区应该牢牢抓住所在地的自然条件优势，通过当地自然优势和资源禀赋发展特色产业，以特色产业为主体，打造集粮食生产、储存、物流、加工等功能于一体的大型现代粮食产业园区，加快构建一二三产业融合发展的现代粮食产业体系，强调产购销一体化。根据运输特点，逐步实现粮食生产上游与下游产业相衔接、关联企业相衔接、加工运输环节相衔接，使园区物流成本最小化。其次，以特色粮食产品为主体，依托现有粮食产业园区，推动龙头企业集群化发展。以四川省广汉市为例，该产业园区通过粮油精深加工，推动加工物流企业集群化发展，现入驻园区的龙头企业3家，其中国家级龙头企业1家，粮油作物主导产业加工转化率达80%，充分发挥了龙头企业的带动效应，实现物流、加工协同发展。通过数字平台培育粮食产业发展中的新业态、新模式，优化粮食产业链条，减少流通环节，降低粮食流通成本，培育更多的粮食产业发展新动能。促进粮食产业聚集化发展、规模化发展、链条式发展。其次，粮食产业园区建设要通过资金引入来扩大规模，培育园区全产业链。地方政府应依据产业园区的发展方向制定相关政策，吸引专业技术型人才等多方力量，促进园区精深加工的发展，实现党的二十大报告中提出的高水平科技自立自强，突破精深加工技术制约，在更高标准上实现粮食生产、加工、仓储、物流、研发等多功能融合发展，促进产业园区发展规模化、现代化，打造高起点、高水平、高科技、高标准的现代粮食产业园区。最后，加强品牌整合，找到符合地区定位的特色产品，打造品牌，通过成熟的精深加工技术吸引龙头企业入园。通过政策倾斜、技术升级等，增加园区的品牌厚度，讲好川粮品牌故事，提升品牌附加值。

（五）强化科技支撑，培养高素质人才

首先，政府应加大对粮食产业园区的科技研发投入力度，聚焦园区研发创新短板，加强科技攻关。引入龙头企业为产业园区提供技术支持，并扶持小型粮食产业园区的发展。采取园区+高校、园区+企业的模式组建科研团

队，实现产学研相结合，将科研机构、相关高校和粮食产业园区协同工作的模式予以推广和完善，通过科技成果转化，实现粮食量与质的同步增长。其次，坚持以信息化为主导，促进智能化、网络化、数字化深度耦合，构建创新型特色粮食产业体系，做大做强数字经济，大力发展"互联网+"农业新业态，在园区内着力打造四川特色农产品体验馆，实现粮食业务线上线下协同发展，探索发展在线售卖、线上粮店等新业态，通过"互联网+农村电子商务"实现粮食在更大范围内的销售。将人工智能、互联网、大数据等现代信息技术与传统农业相结合。四川省大邑县现代农业（粮食）产业园区充分利用"国家数字农业"试点成果，建成"吉时雨"智慧农业数字服务平台，构建"数字化服务平台+智慧农业产业园服务中心+规模化农场"的服务体系，发展工厂化粮食产业园区，促进粮食产业园区的数字化、现代化。最后，园区建设离不开懂经营、会管理的专业技术人才。为了有效缓解人才缺乏困境，四川省粮食产业园区可与四川农业大学、四川省农业科学院等高校、科研机构合作，强化人才支撑，在实现精准引才的基础上促进科技成果的转化。可通过良好的生产生活条件等吸引大批人才，以满足产业园区内不同企业需求，为园区培养具有专业技能、管理能力的专业人才。

（六）拓宽资金来源，多角度筹措资金

首先，在财政支持的基础上，以企业自筹的方式，整合社会各方资源，多方筹集资金。粮食产业园区建设主体应通过自筹、与民营企业合作、争取产粮大县奖励资金、争取中央和省项目资金补助等渠道，积极筹措建设资金，充分发挥财政资金的撬动作用，探索多元化、多角度的资金投入机制。其次，鼓励社会资本和金融资本共同建立粮食产业园区，破除园区资金紧张困境。构建"政府主导、金融支持、社会参与"的多元化筹资渠道，充分发挥财政资金的杠杆作用，优化金融服务，通过发挥市场机制的作用，激发园区经济活力，破解金融资本参与产业振兴的难题，为园区的长期发展保驾护航。设立园区基金，创新运营体制机制，按照"谁投资、谁受益"原则，鼓励引导金融资本、社会资本共同参与建设粮食产业园区，逐步建立多元化

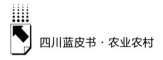

的投融资机制。最后，设立担保风险补偿基金，对符合产业园区建设要求的农业信贷项目予以担保，担保贷款重点用于粮食产业园区建设，保障园区建设有充足的资金支持，促进园区持续稳定发展。

参考文献

四川省粮食局：《构筑粮食产后服务新体系　推进四川粮食产业经济高质量发展》，《中国粮食经济》2018年第2期。

张丽萍：《念好"六字经"　诵好"十优诀"　助推四川粮食产业经济大发展》，《中国经贸导刊》2018年第25期。

《四川粮油加工业入统企业产值突破2500亿元》，四川省粮食和物资储备局网，2022年6月14日。

唐薇：《基于三螺旋理论的粮食产业园建设研究》，湖南农业大学硕士学位论文，2018。

韩琼慧：《促进西部欠发达地区现代农业产业园区快速发展——以四川省乐山市为例》，《中共乐山市委党校学报》2022年第2期。

陈素娟、杨伟球、陈国元、马运涛、姚琴：《苏州农业园区高质量发展调研》，《现代农业究》2022年第6期。

康乐：《青白江区建设现代粮食物流加工产业园区的优势分析及思路建议》，《中国集体经济》2011年第21期。

《巴中市赴省内五市考察学习粮食物流产业园区建设的启示》，《粮食问题研究》2015年第5期。

张淑娟、李腾飞：《高质量发展背景下我国现代粮食产业体系构建及其实现路径研究》，《粮油食品科技》2022年第4期。

宋洁、赵文雯、刘仁鹏：《四川现代农业产业园发展路径研究》，《中国国情国力》2022年第10期。

郭晓鸣：《实施乡村振兴战略必须突破六大重点任务》，四川党建网，2019年3月7日。

B.12

四川粮油加工与品牌建设研究

曾旭晖　徐　杰　赵文琦*

摘　要： 近年来，四川省在推进粮油加工与品牌建设方面积极探索，粮油加工产业快速发展、区域品牌建设取得显著成效，但也存在诸多问题。本文在分析全国粮油加工与品牌建设情况的基础上，探讨四川面临的机遇与挑战，总结四川推进粮油加工与品牌建设的主要做法，结合发达国家的经验与启示，提出四川应着力于产业布局与加工结构、延伸粮油加工产业链条、加强粮油加工创新能力、强化粮油产品质量认证、加快区域公共品牌发展等对策建议。

关键词： 粮油加工产业　品牌建设　"天府粮仓"

21世纪以来，随着我国粮食实现"十九连丰"，粮油加工与品牌建设的重要性愈加凸显。我国粮油加工与品牌建设工作无论是政策层面或是市场层面的认识都在不断加深。2005年中央一号文件明确提出要整合特色农产品品牌。2012年中央一号文件要求培育具有全国性和地方特色的农产品品牌。党的二十大报告提出"加快建设农业强国"的目标任务，品牌建设已成为提高农业核心竞争力、实现农业强国的重要内容。积极探索培育区域公共品牌并强化标准品牌引领，深挖粮油加工产业化建设，依靠过硬质

---

* 曾旭晖，四川省社会科学院农村发展研究所研究员，主要研究方向为农村社会学；徐杰，四川省社会科学院农村发展研究所，主要研究方向为农村发展；赵文琦，四川省社会科学院农村发展研究所，主要研究方向为农村发展。

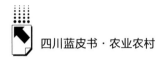
量赢得广大消费者的认可并提升市场占有率，是当前四川粮油产业发展的
重要目标。

一 四川推进粮油加工与品牌建设的主要做法

近年来，四川认真贯彻落实习近平总书记"擦亮四川农业大省金字招
牌"重要指示精神和省委、省政府加快建设现代农业"10+3"产业体系的
系列决策部署，贯彻新发展理念，全力打造新时代更高水平的"天府粮
仓"，增强粮油加工生产能力，加快基础设施建设，有力保障四川粮油加工
与品牌建设。

（一）打造一批粮油生产加工示范基地

自2008年农业农村部实施粮油高产创建活动以来，四川省人民政府发
布《关于开展粮油高产创建活动的意见》，经过十几年的发展，四川省粮油
高产示范片区的数量在高峰期达到700个，由点及面不断推动粮油生产发
展。据统计，截至2017年四川省已下拨中（省）资金1.95亿元，支持10
个县（市、区）、2个省级企业和2个在川央企开展"中国好粮油"四川行
动示范工程建设，全省增加优质粮油种植面积93.8万亩，带动44万户农户
直接增收1.4亿元。[①] 截至2021年，四川油料作物种植面积达到2375.8万
亩，油料作物产量达到393万吨，连续20年保持增长势头，稳坐油菜第一
大省的位置。

四川粮油加工按照规模化、产业化、市场化、机械化、标准化"五化"
要求，坚持"优质、稳产、高产"的原则，体现现代发展理念，持续推动
四川高品质高产量粮油产业发展。[②] 四川省粮油加工业入统企业总产值突破

---

① 《推进优质粮食工程建设　铸造四川粮油"金字招牌"》，《粮油市场报》2018年8月9日。
② 《四川农村年鉴2021》。

2500 亿元，居全国第六位。[①] 2021 年，各地以实施粮油高产创建项目为依托，集中连片建设高产创建示范区，粮油生产水平普遍得到提高。据调查，高产创建项目对于全省粮食单产提高的贡献率达到了 70% 以上，2020 年，全省油菜籽单产达 5595.0 kg/hm²，较 2008 年增加了 325.5 kg/hm²，增长了 15.3%。[②] 例如，四川德阳市致力于粮油加工、休闲食品制造等行业融合发展，建设了一批粮油生产基地和农产品精深加工基地，成为西南地区最大的食用油加工生产基地。又如，四川广汉将粮油精深加工作为重点打造的特色产业，推动加工企业由小变大、加工程度由初变深、加工产品由粗变精。截至 2020 年底，已经培育国家以及省级粮油加工龙头企业 6 家，粮油初加工转化率达 95%，精深加工转换率达 40%。[③]

（二）培育壮大一批粮油加工龙头企业

依托粮油高产示范区建设，四川加强对粮油加工企业的认定，并支持由粮油龙头企业牵头，带动多元经营主体组建农业产业化联合体，发展成为推动乡村振兴的重点企业。通过大力开展粮油精深加工以及流通设施建设，粮油产业化龙头企业最大限度地提高产品附加值、延长产业链。例如，达川区以三产融合促进粮油加工快速发展，不断加强粮油仓储、加工、销售等龙头企业的培育工作，辐射带动全区粮油全产业链发展。据统计，全区建有粮油管理站（库）6 个、库点 64 个，粮油加工企业 19 家，年加工能力 20 万吨，粮油放心连锁店 15 家，培育达川贡米等粮食品牌 3 个、恒昌食用油品牌 1 个。[④] 又如，四川岳池县积极推动园区内经营主体和龙头企业组建粮油产业联合体，发展订单农业，长期为 200 余家商超、食堂供应优质稻米，订单率超过 70%，年总产值达 1.68 亿元。

---

① 《四川粮油加工业入统企业产值突破 2500 亿元》，四川省粮食和物资储备局网，2022 年 6 月 14 日。
② 冯泊润：《凝心聚力十载路 示范引领谱新篇——浅谈四川粮油绿色高产高效创建》，《四川农业与农机》2021 年第 3 期。
③ 《广汉市"三强化"提升农民持续增收能力》，四川省农业农村厅网，2021 年 9 月 2 日。
④ 《达川区"四抓四促"推动粮油全产业链发展》，四川省农业农村厅网，2020 年 6 月 8 日。

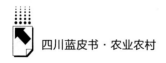

（三）创建"天府菜油"区域公共品牌

四川积极实施"天府菜油"行动，推动四川油菜籽特色资源优势向品牌优势、产业优势、经济优势转变。同时，推动特色产业融合发展，持续提升四川"天府菜油"品牌的影响力，坚持"优、绿、特、强、新、实"六字方针，延长产业链，创建优质品牌。[①]2018年以来，四川以实施"优质粮食工程"为载体，全面启动"天府菜油"品牌建设行动。通过做大做强四川油菜籽千亿级产业、做响做亮"天府菜油"区域公共品牌，四川成为全国首个完成省级粮油区域公共品牌注册的省份。2021年，四川打通"天府菜油"全产业链，全力发展"菜、花、蜜、油、肥、饲"六个方面。为深入推进"天府菜油"品牌建设，《四川省"天府菜油"行动三年计划（2021—2023年）》提出川油品牌打造新目标，以加快"川"字号农产品品牌建设。[②]

为了能够把"天府菜油"打造成为全国菜籽油的第一区域公共品牌，四川大力拓展川粮油产品市场空间，紧盯提质增效，把"天府菜油"行动落到实处，全面发力品牌宣传推广。四川"天府菜油"连续上榜"中国粮油影响力公共品牌"，"菜油看四川"成为业内共识。四川"天府菜油"公共品牌估值已经超过52亿元，全省食用植物油加工业产值突破290亿元，四川油菜籽总产量连续6年保持国内第一的位置。[③] 为深入实施品牌强农战略，四川2022年印发《四川省农业品牌目录制度》，为全省农业品牌建设和培育提供助力，打造"川字号"品牌，为继续深化"天府菜油"行动提供制度保障。

（四）政策持续支持粮油加工和品牌建设

"十四五"时期，四川面临着继续巩固拓展脱贫攻坚成果、全面推进乡

① 《四川召开粮食安全和生猪稳产保供工作会议》，四川省农业农村厅网，2020年1月15日。
② 《川观新闻：打造全国菜籽油第一区域公共品牌 今后三年"天府菜油"将做这些大事》，四川省粮食和物资储备局网，2021年8月17日。
③ 《川油飘香 "天府菜油"展示川油高质量发展新成果》，中国网，2022年12月2日。

村振兴战略、加快农业农村现代化的重要任务。为擦亮农业大省金字招牌，全省按照"鼓励引导、积极引进、完善体系、加强推广"的要求，以市场为导向，充分尊重经营主体意愿，坚持市场化运作，推进粮油产业化经营。出台各项优惠政策，针对粮油加工开展招商引资，持续推进粮油加工产业优化升级，粮油经济实现跨越式发展。四川省粮食部门通过强化粮食产后服务功能、完善粮食质检体系，持续开展"中国好粮油"四川行动，逐步形成了"种粮农民种好粮、收储企业收好粮、加工企业产好粮、人民群众吃好粮"的新体系。

（五）粮油加工产业链不断延伸

一二三产业融合发展是现代农业发展的重要方向。近年来，四川不断推动产业融合发展，调整粮油产业结构，完善粮油产业链，拓展产业发展空间，增加粮油加工产品附加值，进一步提升粮油加工产业的现代化水平。在具体做法上，四川加快建设现代"川粮油"产业体系，以"强加工、建基地、创品牌、拓市场"为工作重点，深入推进28个县（市、区）粮油产业高质量发展。[①] 通过引导粮油加工企业适度向产业链上游延伸，优化县域粮油加工产业布局，提档升级加工能力，有效提升了县域粮油产业发展质量和效益。同时，培育骨干粮油企业，统筹推动粮食精深加工与初加工、综合利用加工协调发展，积极推进主食产业化，加大地方特色粮油食品开发力度，实现企业提质增效。

作为产业融合的一大亮点，四川油菜产业链发展取得了显著成效，被农业农村部列为全国唯一的油菜全产业重点链。[②] 其中，广汉、三台等地积极举办"油菜花节"，以一三产互动增加油菜产业效益。广汉市在推动农旅融合发展的过程中，粮油全产业链体验游对产业园人均收入的贡献率超过了10%。

---

① 《全省28个粮油产业项目推进顺利》，四川省粮食和物资储备局网，2022年10月31日。
② 《川油飘香 "天府菜油"展示川油高质量发展新成果》，中国网，2022年12月2日。

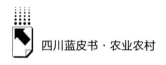

二 四川粮油加工与品牌建设面临的机遇与挑战

2022年以来，四川粮油加工与品牌建设取得了突出成效。在新形势下，特别是在农业现代化转型和乡村振兴战略的大局下，进一步做好粮油加工与品牌建设工作面临着以下机遇与挑战。

（一）四川粮油加工与品牌建设的发展机遇

在全面推进更高水平"天府粮仓"行动的背景下，四川粮油加工和品牌建设迎来了难得的机遇，主要体现在以下四个方面。

1.乡村振兴战略推动川粮油结构优化

要深刻认识到建设农业强省的重大意义，2022年四川省委一号文件提出，强化四川粮食大省的责任，紧紧围绕中央提出的八个方面的主要工作开展部署，推动川粮油结构优化升级。2023年发布的《中共中央 国务院关于做好2023年全面推进乡村振兴重点工作的意见》指出，实施推进大豆和油料作物产能提升工程。《农业农村部关于落实党中央国务院2023年全面推进乡村振兴重点工作部署的实施意见》指出，要加快技术应用，分区域建设国家现代农业科技示范展示基地，开展重大粮油生产技术集成和试验示范。在此基础上，四川坚持以粮油加工为引领，推动粮食全产业链发展。

2."天府粮仓"建设加大对粮油全产业链的投入

为建设新时代高水平"天府粮仓"，加快建设现代农业"10+3"产业体系，推进农业强省建设，四川坚持引导市场主体合理布局，助推川粮油特色产业融合发展。持续开展"优质粮食工程""天府菜油"行动，以现代农业园区为载体，着力于"川"字号粮油产品的提质增效。同时，农业供给侧结构性改革不断深化，以现代农业园区为引领，通过建基地、育产业、创品牌、拓市场，持续推动粮油加工等特色产业融合发展，加快擦亮四川省农业大省金字招牌，奋力推进四川由农业大省向农业强省跨越。

3. 粮油加工产业已经步入稳定增长期

四川近年来持续推进实施农产品加工业提升行动，围绕产业基地和园区，就地就近建设农产品产地初加工和商品化处理设施，推动传统加工技艺与现代食品工艺、现代消费方式有机融合。① 四川各地立足特色优势粮油资源，优化粮油加工布局，提档升级加工能力，培育骨干粮油企业，统筹推动粮食精深加工与初加工、综合利用加工协调发展，加大地方特色粮油食品开发力度。推动企业实现提质增效，2021 年粮油加工产业产值同比增长超过20%。② "十四五"以来，四川稳步推动粮油加工业发展。同时，"川"字号优质粮油品牌建设取得显著成效，打造了 75 个"四川好粮油"、14 个"中国好粮油"和 10 个"天府菜油"品牌。

4. 川粮油品牌的认知度不断提升

随着经济社会进一步发展，人们的消费需求更加多样化、健康化。健康成为很大一部分消费者购买粮油产品时的首要考虑因素，优质粮油市场需求增长势头更加强劲。实施粮油产业化经营，打造粮油精品至关重要。龙头企业应加强规范管理，打造统一品牌、统一质量、统一包装、统一经营的"天府菜油"品牌。打造四川农业大省的"金字招牌"，提升"天府菜油"的知名度，进一步丰富"川"字号粮油品牌文化的内涵。

（二）四川粮油加工与品牌建设面临的挑战

在市场竞争日益激烈与产业结构调整的大趋势下，四川省粮油加工与品牌建设面临着一些问题和挑战。

一是粮油加工企业面临结构性挑战。四川省粮油加工企业近年来发展十分迅速，但是其面临的资源环境约束趋紧，并且随着仓储、物流、人力等成本的上升，部分大型加工企业采用的大规模收购油菜籽模式已经变得很难实现，加之产能严重过剩，大中型企业每年开工时间只有 3~5 个月，盈利空间不断缩小。

---

① 《关于加快建设现代农业"10+3"产业体系推进农业大省向农业强省跨越的意见》，四川省人民政府官网，2019 年 9 月 23 日。

② 《全省 28 个粮油产业项目推进顺利》，四川省粮食和物资储备局网，2022 年 10 月 31 日。

同时，大多数企业加工水平停留在初级，精深加工少，市场占有率低。90%以上的是以初制加工为主的小油坊，粮油加工企业存在"小、散、弱"问题，生产方式粗放、装备水平落后等导致四川省粮油加工产品缺乏市场竞争力。

二是粮油加工产业链延伸不足。四川粮油加工企业存在产业融合层次低、水平浅、链条短、附加值小的问题，如油菜籽精深加工设备以及生产工艺落后，对膳食纤维、异黄酮、天然维生素E、蛋白肽、磷脂、低聚糖等高附加值产品的开发基本处于空白。四川省油菜加工副产品主要是油菜籽饼粕，其他副产物油菜籽壳、油脚等废弃物油脂则被直接丢弃。需要围绕产供储加销一体化，进行"菜、花、蜜、油、肥、饲"综合开发，推动"天府菜油"融合发展。

三是油料加工原材料供应存在缺口。四川省油菜籽产量跃居全国第一位，但是粮油供需结构性矛盾依旧突出。四川省油料的自给率稳步提升，已接近70%，远高于全国平均水平，但仍有巨大的油料原料缺口。以"天府菜油"加工业为例，目前四川33%~50%的油菜籽为农民自留，可供给油菜籽加工企业的原料严重不足。①

四是本土粮油品牌的竞争力有待提高。近年来，四川省大力发展区域特色产品，加速建设"10+3"产业体系，并已初见成效，拥有"仙餐""新兴""川菜王""辛农民""纯乡"等本土菜籽油品牌，但品牌企业规模小、实力弱。四川已申请注册了"天府菜油"区域公共品牌，并开展了系列宣传推介工作，但相较于国内外食用植物油企业对品牌的长期投入来说，"天府菜油"区域公共品牌的知名度、美誉度、影响力有待提高。

三　国外粮油加工与品牌建设的经验与启示

国外粮油加工与品牌建设相关研究起步较早，在科技创新、品牌创建等方面取得了丰硕的成果，一些典型做法及发展经验值得借鉴。

---

① 陈春燕、林正雨、赵剑、阿木补出：《"天府菜油"全产业链发展现状及策略》，《四川农业科技》2019年第8期。

（一）国际粮油加工业发展经验

我国是世界粮油生产和消费大国，但农产品加工业起步相对较晚，仍处于成长转型阶段。唐仁健指出发达国家农产品加工业产值与农业总产值之比通常都在 3∶1 甚至4∶1，而中国这一比例仅为 2.5∶1，存在产业链条较短、综合效益不高的问题。① 从发达国家粮油加工业发展现状及趋势来看，有三点值得借鉴的粮油加工业发展经验。

一是提高粮油加工业的科技创新能力。随着食品化学、生物技术等学科的发展，将高新技术应用于粮油加工行业是获得高额利润的关键。例如将快脱纤维法和快脱胚芽法应用于生产玉米饲料副产品；② 将计算机视觉检测加工精度技术、离子交换技术、高效干燥技术等应用于稻粕加工；将计算机管理和智能控制技术应用于各种传感装置以保证小麦加工过程的精准高效；将新的提取分离技术、酶技术、膜分离技术应用于大豆油脂加工业等。发达国家的精深加工能力以及高新技术的迅速普及，对企业资源利用率的提高而言意义重大。

二是建设粮油加工业的标准体系。农产品加工企业要进军国际市场，就要加快制定与国际接轨的粮油原料和加工制品质量标准，形成健全的粮油加工业质量安全标准体系。发达国家依据 GMP 进行厂房、车间设计，确保加工过程中的物料始终保持最优状态，并对管理和操作等人员进行 HACPP 上岗培训，普遍建立 HACCP 体系及 ISO9000 族质量保证体系，进行科学控制，对生产全过程进行质量控制，这是农产品加工业高效发展的必然趋势。③

三是实现粮油生产与加工一体化。发达国家粮油加工企业持续发展壮大，甚至成立了跨国公司。在生产水平方面，截至 2016 年，美国小麦粉日

---

① 唐仁健：《加快建设农业强国》，中国政府网，2022 年 12 月 15 日。
② 李锐、郝庆升：《美国玉米深加工业的发展经验》，《世界农业》2012 年第 10 期。
③ 陈广金、易静华：《发达国家农产品加工技术的启示与借鉴》，《宁夏农林科技》2007 年第 3 期。

产总量为 82142 吨，而面粉企业仅有 190 家；玉米精加工企业有 9 家，而年加工玉米量达到 3556 万吨。日本稻米加工企业日产规模达 500～1000 吨。法国三大面粉集团公司占据约一半的市场份额。① 在企业经营方面，美国集粮食加工、贮运和贸易于一体的大型国际集团 ADM 公司的市场分布于 60 多个国家，并拥有千余家相关企业及加工单位；新加坡丰益国际集团是全球最大的粮油食品集团之一，有超过 1000 家加工厂。国外粮油企业走规模化生产和集约化经营之路并积极开展联合生产。

（二）发达国家粮油品牌建设启示

打造具有巨大社会价值和经济价值的农产品品牌，是实现农产品增值、农民增收、优化农业结构的有效途径。近年来国外绿色安全的农产品品牌迅速进入国内市场，并以高标准、高质量等特点获得众多消费者的信赖，而在国际市场竞争中我国鲜有粮油品牌可以在竞争中占据主动地位。加快打造知名粮油品牌是未来我国粮油企业发展的关键，品牌建设依旧任重而道远，在综合考虑粮油发展实际的基础上，吸纳发达国家在培育农产品品牌方面的创新做法，是打造特色农产品品牌、提高竞争力的必要途径。

日本的"品牌农业"主要是由农协体系、农产品加工企业、各级政府相关部门、专业研究机构、广告公司等共建，经历了"一村一品"运动、"地产地销"战略、"本场本物"制度三个品牌化阶段。② 日本地域狭小、资源匮乏、自产量小，但凭借着严格的质量管控和标准化程序、农药和化肥使用量环保认证标签、差异化服务定位，成就了高附加值的优质农产品品牌。

美国的专业化农产品品牌不仅具有开创时间早的优势，而且其营销水平和推广能力均属世界一流。美国积极研发农业生产技术，一些著名的农业生物技术公司有将近半成的品牌收入来自科技创新，外加高额的

---

① 数据来源于面粉信息网。
② 胡晓云、八卷俊雄、张恒：《日本"品牌农业"的发展战略与启示》，《农村工作通讯》2014 年第 24 期。

广告投入、独具匠心的营销策略、专业化经营模式等成就了农产品品牌的高知名度。

法国将农业标准化建设作为实施农产品品牌战略的重点，以地区文化资源为依托建立了一系列产品认证体系，最具代表性的是"原产地命名控制"认证体系，即 AOC 法国红酒最高级别认证标志。同时法国也是对农产品标签、成分、生产过程等方面规定最为严格的国家之一。[①] 严格的质量管理、政府的支持、浓厚的农业文化氛围是提升农产品品牌影响力的重要方法。

四　四川深化粮油加工与品牌建设的对策建议

为进一步加快粮油加工与品牌建设，助力高水平建设"天府粮仓"，建议四川从以下五个方面开展工作。

（一）优化产业布局，调整粮油加工结构

四川省应大力培育适度规模的粮油加工企业，进一步推进粮油产业化发展，将大数据、物联网、云计算等现代信息技术应用于粮油加工、销售、物流配送等各个环节，进而延长粮油加工产业链，优化粮油加工产业体系。

一是积极促进粮油加工企业提档升级。尽快形成一批具有核心竞争力以及带动效应的粮油加工企业，引导粮油加工产业协调发展，新旧动能有序转换，合理调整粮油加工企业结构。加快扶持一批具有特色的粮油加工企业，加强技术升级和改造，进一步倒逼一些落后的粮油加工产能退出。

二是把本省龙头企业培育为粮油加工产业发展中的主力军。支持龙头企业争创国家级先进粮油加工企业。积极引导粮油加工龙头企业进行产学研联合发展，建设粮油产业高质量发展示范县，引导粮油加工企业集群发展，进一步优化粮油加工产业布局。

---

① 刘雪飞、胡胜德：《国外农产品品牌建设的基本经验与启示》，《世界农业》2014 年第 6 期。

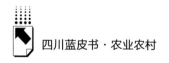

（二）推进粮油产品精深加工，延伸产业链条

根据四川省农业强省建设要求，应加快推进粮油产品精深加工，延长粮油加工产业链，增加粮油产品的附加值。

一要统筹推动粮油企业精深加工和初加工，促进加工业协调发展。避免过度精加工引发的浪费现象，以提高纯度、控制精度、适度加工为原则，改进粮油加工工艺。

二要坚持粮油加工产业链、价值链和供应链协同发展。推广粮油产品从种植到消费的"粮食全产业链发展模式"。推广粮食专业合作社水稻全产业链发展经验，为粮油加工企业合作提供平台，扩大粮油加工企业生产规模，提高粮油加工企业经营质量，通过规模效应以及溢价效应来进一步获得更大的发展空间。

三要探索农旅融合、文旅互动发展模式，进一步挖掘粮油加工产业的附加功能。通过开展油菜花旅游节、农事体验活动等，推进优质粮油产区和加工园区增加科普基地、景区乐园功能。

（三）加强粮油加工创新能力，实现科技兴粮

习近平总书记在党的二十大报告中强调，必须坚持科技是第一生产力、人才是第一资源、创新是第一动力。目前四川省粮油加工业科技创新能力与发达地区相比存在较大差距，应加大对粮油加工业科技创新的各要素投入力度。

一是加大粮油加工主要装备的技术创新力度。以机械大型化、专业化、绿色化、节粮减损为导向对加工装备进行升级，提高各类粮机的使用寿命及其智能化水平。

二是加强对现代化农业技术的应用，不断提高粮油加工业的科研投入水平。要培育一批高素养的科研技术人员，攻克关键技术，掌握拥有自主知识产权的粮油加工核心技术。同时要合理规划粮油产业布局，完善农业科技投入机制，健全粮油加工领域的创新推广体系，助力粮油加工技术、工艺、材料、装备等整体水平提高。

（四）强化粮油产品质量认证，拓展营销传媒渠道

各国粮食安全和质量意识增强，四川省需要进一步加快粮油加工业标准以及品牌体系建设，制定与国际对标的粮油生产、加工及销售指标，完善粮食质量安全体制。

首先，应完善品牌认证制度，推动对粮油质量的多主体监督认证。可采取广告等方式使消费者了解获得认证标识的粮油产品的优点，以提升消费者对认证标识的信赖度和授权后的粮油产品的品牌影响力，进一步发挥品牌效应，并且对获得相关质量认证及国家地理标志的粮油产品企业分等级给予奖励。

其次，应充分利用互联网、物联网等建立四川省粮油品牌可视化的推广平台。例如，利用电视、报纸、微信等建立线上和线下相结合的媒体宣传推介系统，特别是通过以《菜油——四川的味道》为代表的农业系列纪录片深入推介四川特色粮油品牌。同时，不断顺应新时代的变化，创新粮油品牌推广体系，使之有效助力粮油品牌的价值实现，推动川粮油成为"高品质"的代名词。

（五）加快粮油区域公共品牌发展，为品牌增色

要贯彻落实省委和省政府关于加快建设现代农业"10+3"产业体系的决策部署，大力实施粮油品牌建设行动。

一是促进粮油品牌价值提升。充分借助现代科技、大数据技术以及电商服务平台，构建粮油加工全产业链条品牌孵化的服务体系，提升粮油品牌价值。

二是持续开展粮油品牌宣传。充分利用好农业展会、产销对接会、电商等平台，借助互联网信息技术，线上线下相结合开展品牌营销，打造全国知名的粮油品牌。持续开展"天府菜油"年度品牌推广活动，全方位、多层次地宣传推广四川粮油区域公共品牌，讲好品牌故事，赋予四川省粮油品牌更加丰富的内涵。

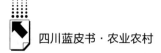

三是明确四川粮油品牌的定位。针对四川省"天府菜油"粮油品牌，对市场变化趋势作出科学的判断，确定品牌发展方向，对品牌进行精准宣传、精准营销以及精准施策。借助品牌推介和系列营销活动来提升四川粮油品牌的知名度和美誉度，不断为擦亮川油金字招牌筑牢底座。

参考文献

陈广金、易静：《发达国家农产品加工技术的启示与借鉴》，《宁夏农林科技》2007年第3期。

范秀成、陈洁：《品牌形象综合测评模型及其应用》，《南开学报》2002年第3期。

冯艳茹：《创新农技推广方式　促进粮油产业转型升级》，《新农业》2022年第9期。

郝北海：《粮油品牌创建的道路和方法》，《粮油市场报》2020年第2期。

胡晓云、八卷俊雄、张恒：《日本"品牌农业"的发展战略与启示》，《农村工作通讯》2014年第24期。

李锐、郝庆升：《美国玉米深加工业的发展经验》，《世界农业》2012年第10期。

刘雪飞、胡胜德：《国外农产品品牌建设的基本经验与启示》，《世界农业》2014年第6期。

卢黎歌、吕广利、高如：《县域农产品品牌传播力评价与提升》，《西北农林科技大学学报》（社会科学版）2020年第5期。

王瑞元：《对新时代我国粮油加工产业新发展的思考》，《粮食与食品工业》2018年第6期。

熊明华：《地域品牌的形象建设与农业产业化》，《中国农业大学学报》（社会科学版）2014年第3期。

薛平平：《中国粮油加工业的现状及发展前景》，《粮食经济研究》2020年第2期。

张光辉、张蓓：《农产品品牌的理论与策略探讨》，《农产品市场周刊》2006年第20期。

冯泊润：《凝心聚力十载路　示范引领谱新篇——浅谈四川粮油绿色高产高效创建》，《四川农业与农机》2021年第3期。

陈春燕、林正雨、赵剑、阿木补出：《"天府菜油"全产业链发展现状及策略》，《四川农业科技》2019年第8期。

B.13
四川粮食储备流通体系的
现状分析与效能提升

毛 雨*

摘 要: 粮食储备流通体系是粮食供给保障的"压舱石"和"蓄水池",
提升粮食储备流通的效能对于在新发展格局下打造更高水平
"天府粮仓"而言至关重要。当前四川粮食储备结构与消费结构
错配,粮食精深加工能力有待提高,储备监管机制亟待完善。为
促进四川粮食产业高质量发展,粮食储备流通体系要积极与粮食
生产结构调整相适应,推动储备结构优化,进一步培育粮食精深
加工企业,提升储备加工装备的科技水平,明确粮食储备的权责
主体和范围,强化问责惩戒机制。

关键词: 粮食储备 粮食流通 粮食精深加工企业

一 四川省粮食储备流通体系建设的主要成效

党的十八大以来,四川粮食储备流通体系在设施建设、技术应用、体制
机制创新等多方面取得长足发展,为农产品保供稳价以及经济社会稳定发展
奠定了坚实的基础。

(一)应用低温绿色储粮技术,推动储粮信息化管理

四川气候高温高湿,粮食品质易劣变。低温储粮技术通过降低粮堆呼吸

---

* 毛雨,四川省社会科学院农村发展研究所助理研究员,主要研究方向为粮食安全。

强度和粮堆内部温度，抑制微生物活性，从而有效延缓粮食劣变速度，在一段时期内较好地保证粮食的新鲜度和营养价值。2020年起四川粮食仓储环节以"绿色优储"为落脚点，推动粮食产业高质量发展，大力实施低温绿色储粮体系建设，推动粮食仓储企业转型升级，经济效益和社会效益凸显，探索出了一条以绿色促发展、以科技增效益的新路。"十四五"期间，四川粮食和物资储备局会同省发改委、财政厅制定了《四川省粮食低温储备库建设规划》，明确提出在5~7年时间内全省低温库建设的主要目标、建设规模及保障措施等，确保专项建设持续稳步推进和财政资金效益最大化。同时还制定了《四川省粮食低温储备库建设专项实施管理办法》《四川省"粮安工程"监督管理办法》《四川省省级促进粮油产业高质量发展专项资金管理办法》等，对项目申报、设计变更、招标采购、资金管理、竣工验收、使用效果、廉政建设等做了详细的规定，保证项目建设制度化、程序化、规范化。四川省印发了《四川省绿色低温储粮技术研究汇编》，制定了《低温储粮技术操作规程》（地方标准），指导企业规范运用好低温储粮技术。省财政专项投入补助资金用于低温储备库建设，为项目实施提供了有力保障。截至2021年5月已累计投入省级补助资金15亿元，在全省21个市州、170个县建设绿色低温粮库265个、仓容641万吨，其中400万吨仓容已建成投入使用，在部分低温库中配套建设"仓顶阳光"，初步构建起了绿色低温储粮体系。

（二）健全粮油应急保障体系，构建现代农产品流通网络

2020年以来，四川统筹粮源分布、重要物流通道和节点建设，优化粮食应急加工能力布局。针对城市、人口密集区及偏远地区粮食应急供应特点，加快推进粮食物流体系建设，健全粮食物流骨干网络，打造跨区域粮食物流通道，积极支持有条件的地方建成国家粮食物流核心枢纽，确保平时供得稳、急时供得上。2021年四川应急成品粮油规模达24万吨，21个市（州）成品粮油应急储备全覆盖，183个县（市、区）原粮储备全落实。确定应急保障企业4819家，最大日供应能力6.6万吨、日运输能力3.2万吨。

结合乡镇行政区划调整，优化应急网点布局，建成涵盖储存、配送和供应的粮油应急保供骨干网点 3938 个。

当前，加快推动粮食储备技术装备的更新升级，大数据、物联网、区块链、人工智能等的应用为粮食储备领域的发展提供了前行动力。2021 年四川粮食收购总量达 281 万吨，其中，油菜籽 46 万吨。2021 年四川粮食销量达 1582 万吨，食用油销量达 288 万吨。依托信息化和智能化技术的发展，四川积极探索建立集粮油交易、粮油信息等功能于一体的现代化综合性粮食交易市场，培育大中城市农产品智能化批发市场。推进农产品产地市场体系建设，发展农产品从产地到销地的直销和配送。建设"川"字号特色农业供应链体系，打造川渝农产品批发市场联盟。

（三）完善地方政府粮食储备制度，强化流通体系监管力度

自《四川省粮食安全保障条例》实施以来，全省依法严格落实地方粮食储备规模，加快推进高标准储备粮库建设，提高仓储科技水平，健全轮换管理和库存监管机制。落实储备费用补贴资金，完善补贴标准动态调节机制，积极探索解决储备粮运营亏损问题。强化政府储备、市场储备、社会储备统筹结合，不断提升粮食收储调控水平。2021 年全省地方粮食储备总规模 399 万吨，可保障全省 3 个月口粮供应。全省粮食仓容 1892 万吨、罐容 167 万吨，省市县三级仓储设施体系基本建成。

为保障粮油蔬菜等主要农产品的有序流通，四川建立完善的粮食经营企业信用体系和粮食市场监管协调机制，坚决打击囤积居奇、哄抬粮价、以次充好、掺杂使假、计量作弊等扰乱粮食市场秩序的行为。加快健全主要产品价格监测和预警机制，优化农产品冷链物流中心空间布局，构建农产品现代物流体系。严格落实"菜篮子"市长负责制。稳定大中城市常年菜地保有量，支持彭州加快建设"中国西部菜都"，提高蔬菜应急保供能力。优化农产品冷链物流中心空间布局，以整县推进试点县为引领，加强县域商业体系建设。

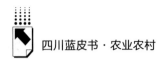
二 四川粮食储备流动体系存在的问题

（一）粮食储备结构与消费结构不匹配

随着城乡居民收入水平的提高，食物消费偏好正从"吃得饱""吃得好"向"吃得健康""吃得营养""吃得丰富"快速转型。食物消费结构升级引起粮食消费结构的趋势性转折。如图1所示，改革开放以来，我国居民人均口粮消费量和人均肉蛋奶及水产品消费量的变化形成了明显的交叉走势，人均口粮消费量持续下降，而人均肉蛋奶及水产品消费量不断增长。2020年我国人均口粮消费量141.2千克，相较于1981年减少了92.6千克，年均下降1.2%；与之相对，2020年我国人均肉蛋奶及水产品消费总量达77.2千克，相较于1981年增长了53.2千克，年均增长5.5%。

肉蛋奶及水产品的需求扩大直接拉动了我国粮食饲用消费增长，2021年我国粮食饲用消费已经成为粮食消费的第一大用途。2021年我国

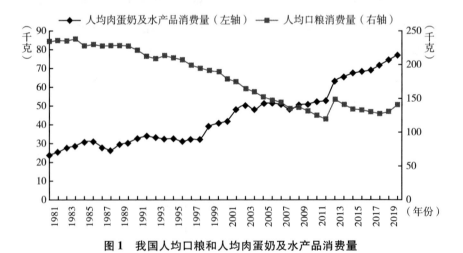

图1 我国人均口粮和人均肉蛋奶及水产品消费量

注：2012年以前人均口粮（原粮）分城镇、农村两个口径统计，全国人均水平本文按照当年的城镇化率取加权平均值。2013年以后，取消了城乡口径，统一为全国平均水平。人均肉蛋奶及水产品的统计口径变动与处理方法相同。

粮食消费总量约 7.8 亿吨，其中，饲用消费占比约为 52%，食用消费占比约为 31%。除了饲用消费，近三十年来我国粮食工业消费规模和占比也快速攀升。联合国粮农组织数据显示，2021 年，我国粮食工业消费总量为 1.1 亿吨，在总消费中的占比约为 14%。与 1991 年相比，工业消费规模翻了近 5 倍，占比增加了约 9 个百分点，年均增速接近 7%，甚至超过同期饲用消费的增速（4% 左右）。随着城乡收入水平的进一步提高，居民食物消费进一步升级，未来我国粮食饲用消费和工业消费将保持刚性增长。

在粮食消费结构发生深刻转变之际，粮食生产储备结构的调整却相对滞后。如图 2 所示，2021 年四川粮食总产量 3582.1 万吨，其中，小麦 245.3 万吨，稻谷 1493.4 万吨，玉米 1084.7 万吨，油料作物 416.6 万吨，豆类 143.5 万吨。从主要用途的占比来看，口粮品种（小麦和稻谷）占比达到 49.0%，饲料粮品种（玉米和豆类）占比为 34.2%，油料作物占比只有 11.6%。近年来，四川粮食生产结构调整成效显著，与 2016 年相比，2021 年口粮产量占比已经下降了 7.6 个百分点，饲料粮和油料作物产量占比分别上升了 8.4 个百分点和 2.6 个百分点。但是，相对于目前饲用消费占比已超过一半的需求结构而言，生产结构的调整仍然滞后。

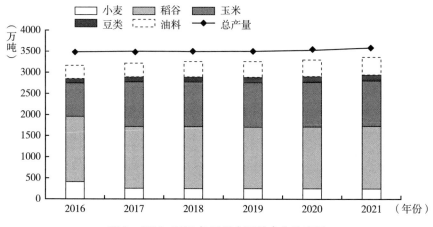

图 2　2016~2021 年四川主要粮食作物产量

与此同时，粮食储备结构的调整也十分缓慢。四川国有企业粮食收购仍然以大米和小麦为主，玉米收购量占比较小。具体情况如图3所示，2020年四川国有企业大米收购量为83.2万吨，小麦为63.2万吨，玉米仅为11.6万吨。从收购量的变化来看，2016年以来大米收购量有明显下滑，从204.2万吨下降到2020年的83.2万吨，同期，小麦收购量从52.1万吨增长到63.2万吨，而作为最主要的饲料、工业用粮品种的玉米收购量从28.4万吨下降到11.6万吨。与收购情况相反，在国有粮食储备投放阶段，近年来玉米和大豆的销量快速增长，小麦和大米的销量则增长较慢。图4为2016~2020年四川国有企业粮食销量情况。2020年四川国有企业大米销售量为377.3万吨，小麦为181.1万吨，玉米为404.8万吨，大豆为131.1万吨。从销量的变化来看，2016年以来大豆和玉米的销量大幅增长，大豆从62.4万吨增长至2020年的131.1万吨，玉米从193.4万吨增长至2020年的404.8万吨，相对而言，大米和小麦的销量增幅不大，大米的销量增长了66.4%，小麦的销量增长了51.9%。收购量和销量的反向变动进一步加剧了储备结构的不合理，饲料粮储备占比下降，口粮占比相对上升。

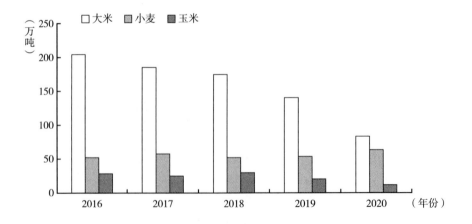

图3　2016~2020年四川国有企业粮食收购量

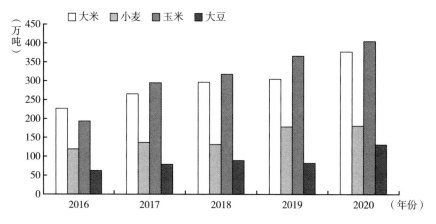

图4 2016~2020年四川国有企业粮食销量

进一步结合国有企业粮食收购量和销售量来看，2016年以来国有企业中玉米库存快速消减。如表1所示，2020年四川国有企业大米的购销差额为294.1万吨，小麦为117.9万吨，玉米为393.2万吨，大豆为131.1万吨。与2016年相比，2020年大米的购销差额扩大幅度最大，从22.5万吨扩大到294.1万吨；玉米的购销差额从165.0万吨扩大到393.2万吨；大豆的购销差额从62.4万吨扩大到131.1万吨；小麦的购销差额扩大幅度最小，从67.2万吨扩大到117.9万吨。横向比较各品种购销差额规模，近五年来玉米年均储备约300万吨的消减，大米约有136万吨的消减，小麦约有94万吨的消减，大豆约有88万吨的消减。

表1 2016~2020年四川国有企业主要粮食品种购销差额（收购量-销售量）

单位：万吨

年份	大米	小麦	玉米	大豆
2016	−22.5	−67.2	−165.0	−62.4
2017	−80.2	−79.2	−269.7	−78.6
2018	−121.8	−79.65	−287.5	−89.1
2019	−164.2	−125.3	−345.9	−82.4
2020	−294.1	−117.9	−393.2	−131.1

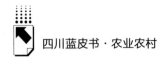

除了储备和消费的品种结构矛盾，现阶段我国粮食储备还存在空间错配的问题。我国玉米主产区集中在北方，而消费需求集中在南方。现有储备调控政策是安排玉米储备的70%在北方地区、30%在南方地区。以东北地区和四川为例，东北地区生产很多玉米，粮食储备库里储存的都是玉米，而四川主要生产稻谷，储备库里储存的绝大部分是稻谷。实际上，四川是缺玉米的。据统计，2018年四川省稻谷调入量仅为16.9万吨，而玉米的调入量为1004.1万吨。与之相对，河北主要生产玉米和小麦，但其并不是稻谷主产省，省内库存以玉米和小麦为主，稻谷储备明显不足。

由此可见，现阶段，政府粮食储备仍然按照区域内生产什么品种就储备什么品种的原则运行，储备机制缺乏主动调控功能，导致储备结构与消费结构严重脱钩、省内粮食结构性短缺与库存压力高企的双重困局。在此基础上，省际品种失衡进一步扩大了我国特别是主销区粮食品种的产销缺口，使各地区乃至全国粮食安全形势更加严峻。

（二）粮食精深加工发展缓慢

粮食深加工是指在粮食粗加工的基础上，借助一定科技手段对原材料或半成品进行工艺处理，使之成为人们可以直接使用的高附加值产品。粮食深加工产业对延长粮食产业链条、促进农民增收和充分利用粮食资源等都具有重要意义，是粮食产业发展的必由之路。

近年来，四川粮食储备系统深入推进"优质粮食工程"，大力实施"天府菜油"行动，加快建设粮油产业高质量示范县，全省粮油加工能力和效益稳步提升。不过，具体到加工领域来看，食用植物油加工蓬勃发展，而粮食精深加工和饲料加工发展相对较慢，小麦加工受产量下滑的影响，加工能力有所减弱。如表2所示，2017~2020年食用植物油加工企业数量虽有所下降，从131家减少到118家，但是加工产值增长明显，2020年入统食用植物油加工企业产值220亿元左右，较2020年前增长10个百分点。与之相对，2017~2020年四川小麦粉加工企业数量大幅减少，从63家减少到38家，粮食深加工企业数量从107家减少到92家，饲料加工企业数量较为稳定。

表2　2017~2020年四川粮油加工企业数量

单位：家

年份	食用植物油加工	小麦粉加工	粮食深加工	饲料加工
2017	131	63	107	181
2018	123	53	93	175
2019	118	47	97	173
2020	118	38	92	181

结合全国粮食加工企业的发展来看，2020年四川食用植物油加工企业数量占全国总数的7.2%，小麦粉加工企业数量占1.5%，粮食深加工企业数量占9.0%，饲料加工企业数量占4.7%。就占比变化而言，2017年以来四川粮食深加工企业占比下滑明显，四年间占比减少了1个百分点，小麦粉加工企业占比和食用植物油加工企业占比也有小幅下滑，都减少了0.7个百分点，饲料加工企业占比变化不大。由此可见，在全国粮油加工产业发展的大趋势下，四川粮食深加工能力仍有提升空间。

（三）政府粮食储备监管机制有待完善

当前我国政府粮食储备监督检查的方式主要有：全国范围的粮食库存大清查、国家和各省级粮食和物资储备部门的例行粮食库存检查、粮食专项检查、定期检查和交叉检查等。粮食储备监督管理主体多元化特征明显，中央储备粮的管理主体有国务院国资委、粮食和物资储备部门、中国农业发展银行等部门单位以及中储粮集团公司。地方储备粮管理主体既有地方国资委，也有发改委（粮食和储备）、财政部门、代储粮食企业、中国农业发展银行各地分行等。

粮食储备监督管理主体多元化容易形成"多头管、无人管"的局面，容易产生储备日常管理不规范、各环节贪腐滋生以及配套建设水平下降等一系列问题。在全面提升省内粮食储备技术水平的过程中，管理主体不明确，个别地市重视不够、举措不实，存在基础管理工作薄弱、管理制度流于形式、库区管理混乱、所储粮食质量劣变、仓储违规作业等问题。还有一些地方和企业重资金争取和安排、轻项目实施和监管，跟踪监督和建设指导力度不够，推进工作方法单一、措施不得力、执行力差，建设进度严重滞后。例如，中央预算内项目资金出现"趴窝"趋势，个别项目迟迟未启动或启动后项目停滞。此外，粮食储备的监督检查工作大多方式单一、成效乏力，仍存在一些薄弱环节和突出问题，如粮食储备监督检查机制尚未完全建立、监督检查主体责任落实不到位、监督检查追责问责机制不完善、惩罚机制不健全以及内外部监管合力有待加强等。

三 提升四川粮食储备流通效能的对策建议

（一）优化储备结构和区域布局

对四川粮食储备结构进行"顶层设计"，建立多层次现代化粮食储备体系。完善中央储备和地方储备、政府储备和企业社会责任储备、原粮储备和成品粮储备相结合的储备体系。根据财政承受能力和应对风险压力，推动地方建立合理的企业储备机制，引导粮食企业保持合理的商业库存。健全利益机制和激励约束机制，提高企业参与社会责任储备的积极性。借鉴国际经验，鼓励支持家庭农场、农民合作社、农业产业化龙头企业自主储粮，适度支持农户科学储粮。

优化粮食储备品种结构，转变储备管理运行逻辑，以当地需要什么粮食品种就储备什么粮食品种为准则，主动弥补粮食产销缺口，缓解粮食供求的结构性矛盾。配合粮食种植结构的优化，完善玉米和大豆销区的储备制度。由政府给予适当补贴，鼓励用粮企业增加玉米、大豆储备量。积极探索"产销储"融合型发展，鼓励和支持有条件的粮油加工龙头企业与饲料粮种植的规模经营户、合作社等生产经营主体深度合作，从种植规划到产后收购一体化组织经营。

建立产销区长期稳定的购销协作机制。充分利用省际粮食生产优势互补，构建稳定的粮食产销合作关系。如玉米可以跟吉林、内蒙古合作，小麦可以与河南建立合作关系等，保障四川玉米等饲料粮供应安全。当粮食主产区粮食丰收、价格下跌、供过于求时，粮食主销区能够及时从主产区调入粮食，从而缓解主产区的库存压力，保护种粮农民利益；当粮食主销区粮食短缺、价格上涨、供不应求时，粮食主产区能够及时向主销区调运粮食，保障主销区粮食供给，具体措施：一是建立产销区协议价格补偿机制，二是完善产销区购销协作支持机制，三是建立粮食的异地储备补偿机制。

（二）完善粮食储备监管机制

深刻认识粮食储备的公共品属性，明确政府调控粮食的主要目的和重要意义。粮食是私人产品，同时也是关乎国计民生的重要产品。粮食市场的供给短缺或价格波动会直接影响一个国家或地区的经济发展和社会稳定。因此，粮食储备大部分用于消费、周转和盈利的同时，还应有一部分用于保障粮食供需平衡和维护粮食安全。

由于保障粮食安全的粮食储备区别于市场上出售的一般商品粮食，具有公共产品属性。储备形成稳定的市场粮价是面向这个社会的，全体社会成员联合消费，对每一个社会成员都能带来益处，每个社会成员都可享用稳定的市场粮价所带来的效用，即效用具有不可分割性；任何一个社会成员对粮食储备效用的享用不会排斥、妨碍其他社会成员同时享用，也不会因此减少其他社会成员享用的数量和质量，即消费具有非竞争性；同时，在技术上没有办法将拒绝为其付款的社会成员排除在受益范围之外，这意味着即使有个别社会成员不参加粮食储备或不为之承担费用，其依然能够享受粮食储备所提供的稳定市场粮价的益处，没有办法因其没有为此出力或者出资而不准他享受粮食储备的效用，就是说其受益具有非排他性。不可分割性、非竞争性和非排他性决定了政府储备粮食不能以营利为目的，政府储备粮食的目的是要履行保护种粮农民利益、维护粮食市场稳定、应对紧急突发事件的职责。

在认清粮食储备的本质属性和政府职责的基础上，在具体工作中，要明确粮食储备责任区分和责任归属，根据粮食储备任务执行过程中的日常管理、岗位职责、出现问题、考核结果等综合确定粮食储备责任的归属单位（人），并依据相关规定确认粮食储备责任细则。坚持以问题为导向，聚焦影响粮食储备管理的风险隐患，认真梳理粮食储备工作问题，逐项建立台账，明确整改责任、时限和措施，投入足够的人力、物力、财力，加强督查督办。要健全政府粮食储备问责机制，激励担当作为。中央政府强调，要"坚持有责必问、问责必严，把监督检查、目标考核、责任追究有机结合起来"。依法依规依纪严肃问责、规范问责、精准问责、慎重问责，问责后要加强对人和事的后续跟踪管理，要系统思考引发粮食储备相关问题的原因、加强整改措施的督查以及如何防止再次出现类似的问题等，彰显储备问责的价值。建立粮食储备问责机制的同时惩处要严，建立粮食储备监督检查权和处罚权相统一的刚性惩罚机制，通过一套"组合拳"，大幅提高失信者违法成本。

（三）强化粮油加工科技支撑

通过支持精深加工企业的技术改造、装备升级和模式创新，使产品和产业链向中高端延伸，同时重视加工企业的技术研发和品牌营销，帮助企业提升加工转化增值能力和产品附加值。引导企业采取先进的经营理念，不断创新经营模式。支持龙头企业采取兼并重组、股份合作、资产转让等形式，建立大型企业集团或利益联结机制，利用产业集群效应提升四川粮油加工的生产规模和行业影响力，产业集群也能有效辐射带动相关中小微企业，提升企业发展能力。引导加工企业与新型农业经营主体，如农业合作社、家庭农场等组织构建合作关系，探索建立"生产+加工+销售"的利益联结机制。推动高等学校设立农产品加工装备相关专业，提升我国粮油精深加工技术装备研发能力。加大生物、工程、环保、信息等技术集成应用力度，加快非热加工、新型杀菌、高效分离、节能干燥、清洁生产等技术升级，开展精深加工技术和信息化、智能化、工程化装备研发。

（四）推进流通环节绿色减损

粮食损失与浪费是粮食系统在技术、文化和经济各方面的运作方式不当所致，在整个食品链中从生产、收获、储存、加工、销售与零售直至消费的各环节的分布情况迥异。在储存和运输环节，由于缺乏适当储存或运输设施、温度和湿度管理不善、储存时间过长、运输方式不当等，粮食损失浪费占整条产业链的24%。在加工和包装环节，由于加工能力不足、加工流程缺乏严密管理、过度碾磨、包装破损等，粮食损失浪费占整条产业链的4%。

做好粮食流通环节的绿色减损工作对保障粮食数量和质量、提升粮食供给保障能力而言有重要意义。要构建粮食产后减损科技创新平台，建立粮食品质评价体系，流通环节精准控温控湿控气、在途实时监测、主动汇报供应量，利用物联网、大数据等技术提高粮食产后减损科技水平。深化粮食减损科技体制机制创新。设立"粮食减损保供"重大科研专项。聚焦保障四川省粮食数量安全、质量安全和生态安全重大需求，重点攻克粮食减损、质量安全、品质营养保持、现代收储物流、监测预警、加工增值和综合利用等方面的重大科学技术难题。通过设立省重大科研专项、产业技术体系岗位等方式，带动地方政府和粮食企业配置更多资源开展粮食减损保供科技创新，建立粮食种植、收获、储运、加工、销售全链条一体化的粮食减损保质技术体系，实现"优粮、优储、优加、优食"。加强基础理论研究，引导粮食消费从数量向品质、营养转变，建立适合居民膳食习惯和营养需求的粮食质量标准体系。加强粮食减损保质条件能力建设。加强粮食种植、收获、储运、加工、销售等全产业链基础设施建设，提高标准化、规模化、机械化和智能化程度。设立粮食流通技术服务平台，统筹各类资源，开展全链条、一体化协同创新，并对各环节粮食减损保质技术进行系统集成和推广应用。构建粮食品质、仓储、物流和加工大数据中心，应用人工智能、大数据、"互联网+"等新技术，对粮食数量和营养损失进行精准监测预警和控制。

参考文献

柳易、王雄：《改革开放40年四川粮食应急保障体系建设回顾与展望》，《粮食问题研究》2019年第2期。

曹宝明、刘婷、虞松波：《中国粮食流通体制改革：目标、路径与重启》，《农业经济问题》2018年第12期。

华树春、钟钰：《我国粮食区域供需平衡以及引发的政策启示》，《经济问题》2021年第3期。

朱湖英、肖国安、王文涛：《论粮食质量安全的政府责任体系》，《湖南科技大学学报》（社会科学版）2017年第2期。

赵勤：《现代粮食流通产业与主产区域一体化发展研究——以黑龙江为例》，《安徽农业科学》2010年第34期。

李凤廷、侯云先、邵开丽等：《突发事件下的粮食物流——基于情景应对的储备粮紧急调运决策框架》，《中国农村经济》2016年第12期。

郭庆海、宫斌斌：《21世纪以来粮食收储政策演进、得失与改革完善》，《中州学刊》2022年第8期。

伍文安：《做好四川粮食仓储工作的对策建议》，《粮食问题研究》2019年第3期。

毛学峰、刘靖、朱信凯：《中国粮食结构与粮食安全——基于粮食流通贸易的视角》，《管理世界》2015年第3期。

高洪洋、胡小平：《我国政府粮食储备区域布局：现状、影响及优化路径》，《华中农业大学学报》（社会科学版）2021年第6期。

刘长全、韩磊、李婷婷等：《大食物观下中国饲料粮供给安全问题研究》，《中国农村经济》2023年第1期。

高洪洋、胡小平：《我国政府粮食储备监督检查博弈分析、机制构建与制度保障》，《农村经济》2022年第11期。

曹宝明、黄昊舒、赵霞：《中国粮食储备体系的演进逻辑、现实矛盾与优化路径》，《农业经济问题》2022年第11期。

蒋和平、蒋黎：《改革视角下的现代粮食流通体系创新》，《江苏大学学报》（社会科学版）2017年第3期。

B.14
四川高标准农田建设的现状、难点与优化建议

甘庭宇　张显浩*

摘　要： 党的二十大报告强调，建设高标准农田是实施"藏粮于地、藏粮于技"战略的关键措施，也是全面巩固粮食安全基础的重要手段。四川省作为全国重要的粮食生产与消费大省，既要严守耕地红线，又要不断提升粮食产量和产能，以助力国家粮食安全。本文在梳理四川省高标准农田建设的主要成效、不同区域的建设重点和阶段性任务的基础上，指出在资金投入、建设标准以及建成后管理维护等方面存在的难点与问题，为此，应扩大多元主体投入、提高标准以提升建设质量、优化建成后高效利用机制等。

关键词： 高标准农田　粮食安全　四川

高标准农田建设是在习近平新时代中国特色社会主义思想的指导下，全面贯彻党的二十大精神，进一步落实"藏粮于地、藏粮于技"战略。高标准农田建设旨在通过一段时间的努力，经过土地整治，形成集中连片、设施配套、高产稳产、生态良好且抗灾能力较强的基本农田。为深入贯彻落实党中央对高标准农田建设的工作部署，四川结合自身地形复杂的现状，因地制宜地进行探索。按照《四川省高标准农田建设总体规划（2011—2020

---

* 甘庭宇，四川省社会科学院农村发展研究所研究员，主要研究方向为乡村治理、生态保护建设等；张显浩，四川省社会科学院农村发展研究所，主要研究方向为农村发展。

年）》，四川省以农地综合整治为支撑，采取土地综合开发、小型农田水利等措施，大力推进高标准农田建设，为提高粮食产量、增加农民收入、促进现代农业发展打牢了基础。在此基础上，2022 年初，四川省农业农村厅出台了新一轮的高标准农田建设十年规划，到 2030 年高标准农田建设面积不断扩大，建设质量不断提高，建设规模不断增加，在全省范围内新建高标准农田 1857 万亩，改造升级 1594 万亩，总保有量达到 6353 万亩。

一　四川省建设高标准农田的重要意义

（一）保障粮食稳产增产，助力打造"天府粮仓"

建设新时代更高水平"天府粮仓"是发挥四川省优势产区先天条件、增加粮食储备、全面保障粮食安全的重要举措。近年来，中央、省委农村工作会议及一号文件中多次阐述建设天府粮仓的重要性，习近平总书记来川调研期间，对四川省"三农"工作做出重要指示，也多次提及要建设新时代更高水平"天府粮仓"。《建设新时代更高水平"天府粮仓"行动方案》提出了到 2030 年四川省将永久基本农田建成高标准农田的目标。四川省是全国粮食主产区之一，2022 年，全省粮食播种面积为 9695.2 万亩，粮食总产量达 3510.5 万吨，居全国第九。丰富的资源以及地理优势造就了四川省作为产粮大省的先决条件，但四川多为山地、丘陵，多数农田地块散且不平整，这直接导致土地利用率不高、播种及管护困难等。高标准农田建设就是将散而小的农田变为集中连片的农田；将低地力的农田变为高地力的农田；将抗灾能力弱的农田变成抗灾能力强的农田，提升土地利用效率，为粮食播种及土地管护提供保障。据实践证明，高标准农田建设完成后，每亩地年粮食产量一般增加 10%~20%，建设高标准农田是四川粮食稳产增产的重要保障，也是推动建设"天府粮仓"、实现粮食总产量稳步提升、擦亮农业金字招牌的重要方式，更是落实"藏粮于地、藏粮于技"战略、全力保障国家粮食安全的重要举措。

（二）深入落实"藏粮于技"战略，给农田耕种插上"科技之翼"

深入落实"藏粮于地，藏粮于技"，建设高标准农田，就需要给农田耕种插上"科技之翼"。高标准农田的建设，促进了土壤、水利、道路、电力、技术的发展，改善了农业基础设施，主要农作物耕种收综合机械化水平、农业科技贡献率得到了大幅提升。一是改善灌溉条件，完善配套和改造水利基础设施，大幅改造中低产田；二是改进耕作方式，调整与本地相适应的耕作制度和种植方式，提高土地产出率；三是培育和推广重大技术，强化测土配方、水肥耦合等普适性技术的应用，提高技术到位率及资源利用率；四是针对主要作物的关键生产环节，进行机械化改造，提高农业机械化水平。由于四川省多为山地丘陵，耕地散而小，地形不平坦，限制了机械化作业运用，妨碍了地方农业的发展。通过高标准农田建设，进行"宜机化"改造，在田块整治方面，采取挖土回填、去埂消坎等措施，使小型地块、异形地块合并，扩大农机耕种面积，满足高效运行、安全作业的需要，大大降低了土地耕种的成本。在道路建设方面，采用打通沟渠、处理碎石及其他措施，可以改善地块出入坡道，拓宽机械化生产道路，使道路更适合大中型农业机械通过。"宜机化"改造项目还可以充分发挥农机专业合作社、农机大户等新型农机合作服务组织的主力军作用，让农民认识并接受农业机械化所带来的高效生产，助力推动"藏粮于地，藏粮于技"战略落实。

（三）平整田块改善乡风村貌，提升文化生活水平

田成方、渠成网，池相连、路相通，产量高、生态美等，是新农村建设高标准农田展现出的面貌。一是建设高标准农田可以改变原有耕地风貌。通过建设把高低不平、大小不一、形状各异的"巴掌田""鸡窝田"变成"田成方、路相通、渠相连、涝能排、旱能灌、虫能防"的"高产田"。实施区田间道路小扩大、弯改直、凹填平，改善农村风貌。二是建设高标准农田可以改善农村生态环境。农业生产对土地、水、空气等环境资源的要求较高，而高标准农田建设可以提高土地利用效率和肥力，还能保护水源和水土资

源，减少农业污染和生态破坏，从而改善农村生态环境。三是高标准农田建设可以提高农民收入和生活水平，促进农村经济的发展和农村社会的进步，推动村容村貌改善。农田产量提高，农民收入提升，便会追求更美好的生活，修建更具有当地文化特征的房屋，修缮或扩建农村道路、桥梁等基础公共设施，添置文化活动器材等。因此，高标准农田建设不仅可以提高粮食产量，保障国家粮食安全，而且对于改善农村面貌具有积极作用。

（四）统筹管理，推动农业生产现代化

针对高标准农田建设，实施统一规划、统一管理、统一评价等制度可以加强农田管理与监管，提升农田产能效率和资源利用效率。一是高标准农田建设项目实施前，相关监测机构会对项目土地质量进行监测，通过对土地的质量、肥力、水分等方面进行监测选取合适的项目点，因地制宜选种粮食作物，提高土地的产出能力和质量。二是统筹管理水资源与化肥和农药使用。对于灌溉设施建设和管理采取科学方法，实现节约用水，提高灌溉效率。合理使用肥料和农药，避免过度施肥和农药残留，保障粮食安全。三是防灾减灾和品质安全控制。加强气象监测和防灾减灾工作，保障农业生产的安全性和稳定性。同时，对农产品的质量、安全等方面进行监督。总之，高标准农田建设有利于推动农业现代化，加快农业生产转型升级，使农业生产与科技创新相结合，提高农业生产效率。

二　四川省高标准农田建设的主要成效与经验

（一）高标准农田保有量不断增长

《四川省高标准农田建设总体规划（2011—2020 年）》的发布，标志着将四川省高标准农田建设纳入规划，优先支持、重点建设，这是四川省新时期首轮高标准农田建设的十年计划。第一个十年规划期间，四川省高标准农田保有量不断攀升，《四川省国土资源公报》《四川统计年鉴》《四川农村

年鉴》数据显示，2020 年四川省共建设高标准农田 395.5 万亩，保有量 4430 万亩，占耕地总面积的 43.9%，完成国家下达任务的 111.4%，相较于 2011 年高标准农田保有量 3045 万亩，分别提高了 1385 万亩、31.3%，年增长率 3.47%。近两年，高标准农田建设面积稳步增长，据统计，2022 年共建设高标准农田 487.16 万亩，总面积 5400 万亩，占耕地总面积的 68.8%，高标准农田保有量再创新高。[①]

（二）配套设施不断完善

打造"天府粮仓"，建好"天府良田"。在水利建设方面，大力发展农村机电提灌，加快沿江、沿河、沿湖老旧提灌站升级改造，在太阳能资源丰富地区持续推广太阳能提灌，在现代农业园区发展智慧灌溉。2022 年四川新增蓄引提水能力 20.2 亿立方米，新增控制灌溉面积 1054 万亩。高效节水灌溉面积 53.97 万亩。在宜机化建设与农机投入方面，自 2018 年农业农村部首次提出把"宜机化"纳入高标准农田建设指标以来，四川大力推进丘陵山区宜机化改造，推进农业机械化基础建设，推动高标准农田建设区域全面达到"宜机作业"要求。特别是丘陵山区开展机耕道路建设，提高农机作业通达度。

（三）规划方案实现动态优化

2011 年四川省委、省政府出台《四川省高标准农田建设总体规划（2011—2020 年）》，同年 3 月发布《建设 1000 万亩高标准农田工程规划纲要（2011—2015 年）》，使四川省高标准农田建设落到实处。2015 年，省政府召开省级高标准农田联席会议，并由省政府办公厅下发《关于进一步加强高标准农田建设工作的通知》，加强了高标准农田建设综合协调，并把高标准农田建设作为推动农业供给侧改革结构、补齐农业发展短板的重要举措。2016 年，为确保各市（州）县（市、区）任务落地，将粮食主产区、现代农业示范区、

---

① https://www.sc.gov.cn/10462/10464/10465/10574/2016/6/24/1038 5522.shtml? from=groupmessage.

永久基本农田保护区、新型经营主体规模经营区优先纳入规划，优先支持、优先建设。2017 年，四川省农业农村厅会同成员单位联合发布的《四川省高标准农田绿色示范区建设推进方案》提出，"十三五"期间全省将建成高标准农田绿色示范区 400 万亩，各地围绕"五大工程"科学制订绿色示范区建设实施方案。2022 年 1 月，四川省政府批复《四川省高标准农田建设规划（2021—2030 年）》，要求把高标准农田建设摆在更加突出的位置，也代表着四川省高标准农田建设迎来了第二个十年规划历程。

（四）建设资金的投入机制不断优化

2016 年，为加快推进《四川省高标准农田建设总体规划（2011—2020）》四川省政府将高标准农田建设纳入国家专项建设基金支持范畴，明确了由省发展改革委牵头会同农业、国土、财政等部门出台贯彻落实意见要求各地对照总体规划将任务分解落实到每个年度及牵头部门，确保各市（州）县（市、区）任务落地。2022 年出台的《四川省高标准农田建设规划（2021—2030 年）》强调，对与公共财政相关的投入保障机制作出调整与升级，全省各级财政部门把高标准农田建设放在更加突出的位置，创新政策机制，夯实财政保障。根据《四川省人民政府办公厅关于切实加强高标准农田建设巩固和提升粮食安全保障能力的实施意见》，四川省分区域、分类型制定了高标准农田建设补助标准，各市、县在确保补助资金每亩总投入不低于 3000 元，其中中央、省级补贴 1500 元的基础上，科学统筹涉农项目资金，如高标准农田项目还可以争取耕地地力补贴、目标价格补贴等。

三 高标准农田建设的阶段性任务和区域建设重点

（一）高标准农田建设的阶段性任务

按照 2022 年 1 月四川省政府批复的《四川省高标准农田建设规划（2021—2030 年）》，到 2030 年累计建成高标准农田 6353 万亩，新建高标准农田 1857 万亩，改造提升现有高标准农田 1594 万亩，粮食产量提高到 3750 万吨以上，确保粮食产能大幅增长，为建设"天府粮仓"、打造"天府良田"作出贡献（见表 1）。

表 1　2021~2030 年四川省高标准农田建设任务

单位：万亩

市(州)、县(市、区)	2021~2030 年新建高标准农田面积			2023~2030 年改造提升高标准农田面积		
	合计	2021~2025 年	2026~2030 年	合计	2021~2025 年	2026~2030 年
四川省	1857.00	1230.00	627.00	1594.00	598.00	996.00
成都市	112.65	77.85	34.80	100.00	37.51	62.49
自贡市	57.64	37.39	20.25	44.41	16.66	27.75
攀枝花市	19.99	14.24	5.75	5.35	2.00	3.35
泸州市	130.20	83.33	46.87	127.43	47.80	79.63
德阳市	63.36	45.03	18.33	106.88	40.10	66.78
绵阳市	123.57	82.86	40.71	135.10	50.69	84.41
广元市	95.90	64.82	31.08	92.28	34.62	57.66
遂宁市	72.88	47.20	25.68	105.54	39.60	65.94
内江市	95.89	60.55	35.34	42.42	15.91	26.51
乐山市	61.06	48.96	12.10	74.81	28.06	46.75
南充市	175.16	110.61	64.55	128.19	48.10	80.09
宜宾市	127.22	81.51	45.71	126.88	47.61	79.27
广安市	89.05	58.58	30.47	57.81	21.69	36.12
达州市	172.35	108.84	63.51	101.23	37.98	63.25
巴中市	111.66	70.51	41.15	94.38	35.40	58.98
雅安市	17.35	15.59	1.76	26.24	9.85	16.39
眉山市	58.41	39.40	19.01	82.82	31.07	51.75
资阳市	77.37	48.85	28.52	56.14	21.06	35.08
阿坝州	38.72	27.50	11.22	0.39	0.15	0.24
甘孜州	17.97	16.53	1.44	4.58	1.71	2.87
西昌市	5.17	3.67	1.50	4.62	1.73	2.89

资料来源：《四川省人民政府关于四川省高标准农田建设规划（2021—2030 年）的批复》，2022 年 1 月 11 日。

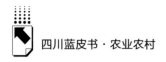

（二）高标准农田建设的区域重点

不同区域气候条件、地形地貌、水源条件等存在较大差异，四川省将高标准农田建设划分为平原地区、丘陵地区、盆周山区、攀西地区及川西北高原区5个区域。为了突出区域特色，科学规划建设，更好地发挥综合效益，2022年出台的《高标准农田建设技术指南》对各区域的高标准农田建设重点进行了规定。

1. 平原地区

平原地区主要存在土壤潜育化、土壤酸化；地下水位高、排水困难；田间道路及其附属设施不完善等粮食生产制约因素。建设重点为优化田块布局，提高格（条）田化程度；治理潜育型水稻土，开展土壤改良和培肥，提升耕地地力；改造完善田间灌排设施，增强农田排涝能力；完善田间道路，配套建设适宜的下田坡道、桥涵、错车点和末端掉头点等附属设施，确保田间道路通达度100%。[①]

2. 丘陵地区

丘陵地区主要存在田块破碎分散、土壤瘠薄化及部分区域潜育化；部分区域存在工程性缺水、灌排设施不完善；田间道路及其附属设施配套率较低等粮食生产制约因素。建设重点为优化田块布局，合理划分台位，小田并大田，提高梯田化率；增厚土层，培肥土壤，提升耕地地力；因地制宜建设小型水源工程，开展沟渠整治，发展管道输水；整治、新建田间道路，配套建设适宜的下田坡道等附属设施，确保田间道路通达度90%以上。

3. 盆周山区

盆周山区主要存在地块坡度大、耕地碎片化、土壤瘠薄化、部分区域土壤酸化；部分区域存在工程性缺水、渠道淤积垮塌、灌排设施不完善；田间道路及其附属设施配套率低等粮食生产制约因素。建设重点为优化田块布局，

---

① 韩培锋、李军浩：《临颍县高标准农田建设技术要求及规划设计》，《现代农业科技》2016年第5期。

科学确定田块规模，合理划分台位，小田并大田，陡坡变缓坡，进一步提高梯田化率；增厚土层，改良土壤酸性，培肥土壤提升耕地地力；因地制宜建设小型水源工程，加强渠道和坡面水系整治，发展管道输水；整治、新建田间道路，配套建设适宜的下田坡道等附属设施，确保田间道路通达度90%以上。

4. 攀西地区

攀西地区主要存在地形起伏大、坡耕地多、田块细碎分散；土壤酸化，二半山区以上土壤瘠薄化；降水少、蒸发强，山高水低，工程性缺水突出，渠系配套率低；田间道路及其附属设施欠缺；水土流失及地质灾害易发等粮食生产制约因素。建设重点为优化田块布局，整治坡耕地，安宁河谷区域提高格田化率，二半山区以上提高梯田化程度；增厚土层，改良土壤酸性，培肥土壤，提升耕地地力；配套建设小型水源工程和灌排工程，推广高效节水灌溉技术；因地制宜建设田间道路，配套建设适宜的下田坡道等附属设施，确保田间道路通达度达90%；合理修筑岸坡防护、沟道治理和坡面防护等设施，提高水土保持和防洪能力，加强地质灾害防治能力。[①]

5. 川西北高原区

川西北高原区主要存在气候垂直分布异常明显，海拔高温度低、干燥少雨，耕地土层浅薄、土壤贫瘠，土层石砾含量高；工程性缺水明显；田间道路不足；水土易流失、地质灾害频发等粮食生产制约因素。建设重点为整治坡耕地，坡改缓；改善土壤质地与结构，培肥土壤，提升耕地地力；因地制宜修建小型水源工程，配套灌排工程，发展高效节水灌溉；完善道路体系；配套建设岸坡防护、沟道治理、坡面防护等工程，防止水土流失，增强农田防护能力。

四 高标准农田建设面临的主要问题

（一）地方资金投入面临较大的压力

高标准农田建设以粮食生产功能区、重要农产品生产保护区、永久

---

① 《〈"十四五"全国农产品质量安全提升规划〉印发》，《中国水产》2022年第4期。

基本农田保护区建设为主，这些区域的经济普遍不发达、地方财力有限，按目前每亩3000元建设投入标准计算，地方政府需根据中省两级的资金投入按照1：1筹措配套资金，由此，形成项目实施区资金投入能力和高标准农田建设任务间的严重"倒挂"问题，给本已非常紧张的地方财政带来更大的压力，不同程度造成高标准农田建设"上热下寒"现象。例如，平原地区的投入成本大约每亩3000元，而丘陵山区、攀西地区等的投入成本每亩5000~7000元，中省两级的资金投入标准仅为1500元，因此，为了满足高标准农田的建设要求，各地需要通过各种渠道不断筹措资金。

（二）增量建设选址困难和存量提质不足

按照"单个项目建设规模原则上平原地区不低于3000亩、丘陵山区不低于1000亩"，越来越难找到能满足要求的高标准农田建设区域。高标准农田建设项目按照"先易后难"的原则安排，土地整理、千亿斤粮食等项目早在2011年就开始实施，加上高标准农田建设项目不允许重复建设，越到后期，选址越困难，其结果只会让一些建设项目进入果园菜地，[1] 而非粮生产区域的高标准农田建设项目可能难以完成政策目标。目前普遍存在重视高标准农田的增量建设问题，对由历史原因造成的低质量存量农田的进一步提质升级的现实需要则相对被忽视，造成高标准农田建设任务分配和当地实际需要不匹配。

（三）建设技术与资金投入难度加大

前期地势相对平坦、水源条件较为丰富的地块已基本整治完毕，计划新上的高标准农田建设项目涉及耕地坡度逐渐增大，而四川丘陵山区耕地状况普遍不佳。土地多为破碎的"斗笠田""巴掌田"，改造难度大、投入大。山地耕地的坡度一般在6°~25°，区域内的相对高差不到200米，

---

① 王文涛：《高标准农田建设技术标准及建设实施分析》，《黑龙江水利科技》2021年第12期。

地势起伏较大。耕地浅表、生态环境脆弱、土壤侵蚀状况严重、土壤结构较差、肥力水平不高、有机质含量偏低。同时，取水距离越来越远，且水资源状况非常不均衡，在低洼地带，水资源丰富，土壤多涝渍、冷浸，坡耕地又普遍缺水，容易出现干旱。地块间差异大，在进行土地平整、调型时，工程量和技术难度都较大。按照目前每亩 3000 元的建设标准，难以完成预期改造，或改造后难以达到预期目标。[①] 目前小型农田水利设施建设主要采用"国家投资为主，地方筹资为辅"的方式，中央及省级财政每亩支付 1500 元，剩下 1500 元靠县级自筹。由于地方财力薄弱，加上农田水利投资风险大、期限长、综合投资效益低，整体盈利水平不完全确定，政府和社会资本收益边界划分不清，导致社会资本难以进入。

（四）建设监管与目标要求存在一定的距离

在各建设项目区收录工作推进过程中出现了各地数据不一致情况，高标准农田建设中信息化管理严重滞后问题凸显。原来由各部门分散管理实施的高标准农田建设项目，由于标准高低不一，建设水平参差不齐，项目区域交叉重复问题较多，到底建成多少高标准农田、多少高标准农田设施在切实发挥作用、多少高标准农田设施已经损毁急需改造提升等，都缺乏科学严谨、真实有效、有说服力的数据支撑，从而导致一些地方高标准农田建设任务下达与地方实际情况脱节的问题。[②] 同时，在农田建设中，经常会出现侧重于建设忽略管护的情况，项目工程常常没有分清设施产权，用于监管耕地质量的手段相对薄弱，没有做好建设后期的管护工作并明确相关方责任，未将管护资金落实到位等问题亟待解决。在建设期间，如果有农田设施或设备被损坏，很难在短时间内进行修复，甚至有些项目进入竣工环节后因没被列入基础农田的范畴而得不到长期保护。

---

① 王兰等：《丘陵山区高标准农田建设面临的问题与对策——以达州市为例》，《四川农业科技》2022 年第 8 期。

② 郭晓鸣、丁延武：《当前高标准农田建设面临的问题及对策》，《当代县域经济》2022 年第 4 期。

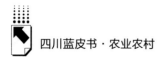

（五）建后只用不管的问题比较普遍

《关于切实加强高标准农田建设提升国家粮食安全保障能力的意见》明确提出，建立健全高标准农田管护机制，明确管护主体，落实管护责任。各地要建立农田建设项目管护经费合理保障机制，调动受益主体管护积极性，确保建成工程设施的正常运行。然而，在现实情况下，"重视建设，忽视管护"问题依然存在。高标准农田建成验收后，通常交由镇村管理，因多数高标准农田建设项目没有单项列支后期管护资金，基层财力承担不起后期管护经费。很多地方都出现了只用不管的问题，有效的管护措施、管护制度、管护主体、管护经费等缺失，不同程度地造成农田基本设施的前建后毁、边建设边破坏的问题突出，实际使用寿命缩短，功能发挥受到制约。

五 四川省高标准农田建设优化建议

（一）优化高标准农田建设多元投入机制

以国家投入为主体，多管齐下，多方开源，拓宽新的投入渠道。建立高标准农田建设和新型农业经营主体对接机制，鼓励地方结合规模经营主体实际需要，编制高标准农田建设规划、调整建设内容，健全标准体系等。通过形成政府引导、市场主导、多方参与的多元投入格局，形成多元化投入渠道和多渠道融资模式，一是探索同骨干央企的战略合作。通过与大型农业龙头企业和重点农产品生产基地对接，建立紧密型利益联结机制，促进新型经营主体快速发展。用好大中企业政策资金和技术管理、人力资源方面的优势，以资金投入、项目试点为切入口，创新高标准农田农工商一体化发展模式，拓宽农田建设的资金渠道，提升资金使用绩效。积极推动中央财政资金引导社会资本参与高标准基本农田建设。二是利用新增加的耕地指标。以国家土地整治规划为引领，按照"总量控制"原则确定重点地区和年度新增耕地数量，确保实现全省范围内新增耕地占补平衡。[①] 通过新增的耕地指标进行跨区域调剂统筹、收益调节分配，增加高标准农田建设带来的经济和社会效益。同时建立土地流转机制，引导农民自愿参与高标准农田建设项目。以农业大县的高标准农田建设为重点。在确保粮食生产安全的前提下，加快新型城镇化进程，促进农业转移劳动力在城镇就业。针对农业大县高标准农田发展，增加中央、省财政补助，减轻地方资金的匹配压力，加强对内生性发展的激励，变"要我建"为"我要建"。

（二）改善高标准农田建设的增量建设和存量提质机制

从只抓新建转向建新和改存并举。为此，一是尽早组织实施存量高标准农田第三方评估工作，有效查清存量高标准农田质量等级与需改造提升规模及界限。以省级为单位建立全省统一的耕地保护综合监管平台，全面掌握存量高标准农田分布及数量变化信息，及时发布各类数据成果。二是修改完善高标准农田建设方案，允许项目建设地区在第三方评估结果的基础上，将存量改造列入高标准农田范围，并根据"缺啥、补啥"的原则，有针对性地加以改造提升。同时建立存量改造后土地流转机制，鼓励农民以入股或委托等形式参与存量改造，实现农业生产规模化经营和资源集约利用，提高土地利用效率，促进现代农业发展。制定并发布高标准农田新建和改造差异化政策，明确不同档次存量高标准农田整治升级补贴标准，在加强成效考评的基础上，允许各地区结合实际，对切块下达经费的投向、补助方式等进行适当调整。

（三）优化高标准农田建设监督管理机制

把赋权赋能作为完善高标准农田建设管理体制的重点。首先，要给农业农村部门更多统筹权力，进一步明确有关配合部门责任，采用农业农村部门

---

① 郭晓鸣、丁延武：《当前高标准农田建设面临的问题及对策》，《当代县域经济》2022年第4期。

主导绩效考核方式,切实加强高标准农田建设中各有关部门之间的合作。其次,完善考核机制,形成常态化工作格局,确保高标准农田建设各项目标任务落到实处。最后,通过编制调整、系统内部基层选调、机关单位内抽调、公开招考、技术骨干返聘等各种形式,着力抓好县级农田建设管理与技术服务队伍建设,全面提高农田建设管理的技术服务水平、统一管理能力。同时要建立科学完善的管理制度体系,确保高标准农田建设任务顺利完成。

(四)强化集体经济组织的管理地位

聚焦集体经济组织,创新高标准农田建后管护机制。集体经济组织在高标准农田设施管护中应该处于主导地位,在明确集体经济组织管护责任主体的基础上,落实好管护经费,以期建立高标准农田建后管护的长效机制。一是明确集体经济组织管护权责,建立高标准农田管护责任清单,确定管护对象、管护主体、管护标准。按照"谁投入、谁受益"的原则确定管护责任主体,制定管护目标责任制及奖惩制度。二是鼓励集体经济组织在委托管护和专职管护等方面不断创新流转管护及其他多样管护模式,探索制定农田水利设施利用收费制度、损毁补偿制度。三是加强对村级集体经济组织和农民专业合作社开展农业保险工作的指导和支持。从法律上指导保险机构合规、风险可控,积极开展高标准农田自然灾害保险产品设计,减少自然灾害造成高标准农田毁坏费用。

参考文献

闫东浩、宋健浩:《县级高标准农田建设规划编制思路探讨》,《中国农技推广》2022年第3期。

朱辉:《辽宁沈阳坚持高位推动 加快推进高标准农田建设》,《中国农业综合开发》2020年第12期。

秦刚:《解读中共四川省委四川省人民政府〈关于加强耕地保护和改进占补平衡的实施意见〉》,《资源与人居环境》2018年第4期。

韩培锋、李军浩：《临颍县高标准农田建设技术要求及规划设计》，《现代农业科技》2016 年第 5 期。

《〈"十四五"全国农产品质量安全提升规划〉印发》，《中国水产》2022 年第 4 期。

王文涛：《高标准农田建设技术标准及建设实施分析》，《黑龙江水利科技》2021 年第 12 期。

郭晓鸣、丁延武：《当前高标准农田建设面临的问题及对策》，《当代县域经济》2022 年第 4 期。

B.15
四川数字农业发展现状、问题及对策

庞　淼　唐铭骏*

摘　要： 数字农业是我国农业现代化发展的重要内容，是实现乡村振兴战略目标的必要手段。四川省是全国的人口大省、农业大省、粮食主产省，大力发展数字农业，用数字技术赋能传统农业，持续推进打造更高水平"天府粮仓"，更好地保障四川粮食安全，为实现四川省由农业大省向农业强省跨越贡献更多力量。近年来，为加快数字农业建设，四川省在数字农业上不断探索取得较好成效。本文针对四川省数字农业发展的现状、主要做法和成效及发展过程中存在的问题展开分析，提出数字农业发展需要完善基础设施、推进平台共享和培育数字人才等建议。

关键词： 数字农业　"天府粮仓"　四川

近年来，我国通过投入资金、制定政策、优化服务等措施，积极推进数字农业创新，使得数字农业技术快速发展，建立了各级数字农业大数据平台，取得了数字农业发展的阶段性成果，并且通过不同类型地区应用示范，初步形成了我国数字农业技术框架和数字农业技术体系、应用体系和运行管理体系，促进了我国农业信息化和农业现代化进程。四川省是我国西部地区唯一的粮食主产区，也是全国13个粮食主产省之一，科学高效地运用数字农业技术对稳定农业生产、保障国家粮食安全而言意义重大。将数字技术运

---

* 庞淼，四川省社会科学院农村发展研究所研究员，主要研究方向为农村政策和生态建设；唐铭骏，四川省社会科学院农村发展研究所，主要研究方向为农村发展。

用到现代农业发展中，对提升四川农业竞争力，打造更高水平的"天府粮仓"至关重要，能快速推动传统农业朝现代农业转型，提升粮食生产经营主体的生产、销售和管理水平。目前，四川在新时代着力打造更高水平"天府粮仓"的过程中需要借助更高水平的农业科技、物质装备和信息化数据平台，通过对农产品全产业链的数字化介入，实现全程机械化、数字化和信息化。

一 四川数字农业的基本特征与发展现状

（一）基本特征

数字农业主要包括农业物联网、农业大数据、精准农业和智慧农业，通过运用信息技术和数字化手段在农业产前、产中、产后的全流程融合和利用，合理使用农业资源，降低生产成本，改善生态环境，提高农作物产量和质量，提升农产品的附加值和市场影响力。最早这一概念是1997年由美国科学院、工程院两院院士正式提出，将数字化信息视作农业新的生产要素，用数字信息技术对农业对象、环境和全过程进行可视化表达、数字化设计、信息化管理的新兴农业发展形态，是数字经济范畴下用数字化重组方式对传统产业进行变革和升级的典型应用之一。[①]

四川数字农业的基本特征包括四个方面：一是农业生产智能化。四川省为更好地利用农业资源、环境、生产和管理数据，开发农业生产精准管理决策系统，可以实现对各类信息的整合分析、实现全程的无人化操作和智能化管理，如"天空地"一体化大田农情监测系统负责收集数据，根据生产过程中的不同情况进行智能分析，准确地进行灌溉、施肥、喷洒农药，最大限度地优化农业投入结构，在保质保量的同时，保护土地资源和生态环境。二是农业管理高效化。四川省的"天府科技云"平台，通过手机App、网站

---

① 《"数字农业"到底是什么？》，《中国农业会计》2021年第5期。

等提供科技服务，能广泛、智能、精准地对各类资源及农业生产完成情况等进行统筹，优化适种分析、灾害预警、产量预测等系统，提升农业生产过程管理的效率，实现农业管理的精准化、透明化和高效化。三是农业经营网络化。四川省作为全国电子商务进农村综合示范工作省市之一，乡村电商服务站点覆盖广、开展线上线下电商培训场次多，农业电子商务发展迅速，农产品以互联网技术搭建的交易平台广泛销售，同时带动物流等相关配套设施完善，增强了农业信息、资金、物流各方的协同效应，促成生产和消费的有效对接，使农产品的市场流通变得高效、便捷。① 四是农业服务便捷化。四川农业网为农业企业普及相关农业政策法规，做好农业企业的宣传、培训、市场拓展等服务工作；四川三农网涵盖美丽乡村、畜牧饲料、生态环境等板块，是农业业务应用的大平台、基层农村连接市场的主渠道。通过这类农业门户网站等为农业数字化服务和相关技术指导提供了更加快捷、即时的传播手段与渠道，有利于更好解决农户在农业种植、检测、采收、加工与销售等过程中遇到的各类问题。

（二）发展现状

2016年农业部等八部门印发《"互联网+"现代农业三年行动实施方案》，让以数字中国、智慧城市、智造工业、数字民生为先发的数字经济迅猛发展。2019年，中共中央办公厅、国务院办公厅印发《数字乡村发展战略纲要》，要求全国各地通过建设数字乡村全面实现乡村振兴，是建设数字中国的重要组成部分。数字农业是数字乡村建设的重要内容，是以"农业大数据+智能设备"为典型特征的数字农业技术运用。四川省作为农业大省，发展数字农业具有较好的基础和潜力，四川数字农业发展呈现从无到有、从少到多的阶梯状上升趋势。《四川省"十四五"农业农村信息化发展推进方案》明确，到2025年底基本建成数字"三农"综合信息平台、农业

---

① 朱岩、田金强、刘宝平、于志慧编著《数字农业——农业现代化发展的必由之路》，知识产权出版社，2020。

农村基础数据资源平台、农业农村云平台，实现农业农村数据资源有效整合和开放共享。① 目前，四川省国家级数字农业试点项目的数量位居全国前列，分别在大邑县、苍溪县、三台县、嘉陵区等地开展国家级数字农业试点，在崇州市、广汉市等地开展7个省级数字农业试点，建成邛崃微牧、温江惠美、蒲江明月村等一批数字应用基地，引领了全省数字农业发展，成都及安宁河平原走在全省前列。2023年1月1日起《四川省数据条例》正式实施，明确应用数字技术赋能数字乡村，开展智慧农业、农村电商等建设。

1. 数字农业赋能现代农业产业园

数字农业是农业现代化实现的重要路径，现代农业园区则是数字农业落地的"先手棋"，对推进农业信息化、现代化发展具有示范引领作用。四川省委、省政府坚持把发展现代农业园区作为引领数字农业发展的"牛鼻子"，以园区建设引领现代农业高质量发展，使数字农业技术率先落地于现代农业园区集群，是数字农业先行先试的典型区域。2022年，四川省共计92个现代农业产业园获评省星级产业园，其中四川省五星级现代农业园区14个、四星级现代农业园区30个、三星级现代农业园区48个，四川对审定的星级现代农业园区给予最高2000万元的一次性奖励。截至2022年末，四川省已累计建成各类农业园区1100余个，初步构建起了国家、省、市、县四级园区梯次发展的体系。数字农业在现代农业园区内的广泛运用和推广，大力助推了四川从传统农业向现代农业的发展，助力四川由农业大省朝农业强省进阶。

2. 乡村数字新基建不断完善

四川不断扩展乡村数字新基建的覆盖面，加快乡村基础设施数字化改造和转型。推动农村5G网络、移动物联网与城市同步规划建设，加强农田水利设施、公路、电力、禽畜水产工厂化养殖、农产品加工贮运、冷链物流等基础设施的信息化建设，推进智慧水利、智慧交通、智能电网、智慧农业、智慧物流建设。例如从四川冷链建设情况来看，为提升四川农产品产地冷藏

---

① 秦福增：《加快推进全面质量管理促进农业高质量发展》，《中国农垦》2020年第11期。

保鲜设施建设水平，四川省各地区积极推动农产品流通体系建设，如绵阳市是四川唯一的以市级单位进行整体规划的，建设"1+2+N"农产品流通体系，即打造1个市级农产品产地冷链物流数字化平台、2个区域性农产品产地冷链物流集配中心、多个产地仓储保鲜冷链设施，实现全市产地主导产业冷链流通率达80%、产业覆盖率达100%。① 截至2022年底，四川全省农产品产地冷藏保鲜设施新增库容量达140万吨、730万立方米，农产品产地冷藏保鲜设施项目建设已覆盖全省93.7%的涉农县、26%的村。从5G基站建设情况来看，四川省大力推动数字新基建发展，加快乡村基础设施数字化转型，在5G、工业互联网、物联网等方面进行规模化部署，截至2022年底，四川省5G基站总量达到12万个。

3.农业大数据平台的整合建设

数据作为生产要素是推动农业农村现代化发展的重要力量，发展数字农业农村是实现信息化与农业农村现代化有机融合的重要途径。四川大力推进农业大数据中心建设、农业物联网云平台建设、"互联网+"都市现代农业示范等重点工程，梳理农业自然资源、重要农业种质资源、农村集体资产、农村宅基地、农户和新型农业经营主体等五类大数据，形成农业农村基础数据资源体系，在整合数据的基础上建设数据分析平台。2021年，四川省优质大数据企业有770家，在全国所有16565家处于健康发展阶段的优质大数据企业中占比约5%，成都市拥有优质企业701家，约占四川省优质大数据企业的90%以上，② 数字化发展能力排名全国前6位、位列中西部地区第一。四川省以成都为龙头，依托成都市丰富的算力资源和通信设施基础，串联其他市县区加速开发农业大数据平台，缩小由信息化差距导致的农业"数字壁垒"。成都市作为省会积极发挥引领作用，率先建成数字农业农村大数据平台体系框架，如搭建成都智慧动监系统，实现生猪（牛羊）养殖的动物卫生监督管理；构建农产品质量安全检测监管溯源系统；对前端生产

① http://nynct.sc.gov.cn//nynct/c100630/2023/1/3/a83e43416ac54c69 90e46b66bb7136e1.shtml.
② 《2022年四川省大数据行业市场现状及区域格局分析》，https://baijiahao.baidu.com/s?id=1728808456743876030&wfr=spider&for=pc，2022年3月31日。

加工、中端仓储运输、后端消费溯源等环节实现农产品质量安全全程可追溯；构建农村经营管理综合业务系统，将农村土地承包经营权管理、农村土地承包经营权流转上报信息进行整合，分离土地所有权、承包权、经营权"三权分置"，完善变更、流转、抵押等管理功能；构建农村集体"三资"监管系统，通过互联网公开发布资金、资产、资源、政策法规、股权信息、扶贫资金、重大事项等重要信息。2022 年，成都市大数据农业产业发展指数排名全国第 9。

（三）农业数字化应用场景不断拓展

新型数字化应用场景不仅能丰富农业生产销售方式，更能成为经济发展的新引擎。新的数字化应用场景的构建，对发展农业新业态而言尤为重要，对发展以创意农业、认养农业、观光农业、都市农业等新业态为特色的游憩休闲、健康养生、创意民宿等新产业而言功不可没，在数字化应用场景的推动下最大化的分享乡村共享经济红利。四川省以成都市为先发，开发建设了"数智粮油""智慧金农""农贷通""互联网+共享农庄""数字农交""数字农博"等典型应用场景，覆盖粮油生产经营、农业普惠金融、农业博览会、创意农业、地块交易等多元领域。[①] 成都市新津区天府农博岛在 2022 年农民丰收节期间共接待游客 25 万多人次，以 BIM+IOT 数字孪生技术为依托搭建的主展馆智慧管理平台发挥了重要作用，各类实时传回的数据帮助管理者精准掌握场馆运行情况。[②] 德阳市旌阳区积极探索数字农业新模式，超过 6.4 万个农用地块拥有了"身份证"，2549 家新型经营主体上了图，"旌韵高槐"数字农业展示馆、"青甜扬嘉"数字农业示范基地等 4 个示范场景基本建设完成。[③] 绵阳市安州区以数字化为农业农村文化旅游及特色农产品赋能增效，升级改造电商产业园，建设四川省电商新业态产业基地。同时，

---

① 张琦、孙志智、张宁：《数字赋能智慧农业 助力打造更高水平"天府粮仓"》，《先锋》2023 年第 1 期。

② 《智慧新津：让城市更聪明，让群众更幸福》，《成都日报》2022 年 10 月 15 日。

③ 胡立刚、张艳玲：《数字农业 赋能是本》，《农民日报》2021 年 11 月 27 日。

开展本土账号培育、企业短视频和直播代运营服务工作，2021年安州区电商交易额实现107.58亿元，完成进度102.46%，同比增长11.67%；网络零售额实现17.15亿元，完成进度122.5%，同比增长26.85%。①

二 四川发展数字农业的主要举措与成效

四川省有着丰富的人力资源和农业资源，在数据资源、地理位置、传输速度、市场潜力等方面具有独特的优势。四川省依托现有资源，针对数字农业的智能化、网络化、高效化、便捷化特征，在生产、运输、销售等各环节高效协同，发挥数字农业在产业化运营中的作用并取得一定的成绩。

（一）加强信息技术应用推广，促进生产智能化

一是开展数字农业试点。2018~2019年大邑县大田水稻种植、嘉陵区生猪养殖、三台县种猪养殖和苍溪县猕猴桃种植等4个全国数字农业试点项目获批。2019年聚焦川果、川茶、川鱼、川粮等"10+3"现代农业产业体系，布局4个省级数字农业试点，不断补齐农业生产信息化短板，积极探索可复制、可借鉴、可推广的数字农业建设模式。2020年结合"10+3"现代农业产业和成渝双城经济圈建设，布局德阳广汉市、达州通川区2个数字"三农"试点县建设，示范带动全省农业农村数字化转型。

二是开展物联网示范基地建设。在大田种植、设施园艺、畜禽水产养殖以及农业机械等领域，温湿调控、自动投料、水肥喷灌、无人机作业等物联网应用技术正得到运用，认定了20家省级农业物联网示范基地。2021年四川省茶业集团股份有限公司、四川铁骑力士食品有限责任公司、邛崃市新农开发建设有限公司入选全国农业农村信息化示范基地。

三是推动大数据平台与现有系统对接集成。将规模种植与养殖、现代农

---

① 《绵阳安州：农产品亮相直播间　打造乡村振兴新样板》，https://baijiahao.baidu.com/s?id=1744036490893725566&wfr=spider&for=pc，2022年9月15日。

业产业园区、川西林盘保护修复项目、农村金融综合服务站（农村产权交易服务站、农村电商服务站）等农业农村资源转化为数据导入数字农业农村大数据平台，实现业务数据互联互通、共享利用。建立数据处理模型，对农业农村数据进行处理分析，辅助决策，初步实现智慧动监、"四情"监测、"三资"监管、农产品质量安全监管等工作在线化。

（二）大力发展农村电子商务，促进农业经营网络化

一是打造农产品电商品牌。孵化具有本土特色的农产品品牌，提升各地区的农产品质量和知名度，利用数字 IP 推进农业品牌向互联网品牌延伸。"四川扶贫"公益商标农产品，"大凉山""巴食巴适""圣洁甘孜""净土阿坝"等一批区域品牌、"渠县柑橘""松潘藏香猪""九寨记忆""马边绿茶"等一批县域品牌脱颖而出。[①] 二是构建农村电商经营服务体系。需要将培养农业电商经营主体和培养扶持专业化、精细化、新颖化与特色化的农业电商平台相结合，支持鼓励农业大户、家庭农场、农民专业合作社、相关企业等新型经营主体入驻不同平台，2022 年度认定 10 个电子商务示范基地，认定 25 家省级 "农业电子商务示范企业"。三是完善冷链物流设施。以农产品主产区和特色农产品优势区为重点，加强农产品烘干冷链物流基础设施建设，加快构建贯通县、乡、村三级的农产品冷链物流体系，助力全省农产品烘干冷链物流行业规范化、标准化、专业化、信息化和智能化，提升与农村电商、农产品流通市场的匹配度，促使区域间、产业间、主体间和环节间的信息资源有效衔接，提升资源有效利用率。截至 2022 年，成都、遂宁陆港型国家物流枢纽和达州商贸服务型国家物流枢纽入选国家物流枢纽建设名单，成都市和自贡市的冷链物流基地入选国家骨干冷链物流基地名单。

（三）加强数据管理平台建设，促进管理高效化

一方面深化农业统计监测、预警防控、农产品质量安全等数字平台系统

---

① 《加码加力帮扶 45 个深贫县　实现电商进农村示范县项目全覆盖》，《四川农业科技》2018年第 3 期。

建设。健全农村土地承包经营权确权登记、农村集体资产管理、农产品质量安全追溯管理、测土配方、智慧动监、病虫害智能预警等信息系统，提高农业行政管理效能。[①] 建立完善的省、市、县三级农业综合信息服务系统，加大向基层农技服务站、新型农业经营主体及广大农户宣传和推广农业相关网站、相关政务微博、微信公众号与订阅号、手机端 App、新浪微博等新型媒体，提升对外宣传、舆论引导和政务服务能力。

另一方面推进农业大数据开放共享，使全省信息进村入户平台、农资监管系统、农产品质量安全追溯系统、农业机械系统等信息化平台与农业农村部、市（州）农业农村部门网站实现有效联通。积极推进信息系统迁移至省级政务云平台，有效提供农业数据信息。针对目前"三农"数据散乱、数字化应用缺少、智能化决策薄弱、个性化服务缺乏、标准体系不健全等问题，四川省数字"三农"大数据信息平台建设是以"3+X"为主线，纵向打通省、市、县、乡、村、组、户7级，并能向上连接农业云，横向联通发改、财政、水利、民政、自然资源、林草、环保、商务、统计等相关部门，重点掌握基础类数据、调查类数据、统计分析（挖掘）类数据、工作类数据、服务类数据、共享类数据、应用（平台展示）类数据七大类数据资源，实现用一套标准体系整合统揽"三农"数据、用一个平台集成组装数据、用一张地图读懂数据、用一个口径输出数据、用一套制度管好数据、用一个中心调度数据的目标。

（四）实施信息进村入户工程，促进服务便捷化

四川重点实施"信息进村入户工程"，超过 80% 的行政村有益农信息社，全面打通农业农村信息服务"最后一公里"。实现公益资讯、生活便民、农村电商和体验培训等一站式服务，村民在手机益农 App 上能便捷地享受农业资讯、农技培训、农产品销售、农资代销、生活品代购、远程医

[①] 《加快推进现代农业园区数字农业建设　用信息化持续擦亮四川农业大省金字招牌——四川省农业农村厅总经济师廖蔚在 2021 年现代农业园区数字农业培训暨推介会上的讲话》，《四川农业与农机》2021 年第 4 期。

疗、取款缴费、就业务工等 19 项便民服务，提升广大农民群众利用信息发展生产、改善生活、增收致富的能力。① 依托益农社平台，打造"农户（农企）+信息员+益农社+益农服务网+全国各大电商"电商模式；2020 年 6 月，四川省农业农村厅联合电信四川分公司出台文件，整合资源，建立激励机制，将益农社有效运营作为乡村振兴示范县、省级现代农业园区信息化水平的重要评定指标和数字农业试点县、"互联网+"农产品出村进城试点县的重要评定依据，明确将认定命名一批益农信息社示范社、标杆社、五星社，推进形成工业品下乡与农产品进城双向互动的流通格局。

三　四川数字农业发展存在的问题

四川省数字农业发展虽然在局部地区取得了一定的成效，但总体仍处于起步阶段，发展速度较慢、水平较低，农业农村数字化管理平台不完善，缺乏统一的标准和规范体系，全省农业农村 7 级（省、市、县、乡、村、组、户）"三农"数据系统尚未建立，成为制约四川数字农业农村进一步发展的瓶颈。

（一）农业农村信息化整体水平还不高

2020 年全国县域农业农村信息化发展水平达到 37.9%，四川省 2020 年农业农村信息化发展水平为 38.3%，达到全国平均水平，西部地区平均水平为 34.5%、东部地区为 41.0%、中部地区为 41.8%。四川省的农业农村信息化平均水平虽然在西部地区相对较高，但就全国而言，四川省的农业农村信息化整体水平还有待提高。目前四川省的 5G 覆盖率还不高，预计到 2025 年四川省 80% 的行政村才通 5G，当前多数农村以及边远地区仍以 4G、光纤网络覆盖为主，还无法支撑数字农业高速互联的要求，降低了智慧农机的反应时效，

---

① 冯美玲、伍小谊、陈挚：《四川省"益农信息社"发展现状及展望》，《四川农业与农机》2020 年第 4 期。

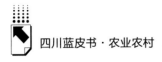
也进一步影响了数据转换和分析的速度。在边远地区网络和农产品加工流通等相关基础设施建设滞后，制约了农村信息数字管理平台的向下建设。

（二）土地细碎化经营不利于数字技术推广

四川省地貌东西差异大，地形复杂多样，由山地、丘陵、平原、盆地和高原构成，盆地面积占全省面积的46%，可直接发展规模经营的土地面积有限。2020年四川省土地流转率为29%，土地规模流转率为26%，与全国其他发达省份相比较还存在一定的差距，进一步阻碍了农业的规模化和现代化进程。而数字农业效能的发挥，需要积累大量的数据，对数据进行分析、处理并提供合理的方案。土地的细碎化经营、种植的农产品门类分散，让经营所需的数字硬件类别增多，而单量又较少，在采购方面没有规模采购优势，在实际建设数字设施时，人工成本也较高，多次进行数据转换与传输也不利于数字技术的广泛运用。同时在土地分散的情况下会要求智慧农机有更高的信息感知、运算和执行能力，对数字农业的技术层面提出了更高要求。数字农业的物流环节和营销环节存在大量的小农户，在产品品质控制、合约执行、交易达成等方面交易成本较高。

（三）小农户生产经营接入数字化较为困难

实现小农户与现代农业有机衔接是数字农业发展的重中之重。数字农业发展将直接推动小农户融入现代农业，从现代农业发展中分享红利。但目前来看，一是能使用数字技术开展农业生产经营的小农户较少，2018年全国新型职业农民培育示范基地中，四川仅有4个，2019年6月底，全省11个试点县（市、区）累计培训新型职业农民1.8万人，认定新型职业农民2201人。二是农村"空心化"、人口老龄化问题严重。2021年四川省农村人口3531.3万人，其中农村常住人口中65岁及以上人口占比达到21.92%，农村年轻劳动力大量外流，掌握数字化技能的农户较少。三是小农户缺乏足够资金来发展数字农业，抗风险能力较弱，缺乏发展数字农业的积极性与创造性。

（四）农业数据"信息孤岛"现象存在

在经济全球化背景下，农业的竞争不再是单一的农产品竞争，已经扩大至全产业链，而四川省农业产业的种植、加工、物流、销售等各环节联系不紧密、利益分配机制不完善等。一是数据共享机制不健全。数字农业未形成统一的数据标准和体系，造成产业链之间数据互联互通难，各类数据没有形成统一归口，造成星罗棋布的"信息孤岛"。各涉农部门涉农数据未形成共享机制，很多涉农审批政务尚未形成统一的数字化服务，不同利益主体之间未能形成相关数据共享机制，造成数据资源浪费。二是产业链各环节和主体之间信息交换不畅通。各产业环节使用的系统与主体不一致，会产生不同的数据格式，在数据交换时需要进行转化与兼容处理，而这部分工作成本相对较高，一些企业往往因成本过高而不愿意进行数据接口改造，又由于数据涉及商业机密、技术秘密等，信息交换也受到限制。三是缺乏数据互通与数据共享的意识。虽然各级农业部门开发了各类软件、农业大数据平台，但由于缺乏数据共享的意识，各农业部门内部、政府与企业外部等都存在数据不通的情况，基于已有数据资源难以实现相互交融和分级共享从而形成"信息孤岛"。

（五）数字农业专业化人才缺乏

目前，四川省数字农业的专业化人才非常短缺，虽然懂数字技术的专业人才增多，但能在农业全产业链使用数字技术的人才较少，难以对农业数字化系统构建和数字技术应用进行指导。在农村基层缺乏具有数字化意识的人才，2021年4月，四川省村（社区）"两委"完成换届，全省村（社区）党组织书记的平均年龄为44.7岁，基层干部对新型数字技术接触较少。尤其是小农户更习惯于传统农业的生产经营方式，对新型技术的接受度不高。同时，农村的各种数字化基础设施配套不足，数字农业领域的投融资机制不完善，能够进行农产品 IP 打造、电商品牌推广、数字产业规划的企业、项目及平台较少，难以吸引到数字化人才。

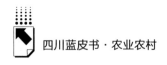

四　四川省数字农业发展的对策建议

针对上述四川数字农业发展中存在的主要问题，顺应数字农业发展趋势，尤其在目前四川省提出打造新时代更高水平"天府粮仓"、数字农业赋能"天府粮仓"建设的重要阶段，重点从以下方面提出建议。

（一）推进以冷链物流等基建为重点的数字化农业基础设施建设

一是完善现代物流体系，推进以省会成都为中心向东延伸至遂宁、达州等国家物流枢纽和东南方向的自贡国家骨干冷链物流基地建设；鼓励供应链技术创新，加强针对不同乡村环境的冷藏保鲜等关键技术研究，支持涉农企业加大技术创新研发；开展乡村振兴物流保障体系建设试点，持续推进物流降本增效。[①] 二是尽快推动以第五代移动通信技术、物联网等为代表的数字化基础设施建设，增强十万亩粮油产业带、粮油产业园区、粮经复合产业片（园）区的农业数据监测、传输、转换和运算能力。三是因地制宜推出适合不同地域农村的终端，以第五代移动通信技术为基础夯实数字农业发展需要的数据基础，利用专业化的设备对传统农机进行数字化升级，实现智慧农机作业管理一站式服务。四是安装数字化基建设备，如传感器、监控、遥感等物联网设备，利用无人机、机器人等远程监测及预警农作物生长情况等，为在新时代打造更高水平的"天府粮仓"夯实数字化基础，为农业现代化助力。

（二）推进以服务平台共享为支撑的数字化农业服务体系建设

加快四川省数字"三农"大数据信息平台建设，统一数据格式、便于农业数据互通与共享，将散乱不一的"数据块""数据源"转化为统一标

[①] 《四川省发展和改革委员会关于印发〈四川省"十四五"现代流通体系建设实施方案〉的通知》（川发改经贸〔2022〕590号），2022年10月21日。

准、易于互联的格式，建立省级数据库。一是推动以"成都市数字农业创新服务平台"为主，实现绵阳市安州区"数字枫香"运营平台、德阳市数字农业服务管理平台、绵阳市数字农业应急管理信息平台、内江市数字农业信息公共服务平台、南充市数字农业信息服务平台等各市（区）应用数据联动，以各市（县）的电子政务平台为支撑，规范数据接口格式，为农业数字化所需的数字资源高速互联、转换、存储做好保障，达到能够通过数据汇总、智能分析、预警监测等解决各地农产品生产过程的相关问题和实现农产品的可追溯，并为政府提供农业产业相关数据。二是打造"天府粮仓"数据共享运营服务平台，完善农业数字化服务体系。促进高科技企业、各大高校、科研院所与农业基地等联合建设农业数字资源的交互协同共享体系，提升农业信息化水平，优化农业管理，加强农业科技创新，提高生产效益，促进农业现代化的加速发展。三是打造智慧农机相关云平台，深入挖掘各地区的粮食生产潜力，计算智慧农机等机械化设备的保有量和服务能力，通过系统分析、智能匹配，指导线下，保障粮食的顺利种收。

（三）推进以土地流转为基础的数字化农业规模经营建设

种植业实现数字化转型发展的基本前提和基础是开展土地适度规模化经营。一是推进土地确权数字化登记。将农户承包经营权进行数字化登记后，可清晰土地所有权边界，同时政府出面搭建农村产权交易服务平台，确保土地流转的合法性和安全性，也便于后续新型农业经营主体通过平台选择合适的土地进行流转。二是支持农民合作社、家庭农场等新型农业经营主体发展。新型农业经营主体的出现，一方面增加了土地流转的需求，也为土地流转提供了更多的选择，推动了土地流转市场化程度的提高；另一方面有利于采用先进的数字化生产技术和管理模式进行农业生产经营，能够使土地得到更加充分的利用，从而提高土地的产出率和农产品品质。三是优化土地相关数字化平台的信息化服务，包括提供更加完善的土地信息查询、登记、评估等服务，使得土地交易更加透明化、便捷化。四是支持建立农村土地股份合作社，通过投资入股的方式，让流转土地的农民成为股民，以此实现土地规模化经营。统一签订流转合同，汇总流转土地的情况和数量，分门别类地以不同价格流转给企业、种植大户等，从而促进土地规模化经营，增加农民收入。

（四）推动以小农户分享红利为目标的数字化农业建设

推动小农户分享数字农业发展带来的数字红利，改变传统的作业方式、提高生产效率、提升收入水平等。通过培训、参观、互联网直播等方式，让小农户亲身感受数字技术带来的生产经营方式变化，激发小农户参与数字农业的积极性。注重拓展小农参与数字农业发展的空间，如在生产端为小农户提供全过程的数字化服务，使小农户在生产环节以较低成本享受数字化红利。在营销端，鼓励小农户参与数字化应用场景，发展新产业新业态，开展直播带货等，拓宽农产品销售的渠道，提升收入水平。政府或企业、专业合作社、小农户共同成立数字农业协会，可以很好地帮助行业内的企业和小农户更好地了解数字农业的发展趋势，更好地制定发展战略，为数字产业融合、转型发展打下基础。

（五）推动以人才队伍培育为抓手的数字化农业经营主体建设

加强对农业数字化方面的专业人才的培养，保障数字农业的健康可持续发展。一是将数字农业相关知识纳入对新型经营主体、职业农民等的培训内容，开展数字农民培训，建立数字农民培训机制，开展数字农民培训试点，提高其对数字农业的认知及数字农业技术应用能力。二是探索数字农场主培育标准。针对网格员、示范户、乡贤等开展不同层次、不同标准的数字农业相关培训，提升数字农业的基层服务水平。三是发展培育一批数字农业专业人才和吸引农业农村领域的科技领军人才。在大专、中专等职业院校中开设数字农业硬件制造、软件研发、实施部署等相关课程，与各地方政府、企业进行定向培养合作，培养一批"订单式"数字农业专业人才；建立省、市、县（区）级数字农业农村专家库，引进不同层次、不同领域的数字农业高端人才，为现代农业高质量发展夯实人才基础。四是针对有一定基础的现代农业园区工作人员、返乡创业青年等重点人群，要开展专门的数字农业技术场景拓展培训，提升其数字技术应用能力。

参考文献

郭晓鸣：《打造新时代更高水平"天府粮仓"的思考与建议》，《四川日报》2022 年8 月9 日。

谭秋成、张红：《我国数字农业发展的可行性、存在的问题及相关建议》，《经济研究参考》2022 年2 月4 日。

刘金海：《"社会化小农"：含义、特征及发展趋势》，《学术月刊》2013 年第8 期。

罗必良：《小农经营、功能转换与策略选择——兼论小农户与现代农业融合发展的"第三条道路"》，《农业经济问题》2020 年第1 期。

付豪、赵翠萍、程传兴：《区块链嵌入、约束打破与农业产业链治理》，《农业经济问题》2019 年第12 期。

王翀、何克清、王健等：《化解"信息孤岛"危机的软件模型按需服务互操作技术》，《计算机学报》2018 年第6 期。

朱岩、田金强、刘宝平、于志慧编著：《数字农业——农业现代化发展的必由之路》，知识产权出版社，2020。

B.16
四川健全种粮农民收益保障机制研究

尹业兴　梁　晶*

摘　要： 四川是农业大省，也是国家的重要粮仓。确保农民种粮获得合理
收入，既有利于提高农民种粮的积极性，又有利于增强主产区抓
粮保供意愿，有利于稳定粮食产量，保障粮食安全。近年来，四
川从加强农民技能培训、改善种植条件、发展集体经济、完善补
贴制度等方面不断完善种粮农民收益保障机制，将"藏粮于地"
和"藏粮于技"落到实处。在现阶段粮食种植成本不断提升、
种植收益持续走低、可持续发展约束、部分地区自然灾害频发等
现实挑战下，有必要进一步构建惠农政策保障和种粮补偿机制，
完善自然风险监测和应对机制，加强耕地资源保护和基础支撑，
既充分运用市场机制，又加强政策扶持和保护。

关键词： 种粮农民　收益保障　种植收益

　　我国是人口大国和粮食消费大国，党和国家始终关注粮食生产、强调粮
食安全。党的十八大以来，在一揽子强农惠农政策的支持下，我国粮食生产
能力持续增长，粮食总产量在2015~2022年稳定在1.3万亿斤以上。[①] 但种
植粮食作物的收益明显低于种植经济作物的收益的现状仍未改变，粮食生产
成本不断增加，使得农户的利润空间不断被挤压，粮食生产的纯利连续几年

＊ 尹业兴，四川省社会科学院农村发展研究所助理研究员，主要研究方向为农村发展与反贫
　困；梁晶，四川省社会科学院农村发展研究所，主要研究方向为农业农村发展。
① 《全年粮食产量将再创历史新高》，《光明日报》2021年10月21日。

处于收支基本平衡状态。粮食生产比较效益低甚至亏损成为当前阶段耕地撂荒和"非农化""非粮化"的主要原因，农户种粮积极性不高，耕地面积不断减少，进而威胁到粮食安全。2022 年，中央一号文件提出"合理保障农民种粮收益"，党的二十大报告明确提出了"全方位夯实粮食安全根基，强化藏粮于地、藏粮于技的物质基础，健全农民种粮挣钱得利、地方抓粮担责尽义的机制保障"，为新时期我国粮食政策实践指明了方向。

四川作为粮食生产大省，截至 2022 年底，全省累计建成高标准农田近5000 万亩，四川粮食总产量达到 3510.5 万吨，粮食产量居全国第 9 位，近年来基本稳定在全国产粮量的 5% 左右。① 近年来，四川通过加强国家惠农政策宣传，实施了包括最低收购价、耕地保护补贴、水稻种植补贴在内的一系列惠农政策，对粮食生产进行了大力扶持，从而有效地激发了农户和农业生产主体的种粮积极性，构建了高质量的粮食安全保障体系。本文在梳理健全种粮农民收益保障机制的重大意义和四川实践的基础上，对现阶段四川保障种粮农民收益面临的现实挑战进行了剖析，并提出了健全种粮农民收益保障机制的对策建议。

一　健全种粮农民收益保障机制的重大意义

（一）社会经济稳定发展的重要前提

粮食产业是稳民心、安天下的基础性战略产业。健全种粮收益保障机制，提高农民和经营主体的积极性，确保粮食生产稳定，对于促进社会经济稳定发展具有重要意义。一方面，民以食为天，习近平总书记强调，"我国13 亿多张嘴要吃饭，不吃饭就不能生存，悠悠万事，吃饭为大"。我国以世界 9% 的耕地供养了将近 1/5 的人口，创下了伟大"奇迹"。但现阶段，受

---

① 《向总书记报告：建良田用良法打造更高水平"天府粮仓"》，http：//nyncj. cngy. gov. cn/new/show/20230309101201288. html，2023 年 3 月 9 日。

到各种原因的影响，农户种粮成本不断上升，而粮食价格却一直疲软，农户种粮收益不断下降，甚至形成连续多年"倒贴式"生产局面，严重抑制了农民种粮积极性。在百年大变局中，全球粮食安全形势日益趋紧，我国的粮食供应也处于各种风险和挑战之下，迫切需要激发农户的种植动力，确保粮食的稳定供给。另一方面，在新中国成立初期，粮食生产稳定，为国民经济发展提供了最基本的物质需求，是实现工业化的重要基础。在现阶段，粮食生产稳定仍是国民经济发展的有力支撑，对于稳定宏观经济大盘具有重要作用。

（二）推进农业强国建设的重点任务

2023年，加快建设"农业强国"首次被写入中央一号文件。从上年数据来看，全国累计建成高标准农田10亿亩，累计建成高效节水灌溉面积4亿亩，农机装备和农业机械化水平全面提升，粮食产量再次突破，达到68653万吨；大豆油料扩种成效超出预期，大豆自给率提升了3个百分点；农村居民人均可支配收入首次突破2万元，达到20133元，实际增长4.2%，[①]为稳定经济社会大局提供了基础支撑。从农业强国建设的新要求新任务出发，基于我国人口大国和粮食消耗大国的现实考量，保证粮食和重要农产品的稳定安全供应是关乎国计民生的大事。要建成有中国特色的农业大国，就必须坚持"以我为主，立足国情"的原则，实施新一轮千亿粮食生产计划，以提高粮食产能为目标，以"耕地"和"种子"为核心，保障种粮农民收益，保持粮食产量稳中向好。

（三）加快实现共同富裕的重要路径

现阶段我国农村人口基数大、人均耕地面积不足、耕地质量不高、低收入群体规模巨大的现实短板仍然存在，农民增收还面临诸多挑战，推进共同富裕的最大难点和最艰巨任务仍在农村。种植粮食相较于种植

---

① 《中华人民共和国2022年国民经济和社会发展统计公报》。

其他农产品不具有优势（农民种粮收入与其他种养业收入之间的差距不断拉大，在同等投入条件下，种植蔬菜收益约是种粮收益的 3 倍以上，与种植棉花、水果等收益相比差距更大），且粮食供应容易受到市场供需与自然风险的双重影响，具有脆弱性，导致粮食增产与农民增收难以同步实现，出现"谷贱伤农"的现象。因此，要让种粮农民赶上共同富裕的班车，就要解决农民增收问题，要进一步延续种粮农民补贴政策，健全种粮保险、畅通收储渠道、提高最低收购价等农民种粮收益保障机制。通过对种粮农民合理收益的有力保障，逐步缩小城乡居民收入差距，最终实现共同富裕。

二 保障种粮农民收益的四川探索与实践

保障种粮农民收益属于系统性工作，不仅要通过政策"兜底"来稳定农民种粮信心，更要从底层逻辑上处理好"谁来种地"和"如何种地"等问题。近年来，四川通过加强国家惠农政策宣传和落实，持续推进农业基础设施建设，支持发展粮食适度规模经营等，对上述问题进行了回答。

（一）加强政府支持保护，完善农业保险制度

一是宣传落实国家各项惠农政策。四川省 2022 年惠民惠农财政补贴项目如表 1 所示，其中耕地地力保护补贴对象为拥有承包权的农户，但其补贴标准有地区差异，由各县（市、区）人民政府根据实际种粮面积情况对资金进行分配。例如 2022 年叙永县有种粮农户 27.05 万户，耕地地力保护补贴为 128.8 元/亩；① 彭州市补贴面积为 635117.64 亩，补贴标准为 90.7 元/亩；② 凉山

---

① 《叙永县三举措确保 2022 年耕地地力保护补贴、种粮农民一次性补贴发放到位》，http：//www. xuyong. gov. cn/xwzx/bmdt/content_ 120268，2022 年 11 月 28 日。
② 《彭州市农业农村局关于 2022 年耕地地力保护补贴面积资金情况公示》，http：//gongye. pengzhou. gov. cn/pzs/c111452/2022-06/07/content_ fa6bada5726b41b5adc549be79ad4d5e. shtml，2022 年 6 月 7 日。

州布拖县补贴面积为 201121.10 亩，补贴标准为 99.78 元/亩。① 在稻谷补贴方面，2022 年中央下达四川省稻谷补贴资金 8.6 亿元，补贴对象为稻谷种植者，包括普通农户、种粮大户和新型经营主体等，补贴标准由各地根据省下达的补贴总额和实际种植面积测算确定，为 55.57 元/亩。② 从 2004 年开始，我国就实行了"稻米最低价"制度，即在全国主要水稻产地的市场价低于最低价时，实行最低价收购，以避免因市场价下跌而造成的"卖粮难"。一系列农业补贴政策激励了农民的农业生产积极性，为筑牢粮食安全根基奠定了基础。

表 1　2022 年四川省种粮农民补贴政策

补贴项目	主管部门	补贴对象	补贴标准	文件
耕地地力保护补贴资金	四川省农业农村厅	拥有耕地承包权的种粮农民	由各县（市、区）人民政府根据补贴资金总额和补贴面积统筹确定	《关于进一步做好耕地地力保护补贴工作的通知》
粮食适度规模经营补贴	四川省农业农村厅、四川省财政厅	实施水稻、小麦、玉米大豆带状复合种植规模化生产，小麦、水稻（含杂交水稻制种）、玉米大豆带状复合种植面积达到 50 亩及以上（杂交水稻种子生产主体 100 亩及以上）的自然人和法人	对粮食烘干、工厂化育秧、机防等全程机械化薄弱环节设备购置进行适当补贴。补贴额度不超过设备总价的 50%（包含农机购置补贴）；对获得有机食品认证的大米品牌给予一次性补贴，补贴额度不超过 15 万元，且对每个品牌不得重复补贴	《四川省调整完善农业三项补贴政策实施方案》
农机购置补贴资金	四川省农业农村厅	从事农业生产的个人和农业生产经营组织	中央财政农机购置补贴实行定额制。对机具品目单独分档测算补贴额	《2021～2023 年四川省农机购置与应用补贴新产品补贴额一览表（第二批）》

---

① 《凉山州财政局　凉山州农业农村局关于下达 2022 年中央财政实际种粮农民一次性补贴资金预算的通知》，http：//www.lsz.gov.cn/xxgk/zdlyxxgk/czxx/czzjsyqk/202210/t20221019_2343633.html，2022 年 10 月 19 日。

② 《财政厅　农业农村厅关于清算下达 2022 年目标价格补贴（稻谷）的通知》，http：//czt.sc.gov.cn/scczt/c102362/2022/6/28/f5fae11187ce4367a1d1384800bf91f4.shtml，2022 年 6 月 28 日。

补贴项目	主管部门	补贴对象	补贴标准	文件
稻谷目标价格补贴资金	四川省农业农村厅、财政厅	种稻谷农户	由当地根据补贴规模和当年实际稻谷种植面积确定补贴标准	《关于清算下达2022年目标价格补贴（稻谷）的通知》
实际种粮农民一次性补贴资金	四川省农业农村厅、财政厅	农民、家庭农场、农民合作社等实际种粮者	对于水稻、小麦、玉米和大豆等粮食作物播种面积，具体由各地结合实际自行确定。各地结合资金额度、播种面积等情况确定补贴标准	《四川省2022年实际种粮农民一次性补贴实施方案》
种粮大户补贴	四川省农业农村厅、财政厅	承包、租种和捡种土地达到规定规模，集中种植补贴作物的农户、法人或其他组织	各地根据实际情况，可采取重大技术推广、社会化服务、现金直补、贴息等多种方式支持种粮大户发展	《四川省省级财政种粮大户补贴工作实施方案》
大豆种植补贴	四川省农业农村厅、财政厅	大豆实际种植户，包括农业公司、农民专业合作社、家庭农场、种植大户和农户等	按大豆实际种植户的实际种植面积给予大豆种子、复合肥等物资补助和现金补助	《关于下达2022年省级财政现代农业发展工程共同财政事权转移支付资金支持大豆玉米带状复合种植的通知》

资料来源：根据四川省惠农政策文件整理。

二是充分发挥政策性农业保险功能。四川省共有76个产粮大县，为规避自然灾害给本就脆弱的粮食供给造成冲击，保障农民的整体利益不发生重大损失，自2017年开始，有35个产粮大县逐步被纳入农业大灾保险试点范围。试点区域的规模生产经营者在投保水稻、玉米、小麦险种时，保障范围覆盖了"直接物化成本+地租"，使得粮食保险赔付额在原有基础上每亩再提高了300元。2022年，四川又将其余41个产粮大县列入完全成本保险实施范围，并将所有小农户纳入保障范围，全省政策性农业保险由保农业生产部分成本逐渐向保总成本、保收入转变。同时明确了保费的来源，中央财政补贴比例最高，占45%，农户承担比例仅为25%，其余部分由省级和市县

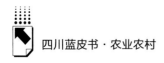
财政补贴共同承担，此举措全面减轻了农户种粮负担，提高了种粮农户积极性。

三是加大对种粮农民的金融支持力度。稳定粮食生产，离不开政府和金融机构的支持。2022年4月，中国银保监会表示，要优先保障粮食和重要农产品供给，向产粮大县倾斜配置信贷资源。① 四川省聚焦种粮大户、家庭农场、农民专业合作社、涉农企业等农业生产和服务主体，积极引导金融机构加大对种粮农民的支持力度，提供加快放款、简化流程、降低利率等全方位的便利服务。2022年，为了满足农业经营主体的资金需求，中国农业银行四川分行对农作物种植、农药化肥、农资农机生产和流通等春耕备耕重点领域新投放19.8亿元，② 围绕农业生产多用途资金需求，支持农民采购种子、化肥、农药等农资，让更多种粮农民播上良种、用上高品质的化肥农药；支持农民购买农机农技服务，提高农业生产作业效率；支持农民升级改造农业基础设施，开展吨粮田创建，提高单产、增加亩产。

（二）坚持以市场为导向，提高农产品竞争力

一是着力推进粮食全产业链提质增效。遵循"好种子+好技术"的基本思路，稳步推进粮食生产提质增效，四川印发《四川省现代种业发展推进方案（2020—2022）》，并通过国家及省部级项目的持续推动，建成杂交水稻、杂交油菜、杂交玉米制种等优势区。同时，"春雷"专项行动在全省全面展开，打击各个平台售卖假冒伪劣种子的行为，鼓励优种优育，有效保障了全省大春优种率达到97%以上。在粮食种植管理环节，重视技能培训，优化生产过程，提高产品质量。四川每年通过线上和线下渠道累计培训农民近千万人次，让农民认识到发展有机农业的重要性，进行病虫害生物防治，

---

① 《关于2022年银行业保险业服务全面推进乡村振兴重点工作的通知》，http：//www.scio. gov.cn/xwfbh/xwbfbh/wqfbh/47673/48587/xgzc48593/Document/1727482/1727482.htm，2022年4月2日。

② 《四川：保障粮食安全的"金融力量"》，http：//www.chinacoop.gov.cn/news.html？aid= 1739474，2022年3月4日。

以品质提高价格，从而增加收入。2022 年，全省首轮"优质粮食工程"建设完成，在四川 21 个市（州）73 个产粮大县实现产后服务体系全覆盖，建立了上下联动、横向互通的全省粮食质量安全检验监测体系。

二是加快发展生态高值高效粮食产业。近年来，四川大力推广稻渔综合种养等绿色、生态、循环种植模式，各地探索发展具有高营养价值、高附加值的功能小麦、功能水稻、机收粮饲玉米、高油高蛋白大豆等高值高效功能粮食产业，以此来带动种粮农民创新粮食生产，增加收入，如秦巴山区深处的达州市达川区米城乡立足乡村振兴及粮食安全，利用当地盛产高山富硒有机大米的优势，推行绿色生态种植，采取"我在米城有亩田"的"订单"认购种植水稻模式，受到消费者青睐，种粮农民的收入也大幅增加。崇州市白头镇五星村主打虾稻米、生态米等特色品种，培育的"稳糖米"抗性淀粉含量达到 7.12%，具有较长时间的饱腹感，在人体消化过程中不产生糖分，且能提高胰岛素敏感性，成为一款受到市场认可与欢迎的功能性大米，实现了从销售稻谷到销售大米的转变，部分高端产品售价达 58 元/斤。

三是大力培育具有四川特色的优质粮油品牌。通过"川字号"粮油品牌建设，开展"四川好粮油"产品遴选，将产业优势转换为品牌优势，"川字号"优质粮油品牌的影响力不断增强。近年来，在培育扶持的众多企业中，年产值突破亿元大关的达到 45 家，其中有 20 家年产值更是突破 5 亿元，"稻香杯""天府菜油"等粮油区域公共品牌的知名度不断提高。从地方探索来看，广元市昭化区在全区以"五统一分"的方式，发展"绿色生态"，建立了 4.8 万亩的绿色标准化稻谷，认定了 5.5 万亩的富硒富锌有机稻谷，"王家贡米"获得了十多个国家级殊荣，获评"十大绿色粮食标志""十大农产品地理标志""十大农产品区域公共品牌"。四川在 2023 年将继续开展"天府良田"工程，打造更高水平的"天府粮仓"。

（三）改善粮食种植条件，促进粮食增收增产

一是大力推进高标准农田建设。高标准农田是保障粮食高效稳定生产的重要载体，也是农民稳定增收的基础保障。早在 2011 年四川便全面启动了

高标准农田建设。近年来，四川积极落实"藏粮于地"战略，以提高农业综合生产能力和农民收入为目标，大力推进高标准农田建设，编制完成了《四川省高标准农田建设规划（2021—2030年）》，印发《四川省实施高标准农田改造提升工程十条措施》。截至2022年底，四川已累计建成的高标准农田5400余万亩，预计到2030年四川将新建高标准农田1857万亩，并计划在未来的8年以每年200万亩的速度对已建高标准农田进行改造，累计提升1600万亩，为粮食生产提质增效和"天府粮仓"建设提供有力支撑。①

二是持续改善农田水利设施条件。水利则粮丰，然而四川的水资源分布却不均衡。为此，近年来，四川省强力推动水利设施建设与完善工作，建成了一大批大中型水利设施，加快灌区续建配套建设，推进水系联通、渠系配套，夯实水利基础，并加速打通农田灌排"最后一公里"。2017年，四川省提出了"再造一个都江堰灌区"工程，"十三五"期间累计落实水利建设投资1400多亿元，全省农田有效灌溉面积稳步上升（见图1）。2022年，四川省委一号文件进一步强调要整合资金，完善现有水利工程渠系配套，保障农业生产用水。目前，四川全省100多万处水利工程已蓄水71亿立方米，下一步，还将按照"节水优先、空间均衡、系统治理、两手发力"的基本思路，以水利现代化助推四川农业农村现代化。

三是强化农业科技与装备支撑。近年来，四川着力提高科技创新能力，注重科技人才培育，加快科技发展和转化，农业科技整体实力也得到了进一步的提高，农机装备产业蓬勃发展，为农业现代化提供了强劲动能。四川省在"十三五"期间通过整合资源，共建成省级农业科技园区56家，创建示范园区14家，培育农业科技型企业379家、农业高新技术企业143家，形成较高的产业集聚度和技术创新能力。在农机装备发展方面，全省农机总动力逐年稳步上升，于2021年突破4800万千瓦，主要农作物综合机械化率达64%。针对四川复杂的地形地貌特征，使中小型农机与适度规模化经营相结

---

① 《四川将加快建设新时代更高水平"天府粮仓"》，https：//m.chinanews.com/wap/detail/chs/zw/9949927.shtml，2023年2月8日。

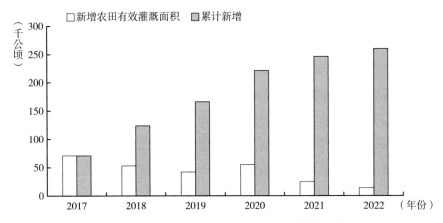

图1　2017～2022年四川省新增农田有效灌溉面积

资料来源：四川省国民经济与社会发展统计公报（2017～2022）。

合，最大限度地实现规模效益。以"良机"为牵引，开展"五良"融合全程机械化建设行动，建成1000亩以上宜机化改造示范区25个，农机作业通达率达到100%。①

（四）大力发展集体经济，推进适度规模经营

一是创新发展新型农村集体经济。发展和壮大集体经济，是新时期"三农"发展中的一项重大战略部署，对于促进农民增收有重要意义。近年来，四川各地陆续开展了村集体经济清产核资工作，推进集体经营性资产股份合作制改革。从2019年开始，每年在全省选取部分典型村集体组织进行重点扶持，扶持标准为每村100万元，截至2022年，全省已有5168个村获得补助。2021年，四川发布了《四川省农村集体经济组织条例》，确定了集体经济的组织管理模式。在多方合力下，四川省集体经济收入与资产总额都实现明显增加，全省村级集体经济组织全面建立，农村集体经济组织总收入

---

① 《"四化同步"系列主题新闻发布会——"加快农业现代化步伐　推进农业大省向农业强省跨越"》，http://nynct.sc.gov.cn/nynct/c100656/2023/3/2/3ed5292e30c74fe5a392c795483e e804.shtml，2023年2月2日。

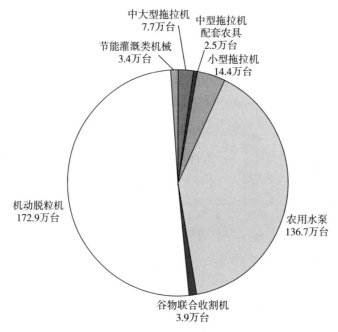

图2 四川省农业机械存量结构

资料来源：《中国农村统计年鉴2022》。

达140.87亿元。

二是多措并举推进适度规模经营。在家庭承包经营的基础上，通过土地流转、托管、合作经营和订单农业等多种形式，推进农业适度规模经营，促进小农户与市场的有效对接，进一步激发农业和农村经济活力。2022年，四川各地在依法采取出租（转包）、入股等方式流转承包地的基础上，不断创新丰富土地流转模式，探索总结出崇州市"农业共营制"、眉山市"委托流转"等模式。支持经营主体开展土地流转型规模经营和服务型规模经营，截至2022年底，全省土地规模经营率达到29%。同时，四川将农民专业合作社作为实现农业适度规模经营的重要主体，通过资金、项目扶持，典型带动和规范引导，推动和农民专业合作社有序发展，进而促进传统农业向集约化、规模化方向发展。

三是健全农业社会化服务体系。四川省聚焦现代农业"10+3"产业体系建设，大力发展以农业生产托管为重点的专业化社会化服务，不断完善农村基本经营制度、加速转变农业发展方式、大力推进农业现代化发展。到2022年，四川省农业社会化服务体系建设取得显著成效，农业社会化服务专业化、信息化、市场化水平显著提升。农业社会化服务组织达26146个，其中有服务型农民合作社9960个，开展服务的农村集体经济组织2091个，服务专业户（开展服务的家庭农场）10451个，服务型农业公司1095个，其他服务主体2549个。① 四川抓经营性服务主体培育的同时，还从政府购买农业公益性服务破题，明确把农业服务纳入政府购买范畴，引入市场化竞争机制。

三　四川种粮农民收益保障面临的现实挑战

（一）粮食种植成本不断提升

从种植业成本结构可以看出，2021年种粮成本主要由物质与服务、人工成本、土地租金三部分组成（见图3）。其中，物质与服务占总成本的近一半，人工成本中家庭用工折价370.6元，雇工费用43.3元。从总体上看，2021年全省中籼稻、玉米、小麦三种粮食作物亩均总成本为1420.72元，同比上升6.93%，其主要原因之一在于农资成本上升，在农户使用较高价的优质良种、复合肥用量占比提升、农资价格上涨等综合因素影响下，三种粮食作物亩均农资费用218.63元，同比上升4.75%。其中种子费、化肥费等上涨幅度较大，亩均种子费63.75元，同比上升3.78%，亩均化肥费116.59元，同比上升6.53%。同时，随着农村经济的发展，农村居民人均可支配收入不断提高，加之年轻劳动力流出，雇工费用不断上涨，三种粮食作物亩均人工成本同比上升8.99%。

---

① 《四川：农业社会化服务促增收》，http://www.gov.cn/xinwen/2021-11/02/content_5648455.htm，2021年11月2日。

2021年每亩成本		
总成本		1157.1元
物质与服务		485.7元
人工成本	家庭用工折价	370.6元
	雇工费用	43.3元
土地租金	流转地租金	52.3元
	自营地折租	205.2元

图3　粮食种植每亩成本结构

资料来源：《中国农村统计年鉴2022》。

（二）粮食种植收益持续走低

《中国乡村振兴综合调查研究报告（2021）》显示，我国农业收益普遍较低，小麦、水稻、玉米、大豆和油菜亩均收益分别为517.8元、742.9元、437.0元、105.9元和523.6元。2022年，四川省内三种粮食作物的收益依旧是亏损状态，但亏损幅度有所收窄，总体来看，三种粮食作物平均每50公斤出售价格133.22元，同比上升6.38%，亩均净利润－303.64元。其中，中籼稻由盈转亏，虽然价格受利好政策影响，呈现上升态势，但受限于种植成本逐年增加，亩均净利润由上年的0.76元转为－50.06元；玉米亩均净利润－334.16元，较上年亏损减少112.95元；随着小麦种植全过程机械作业程度提高，机械作业费上升，四川小麦亩均净利润－526.44元。[①]

[①] 《四川省粮食价格监测表（2022年11月25日）》，四川省发展和改革委员会网，2022年11月25日。

（三）部分地区自然灾害频发

农业生产的脆弱性是农民增收困难的主要原因，种粮农民既要面临自然灾害风险，又要面临市场价格波动。其中，自然灾害将对粮食作物造成毁灭性打击，或影响其产量和质量，如干旱、水涝等极端气象，将直接导致当年粮食歉收，突发的不可抗因素严重打击了农民种粮积极性。又如部分地区由于连续降雨，需要人工抢收，大大增加了收获成本。2022年上半年，四川个别地区又出现重度旱情，导致粮食产量下降，在生产成本大幅上涨的背景下，个别农户甚至出现"入不敷出"的现象。总体来看，2021年四川省由自然气候灾害造成的粮食受灾面积如图4所示，其中受洪涝灾害和旱灾影响的范围较大。此外，病虫害也进一步加剧了四川省粮食生产威胁，如2021年5月初，四川省在20个市州120个县发现了草地贪夜蛾，其繁殖能力极强，几天时间便可覆盖全川，造成玉米、甘蔗、高粱、马铃薯等80多种植物减产或者绝收。

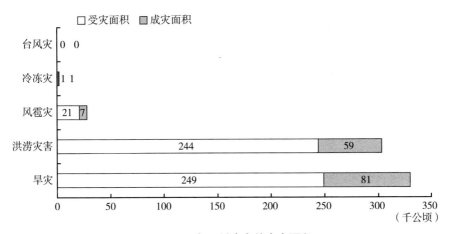

图4 2021年四川省自然灾害面积

资料来源：《四川农村年鉴2022》。

（四）资源约束与可持续发展

资源约束也是影响粮食生产和收益的重要因素，现阶段四川省在水资源、耕地资源、环境保护等方面都面临着巨大的压力。就水资源而言,四川水资源量相对丰富,但分布不均,开发利用率不高,近年来仅为 8.5%。四川省的农业人均水资源量 191 立方米,灌溉亩均用水量 369 立方米,分别比全国平均水平低 25% 和 17%,农田防御水旱灾害能力较低,受灾严重。就耕地资源而言,近十年,四川省耕地净减少 943.67 万亩,其中,水田减少 3.72%,旱地减少 14.58%。耕地总量减少量最大的是盆地丘陵区,减少比例最大的是成都平原区。同时,土壤肥力也有所不足,四川省土壤有机质、全氮含量基本保持稳定或略有上升,但处于"较缺乏水平"以下的比例仍分别占 49.2% 和 22.6%①。在环境资源的约束下,四川农业生产的可持续性也受到威胁。

四　健全种粮农民收益保障机制的对策建议

（一）构建全面的惠农政策保障机制

一是健全粮食生产支持保护制度。进一步完善粮食补贴制度,加大对水稻、小麦等重要农产品、产粮大县和规模经营主体的扶持力度。将稻谷、小麦的保障性收购价稳定至合理水平,进一步强化玉米、大豆生产者补贴和稻谷补贴政策,推进三大粮食作物完全成本保险和种植收入保险产粮大县全覆盖。加大农机购置补贴力度,相应地提高四川粮食生产薄弱环节以及满足丘陵山区生产急需的机具的补贴比例。扩大补贴范围,将育秧、烘干等成套设施装备纳入农机新产品补贴试点范围。

二是支持开展农业生产社会化服务。鼓励四川农村集体经济组织、农民合作社、农业服务企业面向小农户开展社会化服务,及时解决小农户在粮食种植关键和薄弱环节可能存在的问题。广泛开展农机服务、病虫害防治、设

---

① 《关于我省耕地质量现状和"十二五"加强耕地建设和保护的建议报告》,四川人大网,2021 年 12 月 31 日。

施农业、营销和物流、规模种植等方面的指导服务，构建覆盖粮食产前、产中和产后全链条的新型社会化服务体系。同时对四川北部深丘地区采取以奖代补、作业补贴等多种方式，因地制宜推进农业生产社会化服务发展，加大对统防统治、代耕代种代收等粮食生产服务的扶持力度。

三是健全粮食主产区利益补偿机制。完善对种粮大县的利益补偿机制、财政转移支付机制，有效破除粮食大县和财政穷县之间的矛盾。建立粮食主销区对主产区的横向补偿机制，按照"谁受益、谁补偿"和近邻原则，建立风险共担和优势互补的长效合作机制，实现产销配对共赢。加大奖补力度，让种粮农民有适当水平收益，让主产区种粮农户能够真正获利，调动政府重农抓粮的积极性，有效保障粮食生产和供给的稳定。

（二）完善自然风险监测和应对机制

一是完善自然灾害监测预警机制。首先要从监测层面攻克技术难题，倡导开展跨领域技术合作，将传统农业经济和最新信息技术、大数据、气象预测结合起来，创建专业人才合作项目。扩大自然灾害监测站网覆盖范围，提高监测精度和及时性，加强多灾种全面监测，做到早识别早发现。其次要完善监测预警信息发布机制，打通农户与监测站之间的信息渠道，做到常规信息按时发布，紧急信息及时发布，确保政府、农户和经营主体作出及时、有效的决策。

二是提升经营主体防灾减灾能力。四川省粮食生产地形多样、资源分布不均衡，粮食生产基础脆弱性明显，旱涝风雹等极端天气都会对其产量和质量产生重大影响，粮食安全的韧性及其应对自然灾害等风险挑战的能力还有待进一步提高。对此，应当发挥企业、合作社、家庭农场等新型经营主体的带动作用，形成抵御风险的规模效应，能在灾害来临时形成合力，提高小农户粮食生产的抗压性。同时，应加快建设专业化粮食储备设施和粮食流通体系，培育多元化粮食储备主体，确保遭遇重大自然灾害时粮食安全有保障。进一步创新粮食灾害保险，提升自然灾害风险转移能力。

三是建立健全自然风险应对机制。制定完善的农业防灾减灾应急预案，科学做好低温冻害、冰雹、大风、洪涝、干旱和干热风等六种农业自然灾害的预防、应急处置和灾后农业生产恢复工作，最大限度减轻自然灾害对农业生产造成的损失，切实保障种粮农户利益。加强安全生产宣传指导和隐患排查整治工作，层层压实安全生产责任，做好应急值守和信息报送工作，及时对农业系统防汛、防治病虫害、防灾减灾工作进行督导，确保粮食安全生产工作落到实处。加强救灾物资储备，提前储备肥料、农药、种子等救灾物资，确保一旦出现汛情和险情，这些救灾物资可随时运送灾区，帮助恢复灾后农业生产。

（三）加强耕地资源保护和基础支撑

一是落实耕地保护硬措施。实行耕地保护党政同责，确保18亿亩耕地实至名归，确保耕地主要用于粮食、棉、油、糖和蔬菜等农产品及饲草饲料生产，永久基本农田重点用于粮食生产，高标准农田原则上全部用于粮食生产。同时，要充分应用信息技术开展常态化监测，坚持有案必查、查案必严，严查违法违规占用耕地行为，共同维护良好的土地管理秩序。

二是持续推动种业振兴行动。作为全国种业大省和国家四大育制种基地之一，四川必须要打好种业"翻身仗"、加速川种振兴，让"天府粮仓"多装好粮。要夯实种质资源基础，大力实施种质资源保护利用行动，重点加强种质资源收集、鉴定等工作。通过着力抓示范、建基地、育龙头，持续推进"川种振兴"，如开展"当家品种"育繁推一体化示范；实施制种基地提升三年攻坚行动，建设水稻、玉米、油菜、大豆、生猪5个种业集群；实施种业领军企业培育工程。同时，加大科研经费支持力度，建立稳定的投入和人才激励机制。

三是筑牢现代农业底部支撑。推进农业现代化、建设农业强省，要从补短板入手。加快打造骨干水网、建设重点水源工程、构建农村灌溉网络和推进乡村水务建设行动，强化全省农业农村现代化的水利支撑。聚力推进农机装备研发应用，通过推进主要农作物机械化生产、推动全国农机研发制造推广应用"一体化"试点、推进农机社会化服务和推进宜机化改造等四大行动，提升全省主要农作物从播种到收割全过程的机械化水平。

（四）坚持政府调控与市场调节结合

一是强化市场引导作用。种粮收益下降并不是由单一环节决定的，而是粮食生产、加工和销售等各个环节共同作用的结果，单靠增加补贴只能治标不治本。根据社会主义市场经济原理，面对粮食产业要充分发挥市场对资源配置的决定性作用，利用市场价格调节功能，实现优质粮食卖出优质价格，确保优质粮食种植户大幅增收，推进种植业绿色高质量发展。同时要进一步完善市场配置机制，推动土地、资金、劳动力、技术等要素资源的自由流动，消除城乡二元经济的信息差，释放正确的价格信号，激活要素，激活市场，实现从"有效市场"到"高效市场"的转型，让种粮农民"种好种、产好粮、保产量、稳收益"。

二是发挥有为政府作用。在帮助种粮农民降低生产成本、规范农村土地流转市场、加强面源污染治理、安全应对风险和保障粮食品质等方面充分发挥政府的调控作用，如针对粮食作物和经济作物的成本收益差异，建立差异化的用地政策和补贴政策；完善粮食类土地租金定价机制，保持土地流转价格基本合理、流转期限的总体稳定，并对土地流转情况、租金变化情况、土地收益情况等进行重点监测，便于政府及时做出决策，适时出台应对举措；在尊重农户意愿的基础上，通过试点加快探索建立有助于发挥市场和政府协调优势的创新型土地承包权转让和有偿退出机制。

三是坚持种粮农户主体地位。首先，要确保种粮农民真正有钱挣、得实惠，充分尊重种粮农民意愿，充分发挥农民的主动性和创造性，通过提高农民决策参与度，增强种粮农民的获得感和归属感。其次，要盘活乡村人才资源，注重发挥致富带头作用，发展壮大一支熟悉种粮知识、能运用种粮技术、善经营的新型职业农户队伍，培育和筛选一批善于运用新科技、新思路拓宽收入渠道的"新农人"。最后，要传承和弘扬农耕文化，让广大农民把多种粮、种好粮内化于心，在青少年心中厚植"三农"情怀、种粮报国的思想根基。

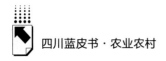

参考文献

蒋和平：《健全种粮农民收益保障机制和主产区利益补偿机制，调动维护粮食安全的"两个积极性"》，《农业经济与管理》2022年第6期。

高鸣、姚志：《保障种粮农民收益：理论逻辑、关键问题与机制设计》，《管理世界》2022年第11期。

罗之飏：《我省实施三大粮食作物完全成本保险》，《四川日报》2021年8月13日。

毛晓雅、祖爽：《五问：种粮成本攀升，农民有钱赚吗?》，《农民日报》2022年11月8日。

常钦：《让种粮农民底气更足》，《人民日报》2022年9月9日。

王金虎：《金融创新激活农民种粮积极性》，《经济日报》2022年5月30日。

李海楠：《"真金白银"保障农民种粮收益》，《中国经济时报》2022年5月26日。

案 例 篇
Case Reports

B.17

打造安宁河流域
"天府第二粮仓"的实践探索

——以攀枝花市米易县为例

张泽梅　胡　浩*

摘　要： 攀枝花市米易县以独特的自然资源禀赋，探索出"稻菜轮作""果粮套种""代耕代种"等推进粮经统筹发展的特色新模式，在打造安宁河流域"天府第二粮仓"中发挥着极其重要的作用。本文全面分析了米易县在打造安宁河流域"天府第二粮仓"中的主要做法、具体实践与成效，科学梳理米易县实践中的现实困境，并提出加强基础设施建设、探索多种模式、培育新型农业经营主体、贯彻大食物观和强化品牌等对策建议。

关键词： 米易县　安宁河流域　"天府第二粮仓"

---

* 张泽梅，四川省社会科学院农村发展研究所副研究员，主要研究方向为农业产业链；胡浩，四川省社会科学院农村发展研究所，主要研究方向为农业管理。

安宁河是金沙江二级支流、雅砻江一级支流，源于凉山彝族自治州冕宁县彝海镇，在盐边县桐梓林镇汇入雅砻江，干流全长 328 公里，流域面积 1.1 万平方公里。在打造新时代更高水平"天府粮仓"的背景下，四川省委、省政府根据发展状况提出《安宁河流域高质量发展规划（2022—2030年）》。根据规划安宁河流域范围确定为攀枝花市和凉山彝族自治州与安宁河关系密切的 11 个县（市、区），即攀枝花市的米易县、盐边县、仁和区与凉山彝族自治州的冕宁县、喜德县、西昌市、德昌县、宁南县、会东县、会理市、盐源县等 11 个县（市、区），总面积约 36663 平方公里。规划强调，需要深入实施"藏粮于地、藏粮于技"战略，调整优化农业区域布局，强化水资源保障，以现代农业园区引领特色优势产业提质增效，提高农业综合生产能力，打造"天府第二粮仓"。安宁河流域地势北高南低，地貌以山地为主，中游沿河两岸多河谷平原和山间盆地，该流域拥有得天独厚的自然资源，是攀西经济区发展条件最好、人口分布最密集、产业集中度最高的区域，现如今安宁河流域的发展又迎来了国家重大战略交汇带来的政策红利、创新驱动发展带来的升级转型、加强农产品供给保障带来的资源开发、深化南向拓展带来的开放合作和推动实现共同富裕带来的共建共享等众多机遇，成为四川省极具发展潜力和后劲的地区。攀枝花市米易县位于安宁河流域，气候属于南亚亚热带为基带的干热河谷立体气候，干、雨季分明而四季不分明，河谷区全年无冬，秋、春季相连，夏季长达 5 个多月。米易县以独特的自然资源禀赋，成为全国南亚热带优质农产品供应基地和农文旅融合发展示范区。近年来，米易县以国家农业现代化示范区和国家农村产业融合发展示范园为抓手，推进粮经统筹发展，在打造安宁河流域"天府第二粮仓"中发挥着极其重要的作用。

一　米易县打造"天府第二粮仓"的主要做法

（一）以粮食工作为中心，保障耕地稳定

首先是遵法规、重细节、保耕地。米易县十分重视《全国"三区三

线"划定规则》和四川省操作细则,严格按照相关细则,保证"三区三线"统筹划定工作稳步推进。为了使农业生产留住好田好地,采取了优化布局城镇开发边界、优化重点项目方案设计、积极避让永久基本农田和实施全域土地综合整治等一系列措施。

其次是重布局、抓特色、保收入。坚持"三带"产业发展布局,即在安宁河谷平坝区的好田好地上种植水稻、蔬菜等;在二半山区的荒山荒坡上主要布局种植特色水果芒果、枇杷等,合理利用土地;在中高山生态涵养区布局种植畜牧干果,发展相关产业,实现了"平坝区高效粮菜、山地区特色水果、高山区生态林果"的粮经产业发展格局,取得了斐然的成绩,截至 2022 年 8 月,全县粮食种植面积 26.73 万亩、经济作物种植面积 16.84 万亩、水果种植面积 23.74 万亩、核桃种植面积 21.4 万亩,这些农作物既保障了县域粮食供给安全,又确保了农民收入稳定增长,更促进了当地产业的快速发展壮大。

(二)以"三种"模式为帮扶,保障粮食面积和产量

一是推广"稻菜轮作"模式。"稻菜轮作"模式在稻菜现代农业园区已有所实践,每年 4~9 月种植花优、川康优、济优等系列,9 月至次年 4 月种植茄果类、瓜果类、豆类等早春喜温蔬菜,发挥了"保底粮、增产量、轮蔬菜、促增收"的作用。2021 年米易县稻菜现代农业园区成功晋升为省级五星级现代农业园区,目前正在积极争创国家级现代农业园区,下一步将充分发挥安宁河谷光热资源,积极引导农民群众调优结构、科学种植,采用"稻—菜"轮作、粮经复合种植模式,持续不断建成安宁河谷 10 万亩稻菜轮作标准化种植基地,覆盖安宁河两侧的 7 个乡(镇)、9.48 万农业人口,通过物联网、集约化育苗、水肥一体化、测土配方施肥等先进适用技术全面应用,相关区域内亩均产值达 4 万元、最高达 8 万元,是全省单产最高、效益最好的粮经复合发展示范区。目前通过水旱稻菜轮作,米易县已形成优质稻谷年产量 6 万吨、早春喜温蔬菜年产量 45 万吨的生产能力,年产值达 21.5 亿元,既稳住了全县的米袋子、丰富了群众的菜篮子,还鼓起了农民

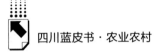

的钱夹子，实现"吨粮田、两万元"。二是大力发展"果粮套种"模式。在二半山区经济林果地套种大豆、土豆、红薯、油菜等粮油作物，在中高山区烤烟地套种或复种鲜食玉米、土豆、鲜食豌豆等粮菜作物，实现土地产出效益最大化。三是积极探索"代耕代种"模式。聚焦解决粮食生产劳动力问题，采取农户承包土地托管、入股分红等方式，把农户种植蔬菜后无劳动力种粮的土地，由龙头企业或专合社集中流转种植一季优质水稻，持续巩固提升粮食产能、稳定农民收益。

（三）以分类优化为抓手，防止耕地"非粮化"

第三次全国国土调查结果显示，全县园地占用耕地12.98万亩；在2021年3~12月动态监测中，全县园地占用耕地2828.77亩；在2022年1~4月动态监测中，全县园地占用耕地294.78亩。米易县防止耕地"非粮化"，严格按照"遏制增量，逐年减少存量"的原则，实行低效益果园"直接还田种粮"、二半山区经济效益高的经济林果地"粮经轮作种粮""间套作种粮"三种模式，稳妥有序分类整改，计划用5年时间分类优化完成改造任务。截至2022年，已完成"直接还田种粮"0.20万亩、"粮经轮作种粮"0.25万亩、"间套作种粮"2.37万亩，完成计划任务的100.7%。

（四）以"藏粮于地、藏粮于技"战略为导向，提升粮食产能

为了推进耕地质量、耕作水平稳步提升，坚持把提高农业综合生产能力放在更加突出的位置，积极推动实施"藏粮于地、藏粮于技"战略。一方面，统筹项目资金加快发展水利、农业农村、林业、乡村振兴等，补齐水、路、沟渠、防洪堤坝等基础设施短板，开展全域土地综合整治试点，大力改造中低产田，建成旱涝保收、高产稳产的高标准农田16.48万亩，占全县耕地面积的52%，建成田间机耕道路1743公里，实施马鞍山水库、麻晃引水等中小水利工程52个，新增和改善灌面10.17万亩，持续改善耕地质量，真正做到"藏粮于地"。另一方面，引进袁隆平科研团

队,开展第三代杂交水稻超高产攻关,争取稳产增产,深化与四川农科院、海南热科院等院校合作,共建喜温蔬菜南繁基地,创建大数据服务中心,积极开展粮食新品种繁育,"促研发、重应用、多转化",加快实现"藏粮于技"。

二 米易县打造"天府第二粮仓"的实践与成效

(一)稳定粮食,守住安全底线

守住粮食是必须坚守的安全底线。米易县牢牢把握"藏粮于地、藏粮于技"粮食安全战略,并出台一系列举措提升耕地质量与产出,力建农田,优化改造,保障耕地数量。同时县域稳定粮食生产,在土壤改良方面,划定耕地主要种植粮食作物,严禁耕地"非农化"、遏制基本农田"非粮化"。这些措施促使当地常年粮食播种面积稳定在 26 万亩以上,总产量保持在 12 万吨,全县人均粮食自给能力不低于 500 公斤,口粮实现绝对安全,谷物实现基本自给。同时,在安宁河谷区和平坝区建立优质稻基地,推行稻菜轮作模式,示范优质稻新品种,在技术方面实施高产水稻攻关、水稻机械化、相关产业链的工程开发,提高种粮效益,提高粮食单产水平。

(二)稳定产能,扩大粮食生产

在饲料种植方面,实施玉米高产创建示范工程,稳定优质饲用玉米产能,促使县域玉米种植规模稳定在 13 万亩以上、产量保持在 5.5 万吨以上。在二半山区等适合的地方大力推广种植优质饲用玉米,形成玉米、大豆带状套种示范片,同时鼓励在幼树抚育期园地种植饲用玉米。在粮食生产方面,一是稳定生产原有食用作物,鼓励种植冬春鲜食豌豆、鲜食玉米、鲜食大豆、菜用马铃薯,常年种植规模保持在 3 万亩以上,产量约 1 万吨。二是合理利用果园土地,鼓励果园密改稀,利用园地间套作大豆、红苕、马铃薯、

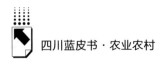

豌豆、胡豆等粮食作物。三是整理碎地发展种植，鼓励养殖户利用田边地角种植饲草，合理分配土地，增加收入。

（三）建田保地，发展特色产业

一是实施高标准农田建设，加快建设安宁河谷粮经复合产业带和集中发展区，确保粮食种植面积稳定在 26 万亩左右，经过努力，全面实现了 28.76 万亩的耕地保护目标和 17.83 万亩永久基本农田划定任务，守住了农业生产用地红线。二是找准对应区域种植特色，进行"三带"产业布局，实现安宁河谷粮经复合产业带、二半山区特色水果产业带、中高山区干果烤烟产业带的快速发展。三是大力推进"四区"农业园区、精品农业示范区、农业观光园区、标准化的畜（禽）养殖小区的规模化发展。

（四）多措并举，推进品牌建设

深入推进"阳光米易区域公用品牌+企业品牌"双品牌战略，提高粮经统筹附加值。首先是组织项目区农产品参加品牌营销，其次积极开展"三品一标"认证，再次是加大品牌培育力度，最后是探索引导工商资本到农村从事相关社会化服务等，主要表现在：在农产品参销方面，近三年来组织企业 34 家次，参加省级以上营销展会 12 场次，获得了相关荣誉称号，如"米易早春蔬菜"荣获全国"一村一品"荣誉称号和"阳光米易"首批公用品牌等；在品牌认证方面，认证覆盖率达 85% 以上，无公害农产品认证达 25 个，认证面积 10 万余亩，绿色食品认证面积 2200 亩，农产品地理标志产品苦瓜与山药认证面积达 40.8 万亩；在品牌培育方面，创建了"攀农公社""绿怡""攀恋"等企业品牌 12 个；在工商资本引导方面，加大引导资本参与粮食全产业链发展，实施袁隆平第三代超级杂交水稻攻关试验示范，探索"村集体经济+基地+农户"模式，开发推出米易梯田红香米、半山贡米和糯稻等系列产品，提高粮食附加值。

三　米易县打造"天府第二粮仓"的现实困境

（一）公共服务和基础设施薄弱

在一些村落，公共服务和基础设施还没有实现全面覆盖，主要表现在：有的偏远地区还存在土路，或者是缺乏维修保养的水泥路，抗灾害能力弱；农村用地难、贷款难问题较为突出，农业保险、农村金融机制等都不完善，缺口大，缺乏资金注入，民营资本缺少，政策倾斜力度不足；在高标准农田建设中，选址难与农业基础设施配套不完善并存，有一定农业基础设施配套的地方没有适合的农田，有适合农田的地方没有相对完善的配套设施，导致高标准农田建设进度缓慢，难以快速推进。

科技是第一生产力，现代农业的发展壮大离不开科学技术。由于公共服务、基础设施配套弱，现代种业、农机装备、冷链物流业成为制约米易县发展的短板，主要表现在：现代种业科研条件欠缺，且种苗繁育设施装备有待升级；先进智慧农机等现代农机装备引进推广工作滞后；农产品冷链物流综合效率不高，产地预冷缺乏，配送温控手段粗放，冷库利用率不高，物流运距远、费用高，现代化冷链物流体系不健全等。

（二）农户种粮积极性不高

农户种粮积极性不高主要表现为：种粮比较收益偏低，种植蔬菜的收益大大高于种植粮食收益，更不用说种植水果等作物的收益了，更是大幅度领先于种植粮食收益，发展特色产业促进农民增收与稳定粮食生产保障口粮安全之间难以协调统一；有一部分农户的田地无人耕作，老一代年龄偏大无力种植，年轻一代又不愿意种植，导致有的农用土地荒废，造成资源浪费。

（三）新型经营主体影响小

新型农业经营主体在粮食产业发展过程中起到的作用不大，主体数量

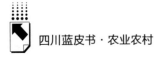

不够多，与农户之间的合作衔接不够紧密。农户思维具有局限性，接受新鲜事物的速度不够快，对于许多事物不能有正确的判断，同时，政府实施的社会化服务力度还不够，项目资金投入水平较低，引导力度不够，使得农户接受农业生产社会化服务的意愿不强。广大农民增收主要靠发展特色种养业，种植业容易受到气候变化的影响，轻微灾害能够提前预防、减小损失，但是如果遭遇极端灾害，如突如其来的冰雹之类的灾害，可能导致这一年作物颗粒无收。当然，变化多端的市场对种植户的影响也非常大，种植户的信息渠道不畅通，如果和新型农业经营主体联系不够紧密，很可能会出现普遍种植同一种农产品的现象，导致农产品价格大幅下降，种植户增收幅度有限。

（四）与大食物观契合度不高

2015年，中央农村工作会议提出树立大农业、大食物观。2016年，中央一号文件写入"树立大食物观"，并将其作为优化农业生产结构和区域布局的重要内容。中国饮食消费结构发生变化，同时为应对国内外形势变化，应进一步加强国家粮食安全保障，提高食品安全水平。"大食物观"总体可以理解为中国居民饮食消费结构迎来革命性升级。由传统水稻、小麦等粮食升级为品类更丰富的食物，包括肉蛋奶、海产品、蔬菜、菌类等，但必须要强调的是，粮食仍是基础保障。中国居民的饮食理念已经由"吃得饱"变成"要吃好"。

米易还处于在保障粮食安全的情况下促进农民增收的阶段，虽然有着少量的践行大食物观的举措，但是收效并不明显，没有全面与大食物观相结合，同时近年来市场竞争加剧，引以为豪的光热资源气候条件赋予农产品的天然优势，逐渐被现代农业科技的快速发展和现代设施装备的更新应用所抵消。品牌方面发展缓慢，产业规模不大，还未形成产业集群和规模经济，外销渠道大部分被外地企业所垄断，本地的优质农产品只能作为原料等销售，本地品牌和企业发展受到限制。

四 米易县打造"天府第二粮仓"的对策建议

（一）建农田、强科技、疏交通，完善整体布局

一是持续开展高标准农田建设，在撒莲镇项目区等 10 个村、麻陇彝族乡等 6 个村，补齐水、路、沟渠、防洪堤坝等基础设施短板，配套田网、水网、路网"三网"建设，大力修建田间机耕道路、构建各类农田水利工程，提升全县农业生产用水蓄、引、提能力，增加耕地有效灌溉面积与节水灌溉面积，修建公共设施。二是完善交通枢纽，结合当地地理位置，首先完善综合运输通道布局，配合建设成昆复线铁路以及相关配套站点，争取宜西攀高铁线路覆盖，推进盐源经米易至会理高速公路前期工作，实现国道 G227 及省道 S465、S218、S219 的提档升级。其次优化乡村道路布局，实施产业路和旅游路相关工程、撤并建制村通畅工程、交通运输平安工程。再次建设"全域公交"运输网络，完善客运站相关体系，构建县乡、镇村客运网络，推进物流体系建设，依托铁路、乡村道路、客运网络实现物流融合发展。最后大力发展科技，推动重点领域农业关键核心技术攻关取得新突破，深入实施种业振兴行动；加快补齐大型智能农机装备、丘陵山区适用小型机械和园艺机械等短板；加强丘陵山区的农业基础设施建设，改善农民耕作条件，增加产业效益。

（二）重探索、强管理、提收益，实行多种模式

一是针对生产区域来说，在符合条件的地区，如丙谷镇现代农业园区、撒莲镇稻菜轮作基地等，大力推行稻菜轮作模式，探索"蔬菜季农户自种增收、水稻季公司统种增产"模式，开展水稻组织化、标准化、规模化种植，进行高产技术攻关，努力提高粮食附加值，在此过程中，摸清耕地现状，进行分类整治和管理。按照永久基本农田、一般耕地、细碎边角地的分类进行整治和管控，制止耕地"非粮化"，实现"千斤粮、万元钱"发展目

标，实现"一田多收、稳粮增效、粮菜共赢"。二是针对生产者来讲，要从价格、补贴、保险等方面健全种粮农民收益保障机制，提高农户生产的积极性，推动粮食生产，让种粮农民有钱挣、得实惠。三是针对种植作物来说，提高小麦、稻谷的收购价，完善玉米、大豆生产者补贴机制，完善农资保供稳价应对机制，逐步扩大稻谷、小麦、玉米相关保险范围，实施好大豆完全成本保险和种植收入保险试点。

（三）育主体、予补贴、防风险，改变农户观念

培育壮大新型农业经营主体，支持农民专业合作社及其联合社加快发展，积极探索"公司+基地+农户"、"公司+协会+农户"和订单生产等农业产业化经营模式，也鼓励各类合作社主动和龙头企业合作，减少交易成本，降低生产风险，提高农业质量、助力"天府第二粮仓"建设。

米易县独特的气候条件促使当地特色产业快速发展壮大，在经济利益驱使下会出现大量种植经济作物的情况，发展农业特色产业的同时，要坚持"粮食生产优先"的原则，调配好产业结构，防止出现"特色产业无序发展、挤压粮食生产面积"的现象。首先通过培育新型农业经营主体和经营性服务组织、完善社会化体系等，能够影响甚至改变农户的观念，在这过程中再培育一部分新型职业农民，培育高素质队伍，综合采用多种手段，降低农民的种植成本，提高农民的生产积极性。其次各种补贴扶持力度还应进一步加大，控制好各种农资产品的价格，并积极培育家庭农场、种粮大户、农村专业合作社等新型农业经营主体，达到提高种粮效率、让农民增收的目的。最后加强对极端灾害天气的预测预报，做好防范预案，气候变化多端，干旱、冰雹之类的灾害频发，影响经济作物和粮食的产出，所以需抓好各项防灾减灾措施的落实，把灾害波及范围和财产损失降到最小。

（四）重基础、施手段、强品牌，贯彻大食物观

树立大食物观，在保护好生态环境的前提下，从耕地资源向整个国土资源拓展，从传统农作物和畜禽资源向更丰富的生物资源拓展。要大力发展现

代设施农业,实施设施农业现代化提升行动,通过现代化设施、工厂化种养破除耕地资源限制,走集约化生产的路子。米易县的自然条件优越、特色突出,绿色、生态、健康的农产品声名远扬,为践行大食物观打下了坚实的基础。

践行大食物观,促使品牌建设和科技发展相辅相成,具体来讲,第一,拓展食物来源,需要以资源禀赋和技术创新为基础,保障粮食、饲料、瓜果、蔬菜等稳定生产,进行科技创新,实现增产增收;第二,扩大多元化食物供给,加强农业科技及支持政策创新,科技保障创新,政策指引发展,米易县在保障自身特有食物的前提下,可以尝试引进其他地方的作物开展种植,改良自身食物品质,增加多元化食物供给;第三,引导消费者行为转型,优化食物消费结构,加大"阳光米易"宣传力度,树立品牌意识,大力发展生态绿色产品,进行从吃饱向吃好、吃得健康转变;第四,加强粮食安全风险防范,同时应当建立相关监测机制,强化食物供应链韧性,增加防范意识;第五,统筹国内外资源,积极发展,注重农产品品质,促进交易发展,提高国际农产品贸易的韧性。

参考文献

邓也:《以大食物观向"天府之国"要食物》,《四川日报》2023年2月20日。

樊胜根:《大食物观引领农食系统转型,全方位夯实粮食安全根基》,《中国农村经济》2022年第12期。

何姣、王裔、程礼攀:《打造新时代更高水平"米易粮仓"》,《攀枝花日报》2022年10月12日。

《米易县探索粮经复合发展模式,着力破解 "种粮不赚钱、农民不愿种"的难题》,http://www.scmiyi.gov.cn/zwgk/xwzx/bmdt/4346922.shtml,2022年12月5日。

B.18
成都市新津区建设"天府粮仓"的
基础条件、实践探索与对策建议

庞 淼 雍兴凡 张正霞*

摘 要： 党的二十大报告指出，要加快建设农业强国，全面推进乡村振兴。新时代打造高水平的"天府粮仓"，是四川助力农业强国建设的重要抓手，对加快推动四川由农业大省向农业强省跨越有重要意义。本文在对成都市新津区"天府粮仓"建设基础条件分析的前提下，通过对宝墩"天府粮仓"核心区建设、高标准农田建设、现代农业生产智能化、头部企业带动农业经营升级、农机运用与推广方面的梳理分析，总结了新津在"天府粮仓"建设中注重完善产业链、加强全产业链数字化运用、推进小农户与现代农业有效衔接以及传统稻田文化与现代农业相结合等方面的经验，并基于建设过程中存在的问题提出加大财政补贴力度、降低农民享受公共服务成本、建立保障土地流转体系等建议，以期助力高水平建设"天府粮仓"。

关键词： 农业 新津 "天府粮仓"

四川是我国农业大省，也是西部地区唯一的粮食主产省。2022年6月习近平总书记来川视察，赋予四川在新时代打造更高水平"天府粮仓"

---

* 庞淼，四川社会科学院农村发展研究所，主要研究方向为农村经济；雍兴凡，四川社会科学院农村发展研究所，主要研究方向为农业农村；张正霞，四川社会科学院农村发展研究所，主要研究方向为农业农村。

的时代重任。新津是成都向南发展的重要区域，也是打造"天府粮仓"成都片区的核心地带。在新津建设高水平"天府粮仓"，对四川建设农业强省、保障粮食安全、推进农业现代化、乡村全面振兴有着极其重要的意义。

一　新津区建设高水平"天府粮仓"的基础条件

（一）基本概况

新津区位于成都南部，区域面积达 330 平方公里，总人口达 42 万，"五河一江"流经新津长度超过 70 公里，河流面积占城市规划区面积的 20%。[①]被称为"天府之根"的宝墩文化遗址是成都平原迄今为止发现最早的水稻田，距今 4500 年，证明千年来成都平原稻田一直发挥着"粮仓"的作用，奠定了"天府之国"农耕文明的基础。[②] 2020 年 6 月，新津撤县建区完成，加快实施"成南新中心、创新公园城"和成都市南拓战略，为新津区社会经济发展带来了重大机遇。截至 2021 年，新津区实现地区生产总值 444.4亿元，增速 8.6%，固定资产投资增幅 21.3%，规模以上工业增加值增速14.1%，社会消费品零售总额 107.8 亿元，增速 16.5%。[③] 新津连续 6 年位居全省十强县行列，连续三年上榜"中国营商环境百佳示范县市"，获评国家农产品质量安全县、2021 年度四川省县域经济发展先进县、四川省乡村振兴战略先进区。[④] 近年来，新津农业发展依托自身资源，在实践中形成众多发展模式，朝着现代农业方向不断转型和创新。

[①] 《永不落幕的田园农博盛宴　永续发展的乡村振兴典范　中国天府农博园》，《中国会展（中国会议）》2023 年第 6 期。

[②] 汪兰：《宝墩"探源"》，《先锋》2022 年第 8 期。

[③] http：//www.xinjin.gov.cn/xjxrmzf/c125922/syxj.shtml.

[④] http：//www.xinjin.gov.cn/xjxrmzf/c125929/2021-03/01/content_c5d66baaf9124680bd452607fa0392fc.shtml.

（二）"天府粮仓"的基础条件

1. 农业资源优渥

新津区农业资源丰富，是成都平原的传统农业强县，连续多年进入我国西部百强县、四川省十强县行列。新津区的主要农产品类包括水稻、小麦、油菜、食用菌、柑橘、猕猴桃等，其中新津"黄辣丁"属于中国国家地理标志农产品。2020年，全区土地规模经营面积达17.96万亩，适度规模经营率达78.6%；主要农作物良种覆盖率达96.2%，粮食总产量6.27万吨；蔬菜总产量22.57万吨、总产值5.5亿元；水果总产量6.2万吨、总产值5.1亿元；各类畜禽养殖场1000余家，畜牧业总产值17.03亿元；养殖水面8565亩，水产业总产值6.3亿元。① 同时，新津区大力发展食品加工业，农产品加工能力是农产品生产能力的4倍。

2. 地理条件优越

新津区是成都西南各县市之间的枢纽，对西南各省区市起到辐射、带动和引领的桥头堡作用，也是川西重要的交通枢纽和物资集散地，是"南方丝绸之路第一站"。距双流国际机场18公里、天府国际机场68公里，与成都市中心城区和天府新区能实现无缝对接。有3条快速公路和1条地铁线路直通成都中心城区。有8条省级以上公路，且位于成都第二绕城高速与成雅高速、成乐高速、川藏公路等多条通往川西南和西藏方向公路的交汇点。②

（三）天府农博园建设的推动

在推进农业大省向农业强省转变的进程中，2018年6月，四川省委决定在新津区建设天府农博园，成为四川农博会的永久举办地。天府农博园获

---

① http://web.chinaadmin.cn/html/site_xinjin.gov.cn.html.
② 黎耕：《成渝城市群陆路交通可达性空间格局及演化研究》，西南大学硕士学位论文，2018。

批国家级农村产业融合发展示范园,被纳入国家城乡融合发展试验区拓展区,并获得 2020 年全球创新乡村振兴实践典范等荣誉称号。① 天府农博园落户新津,聚焦"农业博览+农商文旅体科教融合发展"主导产业,打造永不落幕的农博盛会,这给新津区现代农业的发展带来了重大机遇。作为展示四川农业大省"金字招牌"的示范窗口,新津区将围绕天府农博园建设,构建"农业+"乡村产业全链条,打造"数字农博+乡村振兴"综合服务平台,大力发展以乡村为场景的新经济产业,着力推动农商文旅体科教融合发展。2022 年 12 月 29 日,成都市委十四届二次全会指出,要全面推进乡村振兴,发挥天府农博园示范效应,打造"一带十园百片""天府粮仓"核心区,为新津走好农业发展道路注入了战略动能和策略势能。

二 新津区建设"天府粮仓"的主要探索

新津区立足于自身优势和资源,依托天府农博园的片区规划和企业力量,主要从建设宝墩"天府粮仓"核心区、推进高标准农田建设、实现现代农业生产智能化、头部企业带动农业经营升级以及加强农机使用和推广等方面,推动"天府粮仓"建设,主要探索如下。

(一)建设宝墩"天府粮仓"核心区

以宝墩镇为核心,建成以水稻—油菜(小麦)为主导的市级十万亩粮油产业园区,加快建设普兴、花桥 2 个 1 万亩粮经复合产业园区。宝墩"天府粮仓"建设项目汇聚中化化肥、中种集团、扬农化工等平台优势资源,采取"MAP 示范农场+技术服务中心"线上线下 O2O 模式,搭建农业服务平台,提供水稻和小麦全程化智能匹配、在线提供品种引育、农资采购、统防统治、快速检测、机械收打、烘干仓储、冷链物流、产品销售、金融信贷

---

① 《永不落幕的田园农博盛宴 永续发展的乡村振兴典范 中国天府农博园》,《中国会展(中国会议)》2022 年第 21 期。

等服务，提供全产业链增效服务。未来计划总投资11亿元，建设高标准粮油产业园区，预计智慧粮仓的粮食平均亩产将增加30公斤，未来也可辐射至新津全域及周边10万亩农业区域，2022年12月前，建成MAP示范农场500亩，服务农田面积30000亩以上。2023年12月前，服务农田面积60000亩以上[①]。全程实现农业生产现代化、标准化和数字化。增强管理效能，节约种植成本。

（二）持续推进高标准农田建设

新津将推进花源片区、花桥片区、宝墩片区、普兴片区、农博园片区的高标准农田建设，预计建设高标准农田7.69万亩，其中土壤改良提升3万亩。实施高标准农田建设，既有利于村级集体经济发展，也能增加农民收入。新津区采取"村集体+新型合作社+农户"的模式，推进村股份合作社全覆盖，农民专业合作社发展到200余家，优先在村组织领办的合作社内安排高标准农田建设项目，引导农民以土地承包经营权入股，全区土地流转超80%，促进"小田变大田"，粮食每亩增产50公斤以上，成本每亩节省50元，农民每亩土地流转价格提高至1000元左右。[②]

（三）实现现代农业生产智能化

推进农业种业智能化，实现种业振兴。宝墩镇玉龙村育秧中心采用的是全程机械化生产技术和无纺布覆盖育秧技术，实时调整播种量、播种速度，降低每盘秧的成本。每天可制作秧盘2.2万盘，产量相当于1000余亩左右水田的用秧量，将原本6~7天的出芽时间缩短至两天，出芽率由70%提高至90%，实现低耗能，促进粮食的高效高产。联合中国工程院团队，建设"空天地一体监测、人机物一网互联、种管收一键操作"智慧大田3000亩，营造云

[①] 《科技赋能现代农业，建在身边的MAP农场种给农民看、带着农民干》，《大众日报》2023年3月27日。

[②] http://www.xinjin.gov.cn/xjxrmzf/c135081/2022-08-24/content_845 88f82c0ab42869d9cc6e270f641d4. shtml.

会议、云逛展、云洽谈、云交易等数字场景，打造"智慧农博"。推进智能化灌溉。新津灌溉系统已实现智能化，建成现代灌区与农业水价综合信息管理系统，分别在五津、兴义、安西、宝墩等镇（街道）配套建设了渠道计量设施 24 处、自动闸门 13 处。可实现远程操作一体化、智能化闸门启闭，掌握灌区农业用水基本情况，实现计量用水和水量的合理分配，合理安排生产计划。全面实施智能监控监管。通过引进北斗自动导航系统、无人拖拉机、无人插秧施肥机、无人收割机、平移式喷灌机等智能化设施设备，建设农田墒情监测及气象灾害评估系统、空天地一体化农情遥感监测与作物调优系统、智慧农业大数据综合管理系统等九大板块内容，实现对大田环境、作物监测、遥感监测、无人农机、农事管理等功能模块的管理，实现农业增产增效。

（四）头部企业带动农业经营升级

引入头部企业促进农业经营升级，带动外部资源流入乡村，为"天府粮仓"建设打下了坚实的基础。新津区先后落户"新希望·智慧养殖"、58现代农业、德康农牧等产业化项目 35 个，培育市级以上龙头企业 32 家。龙头企业通过建设标准化生产基地，提供技术和服务指导等多种方式，将最新品种、技术和设施装备导入农业生产，助推农业生产向资金和技术集约型转变，提高土地产出率、劳动生产率和资源利用率。以"公司+农户"的模式，利用龙头企业对市场信息的敏锐性，将市场需求通过产业链组织传递到生产环节，实现农业由"生产导向"向"消费导向"转变，减少农业结构调整的盲目性。①

（五）助推农作物生产机械化

成都市新津区为助推农机发展，先后出台《新津区支持新乡村产业发展政策》《成都市新津区推动数字赋能实体产业高质量发展支持政策》等，落实区级配套资金 2700 余万元，对农业机械数字化平台服务、新乡村现

---

① 邹颖：《新津县农村一二三产业融合发展研究》，四川农业大学硕士学位论文，2018。

代农机装备应用、育秧中心和烘干中心建设及秸秆粉碎还田作业补贴等方面给予政策支持，极大地调动了广大农民、农机化服务组织购买、使用先进适用农业机械的积极性。新津区着力提高主要农作物耕、种、收、植保、烘干等全过程、全链条机械化水平，全区农机化水平大幅度提升。截至2022年，全区拥有各类农业机械2.11万台，总动力16.6万千瓦。全区主要农作物耕种收综合机械化水平达到90%及以上，高效植保机械化能力达到100%，谷物产地烘干能力达到47%及以上，秸秆处理机械化能力达到90%及以上。[①] 2022年，每个粮食主产镇至少建成4个农机专业合作社，全区农机专业合作社达到24个。鼓励和支持农机专业合作社通过转包、出租、转让、股份合作等形式开展适度规模经营，加快"全程机械化+综合农事服务中心"建设，推广跨区作业、订单作业、托管服务、租赁经营等农机化服务模式，切实提高主要农作物生产的组织化程度。2022年新津汪氏家庭农场成功创建省级"全程机械化+综合农事服务中心"。

三 新津区建设高水平"天府粮仓"的经验启示

在成都市新津区建设"天府粮仓"对我国粮食储备而言具有重大意义和作用，不仅可以解决粮食储备和供给问题，还可以有效增加耕地面积，促进农业发展转型升级。新津区以优质粮食种植为主导产业，充分利用当地地理优势，发挥粮食生产资源优势和新津的农业特色优势，成为国家"天府粮仓"建设示范区之一。新津区建设高水平"天府粮仓"的经验为"天府粮仓"工程的开展也带来许多启示。

（一）完善和壮大粮油产业链

新津区在"天府粮仓"建设中，不断完善和壮大粮油产业链，形成产

---

① 《成都市新津区获批全国主要农作物生产全程机械化示范区》，《潇湘晨报》2022年12月30日。

业发展模式及相应的市场机制，为粮食的可持续生产和经营打好基础。新津区以"联动联盟+全链条"为中心，构建一套粮食生产体系。第一，以示范栽培为基础，对当地规模栽培的水稻品种进行了遴选。新津区以高标准农田为依托，对田网、水网和道路网等配套设施进行了完善，为高产奠定了坚实的基础。第二，在新津区，由加工企业和规模经营企业签约，向规模经营企业购买优质水稻，规模经营企业和种子经营企业签约，以低于市场的价格向农户购买高质量水稻。第三，食品加工企业发展自己的规模化栽培。新津区已经建立起三大粮油加工体系，即粮油加工、方便食品加工、饲料加工，并打造了"花中花""天府香米"等省级知名品牌且在市场上有一定的影响。第四，采取"公司+流转土地+农户""公司+公司+基地+订单"的生产方式，实现"规模化""标准化""机械化""生态化""科学化"的种植和加工。新津区通过对农业功能的拓展、建立粮油全产业链机制，也为流转土地的农户提供了更多的就业机会。

（二）加强全产业链数字化应用

建设高水平"天府粮仓"，需要加强全产业链的数字化应用。新津区在生产、加工、流通、农旅休闲等方面建立了一套农业生产经营体系。首先，通过运用物联网、大数据、云计算等信息技术，以及第三次全国国土调查成果，加强农业资源智能管理，实现对粮食生产的精细化管理。通过及时掌握田间作物状况，结合专家咨询平台，可以快速、有效地对作物生产、田间管理和抗灾救灾等方面进行引导和指挥，更方便地对农民开展技术指导，达到促进增收的效果；建立产品溯源系统，标准化展示农作物生产信息，展示农业新技术，提升农业生产的专业性。使用植保无人机作业，使病虫害防治效率大大提高。其次，突出农产品网上交易平台、数字化展馆、农作信息云端采集、数字化解说和服务。创新智慧农业的应用场景，推动农业生产、加工、运输、仓储、交易、金融等全产业链的数字化。

（三）加强小农户与现代农业有效衔接

建设高水平"天府粮仓"，需加强小农户与现代农业的有效衔接。首先，新津区通过机制创新，实现家庭分散经营与统一规模经营的有机结合。粮食生产在不流转土地的情况下，将育秧、田间管理、收割等繁杂的农事生产活动交由社会化专合组织统一代理，调动了农民种粮积极性。其次，支持小农户发展特色优质农产品。引导小农户拓宽经营思路，依靠产品品质和特色提高自身竞争力。结合特色优势农产品区域布局，紧盯市场需求，深挖当地特色优势资源潜力，引导小农户发展地方优势特色产业，引导小农户发展高品质农业、绿色生态农业，开展标准化生产、专业化经营，推进种养循环、农牧结合，生产高附加值农产品。再次，带动小农户发展新产业、新业态。新津区结合实际情况，支持小农户利用自然资源、文化遗产、闲置农房等发展观光旅游、餐饮民宿、养生养老等项目，丰富了新津区休闲农业的内容、拓展了农业的新功能，推进了农业与旅游、文化、生态等产业的深度融合。最后，发展农村电子商务，让小农户搭上信息化快车，以消费者需求为导向，将"互联网+"、电子商务平台融入小农户经营，鼓励小农户开展网络购销对接，促进农产品流通线上线下有机结合，依托"一村一品"和"一乡一特"，建设一批农村电子商务示范乡镇。

（四）传统稻田文化与现代农业相结合

新津区现代农业的发展以传统稻田文化为根，体现了传统与现代耕作的结合，并借助数字化技术展示"天府粮仓"的前世今生，打造"天府粮仓"的数字化场景，可持续推进宝墩遗址的保护传承、研究利用和展示推广。围绕"天府粮仓"建设和宝墩文化遗址区域，制定"天府农博精品旅游线路"。第一，发展文博研学，研学机构与宝墩考古工作站合作搭建展陈馆、学术交流中心、考古田野工作平台，打造集考古成果展示、古蜀文明传承等于一体的历史文化景点。加快考古及文化遗产信息的数字化展示与传播，共同推动新津宝墩遗址区域考古与文化遗产保护、研究、利用和展示。第二，基于宝墩传统农耕文化底蕴，融合现代农业理念，以"虾—稻"为核心主导产业，建设起十万亩现代粮油产业园，加速农产品品牌建设，并以宝墩为中心辐射带动周围村镇产业发展。第三，引进中国化工集团，与宝墩粮油合作社共建省级农业全产业链科创中心，促进重点企业与中科院等科研机构的战略合作。新津区利用其独有的宝墩传统稻田文化，走出一条独特的依托一二三产业融合发展助力高水平"天府粮仓"建设的路子。

四　新津区建设高水平"天府粮仓"存在的问题

新津区在建设高水平"天府粮仓"中不断总结经验、积极创新，取得了良好的成效，但由于建设时间较短、投入不足、宣传不到位等，仍然存在一些问题亟待解决。

（一）基础设施建设不足

新津区当前的基础设施建设仍然滞后，城镇的功能还没有得到很好的改善，规划、建设和管理等工作也比较滞后。对现代农业发展的投资不足、新农村建设相对滞后、农业农村投融资难等，导致新津区农业与农村的基础设施建设标准偏低，公共服务配套不到位。没有高标准道路，使新津区建设高水平"天府粮仓"的进程受到很大影响。在产业基地内，几乎没有开设有针对性的物流中心，只有一些物流集散地。农产品的线上营销平台不够完善，针对当地特色农产品的销售渠道也很有限。同时，针对当地特色农产品的营销渠道缺少，制约了新津区特色农产品的市场竞争力提升。

（二）农户种粮积极性不高

种粮相对效益差是导致农户种粮积极性不高的根本原因。第一，要实现农业规模化经营，就必须开凿沟渠、修建机耕路，而农田水利建设需要的投资大、收益周期长，农民对农业生产的热情较低。第二，粮食作物的规模化种植需要配备烘干、贮藏等设备，而设备所需的购置费用较大，已经超过了大部分农民的经济承受能力。第三，农具、农机、粮食储藏、雇工休息等农用住房的用地审批很难通过，这也给农户种植粮食造成了很大的不便。第四，由于无法对自然灾害进行有效预防，也缺少相应的风险分担机制，一些突发的自然风险会对农民的粮食生产造成重大损失。

（三）农业项目融资困难

虽然国家加大了对农业项目融资的支持力度，金融机构不断加强对"三农"领域的信贷支持，但是财政与金融服务农业农村发展机制还不够完善。目前新津区的农村专业合作组织、家庭农场和种养大户等新型现代农业生产经营主体还没有形成有效的担保机制，缺乏不动产抵押财产，难以获得商业贷款。部分生产经营主体通过民间借贷或高利贷等形式来缓解资金压力，但面临的经济成本和风险都较高。

五 新津区建设高水平"天府粮仓"的对策建议

（一）加大财政补贴力度

土地、农资和人工等方面的成本不断上升，粮食产业的利润空间越来越小。新津区大部分的规模经营主体，如粮食专业大户、粮食家庭农场、粮食合作社依然存在发展能力不强、带动作用不强等突出问题。因此应当加大财政和社会资金支持力度，以财政资金为杠杆，撬动社会资金参与建设高水平"天府粮仓"中的道路、通信、水利、互联网、物流等基础设施项目。在落实现有补贴政策的基础之上，进一步加大对种粮的补贴力度，把地方财政支持农村发展的资金投向粮食生产领域，构建一套耕地保护和粮食种植的激励机制，并建立耕地保护基金以促进高标准农田建设，充分调动农民种粮的积极性。同时，针对技术创新、主体培育与公共服务平台建设等方面，可以加大引入社会资本的力度，并配以税收优惠和奖励政策。

（二）降低农户享受公共服务成本

通过对农户进行补偿与奖励来降低农户享受公共服务的成本，并以社会服务、社会保障等多种方式对农户进行激励。对粮食生产社会化服务制度进行创新，建立健全与粮食生产相关的农资供应、机械化、粮食收购服务、农业金融保险服务、农业信息服务等多种服务体系，以提升粮食的种植效益。建立公众服务平台，开发并构建农村综合性信息服务化网站，提供农村线上线下交易、乡村旅游资源、农产品价格等各类信息。利用已有资源，不断完善乡村创业园等乡村创业孵化平台，为农民提供全方位、高效率的农业经营服务。加强引导四川省农科院和其他科研院所、粮食生产和加工龙头企业为农民提供高质量的服务，并鼓励建立农业经营管理服务制度。大力发展粮经复合栽培，在保证蔬果等特色农产品供给的同时，增加粮食的播种面积，开展适应成都平原的粮食生产模式创新，提高粮食产能。

（三）建立土地流转保障体系

新津区以中小农户为主体的分散式种植模式并未彻底发生改变，农业生产中劳动力年龄结构矛盾日趋凸显，农地粗放经营现象普遍存在，导致耕地抛荒严重。为了充分调动农民种粮积极性，建设更高水平的"天府粮仓"，应当建立土地流转保障体系。首先，政府应该对土地承包经营权进行明确界定，健全农地流转纠纷的处理机制，有针对性地健全与建设高水平"天府粮仓"相关的农地流转保障制度。其次，与村委会及农产品企业进行合作，提供更多岗位，使因土地流转造成的失业问题能够得到及时解决。建立能够为农民提供农村土地流转服务的组织，消除农民的信息差，减少农民相关利益损失。最后，对于流转的土地面积较大、流转程序合法且手续齐全的规模经营主体，如种粮大户和家庭农场等给予政策支持。加大财政支持力度，建立土地流转基金，对土地规模经营主体给予信贷支持，加大农业保险参保力度，保障土地流转双方的利益。

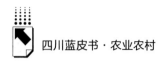
参考文献

《永不落幕的田园农博盛宴 永续发展的乡村振兴典范 中国天府农博园》,《中国会展(中国会议)》2023年第6期。

汪兰:《宝墩"探源"》,《先锋》2022年第8期。

黎耕:《成渝城市群陆路交通可达性空间格局及演化研究》,西南大学硕士学位论文,2018。

《科技赋能现代农业,建在身边的MAP农场种给农民看、带着农民干》,《大众日报》2023年3月27日。

邹颖:《新津县农村一二三产业融合发展研究》,四川农业大学硕士学位论文,2018。

《成都市新津区获批全国主要农作物生产全程机械化示范区》,《潇湘晨报》2022年12月30日。

B.19
山区高标准农田建设的
实践探索案例分析

——以平武县为例

甘庭宇　刘思雨*

摘　要： 党的二十大报告提出，逐步把永久基本农田全部建成高标准农田。但山区高标准农田建设往往面临着海拔差距过大、选址难、建设难等问题。本文以地处盆周山区的平武县为例，通过对其在高标准农田建设中面临的山区高标准农田选址困难、建设实施难度大、村民认识和支持不足、投入明显偏低和建后管护疲软乏力等问题的梳理，就其在组织保障、管理机制、项目管理、资金投入、风险管理及建后管护等方面的主要做法进行了提炼，总结归纳了平武县通过县级部门引领高标准农田建设、多方发力完善投入保障机制、完善责任制度、建立农民利益联结保障机制等推动山区高标准农田建设的相关经验，以期为四川其他山区高标准农田建设提供参考借鉴。

关键词： 山区　高标准农田　平武县

习近平总书记在党的二十大报告中指出，全方位夯实粮食安全根基，牢牢守住十八亿亩耕地红线，逐步把永久基本农田全部建成高标准农田。近年

---

* 甘庭宇，四川省社会科学院农村发展研究所研究员，主要研究方向为乡村治理、自然资源利用与管理、生态保护与建设；刘思雨，四川省社会科学院农村发展研究所，主要研究方向为农村发展。

来，我国大力实施"藏粮于地、藏粮于技"战略，着力提升农业基础设施，在建设高质量的农田方面取得了显著成效。农业基础设施不断完善，农业综合生产力得到极大提高。实践证明，已建好的高标准农田设施对山区稳产增产起到了重要的支撑和保障作用。

平武县地处盆周山区，具有典型的山地地貌景观，道路条件差，为了深入贯彻落实党的二十大以及中央农村工作会议精神，以农田为基，平武县在高标准农田建设中克服选址难、建设难等问题，努力推进高标准农田建设，全方位加强农业基础设施建设。2021年完成高标准农田建设面积4.43万亩，[①] 2022年完成高标准农田建设面积3.33万亩，[②] 平武县的高标准农田建设对加快农业规模化经营、提升农作物品质、改善农田的生态环境、增强粮食的综合产能、实现良好的农业生产效益以及山区发展带来了积极的影响。

一　山区建设高标准农田的意义

我国国土面积中近一半是山地丘陵地区，其中四川地貌复杂多样，包括山地、丘陵、平原和高原4种地貌类型，分别占全省面积的77.1%、12.9%、5.3%、4.7%。四川省山地丘陵地区的农业生产和农村经济发展状况对于四川乃至全国的经济发展，特别是在消除贫困、促进社会经济均衡、实现可持续发展方面，具有不可忽视的重要作用。

根据《四川省第三次全国国土调查主要数据公报》[③]，四川的不同坡度耕地面积占比情况如表1所示。

---

① 《2022年平武县〈政府工作报告〉》，http：//www.pingwu.gov.cn/xxgk/zcwjjjd/zcwj/30648731.html，2022年2月24日。
② 《2023年平武县〈政府工作报告〉》，http：//www.pingwu.gov.cn/xxgk/zcwjjjd/zcwj/42 009011.html，2023年3月13日。
③ 《四川省第三次全国国土调查主要数据公报》，四川省自然资源厅网，2022年1月18日。

表1 四川不同坡度耕地面积占比

单位：万亩，%

坡度范围	耕地面积	占比
2°以下（含2°）	1088.54	13.88
2°~6°（含6°）	1277.21	16.29
6°~15°（含15°）	3419.63	43.61
15°~25°（含25°）	1371.15	17.49
25°以上	684.23	8.73
总　计	7840.76	100.00

其中绝大部分耕地为坡耕地，甚至是坡度大于25°的陡坡耕地。受地形条件和气候的限制，山区耕地条件较差，质量普遍较低，农业生产设施相对落后，对山区农业生产和农村经济的可持续发展都带来严重的影响。在山地丘陵地区，耕地保护是解决当前矛盾的关键，也是实现土地资源可持续利用的必要手段。为此，建设高标准基本农田是一种高效的措施，可以有效地保护耕地，实现农业可持续发展。

加快高标准基本农田建设是党中央、国务院加强"三农"工作的重要决定。通过山区高标准基本农田建设，可以形成符合四川地区特色的高标准基本农田建设体系和方法，更重要的是还有以下意义：一是确保粮食安全。高标准农田建成过后，可以增加有效耕地面积，耕地质量也会得到显著提升，极大地提升耕地的产出率，从而确保粮食的稳定增产，为国家的粮食安全和社会的稳定做出贡献。二是可以完善农业设施，帮助农民增加收入。同时改善农业生产环境，合理安排农用土地，加强农田管理，拓展农业发展空间，减少农作物的种植成本，推动农业规模化、机械化，实现山区农业可持续发展并带动农民增收。三是可以改善生态环境，通过重新审视城市和农村的用地结构，调整耕地的分配，以便更加合理和高效地使用土地，并朝着"优质、集中、连片"的目标前进。更好地保护耕地的生态环境，减少农田的污染和自然灾害，从而促进当地农业发展，并推动经济增长。

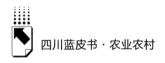
二　平武县概况

（一）基本概况

平武县位于四川省绵阳市西北部。县辖6镇14乡162个村，距绵阳164千米。2021年，平武县常住人口12.73万人，其中城镇常住人口3.67万人，农村常住人口9.06万人，城镇化水平不高。平武县2022年累计区域生产总值达67.18亿元，增长3.8%。其中，第一产业实现11.88亿元。第二产业实现24.87亿元，第三产业实现30.44亿元。2022年累计实现农林牧业总产值22.82亿元，农林牧业增加值12.28亿元。2022年平武县城镇居民人均可支配收入40925元，而农村居民人均可支配收入仅为17842元，①远低于2022年绵阳市农村居民人均可支配收入21340元，属于较为落后的不发达的山区农村。

地处盆周山区的平武县，具有典型的山地地貌景观。海拔1000米以上的山地面积占辖区面积的94.33%。地势西北高、东南低，西北部为极高山、高山，向东南渐次过渡为中山、低中山和低山。最高点为平武县与松潘县之界山小雪宝顶，海拔5440米；最低点为涪江二郎峡椒园子河谷，海拔600米，平武县地势起伏突出，高低悬殊，气候要素随着海拔高度的变化而呈垂直分布，全年降水充沛，7~9月是多发生暴雨的汛季、11月至次年1月冬季为霜冻气候，这些自然气候的变化给高标准农田建设和当地农户耕种带来极大的不便。

全县土地总面积59.6万公顷。其中林业用地43万公顷，占72.15%；畜牧业用地12.4万公顷，占20.81%。农业用地5.5万公顷，占9.23%。农业用地中，耕地面积2.73万公顷，农业人口人均占有耕地2.55亩，超过全

---

① 《平武县2022年经济运行情况》，http://www.pingwu.gov.cn/xxgk/tjxx/40034941.html，2023年1月9日。

国和全省平均水平，全县低产林地、园地、水面、荒山荒坡等各种主地后备资源 10 万公顷，占 16.789%。① 平武县耕地资源占比小，仅为全县土地总面积的 4.58%，但农业人口人均占有耕地 2.55 亩，远高于全国人均耕地面积 1.4 亩，同时，全县低产土地后备资源较多，有较大的开发潜力。

（二）平武县高标准农田建设概况

平武县高标准农田建设始于 2015 年，涉及 5 个片区 13 个乡镇。2021 年平武县高标准农田建设项目新建任务共计 4.59 万亩（高效节水灌溉面积 0.34 万亩），其中，灾毁农田修复项目新建 0.86 万亩（高效节水灌溉 0.1 万亩），中央预算内高标准农田建设项目新建 2 万亩，中央转移支付高标准农田建设项目新建 1.73 万亩（高效节水灌溉 0.24 万亩）。截至 2021 年 12 月底，完成结转 2020 年高标准农田建设面积 2.08 万亩，2021 年高标准农田新建 2.35 万亩，完成高标准农田建设面积 4.43 万亩，建设进度达 96.5%。② 平武县 2022 年全年新建高标准农田 3.33 万亩，完成新增耕地面积 1000 亩和撂荒地 700 亩集中整治示范项目，完成耕地复垦、开垦 4003 亩。③

三 平武县高标准农田建设面临的主要困境

（一）山区高标准农田选址困难、建设实施难度大

平武县是典型的山区县，海拔最低 600 多米，最高 5000 多米，道路条件差，不利于机械作业；山区高标准农田建设成本高、选址难、建设难、地方配套落实难，主要工程措施以坡改梯、建排灌水系统和修整道路为主，实

① 《平武概况》，http://www.pingwu.gov.cn/zjpw/pwgk/index.html，2022 年 12 月 17 日。
② 《平武县 2021 年高标准农田建设发展报告》，平武县农业农村局网，2022 年 3 月 13 日。
③ 《2023 年平武县〈政府工作报告〉》，http://www.pingwu.gov.cn/xxgk/zcwjjjd/zcwj/42009011.html，2023 年 3 月 13 日。

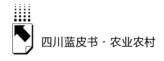
施难度较大；同时项目实施过程中会遇到7~9月夏季暴雨汛期以及11月至次年1月冬季冰雪霜冻气候，平武县高标准农田建设需要避开这些不稳定的气候因素，导致工程施工面临工期短、施工任务重的情况。

（二）村民对高标准农田建设的认识和支持不足

随着家庭承包责任制的实施，村民们更加关注自身承包地的生产条件改善，但是对于公共农田基础设施（如灌溉设施、道路、排水设施、供电设施等）的建设和维护却缺乏重视；高标准农田建设项目涉及的范围极其广泛，任务艰巨，资金需求量大，但政府每年投入的资金有限，加上一些恶意阻挠施工的行为，该项目的实施受到了严重的影响，并且引发了许多不必要的问题，所有村民的建设诉求不能完全被满足，导致部分村民对高标准农田建设前期工作缺乏认知，群众参与度不高。

（三）山区高标准农田建设成本高

山区耕地的自然条件差，资金短缺，而农田建设方面有许多历史遗留问题没有被完全解决，使得目前建成的高标准农田在数量和质量上均不能满足农业高质量发展的要求，这严重制约了当地经济社会发展；目前中央和省两级财政按每亩1500元进行补助，山区县和平坝县市区参照同一标准，增加了平武县高标准农田建设难度；同时，各个部门之间的功能存在重叠的情况，导致一些具体的高标准农田项目在规划与组织实施方面有所重叠，出现重复投资等问题。

（四）高标准农田"重建轻管"现象突出

高标准农田建设项目竣工后，按照"谁受益，谁负责"的原则，全部转交到各乡镇，并与项目村签署管理合同，保证管理责任的落实；但在工程监督、规划引导、图纸入库、资金管理和应急保障等方面面临着许多亟待解决的问题。另外，在高标准农田建设过程中，涉及功能部门较多，必须要求各方协同配合，以确保项目的顺利实施；然而，由于各部门之间的沟通和配合存在不足，该项目的完成具有一定的复杂性，必须引起重视。该项目的总体规模庞大，并且涉及许多不同的部门，每个部门都有各自的职责，管理工作非常烦琐。

"重建轻管"规定强调了建成后的管理和维护，以确保高标准农田的可持续发展；然而，由于缺少相关的专项资金支持，以及管理人员的疏忽，"重建轻管"规定难以落实，从而影响了建成后的设施和机械的正常运行，影响了已建工程的效益。必须加强建成后的管理和维护，以确保高标准农田的可持续发展，目前这个阶段的管理与建造阶段相比，显得较薄弱。

四　平武县高标准农田建设的主要做法

（一）以强化组织保障为抓手推动落实到每块耕地

为做好高标准农田建设工作，平武县组建高标准农田建设项目领导专班，负责全县高标准农田建设总体规划、统筹调整、总体推进、督促落实、考核评估等工作，研究解决重大问题。领导小组由县政府分管副县长任组长，领导专班办公室设在平武县农业农村局，负责处理工作组日常工作及项目建设具体工作。

平武县采取"分管领导每月一调度，主要领导每季一推进会"的工作模式，积极开展高标准农田建设项目调度，及时收集、分析、汇总相关信息，并结合当前形势，采取有效措施，加快完成任务，提升工作效率，为改善当地经济发展状况提供有力保障。为了更有效地推动高标准农田建设，组织了一支由科研、教育及相关技术部门组成的调研督导小组，对全国各地的高标准农田建设情况进行定期不定期的监测，并提供必要的技术支持，以确保项目的顺利完成。提高管理能力和建设水平。同时发展改革、财政、自然资源等部门按照职责分工，各司其职、各负其责，形成工作合力，确保高标准农田建设工作落地见效。委托第三方专业机构开展高标准农田建设审计工作，对高标准农田建设初期设计、审批、招标、工程

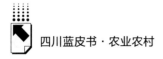

监理、工程质量、资金支付等流程进行了规范，保证了工程的高质量、高效率、按时完成。

（二）以健全管理机制为支撑保质保量完成建设

根据年度计划目标和上级下达的项目任务及进度安排，实行高标准农田建设目标责任制。规范了高标准农田建设初步设计、审查批复、招投标、工程监理、工程质量、资金支付等程序，确保工程进度和建设质量，强化了农田的管理和维护。同时制定了平武县高标准农田建设管理制度，明确规划编制、项目申报与审批、项目实施、竣工验收和管护、项目监督和评价等方面的管理规范与要求。定期召开项目调度会、监理例会等会议，准确掌握项目建设进度，研究解决存在的问题，保证在规定时间内完成任务目标。加强档案资料管理，确保项目各环节全面建档造册。

（三）以加大资金投入为引领努力构建多元化机制全力推进高标准农田建设工程

针对高标准农田建设投资不足的问题，平武县抓好中央、四川省的高标准农田建设补贴资金落实，同时积极争取县财政支持，进一步统筹优化好各类资金使用。绵阳市平武县 2021 年中央预算内高标准农田建设项目、绵阳市平武县 2021 年中央转移支付高标准农田建设项目、绵阳市平武县 2021 年灾毁农田修复项目总投资 14041 万元，其中，中央、省财政投资 6789 万元，整合项目资金投入 7252 万元。① 为了更加有效地推进高标准农田建设，采取积极措施，加强各部门的协调配合，统筹安排，把农业、林业、畜牧、水利、交通、电力等领域的项目有机结合起来，使多种渠道的资金投向高标准农田建设，从而极大地提升了项目的质量和效率。

（四）以严格项目管理为核心确保工程顺利实施

招投标严格按照项目性质及要求，采取不同的招标方式公开、公平、公

---

① 《平武县 2021 年高标准农田建设发展报告》，平武县农业农村局网，2022 年 3 月 13 日。

正地选择施工企业，招投标程序规范合法。严格执行政府采购制度，监理单位、设计单位等政府购买服务均通过政府采购决定，政府采购程序合法。签订合同，严格执行合同制度，按照要求签订合同或协议，项目通过招标后按照国家有关法律法规及时签订合同，项目严格按照合同执行，无违反合同约定事件发生。

通过政府采购选择有资质证书的工程监理有限公司进行工程监理，监理单位根据项目实施方案和合同约定开展现场组织、管理、协调、监督等工作，全程跟踪把关项目质量。平武县农业农村局还建立了由相关部门、乡镇政府、村、组、村民代表和专业监理组成的六级监管体系，通过一系列监管措施的落实，工程质量得到明显提高，实现了项目管理规范化、工程施工程序化、工程质量标准化，保证了农业工程的实施始终保持高质量。项目按照要求实施项目公示制，招投标结果、采购结果、项目开工、项目竣工、物资发放等均按要求进行公示。高标准农田建设项目竣工后，及时报送审计部门进行审计，由第三方机构根据工程竣工结算资料、在现场核定工程量和工程建设、财务报账资料的基础上出具项目工程结算审计报告。

（五）以防控管理风险、探索建后管护为导向保障建设中后期顺利推进

平武县农业农村局在高标准农田建设项目实施过程中指派其他股室人员作为项目业主现场代表，围绕项目建设开展现场监督、问题调解等工作。县委针对在建项目成立机动巡查组，对全县在建项目的各个方面各个环节进行不定期的巡查、检查，发现问题立即约谈项目相关人员对问题进行解释，不能解释的问题则移交纪委进行调查，保证项目的合法合规性。

制定《平武县高标准农田建后管护办法（试行）》，根据"谁使用、谁管护""谁受益、谁负责"的原则，县级人民政府承担起项目管理责任，县农业农村局作为高标准农田建设项目的业务主管部门，负责组织调整、监督指导和检查审查，并与项目所在村庄、乡镇签署移交管护协议，以确保项目

能够得到有效的管理。同时向县政府申请高标准农田建设后的管理费，用于全县已建成高标准农田的管理和保护，巩固高标准农田建设成果，改变"重建轻管"现象，做好全县高标准农田建成后的管护工作，确保高标准农田工程设施在设计使用期限内正常运行、长期发挥效益。

五　平武县高标准农田建设取得的主要成效

平武县自高标准基本农田建设项目全面启动以来，采取了多种措施，包括落实建设资金、加强项目管理、严格执行奖惩机制。经过多年的努力，平武县的高标准基本农田建设项目不仅提高了粮食生产能力，优化了农业产业结构，改善了农业生产条件，保护了农田生态环境，还大大提升了农民收入，带来了显著的经济、社会和生态效益；经过精心规划和精细管理，完成了重要的基本农田建设项目，不仅极大地改善了当地的基础设施，使得农田更加紧凑、平坦，而且有效提升了耕作层的土壤质量和肥力。此外，平武县还采取了有效的灌溉和排水措施，使水资源得到充分利用。

通过土地平整、农田防护林网与生态环境保护，改善土壤理化性状，减少地表径流，有效控制项目区坡地的水土流失，控制水土流失面积853.79亩，从而达到提高耕地质量、改善项目区农田生态环境的目标。通过将精心规划的田块集中在一起，耕地变得更加平坦，耕作层的土壤理化指标得到改善，地力得到提升；为了有效利用水资源，建立起"旱能灌、涝能排、渍能降"的灌排体系；为了满足农业机械化生产的需要，修建了方便、高效的田间道路，改善了农田生态环境，同时开展了农田防护和生态环境维护工程，平武县的农业和农村的可持续发展离不开这些基础条件的支撑。

2021年高标准基本农田建设项目完成后，平武县新增高标准农田面积4.43万亩，其中灾毁农田修复项目新建0.86万亩；新增和改善节水灌溉项目0.34万亩。田间道路的通达度大大提升，明显改善了农业生产条件；耕地质量提升，耕地质量建设迈上新台阶，全县粮食播种面积38万亩，粮食总产量 10.3 万吨。^① 通过实施"藏粮于地"战略，彻底改善了当前的灌溉条件，有效缓解了洪涝和干旱灾害带来的影响，改善了排水不畅的渍涝田和灌溉不佳的干旱田，促进了蔬菜、水果等经济效益较高的作物的种植，并且优化了全县的产业结构。此外，平武县还通过高标准基本农田建设，为 4 万余户贫困家庭带来了财富，极大地增加了其收入；随着项目的建设，该地区的农田经历了多次的轮作和更新，大大改善了生态环境。

六　平武县高标准农田建设的经验启示

（一）县级部门引领，强化整县整乡推进高标准农田建设

一是成立高标准农田建设指挥领导专班，实行"农业农村局牵头、相关单位参与、项目乡镇与业主负责具体落实与实施"的管理体制，自上而下建起一套完整的组织管理体系。二是形成高标准农田建设机制，实行日调度、周通报、月约谈。现场政府代表分片区建立高效工作交流体系，每天调度项目建设进度。三是产业股统筹建立现场代表群，每周对各片区项目建设情况进行通报，农业农村局每月召开一次调度会、约谈会，加快推进项目建设。

（二）多方发力，完善农田建设投入保障机制

一是完善专项补助资金政策，按相关文件所明确的标准或规范，在项目资金下达及匹配上，采取多种措施，包括加大财政投入、鼓励社会资本参与、引导农民参与生产活动等，在按照国家规划要求将亩均投入逐步提高到3000 元/亩的基础上，鼓励有条件的村镇进一步大幅度提高亩均投入水平。二是以促进农业发展为目标，加大对农业项目的支持力度，统筹安排相关资源，实施集中连片的高标准农田建设。三是政府引导金融机构向农民提供长

---

① 《平武县 2021 年高标准农田建设发展报告》，平武县农业农村局网，2022 年 3 月 13 日。

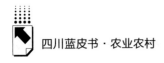

期、低息的贷款服务，并鼓励土地承包者和流转主体加入，以实行共有、共管、共享的产权模式，共同建设高标准农田。

（三）明晰各方责任，健全农田建设责任体系

一是进一步加强县高标准农田建设指挥领导专班的议事、协调、组织、决策作用，建立权责明晰、协同高效的责任落实体系；加强高标准农田建设工作的上下协调。制定科学合理、操作性强的项目实施方案、严格项目审批制度。二是抓好定期调度，保证农田建设项目的顺利推进，需要密切关注项目的进展，并加强对其分析、评估和约谈的监督，以便尽快解决存在的各类问题。三是强化风险防控，加强实施主体项目管理，施工单位、监理单位、现场政府代表明晰岗位职责，监理公司严把工程质量关，并努力创造良好的建设环境，切实实施高标准农田建设项目。

（四）做到有法可依，加强高标准农田的建设立法

一是立足现行高标准农田建设法律和文件，如《农业法》《乡村振兴促进法》《土地管理法》《农田水利条例》《土地复垦条例》《高标准农田建设质量管理办法（试行）》等，依法安排和部署高标准农田建设目标、建设标准、建设内容、后续管理、管理体制等内容；二是通过对农田基础设施的全面分析，与现有的部门规章相结合，制定有利于推进农田建设和质量提升的配套法律，将强化农田建设和质量提升纳入法制保障范围，并在组织领导、责任主体、投资人保障、权属登记、收益共享、建成后管理等方面健全法律法规体系，为农田建设和质量提升奠定基础，保障项目顺利推进；三是在立法过程中，要尊重农户的主体地位，尊重农户的意愿，将农户纳入农田建设的参与者、受益者和监督者行列，从而推动农业可持续发展。

（五）有序推进建设，建立农民利益联结保障机制

一是保证项目的顺利实施，政府在现场与施工单位之间建立良好的沟通渠道，避免推卸责任，在小问题方面，应该尽快解决，而在大问题方面，应

该分阶段向相关部门汇报予以解决。二是业主、施工单位和监理单位加强协调，共同努力，全力推动项目实施，在整个项目实施过程中，高度重视安全、防疫和防火等工作，并将其纳入整个项目的实施计划。与项目区老百姓处好关系，确保项目建设如期完成。三是以促进农村发展为目标，平武县鼓励广大农民参与高品质农田建设，通过出售宅基地使用权、流转土地、搬迁、投资建设项目等多种途径，促进高品质农田建设，获得合理的收入和效益。四是为使农民更好地参与新建设项目经营，健全"谁主管、谁受益、谁受益、谁管护"的体制，明晰集体资产，保证集体资产的可持续发展，并建立专门的经营项目，给予足够的经费支持，有效地解决人力不足、矛盾激化、财政紧张等问题。

B.20
昭化区"五聚焦 五提升"
打造"王家贡米"特色粮油品牌

虞洪 吕志勇 王湖川 李玲 卢介春 徐小慧*

摘　要： 粮油产业是一个国家或地区的基础性产业，关系到国民经济和社会发展全局，粮油品牌建设事关粮食产业竞争力，是粮油生产高质量发展中亟待关注的问题。打造特色粮油品牌是提高粮油附加值、破解粮食种植效益低等难题的重要路径。昭化区依托国家地理标志保护产品"王家贡米"，通过聚焦绿色生产基地建设、提升产品品质保障力，聚焦农业科技自主创新、提升品牌核心竞争力，聚焦区域公用品牌打造、提升品牌市场影响力，聚焦全过程全方位监管、提升品牌社会公信力，聚焦营销推介平台搭建、提升品牌价值转化率"五聚焦 五提升"举措，形成从品质提升到品牌塑造再到品牌营销的完整体系，在保障粮食安全的同时提高种粮效益，有效促进"王家贡米"品牌高质量发展。

关键词： 昭化区　"王家贡米"　粮油品牌

---

* 虞洪，四川省社会科学院农村发展研究所副所长、研究员，主要研究方向为粮食安全和农村经济；吕志勇，四川省广元市昭化区王家贡米产业技术研究所所长、助理农艺师；王湖川，四川省广元市昭化区乡村振兴服务中心助理农艺师；李玲，四川省社会科学院农村发展研究所，主要研究方向为农村发展；卢介春，四川省社会科学院农村发展研究所，主要研究方向为农村发展；徐小慧，四川省社会科学院农村发展研究所，主要研究方向为农村发展。

"王家贡米"是昭化区特色优质粮油金字招牌,在保障国家粮食安全、促进县域经济发展、促进农村群众收入增加方面处于举足轻重的地位。昭化区近几年大力实施"质量兴农,品牌强农"战略,持续优基地、强科技、重宣传、严管理,多措并举推动"王家贡米"品牌建设质效提升。"王家贡米"先后获得"全国绿色农业十佳粮油地标品牌"、全国稻渔综合种养优质渔米评比金奖、"全国名特优新农产品"等十余项荣誉,成为全国89个粮油类中国农业品牌目录中唯一入选的四川品牌。"王家贡米"特色粮油品牌建设,既保了国家"米袋子"又鼓了农户"钱袋子"。

一 昭化"王家贡米"品牌建设主要做法及成效

(一)聚焦绿色生产基地建设,提升产品品质保障力

昭化区坚持"最适生区域布局最适宜产业"的原则,全域统筹规划,科学划定"王家贡米"主产区8万亩。通过现代农业园区+镇村产业示范园+户办小庭院"三园(院)联动"发展,统筹推进"大园区+小农户""企业+专合社、村集体经济组织+农户"适度发展,推动"王家贡米"种植基地连村跨镇成片、连片集群成带。昭化区以建设现代化农场为契机,在"王家贡米"主产区重点谋划和建设"高标准农田""高效节水""五良融合"的农机设施,推动田网、公路网、水网、电网、通信网"五网"一体化建设,使耕地更加肥沃,水利设施更加完善,田间道路更加通畅,机械收割更加便利。昭化区发展"王家贡米"基地镇7个、产业专业村28个,成功创建清水、卫子、王磨3个市级以上现代粮油园区,扩面建成"王家贡米"产业示范带6万亩,优质稻谷年产量突破3万吨。同时,开展了有机肥替代化肥、病虫害绿色防控、专业化统防统治、秸秆还田利用、废弃农膜和农药包装废弃物回收处置"五大行动",广元市市场监督管理局出台了《地理标志产品 王家贡米生产技术规程》地方标准,建设了面积达4.8万亩的"王家贡米"标准化绿色种植基地。

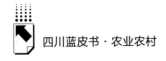

（二）聚焦农业科技自主创新，提升品牌核心竞争力

昭化区与中国水稻研究所、西南科技大学、广东省农业科学院等高水平建成"王家贡米"现代种子基地，并设立了"王家贡米"工业技术研究院，开展了新一轮水稻新品种培育及相关种植技术研发，积极开展了"王家贡米"专用优质品种自主选育，打造了"王家贡米"优质稻品种选育基地100亩，成立了中国水稻研究所昭化王家贡米研发中心，建立了水稻现代育种综合实验室和农作物种质资源中短期储存库。2020年"王家贡米"搭乘神舟五号飞船进入太空诱变育种，育成省级审定水稻品种1个，进入省级区域试验预备3个。在此基础上，昭化区积极培育了"稻香杯"四川优质水稻新品种和国家二级以上优质水稻新品种，并建设2个现代化机械化育苗基地，从源头上提高水稻生产的核心竞争力。昭化区坚持生态种养模式，充分挖掘"下湿田"和"低洼田"的优点，发展了"水稻—渔业"种植和养殖面积2.5万亩；积极开发冬闲田，发展稻油（菜）轮作，在全国率先探索出具有山区特色的稻渔综合种养新路径。昭化区率先起草了《山区稻渔综合种养技术规范》，是四川第一部实施的省级地方标准，提高了昭化区的农业生产技术水平和竞争力。同时，昭化区创新推行统一供种育秧、统一技术标准、统一肥水调控、统一防病治虫、统一机械收获、分户精细管理"五统一分"标准化订单生产模式，村集体领办耕、种、防、收、储全程社会化服务组织36家，保证"王家贡米"品质稳定，提升市场竞争力。

（三）聚焦区域公用品牌打造，提升品牌市场影响力

昭化区成立了"王家贡米"产业协会，按照政府主导、协会注册、企业运作的模式，集中优势资源力量统一打造"王家贡米"区域公用品牌，构建"区域公用品牌+企业品牌+产品品牌"的母子品牌体系，将散落在各地的生产经营主体进行高效的整合，从而快速地形成地区优势，避免区内企业间各自为政、无序竞争，由行业协会统一注册地理标志证明商标并对外宣

传推广,让市场主体在品牌创造上的经济成本和培养周期显著减少,进而迅速提高品牌的影响力。

(四)聚焦全过程全方位监管,提升品牌社会公信力

昭化区严格管理农业投入品,"王家贡米"规模生产主体和加工企业均入驻农产品质量安全监管平台,该平台公开选聘 7 名农产品质量安全移动巡检员和 42 名村级协管员常态化开展监督检查,确保产品品质优良、绿色安全。在此基础上,昭化区全面推行"王家贡米"公用品牌使用授权登记备案制度,由协会统一设计和印制产品包装,根据企业产能按需发放,杜绝以次充好和冒牌侵权行为。同时,昭化区充分发挥协会的作用,加强"王家贡米"生产、经营等全环节的行业自律,全面提升品牌形象和市场美誉度。

(五)聚焦营销推介平台搭建,提升品牌价值转化率

昭化区积极组织协会、企业参加农博会、西博会、农交会等全国性展会,充分依托产业协会、昭化在外商会、浙川东西部协作平台等开展产销对接合作,实施"王家贡米"进商超、进景区、进食堂、进工会、进电商平台"五进"行动,多方发力,抱团开拓市场。昭化区连续举办 5 届农民丰收节暨"王家贡米"营销订货会,在广元城区、昭化电商物流园区、卫子高速公路出口处等开设"王家贡米"直营门店 5 家。"王家贡米"成功入驻 810 家连锁超市、杭州机关食堂、四川扶贫电商等线上线下营销平台,远销成都、北京、上海、广州、无锡等 20 余个大中城市,产品平均售价达到 30 元/公斤。同时,昭化区全面推行"企业+专合社、村集体经济组织+农户"的订单生产、保价收购模式,"王家贡米"优质稻谷原料产地收购价达到 5 元/公斤以上,亩均农户种植效益提高 60%以上,有效激发了农户的种植积极性,实现了粮食安全与农民增收的有机统一。

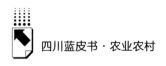

二 昭化区"王家贡米"品牌建设的重要经验启示

（一）品牌塑造和品牌营销是提高种粮效益的重要路径

品牌效应是影响农产品市场售价的重要因素之一，品牌知名度和影响力直接关系到农产品的溢价能力。昭化区深入实施"品牌强农"战略，紧紧围绕高品质粮油生产目标，以创建"高品质粮食工程"、高品质粮油产业示范基地为支撑，不断加大区域公用品牌的创建、提升、保护力度，擦亮"王家贡米"金字招牌，"王家贡米"市场售价倍增，有效实现了优粮优价。

（二）科技支撑是增强品牌核心竞争力的关键所在

科技兴农，品牌强农，农产品品牌竞争力来源于"人无我有、人有我优、人优我特、人特我新"。品牌竞争力归根结底是科技竞争力。昭化区高度重视科技创新，持续深化院地合作，通过成立"王家贡米"产业技术研究所，积极开展"王家贡米"专用新品种的自主研发，因地制宜地探索山区稻渔综合种养新模式，开展富硒等功能性稻米研发，真正把"王家贡米"产业做出品质、做出亮点、做出特色，有力地促进了品质提升和品牌增值，为提升品牌竞争力提供了坚实的科技支撑。

（三）区域公用品牌建设是粮油品牌化的重要抓手

粮油是大宗农产品，在品牌建设方面具有较强的规模效应，而区域公用品牌是在政府、协会等有公信力的社会组织或团体支持下建设的，较易获得消费者的信任，进而快速获得目标市场的认可，最终实现品牌效应最大化、品牌市场价值最大化。同时，大部分农业生产经营主体是很脆弱的，迫切地需要一个能为其提供帮助和支撑的平台。在此过程中，基于区域公用品牌，微型企业在打造特色产品的时候，可以节省大量的财力和精力。昭化区坚持"一盘棋"的理念，努力创建"王家贡米"区域公用品牌，引领所有的经营主体协调发展,而建立区域公用品牌所使用的资金来自公众,因此,其红利为大家所共享是必然的要求。打造"王家贡米"区域公用品牌有效解决了单个主体在品牌建设时面临的无能力投入、无渠道营销、投入产出不匹配等问题。

三 进一步发展壮大"王家贡米"品牌的建议

(一)做实规划,分级分类壮大种植基地

一是研究制定"王家贡米"品牌建设规划,联合科研机构,深入镇村根据气候、土壤、水源等条件科学划定"王家贡米"优生区和适生区。把优生区打造为"王家贡米"高端米生产基地,把适生区建设为"王家贡米"中端米生产基地,发展壮大种植规模,力争建成不同类别的可满足不同消费人群需求的"王家贡米"种植基地。二是邀请专业机构,以卫子、王家、磨滩为核心,按星级园区标准制定"王家贡米"产业园区建设规划,并尽快组织实施,着力打造集品种引育、大田种植、科普示范、休闲观光等于一体的高品质综合性现代农业园区,为"王家贡米"发展提供样板和支撑。三是刚性执行产业规划,对违背产业规划的组织和主体不予扶持,强化规划的约束力和执行力,持续加强政府对"王家贡米"产业发展的引导,确保"一张蓝图绘到底""一届接着一届干",不断增强优质稻米生产能力,为提升粮食安全保障能力提供坚实的基础。

(二)加大投入,加快补齐基础设施短板

一是持续加大产业发展专项资金投入和财政涉农资金整合力度,重点投向品种选育、基地建设、品牌营销等公益性较强的领域和环节,提高财政资金使用绩效。二是按照排灌工程、生产道路等紧要基础设施优先保障的原则,在优生区和适生区实行差异化投入,分年度规划实施一批能带动片区整体发展的高标准农田建设项目,力争通过3~5年实现"王家贡米"种植基地

高标准农田全覆盖,实现"良田种粮"。三是充分用好高标准农田建设成果,因地制宜地推广适宜山区地形地貌的高效农机具,支持农民合作社、企业和种植大户等新型经营主体,以社会化的形式开展耕、种、防、收全程机械化服务,以减少种植费用,促进"王家贡米"产业的规模化和标准化发展。

(三)延链升级,全面提升产业效益

一是在"王家贡米"种植基地就近布局建设烘干、仓储设施,大力改造升级现有稻谷烘干仓储设施,确保每个"王家贡米"种植基地村建有烘干设施1处,全区稻谷低温保鲜库库容不少于1万吨。二是积极引进培育龙头企业,帮助企业购买水稻加工装备,并使其与每年处理能力达到两万吨以上的水稻深加工流水线相匹配,同时帮助粮食加工企业实行"公司+基地+农户"模式,通过定向投入、优种培育、订单采购等方法,对优质品种进行推广,从而推动企业扩大产能、提高质量、增加效益。三是严格开展订单生产,农民合作社负责登记核实年度"王家贡米"优质稻种植情况,细化到农户和田块,由农业农村部门和"王家贡米"产业协会牵头分级分类协商确定稻谷收购指导价,采取企业交付履约保证金的方式督促订单落实。

(四)强化管理,切实维护品牌形象

一是建好"王家贡米"优质稻品种选育基地,加快专用品种研发,严格筛选确定优生区和适生区主推品种,建设工厂化育苗基地,从种源上保证"王家贡米"品质优良。二是严格落实"王家贡米"生产技术规程,采取包技术培训、包农资供应、包稻谷回收和统一供种、统一病虫害防治、统一质量标准、统一包装贴牌"三包四统"生产技术,实现产前、产中、产后各环节标准化管理,保证品质优良稳定。三是强化市场监管,工商、质检部门加大市场监管和打假维权力度,农业部门强化农资经营使用监管,"王家贡米"产业协会认真履行行业监管职责,制定发布"王家贡米"从业公约,规范品牌商标使用授权工作,通过行业自律和惩戒措施倒逼企业和农户提高生产标准。

（五）建强队伍，不断夯实科技支撑

一是逐步发展壮大农技推广服务队伍，加大紧缺技术人才引进力度，招引水稻育种方向人才扩充"王家贡米"优质稻品种选育团队，确保每个"王家贡米"种植乡镇有1~2名专技人员专门从事技术指导服务。二是深化院地合作，加强川农大、西科大等科研院所的资源共享和技术攻关协作，加强新品种、新技术的引进试验和推广应用，加快"王家贡米"专用品种选育进程。三是加强技术培训和巡回指导，采用聘请专家、组织外出参观学习等方式着力培育一批"土专家"，探索推行政府特聘"王家贡米"产业技术员提供有偿技术承包服务等农技服务新模式。

（六）加强营销，凸显品牌增值效益

加强品牌塑造，不仅要关注品牌的外在形象，也要考虑其独特的内涵，挖掘"王家贡米"的产地环境优势和人文特色，使消费者在购买农产品时能感受不同的乡土文化，进而激发消费者的购买欲望。同时，丰富品种、口味，凸显绿色食品概念，在不破坏农产品原有营养成分的基础上，提升产品营养价值，打造绿色、健康的产品，并向消费者展示品牌的差异性，以提升消费者对昭化区"王家贡米"品牌的认可度和信任度。支持农业龙头企业、农民专业合作社和家庭农场等在城镇开设专卖店，实行"专柜专销""直供直销"，以保障农产品的质量。大力推进和发展"互联网+粮食"工程与电商产业，积极发展粮油电子商务，推广"网上粮店"等粮油零售新模式，实现粮食生产、销售和消费的无缝连接。

B.21
奉光荣种植家庭农场发展
缘起、经验与启示

赵利梅　田　洁　李霞*

摘　要： 新型农业生产经营主体，是农业现代化的"领头羊"和主力军，
是实现乡村振兴战略的关键，也是解决"谁来种地"的重要措
施。家庭农场是新型农业经营主体的重要组成部分，也是构建新
型农业经营体系的重要力量。本文以四川省遂宁市安居区奉光荣
种植家庭农场的实践为例，梳理和分析了其发展路径和发展模
式，并对其发展经验进行了总结。

关键词： 奉光荣　新型农业生产经营主体　家庭农场

在推动全面乡村振兴、加快建设农业强国中新型农业生产经营主体是中
坚力量。而家庭农场是新型农业生产经营主体的重要组成部分，适应了中国
整体经济发展以及作为中国经济主要产业部门的农业的历史性变化，适宜于
中国超小规模农业未来的发展走向以及农业生产的自然和经济特征，可将小
农户纳入现代农业发展，实现小农户与现代农业的有机衔接。四川省遂宁市
安居区奉光荣种植家庭农场作为新型粮食培育主体，是农业农村部推介的全
国第四批新型农业生产经营主体典型案例，参与了国家大豆振兴计划中四川
省大豆玉米带状复合种植试点，具有一定的代表性。

---

* 赵利梅，四川省社会科学院研究员，主要研究方向为农村公共管理；田洁，四川省社会科学
院，主要研究方向为农村管理；李霞，四川省社会科学院，主要研究方向为农村管理。

一 奉光荣种植家庭农场概况

（一）基本概况：从农机服务向粮食生产转型

奉光荣技术出身，曾经在新疆建设兵团从事农机服务，2003 年建立了"遂宁市光荣农机服务队"，2008 年成立了安居区丰华农机专业合作社，并荣获全国农机专业合作社示范社称号，此后一直致力于农机设备的创新和推广。

奉光荣种植家庭农场位于四川省遂宁市安居区，创办于 2016 年，是一家专门从事粮食生产的省级示范家庭农场。到 2022 年，奉光荣种植家庭农场配备机播设备、烘干机等农机 30 多台（套），共流转耕地 2600 余亩。家庭农场的发展初期是在双祠堂村流转了撂荒地 540 亩，利用合作社农机具对撂荒地整改后，主要种植水稻、小麦、玉米这三种机械化程度高的作物。2017 年为响应国家号召，推进供给侧结构性改革，家庭农场开始大力发展水稻产业，获得了 2 个"亭子坝"绿色大米商标和 1 个"可调式履带捡拾打捆机"的实用新型技术专利。2021 年，奉光荣在深耕水稻产业的同时，还关注到国家对大豆玉米的重视，借助农机农技力量，与四川农业大学合作开设了大豆玉米带状复合种植技术试点园区，推动大豆玉米带状复合种植技术的普及。奉光荣种植家庭农场被评为省级示范家庭农场，并被作为玉米大豆带状复合种植四川省试点等。近十年，在农机操作和农技结合工作实践中，奉光荣积累了丰富的经验。他积极整治撂荒土地，大力发展机械化作业，使农场水稻、玉米、大豆、小麦实现全程机械化作业。

（二）产业概况：从单一种植到复合种植升级

遂宁市安居区奉光荣种植家庭农场 2016~2019 年针对 500 余亩地实行单一种植模式。2019 年底，随着家庭农场生产运行机制的成熟，奉光荣决定扩大种植面积，流转相邻的 200 多亩撂荒地进行整改种植；根据当地农技站的建议，经四川省农业农村厅、四川农业大学的专家实地考察后，奉光荣种植家庭农场被作为玉米大豆带状复合种植四川省试点。在四川农业大学专业团队的技术指导下，家庭农场与农机合作社开展密切合作，2021年奉光荣种植家庭农场玉米大豆带状复合种植试点大获成功，撂荒地玉米最高亩产量485公斤、大豆最高亩产量125公斤，每亩收益高达2120元。

2022年，奉光荣种植家庭农场完成宜机化改造2100亩，其中1600亩用来继续开展玉米大豆带状复合种植，并创下玉米折合亩产617.66公斤、大豆亩产180.2公斤的全国玉米大豆带状复合种植高产纪录。示范带动全区100余个新型农业生产经营主体完成大豆玉米带状复合种植3万余亩，入选我国第四批新型农业生产经营主体典型案例。

二 奉光荣种植家庭农场发展的实现路径与主要成效

自成立以来，奉光荣种植家庭农场从普通家庭农场成长为国家大豆振兴计划中四川省大豆玉米带状复合种植的代表性缩影，并入选农业农村部推介的全国第四批新型农业生产经营主体典型案例。农场科学发展、循序渐进，实现了从种植大户到新型农业生产经营主体的转变。农场以引进良种为基础、科学耕种为原则、标准化和机械化生产为支撑，实现了大豆与玉米在质量、产量上的双提升，同时，依托科技赋能打破了传统的"大田玉米、大豆+粗放型耕种"模式，促进了农场盈利能力增强。周边的家庭农场、农民合作社等主动上门寻求合作，从而在全区推广大豆玉米带状复合种植，凸显了农场的示范效应。

（一）宜机化改造助力撂荒地重焕生机，为规模化种植提供条件

在奉光荣种植家庭农场已经完成改造的2100亩宜机化耕地中，有1280亩过去属于撂荒地，且很多已经荒成林。奉光荣种植家庭农场根据专业的技术指导对撂荒地展开适宜连片规模耕种的宜机化改造，同时聘请专业施工人

员进行操作。专业的技术指导加上专业的操作人员,确保宜机化改造方案顺利实施,既避免了改造方案有误带来的麻烦,又通过高质量、高效率的执行方案节约了改造成本。

奉光荣种植家庭农场的耕地为连片的大规模土地,这为使用现代化技术与进行机械化操作提供了必要条件。推进玉米大豆带状复合种植,需要丘陵地区连片的土地作为基础,同时意味着奉光荣种植家庭农场需要将流转而来的撂荒地改造为适宜种植玉米大豆的耕地,如分散地块平整为连片地块、陡坡改为缓坡。奉光荣种植家庭农场的撂荒地流转改造以及玉米大豆带状复合种植规模都是根据实际情况来确定的。2016~2019年,家庭农场处于起步阶段,各条件尚未成熟,奉光荣并未随意扩大种植规模;2019年以来鉴于家庭农场各生产运行环节已基本成熟,奉光荣才决定继续流转改造撂荒地并听取专业人士的意见在家庭农场开展四川省玉米大豆带状复合种植试点。2022年,奉光荣种植家庭农场依据2021年的试种经验,听取专业人员的意见后决定流转所在村剩余2100亩耕地(包括撂荒地)进行宜机化改造,并经过对家庭农场人力、财力、技术等多方面的慎重考虑后决定完成1600亩玉米大豆带状复合种植任务。

奉光荣种植家庭农场对撂荒地进行宜机化改造,有利于解决目前我国农村普遍存在的耕地撂荒问题,使耕地继续发挥价值,也有利于满足规模种植对连片耕地的需求问题。

(二)农业现代化技术促进生产专业化,为提高经济效益奠定基础

奉光荣种植家庭农场自成立之初就选择了水稻、小麦、玉米这三种机械化程度高的作物,意在实现农机结合、农艺结合,实现生产过程的机械化操作。例如,农场早已配备好常规耕地所需的大马力拖拉机和机播的设备,包括适合土地相对平整、坡度较小地块的履带式拖拉机和在丘陵地区能够"爬坡迈坎"的轮式拖拉机。此外,农场还特意找到当地农技站进行技术咨询,在专业人士的指导下开展运行。

拥有省级示范家庭农场称号并被作为玉米大豆带状复合种植四川省试点

的奉光荣种植家庭农场，不仅配备农业现代化基础设施、积极寻求专业技术团队的技术支持，还为合作社和家庭农场工作人员提供相应的技术培训，如播种过程中的机器参数、播种前的土壤墒情、播种技术要点等内容。

奉光荣种植家庭农场作为玉米大豆带状复合种植四川省试点，其获得成功的重要原因不仅是贯穿于生产前中后环节的现代农业技术和装备的应用，还在于奉光荣一直积极主动寻求专业团队和专业人士对于农场运营的技术帮助。农业现代化技术助力奉光荣种植家庭农场生产专业化，从而降低生产成本，提高粮食作物的质量和生产效率，实现经济效益、社会效益、生态效益和示范效应多赢。

（三）专业化分工优化生产结构，实现高效率高质量投入产出

农场经营的成功经验之一是农机合作社和家庭农场合理分工。纵观奉光荣种植家庭农场的发展历程，其在各方面都做到了专业化分工：对于良种选择、农机农艺结合等技术性问题通过咨询农技站专业人员来解决、对于宜机化改造方案由专业人员实地勘察后制定、对于改造施工则聘请专业的施工人员予以解决、成立由专业技术人员组成的玉米大豆带状复合种植机播服务队提供玉米机播服务等。专业化分工有助于优化家庭农场的生产结构，既节省了生产成本也节省了管理成本，规避了由不专业的决策与管理操作导致的失误，促进生产效率不断提高，形成更高效率和更高水平的投入产出关系，最终实现经济效益最大化。

（四）多途径销售避免粮食囤积风险，提高农场营收水平

只是把粮食种出来并不算完全意义上的成功，还要卖出去，既满足市场需求又帮助农民获益才是真正的成功。奉光荣种植家庭农场销售大豆的途径有三条：一是将大豆制成豆制品进行销售，二是将大豆直接出售给豆制品生产厂家，三是将少量的精选大豆直接零售给客户。同时，农场还把周边的农户组织起来，与当地农业龙头企业签订产加销协议，通过"公司+家庭农场+农户"的订单生产模式，解决家庭农场自身和周围小农户的粮食销售问

题。采用多渠道销售模式可以在很大程度上避免家庭农场的粮食作物积压风险，缓解供不应求问题的同时增加农场的经营收入。

（五）利益联结带动多主体发展，彰显示范典型的辐射作用

经过不懈的探索与努力，奉光荣种植家庭农场实现了农业机械改造、引进良种、科学耕种、标准化生产，取得了玉米大豆带状复合种植的成功，农场经营收入显著增长、经济效益大幅提升。试点获得成功后，农场尝试在开展自主生产经营的同时，把周边农户组织起来，与当地农业龙头企业签订产加销协议，通过"公司+家庭农场+农户"的订单生产模式，由龙头企业、家庭农场、周边种植户共同发展大豆玉米带状复合种植，并将带状复合种植技术向周边镇村推广。同时，农场对于前来寻求合作的合作社、家庭农场等其他粮食生产经营主体，毫无保留地与他们分享经营经验，成功带动安宁区大豆玉米带状复合种植扩种；对于来自其他地区的学习考察团队，农场还会根据各地的不同情况提出不同的建议，如种植作物的品种选择、农机设备的选购、适度规模经营的考量，示范带动作用良好。

三 经验启示

奉光荣农场的实践绘制出一幅现代新型农业生产经营主体顺应时代发展趋势、响应国家号召的美丽乡村画卷。实践表明，现代家庭农场种植不能随波逐流，要从熟悉的领域着手，开展适度规模经营，小而精也是一种选择；要懂得借鉴有益的经验，农场发展过程是一个相互学习的过程；要提高自身管理和经营等方面的能力，学会向管理要效率、向土地要效益。

（一）提高科技赋能，促进农机农艺融合

农业现代化，关键是农业科技现代化。农业现代化要求新型农业生产经营主体将农业科技成果真正应用于农业生产种植过程中，实现标准化、规模化、产业化、信息化。2014年，奉光荣的女儿奉欢回到农村和父亲一起发

展农业。奉欢也渐渐喜欢上了农机，并成为一名专业的农机手。奉光荣家庭农场通过示范带动效应，引导更多新型农业生产经营主体主动学习农机与农艺结合经验，促进乡村振兴。

目前，奉光荣家庭农场的生产经营遵循因地制宜的原则，积极推进新机具、新设备的使用，以满足农艺需要。一方面，农场响应政府号召，选择适合农场发展、受到农民欢迎的农机具。另一方面，相关政府部门结合当地大豆玉米种植情况，制定合理的农机发展规划，引导和扶持农机大户和农机合作社发展，促进农机、农艺的组织化、规模化，形成大豆玉米种植的标准化和机械化。

同时，在未来农业发展方向上，可以结合"数字乡村"战略，建立"互联网+科技"平台，提供公益服务、便民服务、电子商务服务、培训体验服务等，通过创新服务内容、转变服务方式、协同服务组织实现让"数据多跑腿，农民少跑路"，提高公共服务的及时性、匹配性、公开性、精准性和高质性。

（二）培育新型职业农民，输送高素质人才

新型职业农民可凭借较强的管理能力促进粮食生产与农业发展。完善农民职业培训体系，各级政府相关部门积极开展面向农民，尤其是有示范带动作用的新型粮食生产经营主体的职业培训，邀请专业人员向他们传授现代管理方法、农业现代化技术、农业生产专业知识等，提高粮食生产经营者的素养和专业技术水平；积极搭建产、学、研合作平台，充分发挥政府部门、科研单位、大学院校等在开展技术指导方面的优势，提高技术的覆盖率；营造良好的创业环境，提高从事农业工作的待遇，引导和鼓励大学生、农民工、农民企业家等群体成为新型粮食生产经营主体的领头人。在农业技术人才方面，奉行专业的事由专业的人来做，根据实际情况，发掘农村智力和引入外来人才并举，建立长效人才机制，确保人才智力得到充分发挥。对于种植家庭农场人员，只要愿意学习农机操作，合作社应毫无保留地为其提供培训机会，让专业人才能够"留得住"。未来，家庭种植农场应通过"现代农业园

区+川农大科研基地+农场"三方发力，不断强化农村实用人才培训，确保农民学得会、种得来、种得好。

（三）加大农业投入，优化产前条件

将新型粮食生产经营主体承包的农田纳入政府农业综合开发、高标准粮田建设等农业投资项目，实行基础设施的综合性改造与完善，为种植耕作提供保障，解决粮食生产过程中存在的农户能力、资金不足等问题。以租借、分配等形式为新型粮食生产经营主体配备必要的大型农机具，确保粮食作物规模化种植和机械化操作，保障粮食的优良品质，切实为粮食生产提供更优质的条件。

奉光荣家庭农场原先种植水稻等作物，而后转变种植结构，扩大规模种植大豆玉米。农场种植粮食作物的前提就是拥有优良的种子资源。在引进各地的种子资源的同时，依托优势科研院所和种子企业，双管齐下推动优良种子资源共享。首先，将高校、科研院所、种子企业的育种研发资源引向新型农业经营主体，促进产学研深度融合，使种业的研发更具针对性、市场性；其次，从国家层面，鼓励和支持对种业等重大技术的攻关，突出需求和市场导向，发挥政策优势，克服种业市场"小、散、乱"的弊端，为新型农业生产经营主体构建一个优良的、绿色的、可持续发展的种子市场。

（四）坚持抱团发展，实现合作共赢

农场在开展生产经营的同时，把周边农户组织起来，与当地农业龙头企业签订产加销协议，通过"公司+家庭农场+农户"的订单生产模式，协调龙头企业、家庭农场、周边种植户共同发展大豆玉米带状复合种植，并将带状复合种植技术向周边镇村推广。"公司+家庭农场+农户"模式有利于发挥家庭农场和农业企业的平台经济功能，解决家庭农场与小农户面临的销售问题的同时也确保了农产品的稳定供给。

B.22
粮食储备能力提升的探索与实践

付宗平 段 军*

摘 要： 保障粮食安全，粮食储备是关键环节、重要基础。四川省是粮食主产省和粮食消费大省，在粮食储备上勇于担当、动真碰硬、多措并举，构建立体式粮食储备"安全网"。四川以高标准农田建设为基础，铸牢"藏粮于地"；以高标准粮仓建设，扩仓增效减损；以科技赋能，夯实"藏粮于技"；以高标准物流建设，融入全国粮食大市场，实现粮食"双循环"；以多元主体参与的保障机制建设，践行新时期粮食安全保障工作的群众路线；以"应急"体系建设为抓手，高质量打造"天府森林粮库"，构建多元化食物供给体系。在多措并举的粮食储备能力提升策略下，更具使命担当的"天府粮仓"逐渐形成。

关键词： 粮食储备 "天府粮仓" 天府森林粮库

我国有深厚的传统粮食文化底蕴，《宋书·文帝纪》中"国以民为本，民以食为天。故一夫辍稼，饥者必及，仓廪既实，礼节以兴"，《管子·治国》中"不生粟之国亡，粟生而死者霸，粟生而不死者王"等，对粮食的战略安全价值有系统的阐释，对后世的持家治国起到借鉴和警示作用，成为中华民族享之不竭的宝贵财富。新中国成立以来，粮食安全问题更是得到党

---

* 付宗平，四川省社会科学院农村发展研究所研究员，主要研究方向为农村经济、农业经济理论与政策、应急管理；段军，四川省社会科学院农村发展研究所，主要研究方向为农村公共管理。

和政府的高度重视，习近平总书记在 2022 年初的两会期间强调，"中国要靠自力更生，自己养活自己"，"手中有粮、心中不慌"，"如果我们端不稳自己的饭碗，就会受制于人"，"粮食安全是战略问题"等。习近平总书记在党的二十大报告中提出，全方位夯实粮食安全根基，全面落实粮食安全党政同责，确保中国人的饭碗牢牢端在自己手中。总体而言，我国的粮食战略保持着一以贯之的连续性，也保持着时代的适应性。当前，国家的粮食储备必须适应国家的粮食战略，而国家的粮食战略必须适应国家的乡村振兴及现代化总进程。

四川省作为全国 13 个粮食主产省之一（西部地区唯一粮食主产区）和粮食消费大省，为有效落实粮食安全责任，"打出严考核、增产量、调结构、强储备'组合拳'，全力保障粮食安全"。而保障粮食安全，粮食储备是关键环节，特别是粮食生产具有季节性、区域性和波动性（丰收与歉收之别）的特点，而粮食消费却具有连续性和超地域性的特点，粮食储备就成为保障粮食安全的重要基础。此外，在市场经济条件下保护处于相对弱势地位的农业产业和维护农民权益，粮食储备也扮演着相应的政策性角色。四川各地、各经营主体根据自身特点从地储、仓储、技储、物流、民储等多个方面积极探索，寻求突破，主动作为，承担起粮食安全保障责任，涌现出不少典型案例，值得我们总结、学习。

一 地储提升：高标准农田建设，储粮于地铸根基

"夫民之所生，衣与食也。食之所生，水与土也"，《管子·禁藏》就认识到土地是粮食的根基，是民生的源泉，是处于关键地位的基础性战略资源，我国历来有重视耕地数量和耕地地力双重保障的传统。粮食具有独特的物理特性、生物特性和化学特性，这决定了粮食储备条件的苛刻要求，也决定了粮食储备的周期性特征。同时，人们对于粮食的需求是持续的，并且是长期的，需要保持相应的、可持续的供应水平，这使粮食储备面临巨大挑战。仅仅依靠仓库储备，显然不符合现实，也不符合人们对粮食品

质日益提高的要求。因此，要从根本上保障粮食供应，必须保证相应面积和品质要求的耕地供应，即储粮必先储地，储地必须储足、储实。为此，四川省从高质量的耕地保障入手，启动了"天府第二粮仓"、现代农业园区建设等项目，将粮食储备落实到田间地头的每一块沃土，践行天府良田造就"天府粮仓"的时代使命。截至 2022 年，全省累计建成高标准农田5400 余万亩。2023 年省政府工作报告进一步明确，今后五年将"聚焦打造新时代更高水平的'天府粮仓'""坚持藏粮于地、藏粮于技""实行最严格的耕地保护制度，全面落实田长制，坚决遏制耕地'非农化'、严格管控耕地'非粮化'，逐步把永久基本农田全部建成高标准农田""建设成都平原'天府粮仓'核心区、盆地丘陵以粮为主发展区、盆周山区粮经饲统筹发展区、攀西特色高效农业优势区、川西北高原农牧循环生态农业发展区""树立大食物观，建设'天府森林粮库'"等。2023 年将"推动打造新时代更高水平'天府粮仓'全面起步，确保粮食播种面积稳定在 9500 万亩以上，生猪出栏稳定在 6000 万头""新建和改造高标准农田 425 万亩"。

（一）安宁河流域"天府第二粮仓"高质量建设

拓范围，定规划区保面积。安宁河流域位于四川省西南部、攀西地区中部，为四川省第二大平原。2022 年 8 月，省委、省政府印发《安宁河流域高质量发展规划（2022—2030 年）》，将西昌、会理、德昌、会东、宁南、喜德、冕宁、盐源 8 县（市）纳入规划范围，提出打造"天府第二粮仓"。同年 11 月，省政府印发《安宁河流域国土空间规划（2022—2035 年）》，进一步将"安宁河流域"范围确定为攀枝花市和凉山彝族自治州与安宁河关系密切的 11 个县（市、区），即攀枝花市的米易县、盐边县、仁和区与凉山彝族自治州的冕宁县、喜德县、西昌市、德昌县、宁南县、会东县、会理市、盐源县等，总面积约 36663 平方公里。在该国土空间规划中，范围和面积均得到了拓展，体现了省委、省政府对于打造"天府第二粮仓"的决心。

严保护，增量提质高标准。国土空间规划对于耕地和农田提出了严格的要求，"坚持最严格的耕地保护制度，农田就是农田，而且必须是良田"，"统筹优化全域耕地布局，促进耕地增量提质"，并"同步优化现代农业布局，保障并夯实'天府第二粮仓'空间基础"，对于制止耕地的"非农化"和防止"非粮化"也提出了新要求，"严控各类非农建设占用耕地，特别是占用永久基本农田"。同时，提出了新增耕地的目标和举措，"通过采取农用地整理、建设用地复垦和土地开发"等方式，争取"新增耕地70万亩至90万亩"，并加快高标准农田建设，争取规划2035年建成高标准农田167.29万亩（1115.26平方公里），占流域现状耕地面积的28%，包括新建高标准农田97.28万亩（648.53平方公里）、改造提升高标准农田70.01万亩（466.73平方公里）。

"天府第二粮仓"高质量项目基于11个县（市、区）的光、热、水、土等自然禀赋，是统筹全省的战略性布局，并通过"两个规划"提出了高目标，也突出了严举措，"造地""节地"并举，以高质量耕地和高标准农田的打造，承担"藏粮于地"的重任，在新的"天府粮仓"中扮演关键角色、发挥关键作用。

（二）南充市蓬安县整县级推进高标准农田建设

低效"巴掌田"变为高产"连片田"。蓬安县以丘陵低山为主、浅丘带坝为辅，田块分散、地形崎岖，这些特殊的地形地貌是长期困扰当地农民种粮的重要因素。2022年，蓬安县按照"田成方、渠成网、路相通、旱能灌、涝能排"的标准，保质保量推进高标准农田建设，将"巴掌田""低效田"化零为整，逐步变成"旱涝保收、宜机作业"的连片田、高产田。截至2022年底，全县累计投入资金9.277亿元，建成高标准农田47.78万亩。同时，蓬安县建立健全高标准农田管护机制和县、乡、村三级田长制责任体系，做到建、管结合，确保高标准农田效益的持续发挥。2023年3月，蓬安县入围农业农村部首批整区域推进高标准农田建设试点名单，成为全国8个整县级推进高标准农田建设试点之一，也是四川省唯一整县级推进高标准农田建设试点的区域。

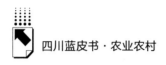

二 仓储提升：高标准粮仓建设，储粮于库铸舱石

早在西周时期，我国就逐步建立了粮食储备体系，并置专司粮食管理的官员，《周礼·地官》记载："仓人掌粟入之藏，辨九谷之物，以待邦用。若谷不足，则止余法用。有余，则藏之，以待凶而颁之。凡国之大事，共道路之谷积，食饮之具。"可以看出，从古至今，我国就格外重视粮食的仓储工作，将其作为应对粮食生产的区域局限和对气象条件严重依赖的关键环节，作为调节市场和保护粮农利益的重要举措，以及应对突发情况和维系社会稳定的"定海神针"。近年来，四川省着力于区域布局的优化和仓储能力的提升，加大了粮食仓储改造力度。

（一）川粮集团彭山粮库新建10万吨粮油仓储建设

2022年底，四川省粮油集团有限责任公司通过省级财政和企业自筹的方式投资14250万元（比例为7：3），在彭山区观音街道文昌村2组148号（原粮库库区范围内）川粮集团彭山粮库新建10万吨粮油仓储设施项目。在粮库库区内自有土地建设低温平房仓、低温浅圆仓，改造升级物流运输设施，配套建设变电系统和消防泵房及消防水池以及对原5万吨浅圆仓项目工艺设备及产能进行提升等。①在36#~41#仓简易仓原址新建5.04万吨标准低温浅圆仓及其附属配套设施。②在27#~29#仓简易仓原址新建1.88万吨标准低温平房仓。③在43#中转仓外加仓外部分空地的原址新建1.23万吨标准低温平房仓。④在机修库、消防水池、外加库外部分空地的原址新建1.32万吨标准低温平房仓。⑤在42#中转仓原址新建0.61万吨标准低温平房仓（各仓仓容最终以设计图为准）。该项目被列入2023年四川省重点项目名单（续建项目）。该项目一方面扩仓增加仓储能力，另一方面引入"低温"技术，减损增效，双管齐下，有效保障了粮库的仓储效能。

（二）南充市顺庆区芦溪粮食储备库建设

芦溪粮食储备库位于芦溪镇兴阳山村 4 组、10 组，总投资 3726 万元，占地面积为 38092 平方米，约 57.14 亩，总建筑面积为 10247 平方米。新建粮食平房仓 3 栋，储存总量累计达 3 万吨，年吞吐量达 6 万吨，粮食平房仓建筑总面积达 7365 平方米。除 3 座粮食仓储建筑外，还包括 2882 平方米的基础配套设施，包括机械罩棚及器械库、消防泵房、地埋式消防水池、综合办公楼、一站式服务楼、药品库、室外停车场等。该项目建成后将提高南充市的粮食储备能力、粮食调运和应急保障能力，保障区域粮食供应和粮食安全，有利于完善省、市、县三级地方储备粮体系。

三　技储提升：推动新技术赋能，储粮于技助效能

天府粮仓，藏粮于技。四川省作为粮食生产和消费大省，在落实"大国粮仓"战略上更是一马当先、义不容辞。殷实"天府粮仓"，根本在于耕地保护，出路在于科技赋能。对于粮食储备，既要有仓能的有效保障，也要有效能的有力提升。为此，全省各地通过科技赋能，实现"低温""智慧"储粮，实现粮食储备看得见、损耗少、品质高。

（一）成都市龙泉驿粮食储备库"智慧储粮"

粮食进"冰箱"，储粮减损增质增效益。龙泉驿粮食储备库将设计容量为 6 万吨的 6 栋平房仓改造为低温仓房，实施以低温储藏技术为基础的粮堆生态管理，粮库储粮数量和质量状况发生了革命性变化。仓内温度常年保持在 18 摄氏度以下，将粮食水分平均减量从之前的 1.5% 降低至 0.5%，平均每个储备周期粮食水分减量损失减少近 600 吨。同时，低温储粮还有利于减少化学杀虫药剂用量，每个储备周期减少杀虫药剂量近 3 吨，不仅节约上百万元的杀虫费用支出，而且大幅减少储粮污染，提高储备粮的保鲜度和品质。

粮仓装"大脑",管粮智能实时有效率。储备库不断提升仓储科技赋能水平,通过智能化粮库集成控制平台监测粮食存储情况,通过测温设备查看库内温度、湿度等数据,通过红外线的粮面高度自动测算存粮的容积,操控仓库内的智能摄像头,对粮仓进行网格化扫描,可以取上百个点测量,对粮库进行实时监控,实现"坐在办公室就能知道仓内的数据和变化趋势",一旦出现异常,系统就会发出警报,调运员可以立马查看异常点,进行原因分析、针对性地处置。通过24小时粮库仓内、仓外的实况监控,借助大数据的分析和对比,精准掌握粮库的粮情状况,智能预测、预警粮情趋势,让粮食"看得见、管得住"。

(二)绵阳市绵竹城区省粮食储备库(粮食低温储备库)专项建设

绵竹城区省粮食储备库对106库区粮库4~9栋仓房(21个仓间)进行低温库升级改造,改造仓容共计2万吨,项目总投资达539.72万元(省级财政专项建设资金)。项目主要对仓库进行低温改造,将粮食放进"冰箱",减少粮食水分的减量损失,是四川省创新应用绿色低温技术储粮的一个缩影。

四 调储提升:高标准物流建设,储粮于调畅通达

我国历来重视粮食的调配,以此保障粮食生产的区域差异下的全国性供应均衡,有效应对自然灾害等突发性应急需求。史书记载,明朝在京杭大运河中从南向北运粮的漕船达9000多艘,清朝每年从南方征收北运的漕粮多达400万石。随着我国经济社会的发展,粮食格局发生逆变,产—销的非对称性矛盾愈加凸显,建立统一的粮食大市场呼之欲出。高标准的物流是粮食大市场、"双循环"的基础性要素,高效、畅通的粮食现代物流体系,既是粮食减损降耗的内在要求,也是实现"双循环"、形成全国粮食大市场的前置条件。四川省高度重视粮食的现代物流建设,减损提效,积极融入全国粮食大市场,从物流建设方面保障粮食安全。

（一）成都粮食集团青白江铁路枢纽粮食物流园建设

青白江铁路枢纽粮食物流园位于成都国际铁路港经济开发区，承担着成都以及西部地区粮油的储备、物流、加工等重要保障职能。该项目总投资额预计约 3.44 亿元，拥有亚洲最大的集装箱中心站、西部最大的铁路枢纽中心以及密集的公路交通网络，是"北粮南运"和"八横八纵"的关键节点。

2021 年 6 月，成都乡村振兴基金与青白江铁路枢纽粮食物流园正式签署投资合作协议，投资 7000 万元入股青白江铁路枢纽粮食物流园，用于完善粮食物流产业链、升级改造产业园区基础设施等，带动粮油、饲料、机电、运输等相关行业发展。成都乡村振兴基金的战略性入股，将进一步增强园区粮食产业链的整合能力，进一步提升粮农产品的应急储备水平和供给保障能力。依托成都国际铁路港，推进粮食物流产业链发展，融合开展粮油储备、物流、加工等业务，成为全国"北粮南运"的关键节点，是成都以及四川重要的粮食安全保障基地。

（二）广元市川北红岩港粮食现代物流中心建设

川北红岩港粮食现代物流中心位于广元红岩港临港工业园，规划用地 167 亩，主要建设 5 万吨粮食储备仓、0.3 万吨储油罐、粮食质检信息化大楼及附属设施。项目建设计划分两期实施，建设周期三年。目前该项目一期一标段 1.5 万吨粮食储备仓正在建设中。项目建成后成为川陕甘结合部规模最大、功能最全的粮食和应急物资储备集散中心，对区域粮食物流产业发展、保障地方粮食安全具有重要意义，将提升区域粮食储备能力和应急保障能力。

五 民储提升：多元主体系保障，储粮于民共担当

习近平总书记 2022 年在全国两会期间强调，"饭碗一起端，责任一起扛"。习近平总书记的讲话揭示了新时期粮食安全保障工作的群众路线：一方面粮食安全为了人民群众，粮食安全必须依靠人民群众；另一方面粮食安

全保障需要构建产—销同责的链式治理体系，政府、企业、社会多主体协同的治理模式。粮储四川局与京东物流（西南）战略合作是政企合作促保障的典型案例。四川京邦达物流科技有限公司是京东物流集团的西南总部，具有国内领先的物流基础设施网络和运输网络，在地震地质灾害救援、抗击疫情、精准扶贫等方面做出积极贡献。2021年4月，国家粮食和物资储备局四川局与四川京邦达物流科技有限公司（京东物流西南总部）建立战略合作伙伴关系，在物资的在库管理、应急调运保障、仓储运营合作、物流仓储相关应用等方面签署战略合作等多份框架协议。发挥京东物流的平台和技术运营优势，加强粮储四川局辖区内的国家战略应急物资管理，提供突发事件应急保障水平，更好地服务于民生保障和国民经济，形成一体化的现代供应链服务体系。

六　四川特色：粮食应急预案（应急储备）
——天府森林粮库

　　主动作为，储粮于特。粮食安全形势越是严峻，越是要完善保障体系，越是要挖掘潜力、多元化保障供应。四川省主动作为、勇于担当，根据新形势，制定四川省粮食应急预案，系统地解决"应急状态"下的粮食保障问题。同时，依据四川省的自然禀赋，适时着力建设"天府森林粮库"，以构建多元化食物供给体系，建设更具使命担当的"天府粮仓"。

（一）粮食安全全态保障，出台粮食应急预案

　　2022年4月，四川省人民政府办公厅印发《四川省粮食应急预案（试行）》，及时有效地应对各类突发公共事件、自然灾害或由其他因素引发的省内粮食市场异常波动，确保全省粮食安全和社会稳定。预案明确，在粮食应急状态下，须在粮食（含食用植物油）储备、采购、调拨、加工、运输、供应、进出口等方面及时有效地开展应对工作。根据应急范围和影响广度，将粮食应急状态区分为特别重大、重大、较大、一般四个等级，其中，7个

以上市（州）出现粮食应急状态的情况为特别重大，2 个以上市（州）或者省会城市（成都）出现粮食应急状态的情况为重大，1 个市（州）出现粮食应急状态的情况为较大，1 个以上县（市、区）出现粮食应急状态的情况为一般。同时，预案还明确了省级粮食应急响应的等级、责任主体及应对策略等。其中，等级从低到高分为三级、二级、一级三个级别，分别由省粮食和物资储备局牵头组织指导协调或者具体组织应对、省政府分管负责同志组织指挥应对、省政府主要负责同志组织指挥应对。

预案还明确了全省粮食应急工作的领导机构和办事流程。其中，省粮食应急指挥部为全省应对粮食应急事件的领导机构，在省委、省政府和省应急委员会统一领导下开展工作，负责组织、协调、指导、应对粮食应急事件，保障粮食市场供应。省指挥部成员单位及时监测职责范围内由突发事件可能引发粮食应急状态的异常现象，对异常原因进行分析研判，提出预防和处置措施建议。当出现特别重大、重大粮食应急状态时，省指挥部办公室在收到有关信息报告后，第一时间向省委、省政府报告有关情况，采取措施对应急工作作出安排部署，并及时向国家粮食应急工作指挥部办公室报告。省政府批准启动省级粮食应急预案后，省指挥部应适时适量动用投放地方粮食储备，一次动用省储备粮数量在 10 万吨以下的，经省政府授权，省指挥部可直接下达动用命令。各级地方储备粮应急动用后，由同级粮食和储备行政主管部门研究提出补库方案，会同有关部门（单位）适时下达补库计划，及时恢复储备粮库存数量，原则上在 12 个月内完成等量补库。此外，预案还从粮食储备、应急网络、基础设施、资金人员、信息化等五个方面提出了相应的保障措施和应对要求。

（二）树立大粮食观，高质量建设"天府森林粮库"

粮食安全是"国之大者"。党的二十大报告明确提出"全方位夯实粮食安全根基"，强调"树立大食物观""构建多元化食物供给体系"。2022 年 3月 30 日，习近平总书记在参加首都义务植树活动时指出，森林是水库、钱库、粮库，现在应该再加上一个"碳库"。6月 8日，习近平总书记在四川

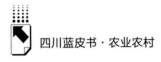

考察时要求，在新时代打造更高水平的"天府粮仓"。四川作为全国森林资源大省，牢记嘱托，勇于担当，深入挖掘林地潜力，使林地与耕地一道共同担负起建设新时代更高水平"天府粮仓"的国家使命。"天府森林粮库"是"天府粮仓"的重要组成部分，建设"天府森林粮库"，是维护国家粮食安全的必然选择，是彰显森林多重效益的应有之义，是乡村振兴的现实路径，是满足社会多元需求的有效举措。建设"森林粮库"可以补充耕地资源的不足，增强四川粮食的供给能力，发挥森林的多重效益，释放多元价值。

参考文献

徐伟平、杨皓森、代瑞熙：《多元化粮食储备体系及其对粮价影响的研究——以玉米为例》，中国农业大学出版社，2021。

《四川省人民政府关于印发〈安宁河流域国土空间规划（2022—2035 年）〉的通知》，https：//www.sc.gov.cn/10462/zfwjts/2022/11/22/81de151cfb1044c18c3 c1be9888ba5e0.shtml，2022 年 11 月 22 日。

宋振远、孙洪磊、董峻：《求解中国"北粮南运"变局》，央视网，2007 年 5 月 8 日。

李浩燃：《粮食安全是"国之大者"》，《人民日报》2022 年 3 月 15 日。

刘毅、顾仲阳、董丝雨等：《总书记十年树木》，《人民日报》2023 年 4 月 2 日。

李森：《传达学习习近平总书记来川视察重要指示精神　研究部署省政府党组贯彻落实举措》，《四川日报》2022 年 6 月 14 日。

李天满：《以党的二十大精神为指引　高质量建设"天府森林粮库"》，《绿色中国》2022 年第 23 期。

李云泽：《十年来，四川新增粮食产量可供 1700 万人吃一年》，http：//scdfz.sc.gov.cn/gzdt/zyhy/swxx/content_ 102460，2022 年 8 月 19 日。

侯荣、曹冲：《四川查处国有粮企粮库一把手 299 人深挖彻查"靠粮吃粮"腐败》，《中国纪检监察报》2022 年 7 月 31 日。

B.23
大邑县现代农业（粮食产业）园区建设实践研究

付宗平　石江南*

摘　要： 成都市大邑县现代农业（粮食产业）园区以智慧数字农业生产为重点依托，大力促进域内现代农业产业转型升级和产业融合纵深发展，有效推动园区粮食生产走上高科技、高标准、现代化道路。本文从大邑县现代农业（粮食产业）园区建设实践出发，通过总结其建设过程中的成效与经验，分析现阶段园区建设仍存在的主要问题，提出持续强化科技支撑、建立健全园区经营管理体系、园区功能市场化转型、调整优化产业结构、深化多元主体利益联结机制和挖掘现代农业生态价值功能的对策建议。

关键词： 现代粮食产业园区　大邑县　智慧数字农业

现代粮食产业园区是以粮油等大宗农产品生产为主的现代产业园，由政府牵头引导，以市场机制为导向，以企业、农户为主体，通过资源整合、产业升级、技术引领，增强农户参与农业生产专业化服务的内生动力，推动城乡间产业、经济、社会发展。现代粮食产业园区有着保障粮食安全的重要作用，在体现社会效益的同时应兼顾经济效益。成都市大邑县现代农业（粮

---

* 付宗平，四川省社会科学院农村发展研究所研究员，主要研究方向为农村经济；石江南，四川省社会科学院农村发展研究所，主要研究方向为农业管理。

食产业）园区根据国家现代农业建设要求，充分将现代化信息技术应用于农业生产，大力发展智慧数字农业生产，以智慧数字农业促进域内现代农业产业转型升级和产业融合纵深发展，推动粮食生产走上高科技、高标准、现代化道路。

一 大邑县现代农业（粮食产业）园区的基本情况

大邑县现代农业（粮食产业）园区坐落于以水土富饶著称的川西平原，地处成温邛发展走廊的中段，地势呈现西北高、东南低的显著特点。成都平原经济圈由此处向山区过渡，使其充分发挥出地域联结的"纽带"作用。同时，园区地处都江堰优质灌区，一直以来都是成都平原"天府粮仓"核心建设区。其中，最具特色的是智慧农业粮食产业园，位于大邑县安仁镇永兴村，是国家大田数字农业试点项目的承载区，也是大邑县国家现代农业综合标准化示范的主要区域。园区于 2017 年投资建设，面积达 1.5 万亩，辐射带动了 20.5 万亩周边地区，以"科技赋能农业产业，创新驱动乡村振兴"为理念，重点打造标准化、规模化、精细化、品牌化的现代农业体系，积极推进新产品种植、新技术研发、新品牌创建，建设冷链加工、电商物流、新型农业、乡村旅游等配套设施，力求将该园区打造成国家级都市现代农业创新创业示范基地。2021 年，园区总产值 34.67 亿元，土地规模化流转率达 90%以上，机械化耕作水平达 100%，种植业良种覆盖率达 100%，已初步建立现代农业生产、经营、服务"三大体系"。① 园区成功被评选为 2021 年度四川省五星级现代农业（粮食产业）园区，大邑县因此也相继获评国家数字乡村试点县、农业农村部数字农业综合改革试验区、国家新一代人工智能创新发展试验区。

---

① https://mp.weixin.qq.com/s。

二　大邑县现代农业（粮食产业）园区建设成效与经验

2019 年 6 月印发《国务院关于促进乡村产业振兴的指导意见》，强调乡村振兴要打造产业融合载体，立足县域资源禀赋、突出主导产业，在深入推进"互联网+"现代农业、加强国家数字农业农村系统构建的基础上，建设现代农业产业园区和农业产业强镇，形成多元主体参与、多方要素聚集、多种业态打造的乡村发展格局，同时兼顾绿色生态兴农、高标准质量兴农。①大邑县现代农业（粮食产业）园区通过深入贯彻农业智慧数字化的基本策略，以创新高效农业为发展根基，以特色主导产业全面升级为发展核心，大力推进实体经济与数字经济融合发展，积极运用互联网新技术对传统农业产业进行了全产业链提档升级，依托数字化转型农业生产场景建设吸引产业实现集聚发展，加快构建高质量现代化产业体系。

（一）大邑县现代农业（粮食产业）园区建设成效

1. 健全数字智慧农业生产管理体系

大邑县作为全国首批国家数字乡村试点县，已编制完成了数字乡村建设规划，建成数字农业综合服务平台、150 个数字农场和全省首个"无人农场"。在大邑县现代农业（粮食产业）园区近 500 户粮食种植大户都用上了数字化种田。同时，大邑县充分利用"国家数字农业"试点成果，联合四川农业大学、成都电子科技大学、四川省农科院、成都市农林科学院等院校机构，共同搭建"吉时雨"智慧农业数字服务平台，构建"智慧平台+控制中心+数字农场"的科技创新运营模式，通过"无人机+智慧农业"完成了数字化农业产业管理服务场景转型，有效实现了生产经营、管理服务、主体

---

① 《国务院关于促进乡村产业振兴的指导意见》，http：//www.gov.cn/zhengce/content/2019-06/28/content_ 5404170. htm？ivk_ sa＝1024320u，2019 年 6 月 28 日。

融资三大环节的在线化、数字化、智能化，农户可以享受到全方位、一站式的农场管理、农情监测、农资购买、农机作业、金融服务、粮食销售等服务，有效提升了粮食生产的全产业链价值。目前，"吉时雨"智慧农业数字服务平台已实现智能检测耕地"非农化""非粮化"，不仅应用于精准化调度管理县域内2个十万亩粮油产业园和12个万亩粮经复合产业园，还进一步将效能辐射至省外的黑龙江、江西、吉林等6个省19个市（县）的213.7万亩耕地。

2. 构建农业生产与科技协同创新机制

一方面，大邑县充分发挥主导产业优势，积极推进"五良"融合，实现良种覆盖率达100%。推动"川康优2115"等粮油新品种、新技术研发和成果转化应用。在农业技术方面，通过稻麦两季全程机械化高产栽培，优质的粮油品种在育秧、插秧、水肥管理等过程中，依托专业研究团队的技术支撑，有效建立起一套绿色低碳、高产高效、高机械化的栽培技术应用体系。同时，倡导生态有机种养模式，推广有机、绿色、无公害农产品种植，大力发展稻田综合种养，依托数字化平台管理农田土壤肥力监测数据，基于施肥模型实现精准施肥用药，使农药化肥污染程度降低10%、作物效益提高超过10%。由此，粮油产业园区形成了一套高效实用的"一院两主体三中心四协同"协同推广模式，构建了科研院所技术专家、省市县技术推广专家和新型经营主体三方合作机制。专家团队依托专家大院扎根一线、省市县农技部门依托创新稻作技术高效推广、新型经营主体依托自身需求高效经营，有效落实了农业生产与高新技术协同推广，打通了全域农业生产的产前、产中、产后环节，突破了技术推广瓶颈，不仅切实保障了优质品种的超高产和全程机械化生产示范，还推动了现代农业高效生产和新型农业经济社会化服务高水平运行。另一方面，大邑县大力推进高标准农田建设，牢牢抓实粮食种植面积，切实确保粮食质量与产量并举，强化粮食安全保障能力。以粮食生产功能区为重点，加快推进高标准农田建设，提高粮食综合生产能力，从2019年起，以每年新建高标准农田1.7万亩为标准，实现到2023年粮食生产功能区高标准农田覆盖率达到100%；同时，在稳定上年水稻种播面积的基础上，通过"大棚房整治"、土地整理、宅基地复垦、花卉苗木清退等方式，继续扩种水稻。依托高标准农田建设，推进耕、种、收先进适用机具的推广使用和农机配套技术集成，实现园区粮油作物机耕水平和机收水平均达100%，实现农业生产方式由粗放型向集约型转变，节约30%以上的劳动力，全域粮食生产每年节本增效超1000万元，充分发挥现代农业产业园区在新时代保障粮食安全中的重要示范作用。

3.园区形成联农惠农带农发展模式

现代农业粮食产业，园区是实现农业现代化发展目标的载体，农民充分参与和收入增加是重要前提。大邑县现代农业（粮食产业）园区打破了传统小农的个体种植模式，采取统一标准、统一技术、统一管理、统一销售，遵循自愿原则使有生产意愿的农民可选择成为职业农民，没有生产意愿的农户进行闲置土地流转，在获得土地租金和分红的同时还有益于当地农业劳动力结构优化。大邑县政府在现代农业（粮食产业）园区建设中大力完善农业生产基础设施，有效降低了农户开展集约化、高标准化、机械化、信息化的现代粮食生产所需投入，为当地农户实现组织化生产、规模化经营、数字化管理提供了基础条件。园区借助平台公司和科技院校（所）研发搭建数字化农业管理平台，构建"农户+企业+电商+金融机构"的多元合作机制，为园区内445家农业经营主体提供定制化服务，通过农资厂家统一收购、统一就近加工、统一线上线下销售，平台按低于市价10%~20%的价格购买农资产品，农户产出的粮食由平台按高于市价格全部回购，为农户每亩增加了40~60元的收入。同时，与中国农业银行、成都农商银行等金融机构合作，提供无担保线上金融服务，为各类农业经营主体提供贷款4500余万元，有效降低经营主体融资成本。由此，农户基于较为完善的现代农业生产基础设施和社会化服务水平，使用高新技术辅助生产，深度参与园区新型农业生产，实现与大市场、现代农业的有效衔接，提升农民专业化、素质化、职业化水平，形成农户有效参与现代化农业产业园区建设的利益分享机制。同时，地方政府、外来企业、金融机构等多元主体在现代农业产业园区建设中也可以获得可观的收益。

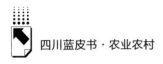

4.园区实现粮油产业转型升级

大邑县现代农业（粮食产业）园区立足当地自然条件、资源禀赋和经济发展水平，因地制宜发展农业主导产业，大力发展农产品精深加工，提供分拣包装、冷藏保鲜、仓储物流等一系列配套服务，推动特色农产品进入线上和线下相结合的多种商业销售平台，探索运用农产品供销"互联网+"模式，打造农业精深加工品牌基地。同时，建立农业品牌运营体系，培育壮大"三品一标"农产品，加大农业品牌宣传力度，通过实施农业品牌化、数字化、融合化发展策略，走特色高效农业发展之路，以智慧农业为发展方向，以农商文旅体融合为路径选择，实现农业品牌价值提升、农业产业链延展，发展以"精致农业""智慧农业""休闲农业"为核心的新型现代都市农业，建设全国智慧农业先行示范区。

（二）大邑县现代农业（粮食产业）园区建设经验

1.数字技术赋能是现代农业园区发展的有力支撑

大邑县现代农业（粮食产业）园区坚持数字乡村战略引领，切实贯彻国家大田种植数字农业建设试点项目的基本要求，积极探索出了一条以数字技术赋能现代农业发展的创新路径，重塑了农业生产方式与生产流程，实现了现代农业产业园区农业生产的智能化、园区管理的数字化及服务功能的在线化，园区内农业土地的产出率、乡村资源的有效利用率、经营主体的劳动生产率都得到了明显提升，有效推动了域内整体农业产业的提档升级。同时，园区积极发展数字化农业，使大数据、物联网、云计算、移动网络等高新现代信息技术与园区现代农业产业的生产环节、经营环节、管理环节等深度融合，不仅实现作物生产的精确感知、精准操作、精细管理，精准获取田块面积、病虫灾害、气象灾害、市场波动等一系列数据信息，还能实现涉农行政事务，如种粮补贴等的网上直接办理、线上审批，有效促进农业生产节能降耗、提质增效，同时提高农业农村行政管理服务的效率与精度。

2.夯实农业本底是现代农业园区建设的重要基础

大邑县积极探索以科技创新支撑粮食丰产增效，打造农田标准化、生产规模化、品种优质化、全程机械化的新时代高标准现代农业生产模式。首先，通过全面开展高标准农田建设，改良土壤肥力、提升耕地地力，加强田型调整、渠系配套、道路改造，实现全程机械化生产，全面强化粮食安全保障能力。其次，大力推广"水稻＋油菜""玉米＋大豆"等复合种植模式，实行"六统一"模式，即良种统供、农资统配、病虫统防、生产统管、技术统训、产品统销，并推动引导低效果茶苗木土地腾退复垦形成耕地，扩大耕地面积。最后，依托各大科研院校和专家团队，通过"园区＋科研院校（所）＋新型经营主体"新型经营方式，构建农业科技协同创新机制，实现粮油新品种、新技术研发和农业科技成果高效转化。

3. 构建多元主体利益联结机制是现代农业园区发展的内在动力

现代农业产业园区应当以"姓农、务农、为农、兴农"为根本宗旨，构建和完善"联农带农惠农"的利益联结机制以保障农民根本利益，让农民共享现代农业经济发展成果。坚持以政策为导向，积极引导多元经营主体参与现代农业产业体系的投资与运营，实现资金、人才、科技等要素向产业园区汇集。大邑县通过建设现代农业（粮食产业）园区，吸引企业、农民专业合作组织、职业农民等多元主体进入园区，充分发挥产业园区促进产业融合的示范效应，激发乡村内生发展动力。

三 大邑县现代农业（粮食产业）园区建设的问题分析

（一）科技支撑力量后劲不足

大邑县现代农业（粮食产业）园区数字化建设初具成效，但整体上仍处于初级阶段，在数字基建、数字维护等方面存在瓶颈。一方面，园区内粮食生产的科技研发过度依赖于专家团队与科研机构，缺乏拥有自主研发能力以及能带动域内产业发展升级的龙头企业，缺乏发展内生动力。另一方面，

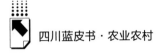

园区内高新技术设备与基建主要依靠财政预算，园区自身缺乏足够资金支持后续设施维护与硬件升级。

（二）管理职能权责不清

县级现代农业产业园区应该是以村集体经济组织为核心，对土地资源、农村劳动力和产业经营等进行协调。而在大邑县现代农业（粮食产业）园区建设中，当地村集体经济组织的参与明显不足。主要是由县级党组织成立的园区综合委员会对园区各经营主体进行统筹与管理，农户与平台公司和企业直接合作，园区重大事项主要是由委员会处理，村集体的参与明显不足，难以实现其功能。并且，由县级政府部门直接管理乡上产业，容易导致职责划分不清、产业管理不专业等情况，园区发展效率偏低。

（三）农户缺乏多样化增收渠道

大邑县现代农业（粮食产业）园区的建设主要依靠政府投入基建和平台公司投入技术，如当地政府联动三大运营商投入5.23亿元，建成1317个5G基站、527个物联网数据采集点、167个数字农场和全省首个"五良融合"无人农场。然而，当地农户却没有将资产和资源投向园区建设，因此农户难以形成更加稳定的经营净收入来源。目前，入驻园区的企业联农带农激励机制还不完善，没有涉足合作制、股份制、订单农业等多种参与方式，没有形成成熟的农民合作社"保底+分红"利益联结机制，农户增收渠道有限。

（四）现代农业产业附加值有待深入挖掘

第一，园区粮食生产经营以小农户为主，大型合作社和家庭农场参与较少，经营方式较为粗放，粮食品质欠佳；第二，园区粮食产业品牌建设欠缺，未能形成具有影响力的农产品品牌；第三，特色产业的社会服务功能和经济发展潜能开发得还不够充分，农业向高附加值领域的延伸还不够，尤其是农业下游产业链开发程度不高、附加值很低；第四，农旅融合业态未能与粮食产业形成有效牵引，难以带动农产品的经济价值提升。

（五）园区建设资金投入短缺

首先，大邑县现代农业（粮食产业）园区投资规模偏小，主要用于基础设施建设，在科技研发、技术升级、人才培养、产业转型等方面缺乏资金支持。其次，园区产业发展资金投入结构失衡、方式单一，主要依靠财政投入，撬动外部金融资本和社会资本的能力不足，缺乏农户、村集体和合作社等乡村本土性资本要素投引机制。

四　大邑县现代农业（粮食产业）园区建设的对策建议

（一）进一步强化科技支撑

首先，深化科技赋能农业效应，推动数字化对农业的传统生产方式进行变革和重组，促进园区基础设施建设从设备设施、水利道路、田间设施等向生物技术、信息技术、节水技术、低碳技术、耕作技术等农业现代化、产业化的高新技术发展，农业生产过程则加强集约化、高标准、机械化、信息化，进一步实现产业转型升级，保障粮食等大宗农产品供给安全，使现代农业的种植、经营、加工、销售、冷链物流等环节的科技创新能力提档升级；其次，加大引入国内外前沿科技成果的力度，丰富园区科研创新项目，增强园区内源性科技创新能力，提高园区整体科技发展水平，加快推进农业科技水平提升和农业产业升级；最后，充分发挥现代农业产业园区在新业态孵化、科技创新和品牌推广等方面的引领和带动作用，运用数字技术武装现代农业，创新产业发展模式，着力提高现代农业产业园区的科技含量和扩大现代农业产业园区信息技术应用范围。

（二）建立健全新型农业产业园区经营管理体系

建立责权清晰的园区管理制度，严格落实管理、监管和主体责任，明确

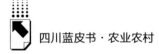

职责范围，建立健全长效管理机制，形成园区内以村集体为主导、各方主体和谐参与的管理体系，通过各部门、各主体间的有效协同、通力合作，实现园区资源利用最大化，推进现代农业产业园区可持续发展。一方面，发挥村集体在现代农业产业园区中的统筹作用，坚持"政府主导、市场运作、粮企参建、农民参与"的基本原则，按现代企业制度范式，促进产业园区组织架构集团化、股份化、公司化、市场化，充分发挥现代农业产业园区中集体经济组织的统筹、带动和治理功能，更加高效地整合土地资源和农村劳动力，最大程度唤醒村庄"沉睡"资本，推动农民收入增加。另一方面，以现代农业产业园区的建设推动集体经济发展壮大，全面推进产村融合，积极探索"生产在园、加工在村、收益在民"产业与村集体共建共享、共谋发展模式，实现产业振兴，推动新型集体经济成长。

（三）推动农业产业园区生产功能向市场化转型

现代农业产业园区转型升级就是要实现农业转型，关键在于实现园区农业的产业化和园区产业的特色化与生态化。一是在深化农业产业园区功能开发的同时，持续拓展现代农业产业内涵，丰富农业产业的社会服务功能，充分带动农民增收，持续增加现代农业产业园区内产业融合过程中的外部效应。二是坚持以粮食安全为根本，以市场需求为导向，围绕本土资源禀赋和主导产业，打造特色品牌，提高产业附加值。根据市场需求挖掘农业产业的多功能性，促进园区产业深度融合，实现现代农业产业园区在主要承担生产功能的同时兼顾满足商业需求。三是充分利用市场机制，探索特色农业产业资源与要素融合发展模式，充分发挥产业聚集效应，走农业文化商业化道路。

（四）调整优化产业结构

产业融合发展是未来的必然趋势，现代农业产业园区实现产业升级的重点在于优化产业结构、促进产业融合。依托现代农业产业园区平台，坚持全产业链协调发展、一二三产业融合发展、生产主体共享发展、特色主导产业引领发展、农业产业绿色生态发展的基本思路，推进农业产业结构向数字信息化、高标准化、特色品牌化、绿色生态化升级，构建集农业技术推广、农业信息服务、职业农民培训于一体的新型生产性服务产业体系。同时，探索农业资源深度互动体验，挖掘农业文化资源，不断催生新业态，进一步优化农文商旅多业态融合发展格局，推动建成集规模生产、深度加工、科技引领、品牌营销、社会服务、文旅融合于一体的一二三产业深度融合发展的综合性园区。

（五）深化多元主体利益联结机制

现代农业产业园区要以"姓农、务农、为农、兴农"为中心和根本，不仅要增加经济效益，还要注重社会效益。首先，在充分保障农民根本利益的基础上，积极创新联农带农利益机制，拓宽农户增收渠道，拓展农户参与乡村振兴的深度与广度，帮助农民通过多种渠道实现增收。其次，调整优化财政支出结构，统筹项目资金，建立多元投资机制，增加金融产品，鼓励多种农业新型经营主体参与现代农业产业园区的建设，拓宽社会资本参与的空间和渠道，改善现代农业产业园区建设仅由政府单一投资的困境，积极引导外部社会要素向产业园区汇聚，促进城乡要素流动，推动乡村经济发展。最后，构建多元主体间的"利益共享、风险共担"长效机制，实现园区内不同经营主体间的深度绑定、长期合作、共建共享。

（六）发掘现代农业生态价值功能

现代农业产业园区建设既要注重经济效益，更要保障粮食安全。坚持供给更加生态化和绿色化的高品质农产品，充分发挥现代农业产业园区在保障我国食物安全中的重要功能。发展绿色的粮食生产，就要积极应用农业高新技术，推动现代农业产业园区的集约化、规模化、技术化，增加农业生产的生态效益，利用农业高新科技武装新型粮食生产体系，围绕"一减两控三基本"，创新绿色生态种养结合循环发展模式，增加农业生产无害化、资源循环化利用的现代农业产业园区生态价值。具体而言，一是通

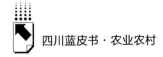

过现代生产技术实现粮食生产的化肥农药少施用甚至零施用，保障粮食生产系统的绿色良性循环。二是依托现代生物技术培育新的粮食良种，实现粮食产品的高质量化、健康营养化、多功能化。

（七）强化现代农业产业（粮食产业）园区的区域经济发展带动作用

一是发展特色主导产业，打造园区产业特色，同时提升现园区的科技创新推广能力，打破地域限制，不断完善园区农业生产社会化服务体系，发挥辐射带动效应，以优势主导产业链条为纽带，加强现代农业产业园与周边农村地区在农业生产、乡村建设、经济发展等方面的紧密联系和有效衔接，有效带动周边地区实现乡村振兴和农业现代化发展。二是加强与其他产业园区的交流和合作，构建资源共建、运营共治、利益共享的产业合作体系，相互支撑、补偿短板，形成跨区域产业协同发展机制和集群模式，产生"1+1>2"的效果，实现更广大范围的乡村经济繁荣。三是总结现代农业产业园区建设的经验，探索多元化模式，持续提升乡村振兴的影响力、辐射力。

参考文献

宋洁、赵文雯、刘仁鹏：《四川现代农业产业园发展路径研究》，《中国国情国力》2022 年第 10 期。

蒋黎、蒋和平、蒋辉：《"十四五"时期推动国家现代农业产业园发展的新思路与新举措》，《改革》2021 年第 12 期。

王文、吕军、杨晓文等：《现代农业产业园建设模式与关键技术研究》，《中国农机化学报》2020 年第 12 期。

许萍、郑金龙、孟蕊等：《国家现代农业产业园发展特点及展望》，《农业展望》2018 年第 8 期。

翟续程、潘玥：《吉林市现代农业产业园数字农业发展建设研究》，《农村实用技术》2021 年第 2 期。

B.24

温江区退苗还粮的实践探索与经验启示

郭晓鸣　卢瑛琪*

摘　要： 国务院办公厅于 2020 年 11 月发布《关于防止耕地"非粮化"稳定粮食生产的意见》指出，各地区要认真贯彻党中央、国务院的决策部署，努力采取有力措施防止耕地"非粮化"，切实稳定粮食生产，牢牢守住国家粮食安全的生命线。本文基于温江区退苗还粮的实际情况，全面分析了温江区退苗还粮的实践经验，科学梳理了温江区在推进退苗还粮过程中需要关注的重点问题并提出相应的对策建议。

关键词： 粮食安全　花木腾退　退苗还粮　温江区

　　粮食安全始终是关系我国经济发展、社会稳定的全局性重大战略问题。耕地是粮食生产的根基，耕地红线是粮食安全的底线。中央出台严格的耕地"非粮化"整治政策，各地积极推进退经还粮并取得重要进展。但与此同时，在经济作物发展水平高的地区，过急过快退经还粮可能导致地方优势产业受创、相关主体利益受损等问题，需要采取稳健的经济作物腾退策略。温江区是成都市中心城区，花木产业是温江区传统优势产业，花木产业规模大，加之附加值较高、就业带动能力强，是促进农民农村共同富裕的重要驱动因素。若采取"一刀切"式的腾退方式，可能导致优势产业遭受巨大冲

---

* 郭晓鸣，四川省社会科学院原副院长、研究员，四川省乡村振兴战略研究智库首席专家，主要研究方向为农村经济；卢瑛琪，四川省社会科学院农村发展研究所，主要研究方向为农业农村发展。

击，以及经营主体、农户、村集体及其他花木产业关联就业人员利益受损等问题。因此，探索保优势产业、保耕地数量、保粮食供给增长与保多元主体利益等多重目标相兼容的花木腾退路径成为温江区的当务之急。

一 温江区退苗还粮的主要探索

花木腾退既是贯彻国家耕地"非粮化"整治政策的必然要求，也是温江区花木转型升级的内在需求。花木腾退涉及利益面广、存在多重风险，既要主动作为，又要充分预估难度和预判风险，厘清思路，科学决策，审慎推进。温江区高度重视构建花木腾退、粮食产业发展及花木产业转型三者之间同频共振的格局，力争实现平稳有序地退苗还粮。

（一）坚持注重政策引导和增强市场驱动，推动存量花木有序腾退

坚持"有为政府"与"有效市场"有机结合，综合运用政策引导和市场调节两种手段推进花木腾退。一方面，优化政策体系。贯彻国家耕地"非粮化"整治政策要求，出台覆盖花木腾退、土地整治、后续还粮等全环节和经营主体、村集体、转出农户等多元利益主体的系统化激励和约束政策，降低腾退阻力，促进花木有序腾退。另一方面，借助市场势能，因势利导分类施策。一是实施淘汰型腾退，顺应花木产业结构调整需求，优先推进低质低效花木腾退。二是实施诱导型腾退，发展精品粮食产业，发展农商文旅体养融合业态，以政策支持高值粮食产业发展进而引导经营主体有序腾退花木。

（二）坚持注重补偿激励和增强示范引导，推动粮食产业的质量与规模双提升

注重"退用结合"，在强化腾退补偿、种粮激励的基础上，加强高品质粮食种植示范引领，以点带面促进粮食产业规模化、高效化发展，提振种粮信心，逐步扩大粮食种植面积，促进花木腾退与粮食种植有序接续。一是强

化示范载体引领。选择生产条件优良区域，建设粮食生产综合示范区，塑造本土粮食品牌，示范带动经营主体参与粮食种植。促进粮食绿色发展、延链发展、融合发展等，实现多维突破，发展绿色、优质粮食产品，打造以粮食产业为基础的农商文旅体养产业体系。二是强化经营主体带动。培育壮大家庭农场、农民合作社、农业企业等新型粮食经营主体，构建粮食新型经营主体与小农户之间的共生成长机制，吸引更多经营主体投身粮食产业。

（三）坚持注重强链补全和结构优化，推动花木产业转型升级

构建花木腾退与花木转型之间的协同机制，促进花木产业品质升级、链条升级、效益提升，增强花木产业的极核带动能力。一是深化花木产业结构调整。基于家庭园艺花木需求潜力较大、低效低质花木需求日益萎缩的现状，优化花木品种结构，推进低质低效花木淘汰和花木品质提升，加快构建支持家庭园艺产业发展的政策体系。二是促进花木产业补圈强链。推进花木产业补链强链，完善育种、生产、加工、销售等各环节相衔接的花木全产业链，提升发展"花木+"旅游、文创等多元融合业态。优化跨区（县）际花木空间布局，构建"研发销售在温江、转化生产在周边"的发展格局，增强花木品种技术交流平台、产品集散展销平台功能，延伸花木外部产业链，构建配套协作、要素集聚、高效运行的花木产业生态圈。

二 温江区退苗还粮的主要经验

温江区推进退苗还粮取得了一系列重要进展，形成了以下具有借鉴和推广价值的经验与启示。

（一）退苗还粮多种风险并存，需要坚持稳健可行的实施策略

温江区推进退苗还粮面临四大风险。一是直接利益冲突引发的社会稳定失衡风险。花木腾退的接受度整体偏低，如果强制实施，可能引发多元主体的利益冲突。调查发现，极少部分的经营主体明确愿意腾退花木；绝大部

经营主体认为花木腾退会导致家庭收入减少。对土地转出农户的调查发现，一半以上的土地转出农户认为花木腾退会导致家庭收入减少。花木产业及关联产业就业容纳能力强，推进花木腾退可能导致相关主体收入降低、就业机会减少，若缺乏接续替代产业或新增就业岗位，将造成相关主体生计维持困难或生活水平下降，引发利益冲突。二是财政补贴力度过大引发的经济运行困难风险。花木腾退及土地整治的成本普遍较高，大范围的行政性推动腾退行为需由政府承担巨额腾退补偿费用、土地整治费用以及粮食种植补贴费用等，将大幅增加财政收支平衡压力，从而影响政府在保障民生、经济调控等方面的投入。三是优势主导产业发展水平呈断崖式下降的风险。花木腾退不仅直接导致花木面积减少，也会加剧经营主体的生存性担忧，导致对花木发展型投资的谨慎度提高，花木产业转型升级进程受阻、引发全面性产业衰退。四是投资信任度下降引发的区域信誉受损风险。中国西部地区作为花木市场中心所带来的"投资洼地"效应吸引了大量外来经营主体，促进了温江花木产业成长及其影响力提升。但大范围的花木腾退必将导致温江招商信誉受损，投资信任度下降，损害未来发展利益。

因此，对于温江区而言，推进退苗还粮必须坚持渐进、稳健的原则，对多重风险予以充分预判与评估，注重深入调查和系统谋划，保证政策实施周期的弹性调控空间，尽可能降低退苗还粮所带来的冲击。

（二）不同经营主体在腾退意愿方面存在显著性差别，必须选择分类推进的基本路径

不同类型经营主体的腾退意愿呈现明显差异。一是从经营规模来看，规模经营主体抗风险能力和盈利能力更强，腾退花木意愿较弱。二是从经营主体来看，多数外来经营主体采取规模经营，前期投资较大、沉没成本更高，对花木腾退的抵触情绪更强烈。三是从花木品种差异来看，盆栽花木、盆景苗木经营主体的腾退意愿更弱，其原因在于盆景苗木、盆栽花木的投资成本较大、经济价值较高。

因此，温江区在推进退苗还粮过程中需高度重视分类推进，优先腾退

本地以分散化小农户经营为主的低效花木、不符合市场需求的观赏乔木等，通过精准有效的分类推进，减缓社会风险冲击，减轻财政压力，减少摩擦阻力。

（三）强化退用结合和创建发展型补偿机制，是加强粮食生产运营稳定度的关键所在

退苗还粮后粮食经营的稳定性是值得关注的重要问题。粮食经营与花木经营相比收入差距巨大。同时，经营主体的粮食生产意愿较弱，难以成为后续粮食产业发展中的支撑性主体。粮食产业发展所需的技术储备、生产性设施、社会化服务等配套尚不健全，加大了粮食生产难度，由此可能造成腾退耕地面临较为严重的退用脱节问题，严重偏离耕地"非粮化"政策的预期目标。

为此，温江区充分重视构建退用结合机制和发展型粮食生产经营补偿机制，重点发展生态绿色粮食农产品、功能性粮食产品，围绕粮食生产、精深加工、仓储物流、品牌营销构建粮食生产全产业链，全面提升粮食生产效益和竞争力，同时通过"稻田+体验""稻田+研学""稻田+文创"等产业融合方式深度挖掘粮食生产的复合价值。在政策支持对象上，重视将在地性更强、具有规模效应的村集体纳入粮食生产发展政策重点支持对象的范围；在政策支持领域上，政策重点向农业生产性基础设施、社会化服务体系等公共性领域倾斜。

三 温江区推进退苗还粮需要关注的重点问题

花木产业是温江区传统特色产业，进一步推进退苗还粮面临诸多困难和挑战。同时，随着消费结构变化，花木产业面临着转型升级压力。总体上，温江区要进一步平稳有序推进退苗还粮与实现花木产业转型升级应高度关注以下问题。

（一）国家财政制约显著和大部分运营主体收入依赖大之间的冲突

一方面，花木产业收入较高。超过一半的经营主体花木经营收入占其家庭总收入的比重超过60%，导致其腾退意愿偏弱、补偿预期较高。极少部分经营主体明确愿意腾退花木，仅少部分经营主体认为现行补贴标准合理。另一方面，花木腾退补偿资金主要来自政府财政，且补偿覆盖范围广、涉及对象多，导致财政预算压力较大，难以承担大面积、较高标准的补偿。

经营规模较大、价值较高的花木经营主体的腾退意愿相对较弱，一是在从事规模经营的外来经营主体方面，超过九成的外来经营主体从事规模经营，一半以上的外来经营主体从事资金、技术密集型的盆栽花卉，其普遍在土地租赁、劳务雇工、设施建设等方面支付的成本高，甚至部分外来经营主体尚处于未实现净盈利的投资期，其腾退抵触心理十分强烈。二是在从事盆景苗木经营的本地经营主体方面，其经营规模仅次于观赏乔木。盆景苗木经营具有回报丰厚、需要长时间的投入甚至代际技术传承等特点，因此，经营主体的收入预期更高。

（二）不同腾退补偿需求和相关激励政策不完善之间的冲突

花木腾退包括在地花木销售或移植、土地整治、粮食种植等一系列环节，利益受损主体包括花木经营主体、土地转出农户及村集体等，但支持政策尚未完全覆盖多重环节和多元利益主体，成为实施花木腾退政策的重要障碍。

一是多重环节补偿覆盖不全。在花木腾退过程中，经营主体不仅有土地整治方面给予政策补贴的明确要求，而且对存量花木销售、花木移植等方面的支持政策的需求也较为迫切。但现行花木腾退补贴政策仅覆盖腾退与种粮的补贴，存量花木销售、花木移植、土地整治等方面的支持政策不足。二是多元主体补偿覆盖不全。首先，对村集体的补偿激励缺失。对村集体的损失补偿机制和激励机制缺失导致村集体的工作动力不足。其次，对土地转出农户的补偿缺失。因土地流转收益下降、务工收入减少等原因，大部分土地转出农户花木腾退后收入减少。最后，花木产业及其关联就业人员的利益保障机制缺失。花木产业具有劳动密集型特征，衍生出务工、运输、营销等收入相对较高的就业机会。花木腾退造成就业岗位缩减、收入降低。因此，加强花木产业及其关联就业人员的利益保障，催生新的就业机会，并为其再就业提供教育培训、就业信息等支持，是温江区进一步推进退苗还粮需要重视的关键问题。

（三）粮食产业获益水准不高和粮食种植引导激励缺乏之间的冲突

种粮收入远远低于花木经营收入，种粮意愿偏低，究其原因：一是粮食经营地块分散化。花木腾退的分散化难以保证粮食产业的集中连片布局。地块分散导致难以通过集中土地实现粮食机械化生产、规模化经营，也无法集聚产业链各个环节实现价值链升级，制约粮食经营效益提升。二是生产性设施不配套。相较于花木生产，粮食种植对田间生产设施要求更为严苛，需地块调形、平整等以能够实现现代机械化操作，需完善灌溉渠系以保证给排水需求。此外，适应粮食产加销一体化经营的仓储保鲜冷链物流、初加工等设施尚未成体系。三是支持粮食种植的激励性政策需要强化。对粮食种植的补贴力度不够，经营主体粮食种植的积极性难以被充分调动。同时，对村集体参与粮食种植的专项支持政策缺失，不利于发挥村集体的资源整合优势、组织统筹优势从而实现粮食产业的规模化经营。此外，对粮食产业高质高效发展起到重要作用的社会化服务体系建设、高效栽培模式应用推广等支持政策仍显不足。

（四）粮食产业进一步完善和相应服务系统支持度不高之间的冲突

温江区的立地条件、交通区位决定了粮食产业需突出优质、高效、高端，才能承接大都市消费辐射、覆盖较高的人工和土地流转成本，这就要求建立与粮食产业高质量发展相匹配的技术服务体系和社会化服务体系。但长期以来，温江区大部分区域粮食产业已完全萎缩或消失，粮食产业系统性服务亟待加强。一是缺少技术储备。多数经营主体缺少粮食种植经验和技术，对于是否能够种好粮食存在担忧。技术储备不足将直接制约生态、高品质粮食产品的种植和推广。二是缺乏社会化服务体系支撑。适应粮食产业的社会化服务体系尚不完善，服务组织发育不足，服务人才队伍缺乏，存在覆盖面窄、供需衔接困难、服务质量不高等突出问题，无法满足粮食生产性服务需求。

（五）花木产业全链式改革需求和优化驱动力不足之间的冲突

温江花木转型升级需要实现育产加销全产业链各环节的同步发力、整体推进，但组织驱动力不强与政策激励不足在一定程度上制约了花木产业转型升级进程。一是组织驱动不足。温江花卉协会、农业职业经理人协会等在协助融资、市场拓展等方面发挥了积极作用，但对于花木产业战略性调整升级的牵引不足。企业、农民合作社、家庭农场等规模经营主体相互之间合作发展不足，且规模经营主体对小农户的辐射和带动作用不足，难以满足家庭园艺不断兴起所带来的持续增加的农资供给、技术培训、劳务用工、市场销售等生产性服务需求。二是政策激励不足。受实施花木腾退政策可能产生的不确定性影响，部分花木经营主体投资预期不稳定、发展信心受挫，导致其在改进技术、优化品种、设施建设、拓展市场等方面较为消极，在一定程度上影响了花木产业发展升级。同时，针对家庭园艺兴起所需配套的生产设施、智慧化管理、生产性服务等支持政策明显不足。

四 温江区进一步稳定推进退苗还粮的对策建议

温江区退苗还粮已取得重要进展并积累了值得借鉴的实践经验，但面临的挑战依然严峻，需要进一步明确思路，聚焦关键，重点突破。结合温江区退苗还粮的探索实践，提出以下对策建议。

（一）实施渐进式花木腾退实施路径

结合不同经营主体腾退意愿的差异，分阶段渐进实施花木腾退，尽可能减缓社会利益冲击，防范社会矛盾激化风险。一是分类施策。一方面，根据花木品类品质差异，先行腾退低质低效花木和市场需求容量逐步缩小的紫薇、银杏、桂花等观赏苗木。另一方面，根据花木经营主体规模差异，结合不同规模经营主体的腾退意愿差异，优先腾退经营规模较小、经营效益低且提档升级投资意愿不强的经营主体。二是分期推进。对于对花木腾退具有较强抵触心理的地区和经营主体，可实行花木缩减存量、禁止增量的施策方略。结合二轮承包地到期与租期临近的时间窗口期，优先腾退临近租期土地上的花木。镇村两级可以通过民主协商制定花木腾退时间表、计划书，提供明确时间预期，为花木售出、移植及粮食产业接续培育预留时间。三是分区实施。优先协调腾退土地租金低、距城镇和交通主干线较远地区的花木，保留高质量、高效益、承担窗口展示功能的花木展销基地和林盘景区等花木景观基地。

（二）构建系统化花木腾退补偿机制

完善花木腾退的系统化激励机制，弥补经营主体、土地转出农户、村集体以及花木关联产业就业人员等多元利益主体的损失，确保花木腾退稳步推进。一是强化多重腾退环节的系统支持。加强在花木腾退环节的销售渠道协调、移植地块协调等支持。加强花木腾退后土地整治的资金支持。强化土地还粮环节的生产性设施建设、设施农业用地、协调土地流转等支持。有效防范土地流转合同纠纷、劳动力失业等潜在风险。二是实施多元主体利益受损的补偿全覆盖。在完善花木经营主体补偿政策的同时，将对于村集体、土地转出户及花木产业关联就业人员的支持政策纳入补偿范围。探索对村集体的直接资金补偿、花木腾退与土地整治的工程性利益补偿、粮食种植获益的发展性补偿等多元补偿方式，支持村集体在花木腾退后通过成立股份合作社、提供机耕机播机收等生产性服务方式分享粮食产业收益。对花木产业关联就业人员等提供就业信息、技能培训、融资服务、创业补贴等支持政策。

（三）推行高品质粮食生产经营模式

探索粮食产业高质量发展路径，确保花木改种粮食区域总量不减少、用途不改变、质量有上升，增强粮食产业发展质效。一是推行粮食适度规模经营模式。探索"村集体+合作社+农户"模式，鼓励成立以村集体为主导的粮食合作社、联合社，培育种粮大户，采取集中连片还耕、整体流转、统一管理的方式，开展粮食规模化生产、产业化经营。借助土地肥沃、粮食生产基础好等优势，引培优势粮食龙头企业，引导企业、合作社、家庭农场等创新粮食产业化联合体经营模式。二是推广粮食高效绿色种植模式。支持发展稻蒜轮作、稻鱼共生、稻鸭共育等生态种养模式，提升耕地产出效益，保护生态环境。鼓励经营主体开发高端、绿色功能性粮食产品，政策支持要向绿色、精品、优质粮食产品倾斜。推进粮食作物育种技术创新，培育适于机械化作业的粮食作物良种。三是开拓粮食产业融合化发展模式。构建"稻田+"产业体系，植入本地文化元素，用好医疗康养资源，发展休闲农业、乡村旅游、功能农业、农业会展、创意农业、生态康养等农商文旅体养融合业态，推动"产区变景区、田园变公园、产品变礼品、村舍变旅舍、劳作变体验"，保障粮食经营农户提质增效。

（四）完善系统化粮食配套服务体系

推行粮食产购储加销一体化发展，完善覆盖农技推广、机耕机收、生产加工、营销品牌等全环节的粮食生产服务体系，提升粮食生产效率。一是完善粮食生产性设施。适应机械化操作需求，完善土地平整、田形调整、农田灌溉、生产便道建设等田间生产设施，促进高标准农田建设项目提质扩面，建设"田成方、土成型，沟相通、路相连、旱能灌、涝能排"农田。加快补齐粮食产业链短板，以镇街或多个镇街为区域单元编制粮食产业建圈强链规划，统筹配置跨行政村、跨镇街的粮食仓储保鲜冷链物流全产业链设施，并避免生产性设施的重复性建设和低效率使用。强化粮食设施农业用地需求保障，结合未来发展需求，预先布局设施农业用地。二是加强农技服务体系建设。密切与农业科研院校的院地合作。鼓励引导具备农技推广条件的农业企业、农民合作社、家庭农场和农业技术人员参与先进实用技术推广，建设实训基地，开设田间课堂。利用基于移动互联的农技推广云平台，促进粮食种植技术推广。三是加强社会化服务体系建设。瞄准关键需求环节，实行精准服务，促进社会化服务涵盖农机劳务、加工仓储、营销推广等全产业链环节。培育壮大农业社会化服务公司、合作社等各类服务主体，进一步完善对社会化服务主体的技术指导、资金补贴、金融贷款及设施农业用地等支持政策。

（五）健全花木产业高质量发展支持政策

结合花木产业提质增效发展导向，精准匹配支持政策，增强产业转型升级的政策激励。一是实施花木产业退转调"三个一批"。实行"腾退一批"，对低质低效花木实行有偿腾退，引导主业为市政工程绿化而兼业经营花木的经营主体逐步退出；实行"转换一批"，对部分花木实行品种转化，瞄准市场需求开发新特优品种；实行"调优一批"，对部分质量较高、效益较好的花木进一步进行品质提升，增强市场竞争力。二是出台助推花木产业转型升级的支持政策。提供家庭园艺、编艺等新型花木产品的生产设施、融资担保、良种繁育、技术创新等政策支持。支持和鼓励企业、农民合作社、家庭农场等花木规模经营主体，瞄准家庭园艺的良种培育、农资供给、技术培训、营销服务等环节的需求，提供针对性的社会化服务，政策重点向具备资质条件且愿意为其他农户提供带动服务的花木经营主体倾斜。

参考文献

张红宇：《耕地"非粮化"问题如何破解?》，《新三农》2022 年 3 月 23 日。

《中国的粮食安全》，新华社，2019 年 10 月 14 日。

黄祖辉等：《我国耕地"非农化""非粮化"的现状与对策》，《中国乡村发现》2023 年 2 月 9 日。

马少华：《牢牢守住保障国家粮食安全底线》，《南方日报》2023 年 2 月 21 日。

程国强：《坚持新粮食安全观 牢牢把住粮食安全主动权》，《光明日报》2023 年 2 月 27 日。

B.25
大邑新福社区集体经济
助力"天府粮仓"建设的探索与启示

周小娟　陆晓玲*

摘　要： 农村集体经济是乡村振兴的力量之一，其在村域资源资产统筹及
成员参与动员方面拥有其他主体不具备的天然优势。发挥集体经
济的优势可激活村庄内生发展动力，有效降低粮油产业提质升级
的动力激活门槛。探究在新时代如何借助农村集体经济在内生动
力激活方面的优势打造更高水平"天府粮仓"具有重大意义。
四川省成都市大邑县新福社区作为成都平原的传统粮油产业村，
以粮油产业为基础，以集体经济为引领，通过盘活资源资产、宜
居宜业环境、农业产业链拓展、创新农文旅产业融合、构建集团
式专业架构等措施取得了土地资源利用效率提升、种业服务保障
自给自足、传统粮食产业全面升级、农业经营服务体系建立、村
民与种粮农户增收等方面的成效，为平原粮区建设"天府粮仓"
提供了宝贵的经验。

关键词： 农村集体经济　"天府粮仓"　粮油产业

　　四川是我国地位极为重要的人口大省和农业大省，粮食安全不仅直接影
响全省经济发展和社会稳定，而且粮食供求平衡对确保全国实现粮食安全目

---

* 周小娟，博士，四川省社会科学院农村发展研究所助理研究员，主要研究方向为农业经
济理论与政策；陆晓玲，四川省社会科学院农村发展研究所，主要研究方向为农业农村
发展。

标也具有极其重要的全局性意义。① 2023 年 1 月四川省委、省政府发布的《建设新时代更高水平"天府粮仓"行动方案》指出，要按照一带、五区、三十集群、千个园区布局整体推进，建设成渝现代化高效特色农业带，推动成都平原"天府粮仓"核心区、盆地丘陵以粮为主集中发展区、盆周山区粮经饲统筹发展区、攀西特色高效农业优势区、川西北高原农牧循环生态农业发展区差异化发展。② 作为"天府粮仓"核心区的成都平原，其粮油产业升级直接影响"天府粮仓"的整体建设成效。粮油产业相比于其他农业产业的收益相对较低，本地农户及外部新型经营主体对粮油产业的投资积极性相较其他产业略显乏力，要素投入缺乏成为打造高水平"天府粮仓"的瓶颈。大邑县新福社区是成都平原地区典型的传统农业村，以粮油产业为主。该村实行由集体经济带动的内生型发展模式破解了粮油产业因比较收益较低而造成的外部资源引入困难。同时，通过发挥集体经济联农带动作用，形成了打造高水平"天府粮仓"的内生性发展模式，研究分析大邑县新福社区集体经济带动发展模式对成都平原传统粮油产区打造高水平"天府粮仓"具有重要的意义。

一 新福社区基本情况

新福社区位于成都市大邑县安仁镇，距离安仁镇场镇 5 公里，距离大邑县 25 公里，2020 年 6 月由原新福村和原万石社区合并组成，辖区面积 8.11 平方公里，人口 7769 人，户数 2367 户，辖 27 个居民小组 2 个村民集中居住小区，其中外来居民户数约 300 余户。新福社区是成都平原典型的传统农业村，拥有耕地约 8500 余亩，以水稻、小麦、油菜等传统粮油产业为主，现有优质粮油种植面积约 7000 亩，优质果蔬种植面积约

---

① 郭晓鸣：《打造新时代更高水平"天府粮仓"的思考与建议》，《四川日报》2022 年 8 月 8 日。

② 《省委、省政府印发〈建设新时代更高水平"天府粮仓"行动方案〉》，https：//www.sc.gov.cn/10462/10464/10797/2023/1/9/4fdc705a78cd450c8305054dd841fc88.shtml，2023 年 1 月 9 日。

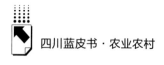

1500 亩。

2015~2021 年，新福社区依靠内生动力发展壮大集体产业，在党支部书记带领下，以集体经济领办，先后成立了大邑县锦谷麦香种植专业合作社、成都农耕岁月农业开发有限公司、成都福润社会服务有限公司、四川福韵文化创意有限公司、成都新福里旅游资源开发有限公司等集体股份合作制公司，形成了集育秧、种植、烘干、仓储、加工、销售、物业服务、文化创意、乡村酒店、农事体验等于一体的产业链，发展了 5 个村集体经济市场主体。村集体经济产业资产由 2015 年的 150 万元增加到 2021 年的 4500 万元；居民人均可支配收入由 2015 年的 13751 元提升到 2021 年的 30000 余元。新福社区先后被评为省级文明村、省级乡村振兴示范村、市级党建引领城乡社区发展治理示范社区和市级三美示范村。

二 新福社区集体经济助力"天府粮仓"建设的重要探索

新福社区作为成都平原地区典型的以粮油产业为主的农业产区，立足于本村产业发展的实际需求，将集体经济作为乡村发展的核心主体，为助力"天府粮仓"的建设激活了村域内部的发展动力，持续推进以粮油产业为主导的乡村振兴，通过资源资产全面盘活、宜居环境整体改善、传统农业产业多环节升级、创新农旅产业融合发展、村域品牌构建等多种措施，在粮油产区独特竞争力脆弱的情况下依靠乡村自身发展，为乡村整体焕新与持续稳定发展搭好了模范样板，具体在以下几方面进行了积极探索。

（一）以集体统筹盘活闲置资源资产，为粮食生产与加工提供用地与资金保障

集体经济在统筹村域资源资产方面有着天然的优势，一方面农村土地的所有权为集体所有，对于土地的统一管理有着其他主体无可比拟的优势；另一方面农村集体经济组织与村党委成员有一定交叉重合，是村域管理的核心

主体，对村民有一定的号召力，能有效提升村民参与乡村建设的程度。大邑新福社区集体经济在乡村发展过程中统筹盘活了闲置资源资产：一是村域资源资产的盘活统筹。提升闲置土地的使用效率是村庄突破资源瓶颈的一项有效措施，大邑县新福社区在发展过程中，采用集体经济预先收储并改造的方式促进资源资产有效使用，以集体经济为主体盘活原新福村闲置酒厂、蚕房、学校等 7 亩建设用地，闲置蘑菇房 20 余，原万石社区老居委会 4.6 亩等闲置建设用地。另外，通过新福里公司开展林盘整理行动，盘活集中安置的腾退结余建设用地 36 余亩，将村内闲置建设用地和林盘资源集中到集体经济手中。在盘活改造两村合并后的原万石社区闲置的居委会用房过程中，投资 135 万元，利用 2 亩闲置农业设施用地建设 700 平方米的农产品展示中心；将原万石社区"桥楼家园小区"配套的 700 平方米的公建房进行重新装修整治，发展小区配套超市等项目。二是乡村资产和资金的统筹。动员村民以资金参与乡村建设对于传统农业村而言是一项艰巨的任务，大邑新福社区通过由集体经济投资、村干部带头入股、党员示范集资等方式成功动员村民以资金入股，在 2015 年修建烘干中心过程中，筹集村域资金自愿入股120 余万元，极大地调动了村民参与乡村建设的积极性。2018 年建设精品加工厂时，由集体经济成立的公司与村民进行股份合作，以村民资金入股的方式筹集村域内部资金 600 余万元。此后，村域内包括粮油产业在内的所有产业发展均由集体经济统筹规划，极大程度地提高了资源资产的使用效益，为集体经济引领促进粮食生产加工与延链升级提供了用地与资金保障。

（二）以宜居乡村人居环境改造为抓手，为粮食产业发展提供基础支撑

新福社区在建设过程中对乡村宜居宜业环境进行了整体改造，抓住安仁古镇 5A 景区打造的机遇，联合发展乡村旅游，以集体经济整合多项资金、挖掘乡村精英的社会资本融资、村民宅基地与资金入股的自愿参与，合力共建，陆续整理打造"游学堂""竹隐·姚林""宋稗曲"三个林盘项目，夯实了粮食产业发展的基础。一是传统农业产业发展的基础。新福社区在梳理

盘活辖区土地资源时，一方面以集体经济产业发展为主导，流转土地3500余亩用于集体农业产业发展；另一方面以农商文旅体协同发展理念为指导，采取"公司+基地+农户"模式，整合2800余亩农地资源用于与外来主体合作共营。此外还配套修建了农田土地水利基础设施，并利用腾退结余建设用地建造冷链中心和畜禽车辆洗消中心，夯实传统农业产业发展关于土地与配套设施两方面的基础。二是人居环境整体提升的宜居基础。目前已腾退安置61户居民，对村域林盘打造片区的整体居住环境进行了全面改造升级，集中修建安置聚居点并不断完善生活基础设施，大大提升了村域的宜居程度，以满足乡村人才回流的宜居需求，为粮食产业发展提供人才保障。

（三）以村域农业全产业链拓展，促进粮食生产提质升级与价值实现

新福社区村集体在传统粮油产业升级改造方面，以实际生产需求出发，推动粮油产业提质升级。一是推动粮油产业生产，为了解决种植大户农忙季节用工难的问题，2017年底大邑县锦谷麦香种植专业合作社申报建育秧中心，总投资320万元，育秧规模可达30000亩。育秧中心于2018年建成，2019年3月投入使用，当年育秧7500亩，实现利润35余万元；2020年育秧11000亩，利润突破50余万元，2021年育秧13000亩，利润突破80余万元，2022年育秧16000亩，利润突破100万元。育秧中心在运营过程中投入100余万元，购置所需设施、设备和秧盘。大邑县锦谷麦香合作社、育秧中心产业资产达420万元，合作社通过几年发展，总资产已达800万元。二是发展粮油精深加工，为了解决种植大户粮食晾晒难的问题，2015年4月成立大邑县锦谷麦香种植专业合作社，盘活原新福村闲置酒厂、蚕房、学校共7亩建设用地，新建粮食烘干中心。项目总投资150万元，村集体入股30万元，村民自愿入股120万元。烘干中心于2015年8月底建成，2015年9月正式运营，专业服务于水稻烘干，当年实现利润达40万元。2016年为了扩大烘干产能，合作社再投资80万元，将烘干机械设备由3台增加到5台，日烘干产能达200吨，将厂房面积扩大到2700平方米。目前烘干中心

产业资产达 380 万元。三是建立自营品牌，为紧系新福社区文化纽带，成立成都福润社会服务有限公司，将社区文化融入产业发展，增加产品附加值，打造了"福里大米""福里酒店""福里菜园""福韵工艺""福润服务"等"福文化"系列品牌。多项措施打造村域品牌文化，包括建设农产品展示中心和青少年综合实践基地，举办农事体验活动，保护传承农耕文化、弘扬淳朴乡风，在公共空间、房前屋后、林盘院落植入特色文化景观，营造天府农耕、勤劳尚美的乡村社区文化新场景，以村域品牌的创建实现新福社区粮食产业的品牌溢价。

（四）农文旅产业创新融合发展，开发粮油产业的多重复合价值

新福社区以农文旅产业创新融合发展为方向，先后成立了四川浮云文化创意有限公司、新福里旅游资源开发有限公司和四川福韵文化创意有限公司。2019 年 5 月在村集体引领下成立的成都新福里旅游资源开发有限公司主要承担了旅游资源开发、农事体验、乡村酒店、林盘整理等项目，已完成"游学堂"林盘整理项目，将林盘内 13 户农户就地集中安置，腾退结余的 4 亩建设用地建设新福里乡村酒店和 5 个特色民宿院子，承接研学、会议、住宿、棋牌、宴席等服务，该项目总投资 820 万元，村集体入股 220 万元，村民自愿入股 600 万元。新福里乡村酒店和 5 个特色民宿院子已于 2021 年 7 月底全面开启运营。目前新福里乡村酒店运营情况良好，运营营业额突破 300 万元，产业资产达 1100 万元。基于"游学堂"林盘整理运营经验，2021 年 8 月村集体再次投资 1500 万元实施"竹隐·姚林"林盘整理，用 18 亩建设用地集中安置 48 户农户，腾退结余 14 亩集体建设用地用于建设民宿 10 处、冷链中心和青少年综合实践基地。成都新福里旅游资源开发有限公司产业总资产达 3000 万元，共计利用林盘腾退整理结余的 18 亩建设用地发展农业乡村旅游新业态，并建设以农业观光休闲为主题，集美食体验、农业观光、农事体验、休闲度假于一体的"农耕岁月"田园综合体，带动周边农户发展乡村旅游，实现由传统农业转向"现代农业+农产品精加工+现代服务业"一二三产业融合发展，对粮油产业的多重符合价值进行了有效开发。

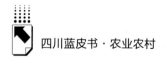

（五）以构建村内产业集团式专业化架构，强化粮食产业的收入保障

清晰的组织架构可以为村域产业发展提供有力的组织保障，为了规范市场化运营，集体经济带头组建股份合作组织。一是组建股份合作组织。先后成立了大邑县锦谷麦香种植专业合作社、成都农耕岁月农业开发有限公司、成都新福里旅游资源开发有限公司、四川福韵文化创意有限公司、成都福润社会服务有限公司等，分管粮油、加工、旅游、文化、社会服务等产业，明晰村产业内部组织架构，在各公司内部设立生产部、技术部、营销部、财务部、监事理财、建设部、服务部、设计部、制作部、管理部、后勤部等部门，实现产业内部的分工与权责明晰。二是成立集体经济产业集团。以集体经济组织为基础成立大邑县安仁镇新福社区集体经济产业集团，明晰产业间分工与统筹发展，将各自分散的产业利益集团与集体经济联结起来，形成以集体经济产业集团为统筹的各产业分工合作的利益联结体，有效保障了粮食产业与集体经济之间、与村属其他产业之间的利益联结，有利于统筹村域内产业，实现产业间的协同发展与利益共享，强化了粮食产业的收益保障。

三　新福社区集体经济助力"天府粮仓"建设的主要成效

2023年1月发布的《建设新时代更高水平"天府粮仓"行动方案》以聚焦补短板、强弱项为方向，提出了十方面的重点任务。新福社区村党委与集体经济通过组建专业合作社与各专业产业公司全力探寻乡村发展之路，在助力"天府粮仓"建设方面取得了破局成效，破解了由传统粮油产业效益较低所导致的内生动力不足的瓶颈。在"天府粮仓"建设中，在守好天府良田、种业振兴、粮食产业提质增效、农业经营服务组织化程度提升、健全种粮农民收益保障机制等方面取得了以下成效。

（一）守好建好天府良田——耕地资源利用效率提升

新福社区突破了平原粮油产业发展要素缺乏与内生动力激活困难的瓶颈，首先在土地资源盘活利用方面取得了显著的成效，通过集体提前收储，整理低效利用土地 6000 余亩，分别包括新福社区辖区内开展林盘整理项目时整合的 3500 余亩，以及以"公司+基地+农户"模式促进"农商文旅体"协同发展所整合的 2800 余亩农地资源，累计吸引专业粮油种植大户 30 余户、水果专业种植大户 20 余户，一方面使得闲置土地资源得到有效利用，另一方面促进了农业的适度连片规模化发展，提升了耕地利用效率。

（二）深入实施种业振兴行动——种业服务保障自给自足

新福社区为解决种植大户农忙季节用工难问题，于 2018 年建成育秧中心，基本满足了本村秧苗的集约与高效培育，彻底摆脱曾经人工培育种苗低效问题。育秧中心建成后于 2019 年 3 月投入使用，当年育秧 7500 亩，实现利润 35 余万元；2020 年育秧 11000 亩，利润突破 50 余万元；2021 年育秧 13000 亩，利润突破 80 余万元；2022 年育秧 16000 亩，利润突破 100 万元。育秧中心在运营过程中又投入 100 余万元，购置所需设施、设备和秧盘，在实现种业服务在村域内保障的同时，形成良性循环。

（三）推进粮食生产提质增效——传统粮食产业全面升级

新福社区在集体经济产业发展壮大的过程中，村域内传统粮食生产产能得到有效提升，同时，村域内粮食产业也得到全面升级。一是粮食生产环节的效率提升。在林盘项目整理过程中对土地进行集中整理与收储，对盘活整理的耕地进行规模化流转，已有 50 余户农业适度规模种植大户，有效地提升粮食生产效益，并配合育秧中心的种业服务，使得粮食生产环节提质增效。二是粮食加工环节的标准化升级。通过成立成都农耕岁月农业开发有限公司，使新福社区村域内传统粮油加工销售环节中的粗加工与精深加工需求基本得到有效满足。目前成都农耕岁月农业开发有限公司拥有烘干设备 6

台，日烘干产能可达 200 吨，拥有精品米加工设备 1 台，年生产、销售精米达 4000 吨，基本满足村域内粗加工与精深加工需求。三是粮食销售渠道的拓展更新。由成都农耕岁月农业开发有限公司建立与超市、学校、企事业单位的直接销售渠道，有效改善传统粮油产品销售问题。四是粮食产业的复合功能价值转化。主要由村集体领办的四川福韵文化创意有限公司以发挥专业园林绿化景观打造的专业功能，设计打造新福社区的粮油产业景观，开发粮食产业景观价值，再配以乡村旅游业的发展，形成了粮食产业复合功能的价值转化机制。

（四）农业经营服务组织化程度提升——农业经营服务体系建立

新福社区通过对土地整体收储流转、成立村集体经济产业集团等措施，有效提升粮食产业经营与服务的组织化程度。一方面，规模经营主体的进入和集体经济的经营在一定程度上破解了小农户组织化程度低问题，推进粮油生产适度规模经营的同时形成了以大邑县锦谷麦香种植专业合作社为核心的粮油生产组织。另一方面，集体产业集团的发展，为村域内农业加工、销售环节提供了统一服务，不仅使村域内农业经营服务组织化程度整体提升，而且以集体产业集团统筹村域内的加工销售服务可形成一套行之有效的可持续发展机制，有利于未来农业经营服务组织化的进一步升级。

（五）建立健全农民收益保障渠道——集体经济稳保村民与种粮农户增收

新福社区在集体经济产业集团发展壮大过程中，通过直接和间接的增收保障形成了村域农民的收益保障机制，一是耕地的规模化流转提升了种粮补贴政策的激励作用。由集体收储并流转低效利用的耕地，为退出粮食种植的村民带来租金收益，同时适度规模的粮油种植增加了种粮农户的补贴额，提高了种粮大户的参与积极性。二是股份合作机制的建立保障了种粮农户的投资性收益。在村域集体经济产业的发展过程中，村内部成员优先以资金入股的方式进行融资共建，为种粮农户提供了投资增收渠道。三是农旅融合发展带来的创业和就业机会保障了农户的经营净收入和工资性收入。鼓励开展旅游服务类经营，为种粮农户提供增收渠道，同时在新福社区"农耕岁月"田园综合体的打造过程中为村民提供了100余个工作岗位，在地就业人数在高峰期达200余人，为村民提供了增收渠道。通过以上方式，在村集体经济发展壮大的过程中，村集体资产由2015年的150万元增加到2022年的5000万元，居民人均可支配收入由2015年的13751元提升到2022年的31000元，其中社区集体经济发展带来的户均收入增加近6000元，有效建立健全了种粮农户收益增长机制。

四　新福社区集体经济助力"天府粮仓"建设的重要启示

在新时代打造更高水平的"天府粮仓"，必须统筹谋划平原和丘区山区"两大战略布局"。[①] 新福社区作为成都平原的传统粮区，在乡村振兴过程中取得了良好的成效，其创新性探索对于其他平原传统粮区在建设"天府粮仓"发展过程中解决内生动力缺乏与外来资本进入风险之间的矛盾提供了重要的参考经验。综合而言，新福社区集体经济助力"天府粮仓"建设有以下重要经验。

（一）平原粮区建设"天府粮仓"需要发挥集体经济统筹组织功能

平原粮区在发展传统粮食产业的过程中由于种粮收益较低，分散细碎的土地经营方式需要改善，通过土地流转适度规模经营，破解土地集约流转意愿和集约经营积极性缺乏的双重困境。大邑县新福社区有效发挥了集体经济的统筹优势，对破解小农分散经营困境发挥着积极作用。一是发挥集体经济的资源资产统筹功能。农村集体经济组织拥有农村土地资源的所有权，与其他经营主体相比在资源统筹盘活方面有着天然优势，以集体经济统筹盘活资

---

① 《在新时代打造更高水平的"天府粮仓"》，《四川日报》2022年10月5日。

源资产可有效降低土地盘活和流转的交易成本，且为提高耕地质量奠定了基础，在打造"天府粮仓"过程中在守好天府良田及粮食产业提质增效方面起到重要的作用。二是发挥集体经济组织的动员与协调功能。村集体经济组织成员与农村基层干部成员有着高度的重合，与基层治理紧密相连，在乡村精英与村民的组织动员方面有着天然的优势，能为打造"天府粮仓"提供村域人才支撑，激活村域内生发展动力，增强村域内部发展动力。三是发挥集体经济的主体功能。在外部资源要素有效导入方面，发挥集体经济作为本地服务主体的功能，助力外部主体和资源要素规范进入，借助外部力量建设"天府粮仓"。在乡村产业规范经营方面，发挥集体经济的经营主体功能，承担起乡村产业发展升级的主体角色，助力粮油产业提质升级。

（二）平原粮区建设"天府粮仓"需要改善乡村宜居宜业环境

平原粮区建设宜居宜业环境是助力"天府粮仓"建设的重要措施，相较于其他以经济作物为主要农产品的地区，粮食的低收益决定着粮区普遍存在更为严重的空心化现象，留不住发展所需的人才、资金等要素是最终导致粮区走向衰落的主要原因。大邑县新福社区发生的非常显著的变化是乡村宜居宜业环境整体得到改善。一是乡村宜居环境的改善，可以在一定程度上吸引由于向往城市宜居生活而离土离乡的村民回流，为乡村产业发展增加在地消费需求。同时，乡村人才的引进普遍存在"留驻难"问题，人居环境的改善对村域外来人才的留驻而言是不可或缺的基础条件。二是乡村宜业环境的改善，包括创业环境的改善和就业环境的改善。创业就业环境的大幅改善可有效吸引乡村精英人才、劳动力回流，对外部发展要素的自发入驻同样也具有一定的吸引力，打造"天府粮仓"需要突破发展要素引入和动力激活困难等瓶颈，因此，平原粮区应重视宜居宜业环境的改善，为要素的引入和激活、聚集并形成发展合力奠定基础。

（三）平原粮区建设"天府粮仓"需要形成多元协同共建机制

相较于经济作物地区或拥有特色资源的地区，平原粮区在发展过程中普遍存在收益驱动力和特色要素双重稀缺的短板，也是其发展受阻的最根本的原因。在大邑县新福社区发展粮油产业的过程中，集体经济承担了组织者和参与者的双重身份，既在培引粮油新型经营主体的过程中作为协商主体间接参与粮油产业发展，又在粮油产业延链拓展过程中作为重要经营主体直接参与粮油产业发展，在激活村域内生动力的同时构建了多元主体共建机制，为粮油产业升级注入了发展合力。对于平原粮区而言，一方面，从村域内部的资源动力角度，平原粮区建设"天府粮仓"需盘活统筹村域内部资源要素，同时激活内部发展动力以提升平原粮区建设"天府粮仓"的内部参与积极度；另一方面，从村域外部资源动力角度，平原粮区建设"天府粮仓"需建立外部要素和动力的有序导入机制。形成内外要素和动力的聚集，建立健全多元协同共建机制，以突破"天府粮仓"建设要素和动力双重缺乏的瓶颈。

（四）平原粮区建设"天府粮仓"需要创新产业融合升级路径

平原粮区建设"天府粮仓"需要立足于传统农业发展的基础条件，既要重视传统粮油产业的提质升级，又不能局限于粮油产业提质发展中的"就粮食产品谈粮油产业"范式。新福社区围绕传统粮油产业，从以下两个方面实现了粮油产业的转型升级与融合发展。一是围绕粮油产业进行全产业链升级，包括前端联结农业研发、育种、生产等环节，后端延展加工、储运、销售、品牌、体验、消费服务等环节，优化提升产业链供应链水平。二是拓展粮油产业的复合功能，粮食产业与二三产业融合发展是平原粮区传统农业转型升级的重要路径，其核心在于粮食产业的复合功能开发，发挥粮油产业的景观功能、社会功能、文化传承功能、生态涵养功能等，提升乡村休闲服务质量，促进粮油产业的多功能价值实现与经济效益提升。

（五）平原粮区建设"天府粮仓"需要构建利益联结机制

在推进"天府粮仓"建设的过程中，多方共建共享是乡村发展的重要目标之一。在"天府粮仓"建设过程中利益联结机制的构建主要有：一是

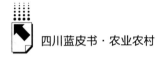

多元主体间的利益联结，二是粮食上下游产业间的利益联结，三是粮食产业与其他产业之间的利益联结。其对于平原粮区建设"天府粮仓"可起到以下作用，一方面，主体间利益联结机制的建立在一定程度上可调动群众参与的积极性。大邑新福社区以集体经济组建成立村集体经济产业集团，有效实现村域产业发展与村集体、村民、规模经营主体等主体利益的紧密联结，有效提高了村民的参与积极性，是新福社区集体经济助力"天府粮仓"打造的亮点之一。另一方面，利益联结机制的建立促进了平原粮食产业内部、粮食产业与其他产业之间的利益共享，与乡村振兴、共同富裕的核心目标保持一致，在粮油产业壮大发展的同时巩固了乡村产业发展的基础，形成了良性循环，推动了"天府粮仓"的循序渐进与可持续发展。

参考文献

郭晓鸣：《打造新时代更高水平"天府粮仓"的思考与建议》，《四川日报》2022 年8 月 8 日。

《四川：印发〈建设新时代更高水平"天府粮仓"行动方案〉》，《中国食品》2023 年第 2 期。

《在新时代打造更高水平的"天府粮仓"》，《四川日报》2022 年 10 月 5 日。

耕地"非粮化"治理的
广安实践及经验启示

张克俊 王佳慧 张光顺*

摘　要： 积极治理耕地"非粮化"是当前确保粮食稳定生产的重要问题。广安市通过摸清家底、分类管控、齐抓共管、化减存量、严控增量，使治理耕地"非粮化"与治理撂荒地相结合、与高标准农田建设相衔接，取得了突出的成效。广安经验表明，在治理耕地"非粮化"过程中，必须坚持整体性治理思路，抓住治理关键，通过明晰权责、协同治理、健全机制、提升种粮收益等，才能使耕地"非粮化"治理取得更好效果。

关键词： 耕地"非粮化"　广安　高标准农田

保障粮食安全必先保证耕地安全，守好、管好、用好、护好耕地至关重要，在数量上不容有失，在质量上不容懈怠。稳定粮食生产应首先保护好耕地，当前积极治理耕地"非粮化"是确保粮食稳定生产的重要问题。广安市是四川重要的粮食生产大市，所辖六县（区）中广安区、岳池县、武胜县和邻水县是全省乃至全国的产粮大县或商品粮基地县。2022年全市粮食生产突破180万吨。在履行地区粮食安全守护责任方面，广安市率先示范，同时积极肩负起建设"天府粮仓"的重要担子。广安之所以能够在粮食生

---

　* 张克俊，四川省社会科学院农村发展研究所所长，研究员，主要研究方向为统筹城乡、农村经济；王佳慧，四川省社会科学院农村发展研究所，主要研究方向为农村经济；张光顺，四川省社会科学院农村发展研究所，主要研究方向为农村经济。

产上取得这样的成绩，主要得益于当地政府在耕地"非粮化"治理上坚持整体性治理思路，积极施硬招、出实招制定各项重要举措。总结广安市在耕地"非粮化"治理上的重要经验，对于保障地区粮食安全和打造更高水平的"天府粮仓"具有重要价值。

一 耕地"非粮化"问题背景

广安市位于四川东部，地接重庆，被称为"川东门户"。广安自然条件复杂，地形呈扇形分布，位于川东丘陵与平行岭谷两大地形区之间，属于四川盆地盆底逐步向盆周延伸地带。华蓥山脉将广安市分为两大地貌区，全市地貌东高西低，中西部为丘陵区，地表起伏不大，沟谷纵横分割；东部为平行峡谷底山区，海拔高度从 185 米到 1700 多米，地貌包括浅丘带坝地貌、低山深丘地貌、中丘中谷地貌、平行岭谷低中山地貌四种类型。① 土地资源数据显示，广安市辖区面积约 951 万亩，耕地 369.25 万亩，其中，水田 198.58 万亩，占 53.78%；水浇地 0.51 万亩，占 0.14%；旱地 170.16 万亩，占 46.08%。岳池县、邻水县、广安区等 3 个区（县）耕地面积较大，占全市耕地的 71.53%。位于 2°以下坡度（含 2°）的耕地 33.18 万亩，占全市耕地的 8.99%；位于 2°~6°坡度（含 6°）的耕地 98.85 万亩，占 26.77%；位于 6°~15°坡度（含 15 度）的耕地 166.09 万亩，占 44.98%；位于 15°~25°坡度（含 25°）的耕地 56.94 万亩，占 15.42%；位于 25°以上坡度的耕地 14.2 万亩，占 3.85%。位于一年两熟制地区的耕地 369.25 万亩，占全市耕地的 100.00%。位于年降水量 800mm 以上（含 800mm）地区的耕地 369.25 万亩，占全市耕地的 100.00%。② 广安市作为四川的丘陵地区，近年来也出现了耕地"非粮化"现象。

---

① 广安年鉴编纂委员会编《广安年鉴 2021》，九州出版社，2022。
② 《广安市第三次全国国土调查主要数据公报》，http://www.guang-an.gov.cn/gasrmzfw/c104255/2022-04/29/content_1901f513ff4e42cfb925e1a461073e17.shtml，2022 年 4 月 29 日。

（一）丘陵地区自然条件限制

自然条件是选择耕地利用方式的前提，耕地"非粮化"现象多发生在山地丘陵占比较高、地形起伏较大的地区，而这些地区表现出严重的土地碎片化。广安市中西部为丘陵区，东部为平行峡谷低山区，破碎分散的地块使得在农机选购、农药化肥播撒、劳动力投入等方面成本趋高、效率趋低，不利于实现粮食生产规模化，严重挫伤了农民的种粮积极性。然而，耕地细碎化却更有利于经济作物的种植，以柑橘、中药材为例，其在同样面积耕地上的种植收益远高于粮食作物，致使"弃粮从经"现象在当地非常普遍。此外，丘陵地区人均可利用耕地少、土地肥力差，促使农户在农业生产决策时，优先考虑将承包经营的有限土地用于"非粮化"生产或撂荒。总之，丘陵地区复杂的土地条件限制了粮食生产。

（二）农村劳动力转移突出

第七次全国人口普查数据显示，广安市人户分离人口达到760548人，占常住人口的53%。其中，市辖区内流动人口为559009人，省内流动人口为510457人。大规模的人口流动在一定程度上影响着区域内种粮劳动力供给。[1] 一是，经济环境迫使农村劳动力转移。2022年广安生产总值仅为1425亿元，与全省其他地区相比经济发展差距较大，能够提供的就业机会和预期收入有限，致使农村劳动力流向其他城市。二是，产业结构调整促使农村劳动力转移。农业能够提供的回报效益和工资性收入较低，农村劳动力逐渐转移到工业、服务业等部门，以获得更高的劳动回报。三是，城市拉力机制和乡村推力机制。城市就业机会、基础设施等吸引农村劳动力向城市转移，而农村地区又无法有效承载众多的劳动力和带来较高的预期收入，迫使农村劳动力主动向城市转移。总之，大规模的农村劳动力转移减少了农村地区从事粮食生产的劳动力数量，同时流动的农村劳动力主要为青壮年，进一

---

① 广安年鉴编纂委员会编《广安年鉴2021》，九州出版社，2022。

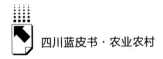

步加剧了农业劳动力呈现出的老龄化特征，能够经营的耕地数量相对有限，耕地利用率相对较低。

（三）种粮边际效益过低

粮食是保障经济社会稳定发展的重要资源，从市场角度来分析种粮边际效益是很低的，从而引发耕地"非粮化"问题。一是粮食供给量大但价格持续走低。按照国际标准人均粮食年消费为400kg，为保障国家粮食安全必须确保大量的粮食生产，其产量随市场需求的波动而波动；而粮食的特殊资源属性致使其价格不能发生较剧烈的波动。二是投资回报较低。广安作为丘陵地区，复杂的耕地条件迫使粮食生产机械化和基础设施改善方面的投入较大，加之近年来人力成本、农资价格也有一定程度的上升，这些都使得耕地在种粮上的投资日益增加，而粮食价格长期低迷，又使得种粮主体能够获取的投资收益相对有限。三是非粮食作物种植的收益高和周期短。与从事园艺、果树等种植相比，粮食作物收益较低；与种植蔬菜相比，种植粮食的生产周期又过长。总之，种粮农户在一定程度上受到以上原因影响，在粮食生产无法获得较高的边际效益的条件下，农户更倾向于对耕地进行"非粮化"利用。

二　广安市治理耕地"非粮化"的主要做法

广安市施硬招、出实招，在摸清家底、统筹规划的基础上，通过化减存量控制增量、因地制宜抓复耕、提升改造耕地、加强动态监管等举措，形成了治理耕地"非粮化"的整体思路。[①] 广安市通过以上措施，实现了粮食生产稳面积、稳总产的目标，粮食总产实现"七连增"。2022年，全市收获小春粮食51.52万亩、产量12.33万吨，分别同比增长2.9%、5.2%；栽插水

---

① 《广安市施硬招出实招防治耕地"非粮化"》，http://nynct.sc.gov.cn//nynct/c100632/2022/7/12/56bcddabf0d142c28adba5dc03583317.shtml，2022年7月12日。

稻 198.8 万亩和玉米 107.5 万亩，分别较上年增加 1.2 万亩和 1 万亩；种大豆 46.15 万亩，其中完成大豆玉米带状种植 13.56 万亩，分别超省定目标的44.22%和13%。

（一）摸清家底、加强监测，打好治理耕地"非粮化"基础

广安市坚持摸清家底、加强监测，抓好耕地"非粮化"防治工作，打好治理耕地"非粮化"工作的基础。为贯彻落实"加强耕地保护和用途管控"的总体要求，广安市结合国土空间规划和"三区三线"划定开展了土地调查与评价工作。一是运用卫星遥感等现代科学技术，全面查清了全市的土地利用现状，包括地类、位置、范围、面积及土地利用状况信息，对全市耕地"非粮化"现状进行全覆盖式无死角摸排，截至 2021 年底，全市有42.28 万亩耕地处于"非粮化"情况，占总耕地面积的 11.45%。二是加强耕地质量监测，按照每 10 万亩建 1 个耕地质量长期定位监测点、每 5000 亩建 1 个耕地质量调查点要求，截至 2022 年 5 月，广安市建成中、省和县级耕地质量监测点 47 个、耕地质量等级变更调查监测点 934 个，全市范围内耕地质量监测实现全覆盖。

（二）分类管控、绿色开发，稳妥化减耕地"非粮化"存量

分类管控上，广安市严格区分耕地"非粮化"行为，对因"非粮化"导致耕地质量下降的行为，采取工程修复、轮作休耕、秸秆还田、增施有机肥等一系列措施恢复土壤肥力。对于破坏土壤耕作层、对耕地产生不可逆影响的"非粮化"行为予以禁止，通过及时"非转耕"、重新培育耕作层、严格落实占补平衡政策等措施保证耕地的粮食生产能力。同时积极化解耕地"非粮化"存量，在充分尊重农民意愿的前提下，制定奖补政策，有序腾退低效经果林，提质增效老园地。绿色开发上，一是落实化肥减量、绿色种养循环、秸秆综合利用、治理耕地退化等措施，合理使用地力，生态绿色耕种，促进休养生息，改善耕地质量，促进粮食高产稳产。二是持续改善农田生态，开展化肥农药使用量"零增长"、畜禽粪污治理、秸秆资源化利用等

行动，治理农田污染；推广种养循环、秸秆粉碎还田、有机肥替代化肥、病虫害绿色防控等先进实用技术，改善农田生态环境。

（三）齐抓共管，以耕地保护体系促进耕地"非粮化"治理

广安市在耕地"非粮化"治理中通过构建耕地保护体系，实行任务分解，层层传导责任压力，狠抓落实，到各村（社区）进行实地督导。落实耕地种粮优先政策，引导基本农田重点发展粮食生产，规定高标准农田全部用于粮食生产，对频发多发、屡禁不止新增耕地"非粮化"的县，从严追责问责。广安市通过综合运用卫星遥感等现代信息技术和农户调查等方法加强耕地种粮情况监测，加强对耕地用途的监督。大力推行耕地保护网格化管理，将耕地和基本农田保护范围、面积、责任、措施全部考实到干部、细化到村组、落实到农户，建立耕地地力保护补贴与农民保护耕地责任相挂钩的耕地质量保护体系，明确权、责、利，调动农民保护耕地质量的积极性。同时鼓励群众对耕地"非粮化"行为予以举报反映，充分利用多种形式开展土地保护、利用等法律法规的宣传，引导村民重视耕地"非粮化"问题以及耕地"非粮化"对国家的粮食安全和人民的重要影响。此外，广安市将防治耕地"非粮化"纳入每季度农业农村工作"大比武"，对未完成治理"非粮化"年度目标的县（市、区），取消其农业农村领域评先评优资格。

（四）将治理"非粮化"与整治撂荒地相结合，分类引导耕地复耕复种

面对"非粮化"中的撂荒行为，广安市出台《广安市整治撂荒地六条措施》来全面推动撂荒地整治工作，对田间地块闲置、撂荒土地进行全覆盖、地毯式摸排；在严格区分各种耕地"非粮化"行为的基础上，因地制宜、因户施策，大力推行以农户为主体的自行复耕、以村集体经济组织主导的托管复耕、以新型农业经营主体为主要方向的流转复耕三大整治模式。截至2022年5月，广安市全市撂荒地复耕复种4.68万亩，整治率达83.8%；其中动员有劳力有意愿种地的农民复耕0.08万亩，引导有劳力但

无意愿种地的农民复耕 2.08 万亩;鼓励、支持新型农业经营主体通过土地流转,发展适度规模经营,复耕撂荒地,发动村集体经济组织种地复耕 4.55 万亩。

(五)将治理"非粮化"与高标准农田建设相衔接,推进耕地提升改造

广安市在治理耕地"非粮化"的基础上,进一步完善基础设施,改善耕种条件,到 2022 年 5 月,全市新建"田田通"道路 382 公里,新建小微水利工程、修复灾害水毁设施 163 处。同时广安市大力推进高标准农田建设,根据《四川省高标准农田建设规划(2021—2030 年)》,紧扣田、土、水、路、林、电、技、管、制等九个方面建设内容,进一步改善耕地质量及耕作条件,加大基础设施投入力度,完善灌排水、输配电、田间道路、农田防护等基础设施,切实提升宜机作业水平;结合实施耕地保护与质量提升项目,采取增施有机肥、推广秸秆还田等措施,采取助耕、代耕、机耕等方式翻挖田土、整土备耕,有效提升土地肥力、产出水平。截至 2021 年底,广安市高标准农田项目区已建成优质粮油生产基地 160 万亩,占高标准农田总面积的 61.4%;建成高标准农田集中连片区面积突破 193 万亩,占高标准农田总面积的 74.1% 以上。2022 年底全市建成高标准农田突破 283 万亩,占耕地面积的 76.64%。

三 广安市治理耕地"非粮化"的经验启示

广安市通过大力治理耕地"非粮化",实现了粮食生产稳面积、稳总产的目标,粮食产量连续八年稳定在 170 万吨以上,总产量居全省 10 位。2022 年广安市实现粮食作物播种面积 443.9 万亩、增长 1.3%,粮食总产量 179.7 万吨,其中水稻播种面积 198.5 万亩,产量 104.5 万吨;玉米播种面积 107.0 万亩,产量 44.3 万吨;豆类播种面积 44.1 万亩,产量 5.2 万吨;薯类播种面积 85.7 万亩,产量 23.9 万吨。广安市粮食单产 404.8

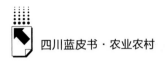

公斤/亩，持续保持川东北地区领先地位。广安市治理耕地"非粮化"的主要经验如下。

（一）把协同治理作为治理耕地"非粮化"的主要动力

协同治理是广安市治理耕地"非粮化"取得成效的关键，构建"政府+农民"协同治理机制，政府肩负护粮重任，让农民获得更多的种粮收益，共享治理成果，使其成为治理耕地"非粮化"的主要力量。政府应循序渐进鼓励、引导、支持农民"退经还粮"，不能在耕地还粮中为尽快达到治理考核目标，降低农民对政策的认同度与支持度。对于"退经还粮"产生的治理成本，要考量农民的承受能力、未来收入来源等，加大还粮的财政支持力度，同时积极地为农民还粮后争取增收机会；在农民对治理的认知上，通过政策的深度宣传引导农民认识到耕地还粮关系到粮食安全和国家安全；要积极科普还粮后的耕地利用原则、增收举措等，鼓励农民通过多种粮经复合经营等形式增加种粮收益。此外，要充分考虑不同地区农户的政策接纳度与治理目标达成的时间成本和经济成本，除了直接财政补偿，更需要采取政策、产业、投资等层面的补偿手段。

（二）把明晰权责作为治理耕地"非粮化"的关键举措

耕地"非粮化"治理涉及参与治理主体众多，对具体责任权属的细致划分、权责归属，是有效治理耕地"非粮化"的关键。广安市通过部门间的跨界合作、政策上的跨越融合、实施上的跨越衔接，有效地协调沟通上下级部门的权责范围、各自治理主体的治理目标，明晰不同主体的治理权责，最终形成治理耕地"非粮化"的强有力合力。为更好地推动耕地"非粮化"治理，在治理主体上要整合部门力量形成治理合力，消除部门间的治理阻碍，协调治理目标，鼓励不同部门成立治理小组共商实施规划；在治理权责上要密切沟通，加强政策联系，实现科学化、可持续性政策的有效供给和不同政策间共同治理目标的衔接，鼓励与治理撂荒、高标准农田建设等政策融合。更好推动耕地"非粮化"治理，既要依托从制定部门到实施部门的政策体系，也要依托从民到官的治理体系，在不同环节落实不同权属责任与义务，鼓励并实现政策制定来自田间又能够回到田间。要考核任务奖惩并举，奖惩是既要鼓励治理主体的参与，又要问责懒政部门，尤其要做到不能损伤基层治理主体的参与积极性，任务目标达成必须循序渐进，具有较强的合理性。

（三）把健全机制作为治理耕地"非粮化"的根本保障

在耕地"非粮化"治理过程中，形成健全的耕地"非粮化"治理机制尤为重要。第一，政府要在耕地保护上守好，数量不能减；在质量上管好耕地的开发利用，耕地质量不能降。健全耕地"非粮化"治理机制的关键是严格落实耕地保护和粮食安全党政同责。优化耕地保护和粮食安全党政同责考评细则，抓紧制定"田长制"配套措施，将土地利用监管纳入县、乡（镇）日常土地巡查范围；将落实全年粮食播种面积作为粮食安全党政同责考核、乡村振兴实绩考核的重要内容。第二，应将耕地所有权主体、承包主体、经营主体全部纳入治理耕地"非粮化"体系，形成耕地保护、"非粮化"治理、抛荒治理等全覆盖的耕地治理体系。第三，要严格落实耕地用途管制。规定并认真落实耕地中的永久基本农田重点用于发展粮食生产，一般耕地主要用于粮食、油料、蔬菜等农产品和饲草饲料生产。禁止新占用永久基本农田从事种植林果、花木以及挖塘养鱼、非法取土等破坏耕作层的行为。第四，加强耕地利用实时动态监测。推进智慧耕地平台建设，综合运用卫星遥感等现代信息技术，建立"天上看、地上查、网上管"立体监管网络，实现耕地和永久基本农田全天候动态监测。

（四）正确看待"非粮化"，提升种粮收益

耕地"非粮化"是耕地开发利用过程中经营主体顺应市场运行规律的生产决策行为。政府作为治理耕地"非粮化"的重要主体，要认识到耕地"非粮化"存在的现实性，对于已有的耕地"非粮化"问题，应采取稳妥的

措施逐步予以解决，但也要坚决禁止新的耕地撂荒、随意开发果木、园艺种植和挖塘行为。要构建多样化种粮经营模式，鼓励发展粮食产业园、种粮基地、现代农业产业园等，利用耕地规模经营增加种粮收益；加大种粮补贴力度，增加耕地地力补贴、实际种粮农民一次性补贴、种粮大户补贴、生产托管补助，并通过农机购置补贴、农资补贴、技术培训、粮食订单等，提高种粮比较收益，有效增强农户种粮意愿。

（五）鼓励社会参与，一起解决耕地"非粮化"难题

社会层面的积极动员对于一起解决耕地"非粮化"难题意义重大，从社会层面提出的治理举措是完善整体耕地"非粮化"治理机制的重要手段。要辨别政府、多样化社会主体、种植户等在耕地"非粮化"上应承担的职责和履行的义务。在具体举措上，政府要积极出台相关惠民惠粮政策，循序渐进地实施财政政策等，改善地区种粮环境，促使"非粮化"耕地"退经还粮"、现有种粮耕地不出现"弃粮从经"等现象。要积极发挥涉粮企业在粮食生产上的企业责任，鼓励开展良种研发、农机研发、绿色化肥研发等。种粮主体要自觉地开展多种经营，坚持耕地种粮的原则，适度适时地推动粮经复合经营。要改善撂荒地耕种条件，针对山区丘区撂荒地大多耕作条件差的现实，加快改善耕作条件，争取将具备条件的撂荒地纳入高标准农田建设范围。

参考文献

吕欣彤、郝士横、吴克宁、冯喆、赵煜炜、马金亮、李晓亮：《耕地"非粮化"管控路径梳理与展望》，《土壤通报》2023年第1期。

徐艳晴、刘鑫、曹靓、黄朝明：《耕地"非粮化"领域政府部门职责明晰化研究》，《中国土地科学》2022年第10期。

唐洪松、李倩娜、李益彬：《四川省耕地"非粮化"特征及影响因素》，《内江师范学院学报》2022年第8期。

沈蒙浙:《整体性治理视角下防止耕地"非粮化"的对策》,《乡村科技》2022 年第 3 期。

田骏涛:《四川:耕地流转形势向好　制约因素仍存》,《四川省情》2022 年第 1 期。

罗婕、桑玉成:《权力向上,治理向下:关于整体性治理的一种视角》,《学海》2018 年第 3 期。

B.27
建设"天府粮仓"核心区的崇州探索

刘 莉 赵桂平 毛瀚宇*

摘 要: 打造新时代更高水平"天府粮仓",是全面建设践行新发展理念的公园城市示范区的需要,是推动乡村振兴战略的需要,是保障四川乃至全国粮食安全的需要,同时也是传承天府农耕文化的需要。作为都江堰水利工程精华灌区,素有"天府粮仓"美誉的崇州市,把全力打造"天府粮仓"核心区作为城市建设的核心功能之一,并以此为依托,带动农民持续稳定增收、农业高质量发展、农村发展更加美好,加快乡村全面振兴,在探索实践农业农村现代化建设新征程中贡献更多战略力量和崇州经验。

关键词: 农业共营制 "天府粮仓" 崇州

  四川是全国的人口大省、农业大省、粮食主产省,对稳定国家粮食安全发挥着重要作用。为认真落实习近平总书记重要讲话精神,发挥四川的特色优势和潜力,通过在新时代打造更高水平的"天府粮仓",建成保障国家重要初级产品供给的战略基地,这是四川落实在全国大局中地位作用的重要标志和具体体现。立足新时代,落实新要求。如今的崇州,把全力打造"天府粮仓"核心区作为城市建设的核心功能之一,紧扣成都"三个做优做强"

---

* 刘莉,四川省社会科学院农村发展研究所助理研究员,主要研究方向为农村公共管理;赵桂平,四川省社会科学院农村发展研究所,主要研究方向为农业农村发展;毛瀚宇,四川省社会科学院农村发展研究所,主要研究方向为农业农村发展。

战略,扎实抓好"天府粮仓"国家现代农业园区建设,为守好"天府粮仓"、确保国家粮食安全做出崇州贡献。

一 崇州市概况

现为四川省辖县级市的崇州市,位于成都平原西部,地处天府之国腹心,东与成都市温江区、双流区相邻,南与新津区接壤,西与大邑县相连,北与都江堰市毗邻,西北与汶川县接壤,素有"蜀中之蜀""蜀门重镇"的美誉。崇州市以"四山一水五分田"的格局,辖 6 个街道办事处、9 个镇、94 个行政村、78 个社区,面积 1089 平方公里。2021 年,崇州市常住人口 74.57 万人,户籍人口 65.87 万人。2021 年,崇州市地区生产总值 442.59 亿元,比上年增长 8.7%,其中第一产业增加值 41.08 亿元,第二产业增加值 220.99 亿元,第三产业增加值 180.52 亿元,产业结构比为 9.3∶49.9∶40.8。[①]

崇州在汉朝时期称蜀川,唐朝时期称蜀州,其建制历史长达四千余年,公元 316 年置县,1994 年撤县设市。崇州市历史悠久,是古蜀国文明的源头之一,是老子思想的创建地和发扬地,也是长江上游农耕文化的发源地,"江源女子"朱利辅佐杜宇立国称帝,教民耕作,她既是古蜀帝妻第一人,也是崇州人最早可追溯的祖先。同时崇州是中国地方志的发祥地,常璩所著《华阳国志》被称为"中国地方志的初祖",为中外史学界所高度重视,被称作是中国地方志中一颗灿烂的明珠。[②] 此外,崇州是四川省首批命名的历史文化名城,也是国家新型工业化产业示范基地、国家智慧城市试点城市、国家全域旅游示范区创建单位、国家农业综合标准化示范市、国家家具质量提升示范区、全国乡村治理体系建设试点单位。

当前,崇州坚持以习近平总书记在四川考察工作时的重要指示精神为指导,以"做优做强郊区新城"为牵引,深入学习贯彻党的二十大精神,积

---

① 《2021 年崇州市国民经济和社会发展统计公报》。
② 周九襄:《汉代江原县及其相关问题——读〈崇庆县志〉札记》,《中华文化论坛》2006 年第 1 期。

极主动融入"双循环"发展新格局。以建设现代化高品质生态宜居城市为统揽，抢抓公园城市示范区绿色增长极、生态会客厅、幸福宜居地的成渝地区双城经济圈、成德眉资同城化发展、成都公园城市建设等重大历史机遇。

二 崇州建设"天府粮仓"核心区的价值意义

四川是我国西部地区唯一的粮食主产区，也是全国13个粮食主产省之一，成都平原作为重要的粮食生产基地，对于保持四川粮食生产稳定、保障国家粮食安全具有重要意义。作为都江堰水利工程精华灌区，崇州素有"天府粮仓"的美誉。《华阳国志》中明确记载了古代崇州的朱利部落和杜宇部落的联盟，开了成都文明农耕文化的先河，同时也记载了岷江流经崇州后，崇州水稻种植得以蓬勃发展，成为秦朝以来历代王朝的重要粮仓。

打造新时代更高水平的"天府粮仓"核心区，是全面建设公园城市示范区的需要，是践行新发展理念的需要，是全面推进乡村振兴战略的需要，是保障全省乃至全国粮食安全的需要，是提升市民幸福感的需要，更是传承天府农耕文化的需要。在新时代的今天，立足国家发展的新需要，成都平原的巨大潜力将进一步被挖掘出来——打造新时代更高水平的"天府粮仓"。对四川而言，以丰沃的成都平原和都江堰灌区世界级独特资源优势为主要依托，实现全省粮食产业体系的全面重构，全面建成领先华南、领先全国的现代粮食产业体系，是打造新时代更高水平"天府粮仓"的战略要义。①

2022年4月，成都市第十四次党代会提出，要持续做优做强中心城区、城市新区和城郊新城；郊区新城要发挥大城市带动大郊区的优势，发挥生态价值转化的核心功能，拓展超大城市持续健康发展的战略空间，促进乡村全面振兴、公园城市的乡村表达。发挥大城市带动大郊区优势，城乡新城提档升级，这正是崇州立足新时代、打造"天府粮仓"核心区的底气和机遇，同时也顺应了当前崇州的发展需求。结合发展实际，崇州在探索农业农村现

---

① 郭晓鸣：《打造新时代更高水平"天府粮仓"的思考与建议》，《四川日报》2022年8月8日。

代化建设的新征程中,把"天府粮仓"建设确定为加快乡村全面振兴、带动农民持续稳定增收、农业高质量发展的核心工作之一,并以此为依托,探索贡献更多的智慧力量和崇州经验。为此,崇州市深入贯彻落实党的二十大报告关于"全方位夯实粮食安全根基"的战略部署,深入实施"藏粮于地、藏粮于技"战略,扎实推进高标准农田建设,促进农业生产高质高效;全市粮食生产充分发挥农业科技力量,在更高层次上不断强化"天府粮仓"的科技支撑,抓好高产优质新品种的培育和示范推广,加快农机智能化装备的研发应用;完善联农带农机制,建立健全促进农民增收、共同富裕的政策扶持体系,发挥家庭农场、农民专业合作社、龙头企业等新型农业经营主体的引领带动作用;围绕农业全产业链发展,持续擦亮四川农业大省金字招牌,加快推进粮食生产标准化、规模化、品牌化,不断促进农业优质发展。①

三 崇州市建设"天府粮仓"核心区的主要探索

党的二十大提出,"确保粮食安全","全面推进乡村振兴,坚持农业农村优先发展"。聚焦习近平总书记来川视察作出的"在新时代打造更高水平的'天府粮仓'"的重要指示,崇州市正实施"天府好田、天府好粮、天府乡游、天府乡居"四大工程,着力打造新时代更高水平的"天府粮仓"核心示范区。作为成都的近郊新城,崇州市自有一番思索与筹谋:立足发挥大城市带动大郊区的优势,把打造"天府粮仓"核心区作为城市核心功能,以一域之力服务全局,为守好新时代更高水平的"天府粮仓"、诠释公园城市乡村表达、服务"成渝地区双城经济圈"的国家战略、践行新发展理念的公园城市示范区做出崇州的贡献。

(一)协同推进全域高标准农田建设

崇州市推进全域高标准农田建设,协同周边县、市共同打造高标准粮油

---

① 史晓露:《全力打造更高水平"天府粮仓"》,《四川日报》2022年10月29日。

产业示范带：以探索公园城市乡村表达为抓手，加快编制总体规划和专项规划；以土地综合整治和高标准农田建设为抓手，建设高产高效的天府好田；以粮油产业建圈强链为抓手，培养绿色优质的天府好粮；以开发粮油产业多种功能为抓手，发展农商文旅相融合的天府乡游；以传承和创新生产生活方式为抓手，建设宜居宜业的天府乡居。[①] 从 2013 年开始，崇州市在天府粮仓产业园内建设十万亩高标准农田，主要种植水稻、小麦和油菜粮油作物，目前，高标准农田面积占崇州市农田总面积的 68%，而在天府粮仓产业园内该占比已达到 80.5%。而高标准农田建设，也为目前天府粮仓工业园区 92.9%的农机化率和 94.3%的全程机械化作业带来了便利。

崇州市坚定夯实粮油生产"藏粮于地"的战略，大力发展总投资 42.5 亿元、年度投资 5.7 亿元的"天府好田"工程项目集群。按照"集中连片、能排能灌、旱涝保收、宜机作业、稳产高产、生态友好"要求，实施 10 万亩粮油产业园提升、1.5 万亩高标准农田新建等项目；推进田网、路网、渠网、服务网、信息网、观光网、设施农业用地网"七网"配套；同时以全域土地综合整治推动乡村形态重塑，推进道明镇全域土地综合整治试点，启动白头镇、隆兴镇土地综合整治项目，率先建成道白旅游专线起步区、光华大道和安仁连接线示范带，加快呈现大美农田全覆盖的田园形态。在此基础上，"天府好田"还以智慧系统赋能，推进天府粮仓数字乡村试点、耕地保护智慧系统、"数字+稻田"湿地公园、中国农科院人工智能农场、中化MAP 智慧粮油和智慧农业调度中心等项目建设，推广云计算、大数据、物联网、人工智能在农业生产经营管理中的运用，实现粮食生产精准化调度、精细化管理。[②]

耕地是粮食生产的命根子，高标准农田建设是巩固和提高粮食生产能力的重要基础。播种、插秧、机耕机收、烘干仓储，在整个水稻从生长到被加

---

① 周荣鸿：《统一认识明确目标　打造新时代更高水平"天府粮仓"成都片区》，《成都日报》2022 年 10 月 25 日。
② 粟新林：《崇州：做优做强核心功能　奋力打造"天府粮仓"》，《成都日报》2022 年 5 月 24 日。

工成大米的过程中，稻谷全程不落地，比起传统晾晒方式，不仅减少了污染、提高了稻米品质，还能减少运输途中所造成的粮食损耗。2021 年，崇州市农作物播种面积 79.84 万亩，崇州都市农业产业功能区实现产值 37.2 亿元，增长 11.1%。崇州以建设 10 万亩粮食高产稳产高效综合示范基地为起点，迄今已建成"七网"配套、集中连片高标准农田 39.8 万亩，其中高标准农田占 68%，粮食亩产 472 公斤，分别高出全国平均水平 37%、24%，并凭此连续 5 年被省政府表彰为"四川省粮食生产先进县"。目前，崇州市已形成高水平发展的粮食全产业链，在产量质量、规模经营率、社会化服务覆盖面、农机化率和信息化水平等方面领先全省。未来，崇州市围绕南部十万亩优质粮油产业基地、北部十万亩高效粮经旅产业基地和 16 个万亩粮经复合产业园规划，统筹推进整区域高标准农田规划建设，着力打造高标准农田示范区，让农业更有看头、农村更有奔头、农民更有甜头。

（二）抓好"五区"建设助力天府粮仓

以建设天府粮仓国家现代农业园区为契机，崇州正举全市之力推进"五区"建设，让"天府粮仓"名副其实。一是打造成都粮食安全核心承载地，用三年时间建成全域高标准农田，同时赋能智慧农业和数字乡村，建成了一批粮食生产高产量高质量的"未来农田""超级农田"实验区，打造粮食良种、基地、仓储、加工、物流、销售一条龙的完整供应链体系；二是打造区域优质粮油引领区，实施粮食品种、品质、品牌、标准化的"新三品一标"行动，进一步完善产业链供应链，务求农业供给侧改革取得实实在在的成效，土地股份合作社种粮积极性明显提升，基本形成了以粮食为链条的龙头企业和龙头企业集群，打造了在全省具有影响力的绿色食品产业园区；三是打造国家级农业科技集成试验区，不断深化现代农业产业园区建设，争创国家级农业科技园区、国家现代农业科技创新（粮油）中心和国家农业科技应用成果创新（粮油）中心；四是建设公园城市乡村表达示范区，生态优先、绿色发展方式成为社会共识，乡村生态价值实现多元转化，大田美景、生态湿地、林盘农景融为一体、融合发展，加快形成了农商文旅一体化高水平融合发展局面，老百姓真正享受到"绿水青山就是金山银山"的实惠，"大美成都农业公园"的城市品牌更加突出；五是打造全国体制机制创新先行区，继续深化"农业共营制"改革，探索形成由"农业共营"向"农民共富"转变的新路子。建立高标准农田建设地方标准、农业公园建设标准和公园城市乡村表达的标准体系。①

（三）以农业共营制创新农业制度改革

党的十八大以来，崇州市大力推进农村产权制度改革和成果运用，以"土地股份合作社+农业职业经理人+农业综合服务体系"创新形成了"农业共营制"体系。崇州市作为"天府粮仓"的核心区域，深化农业制度改革，把"农业共营制"作为农业生产经营的有效方式，持续深化土地经营主体、农业职业经理人、农村服务社会化"三大主体"改革，加快探索从"农业共营"到"农民共富"的实现路径，着力打造更高水平的"天府粮仓"核心示范区，努力为建设新时代更高水平的"天府粮仓"提供有效的工作路径和制度创新成果。②崇州市借鉴现代企业经济管理制度，发展农业职业经理人，开展以农业职业经理人为重点的新型职业农民培育，建立了农业职业经理人初、中、高级"三级贯通"的评定制度、管理制度、考核制度等，对符合条件的颁发相应等级证书，实行准入及退出动态管理。③此外，崇州市还制定了农业职业经理人享受粮食规模种植补贴、城镇职工养老保险补贴、信用贷款贴息扶持等办法，健全农业职业经理人产业、科技、金融等"全生命周期"的政策扶持体系，并凭此成为全国首批新型职业农民培育工程示范县。2022年，崇州全市累计培养生产经营、社会服务、电商营销等新型职业农民11152人，生产经营、专业技能、综合服务型农业职业经理人

---

① 《崇州 做优做强三大功能 奋力建设五大片区 全面建设绿色生态、宜居宜业、智慧韧性郊区新城》，《成都日报》2023年2月24日。
② 刘波、李唯：《深化"农业共营制"改革助力建设新时代更高水平"天府粮仓"》，《决策咨询》2023年第1期。
③ 江宜航：《"农业共营制"促进了崇州现代农业发展》，《中国经济时报》2015年2月6日。

2761 人，编印培训教材 1.65 万册，培训人数居成都地区首位，在岗人均年收入 10 万元以上，实现了"种粮有钱赚"。①

土地股份合作是农业共营制度的关键之一，推动土地股份制度合作社发展有利于合理配置资源，促进崇州"天府粮仓"土地资源的高效利用。土地股份合作社是按照"入社自愿、退社自由、利益共享、风险共担"的原则，由政府主导推动，运用农村土地承包经营权确权颁证成果，引导农民以土地经营权折资入股，并经工商登记注册成立的土地股份合作社。借鉴现代企业管理制度，合作社面向社会公开招聘农业专业管理人员，吸引了大批本地及在外打工青年重返农业一线创业，并形成了"理事会+专业管理人员+监事会"的运行机制，农业合作社对入社社员采取按经营净收入的比例分红，以"保底收益+二次分红"的方式来保障入社社员的收益。

（四）以农业创新重塑"天府粮仓"品牌力

崇州市以创建国家农业综合标准化示范市为契机，制定优质粮油和稻田综合种养标准生产体系，鼓励和引导龙头企业、农民合作社、家庭农场等新型农业经营主体开展粮食标准化生产，按照"统一生产技术规程、统一设施标准、统一病虫害防治、统一投入品供应、统一种苗"的方式，建立了优质粮油标准化种植示范基地 23 个。与此同时，崇州以高标准农田建设为载体，利用水稻的边际效应，在基本不减少水稻有效种植面积的基础上，合理布局稻渔种养区，解决种养争地问题。依靠科技提高水稻单产，选用优质高抗高产品种，推广太阳能杀虫灯、性诱捕杀等绿色防控技术，崇州市注重提高稻渔综合种养技术水平，实现水稻、养殖品质双提升。在崇州，已探索形成稻田综合种养 6 种模式，即稻田养鱼、虾、蟹、鳅、鳖、鸭，建成 2 万亩稻田综合种养基地，实现"一水两用，一田双收，土壤改良，粮渔双赢"，仅此一项，种植户就可直接增收近 3000 余万元。

---

① 余鹏、张世海、赵荣昌：《"农业共营制"下的崇州故事》，《成都日报》2015 年 7 月 24 日。

崇州市积极探索"校地院企"联合研发，创新科技成果转化路径，推动粮油标准全域覆盖。以四川省农科院作物所和重庆市农科院水稻所为依托，建成7个低镉积累优质绿色水稻试验点，启动优质水稻、稳糖水稻、油菜"四新"3个连片种植核心区和稻渔综合种养核心示范区建设。崇州市还针对人才创新创业项目、科研创新平台和创新载体建设等给予政策扶持，对于由农业科技专家组建的农技专家智囊团设立了人才发展专项资金，同时，为培育壮大智慧新农人，打造"农业科技示范基地（园区）+专家大院+专家工作站"实训基地，崇州与四川农业大学、成都农业科技职业学院等高校院所联合，有针对性地提供"一对一"教学指导和跟踪服务，形成了"农业专家+农业职业经理人人+实训基地"的服务模式。

崇州坚持品牌赋能理念，重塑天府粮仓品牌力，构建"崇耕公共品牌+企业自主品牌"双品牌标准体系，为13个粮油主打产品及衍生产品赋码，加大稻虾藕遇、小亭米、寸金簪等27个企业品牌市场准入力度，涵盖隆兴大米、崇州枇杷茶、崇州蜂蜜、崇耕匠造和崇州非遗等五大类产品。例如，崇州市依托"崇耕"农产品公用品牌，着力培育"稻虾藕遇"优质粮油品牌，构建"崇耕"公用品牌+"稻虾藕遇"优质粮油的"双品牌"联动推广体系，打造"天府好米、稻虾藕遇"，提升"崇州造"优质大米的知名度、美誉度和诚信度。

四 崇州市建设"天府粮仓"核心区的展望

2023年2月16日，四川省印发《建设新时代更高水平"天府粮仓"行动方案》，将实施一系列政策措施，建设更高水平"天府粮仓"，实现农业现代化强省目标。行动方案提出了三个阶段的建设目标：到2025年"天府粮仓"建设取得显著成效；到2030年"天府粮仓"建设目标基本实现，实现粮食产量提高到3750万吨以上、"菜篮子"产品生产基本实现现代化等定量定性目标；到2035年基本实现粮食安全和食物供给保障能力强、农业基础强等农业现代化强省目标。① 在此发展背景下,崇州市抓住发展机遇,以行动方案为依托,在 2023 年持续为建设"天府粮仓"核心区发挥区域优势的进程中探索自己的蝶变之路。

(一)做强四个"天府"的核心功能

崇州的农耕文化积淀两千多年,是天府大地上最早的农业生产地之一。在未来,崇州将抢抓"天府粮仓"成都片区核心示范区视为未来成都市"三个做优做强"重点片区的机遇,统筹推进"六大功能组团"建设,做强做大成都"天府粮仓"核心示范区的核心功能。核心示范区分为竹艺村、全域土地综合整治和全域高标准农田建设、天府国际慢城、西江湾、天府酒村、桤泉绿色食品镇等 6 个组团。为此,崇州市专门组建 6 个组团推进专班以健全推进机制,形成项目建设"大会战"。具体而言,崇州下一步将重点对四个"天府"进行集中攻坚,推动"天府粮仓"核心区建设落地见效。一是围绕建设高产高效的"天府好田",推进金色十字绣示范带等区域建设,以及道明镇、白头镇和隆兴镇全域土地整治试点建设,力争在 2023 年成片推进 5 万亩高标准农田的建设和提升;二是围绕培育绿色优质的"天府好粮",推动项目集群建设,构建粮油"研产、运储、购销"全产业链,开展国家粮食规模化生产、全产业链服务体系改革试验,实施全程机械化育秧中心、粮食储备库迁建项目、农业职业经理人培训学院等一批支撑性项目,推动米酒深加工、预制菜加工、稻田碳汇等一批示范性项目落地;三是围绕农旅融合发展的"天府乡游",建成"天府粮仓"会客厅和规划馆等项目,开工建设新农创乡村振兴示范基地、天府诗酒文创博览园等 9 个重大文旅项目;四是围绕打造宜居宜业的"天府乡居",启动城市会客厅与剧场、邻里中心与人才公寓等重点项目建设,实施一批川西林盘保护修复工程以打造宜居宜业的和美乡村。②

---

① 钟华林:《四川建设更高水平"天府粮仓"》,《经济日报》2023 年 2 月 16 日。
② 《推进"天府粮仓"核心示范区起势见效》,《成都日报》2022 年 9 月 23 日。

（二）培育科技支撑的特色功能

对于崇州来说，要建好"天府粮仓"核心区的特色，就需要持续扩大高标准农田的覆盖面积，提高粮食产能。崇州将按照"集中连片、旱涝保收、宜机作业、稳产高产、生态友好"建设标准，实行"四统筹一主体"建设，到 2025 年，新建和提升"七网"配套高标准农田 10 万亩，实现稳定建成高标准农田全域覆盖。从科学育种到智能化管护再到机械化收割，科技力量正在渗透至粮食生产的每个环节。为进一步提高粮食生产的科技含量，崇州将实施农业科技赋能行动，联合中国农科院、中国农业大学、四川农业大学等科研院校和粮食企业开展攻关，建成 10 个省级以上企业技术中心、粮油科技研发平台，筛选推广 100 个优质粮油品种和农业科技成果，协同中化 MAP 西南总部向全川 100 万亩粮食基地提供"7+3"全产业链服务。科技的登场，并不意味着人的退场，主动适应农业现代化需要，崇州将加快培养更多爱农业、懂技术、善经营的新型职业农民，使其成为"天府粮仓"建设中不可或缺的中坚力量。

（三）夯实"八大建设"的基本功能

未来"天府粮仓"核心区如何建设，崇州已明确具体路径：立足高标准农田建设区，着力把建设"天府粮仓"国家现代农业园区的美好蓝图变成生动实践，集中力量开展全域高标准农田建设、绿色食品园区建设、农业科技赋能、农商文旅体融合发展建设、城乡融合片区开发、全域土地综合整治、乡村人才振兴、农业农村体制机制改革创新等八大建设行动，在落实耕地保护责任和高标准农田全域建设等方面取得成效，为全省高标准农田建设营造良好氛围，探索形成超大城市郊区新城的现代农业发展新实践和公园城市的乡村表达示范区建设新路径，为崇州打造全国农业现代化示范区和全国乡村振兴示范县，以及区域粮食生产链、创新链、供应链、价值链的飞跃发展提供极核支撑。①

---

① 粟新林：《崇州：做优做强核心功能 奋力打造"天府粮仓"》，《成都日报》2022 年 5 月 24 日。

（四）强化组团片区的项目支撑

崇州将坚持以项目为支撑、组团为承载，集中精力、集中力量、整合要素资源，围绕"天府良田、天府良粮、天府乡情、天府乡居"开展组团片区项目建设大会战，梳理形成总投资 327.1 亿元的 102 个项目集群。围绕培育绿色优质的"天府好粮"，持续深化以农业职业经理人为核心的农业共营制改革，实施桤泉绿色食品小镇、水稻智能化育秧基地等 28 个强链补链项目。围绕发展农旅融合的"天府乡游"，崇州将实施总投资 110.4 亿元的竹艺公园、天府乡村规划馆等 28 个重点项目。此外，崇州还将围绕建设宜居宜业的"天府乡居"，突出"一区两镇三村多聚落"，实施西江湾城乡融合示范区、白头国医特色小镇等 34 个项目，总投资 140.1 亿元。

在接下来的布局中，崇州有信心、有决心在成都平原守护新时代"天府粮仓"的战略价值和重要地位上再立新功，打造名副其实的天府之国"粮仓"核心区。把全新作为展现在公园城市乡村表达的诠释和丰富实践中，把使命和担当展现在推进乡村全面振兴、推进农业农村现代化建设的新征程中。

参考文献

陈泳：《抓基地、强科技、促融合、重管理"天府粮仓"成都片区要凸显"更高水平"》，《成都日报》2022 年 8 月 25 日。

王成栋、史晓露、王代强：《在新时代打造更高水平的"天府粮仓"擦亮四川农业大省金字招牌——专访四川省农业农村厅厅长徐芝文》，《乡村振兴》2022 年第 8 期。

郭晓鸣：《打造新时代更高水平"天府粮仓"的思考与建议》，《四川日报》2022 年 8 月 8 日。

《全力打造更高水平的"天府粮仓"加快推进四川农业农村现代化建设——习近平总书记来川视察重要指示精神在干部群众中引起强烈反响》，《乡村振兴》2022 年第 7 期。

胡玲：《攥紧中国种子 全力打造更高水平的"天府粮仓"——对话四川省农业农

村厅党组副书记、四川省农业科学院党委书记,教授、博士生导师吕火明》,《乡村振兴》2022 年第 7 期。

陈茂禄:《保地稳粮促振兴打造"天府粮仓"核心区》,《先锋》2022 年第 7 期。

赵蕾:《严守耕地红线保护"天府粮仓"——四川省耕地保护工作纪实》,《资源与人居环境》2022 年第 6 期。

B.28
基本农田复合型保护
助力粮食安全的"上瓦探索"

高杰　黄科*

摘　要： 保障粮食生产与供给稳定是保证粮食安全的基本前提，以复合种植为手段保证粮食生产与经济效益的双赢局面是夯实粮食安全的重要途径。本文以四川省雅安市上瓦村为例，分析其农业内部交叉融合的复合种植模式，在保证基本农田面积的前提下，探索基本农田复合型保护在农业产业内融合、培育新型经营主体、多方主体参与、以党建引领治理机制等多方面的成功做法，提炼出通过"玉米+藤椒"与"大豆+栀子花"的复合种植模式促进粮食安全与农民增收双赢的经验。

关键词： 复合种植　粮食安全　雅安上瓦村

党的十八大以来，习近平总书记高度重视粮食安全问题。党的二十大报告强调，"全方位夯实粮食安全根基，牢牢守住十八亿亩耕地红线"。粮食安全不仅是经济发展和社会稳定的基础，更是关系到国计民生的重要保障，在保证耕地红线的基础上开展复合种植进一步推进粮食生产与经济作物的均衡发展，对于解决"三农"问题、保障粮食安全具有重要的现实意义。

四川雅安市上瓦村通过挖掘自身独特的资源和优势，开展土地的复合种

---

* 高杰，四川省社会科学院农村发展研究所副研究员，主要研究方向为农业经济理论与政策；黄科，四川省社会科学院农村发展研究所，主要研究方向为农业经济理论。

植，采用政策助力、合作社经营与村民联动的发展形式，形成"玉米+藤椒""大豆+栀子花"特色产业体系，实行基本农田复合型保护模式，整体优化了土地空间结构，提升了农业生产经营水平，推进了乡村产业发展，促进了农民增收，同时也确保了粮食安全。

一 上瓦村实施基本农田复合型保护的做法及成效

上瓦村位于雅安市名山区蒙阳街道，是全省乡村振兴重点帮扶村，面积7.35平方公里，辖10个村民小组，共755户2528人；村庄地貌类型以低丘平坝为主，海拔650~700米，气候类型属亚热带季风性湿润气候区，气候温和，雨量丰沛，无霜期长，四季宜耕，植被茂然；森林覆盖率达32%。上瓦村采取基本农田复合型保护模式的总体思路是确保粮食生产和经济效益，改良园地达到适种条件，探索粮经复合种植是实现单位土地利益最大化的有效途径。上瓦村在"玉米+藤椒"与"大豆+栀子花"两种粮经复合种植模式的实践道路上，始终坚持在保证粮食生产的同时带动特色产业发展，培育新型经营主体，推动复合种植，通过"产业+"融合发展新模式，实现农业内部各产业间交叉融合，以稳粮、优经的思路持续推进"产业+"协调发展，推动多方主体共同参与，完善各主体之间的利益联结机制，确保复合种植的持续发展，以达到通过粮经结合和耕地提质增效确保国家粮食安全的最终目的。

（一）全面推进复合型农业基础设施建设

上瓦村大部分区域为低丘平坝，气候适合农业生产，提高丘陵地区的农业基础设施水平、挖掘生产潜力，是提高粮食生产能力的重要补充，对保证国家粮食安全而言意义重大。农村基础设施是基础性资源配置也是农业产业振兴的关键环节，包括道路、水利、电力等。上瓦村以低丘平坝为主，农业基础设施短板始终是其农业发展中的主要障碍。积极改善基础设施是复合型农业发展的首要任务，依托自身产业发展，为全面实现复合种植增产增效、保障国家粮食安全和农产品供给做出积极贡献。

目前，上瓦村具有完善的生产条件，包括灌溉系统和生产便道。藤椒2500亩和栀子花250亩，在一定意义上破解了耕地细碎化问题，为开展"玉米+藤椒"与"大豆+栀子花"的复合种植提供了前提条件。截至2022年底，上瓦村累计争取项目资金179万元，新修（拓宽）道路4.6公里，修建桥梁3座，新修（硬化）生产便道48公里，将农业复合种植基础设施建设与生产相融合。首先，整体规划适种大豆、玉米的藤椒地、栀子花地，开展复合型农业基础设施建设。农田的基建主要内容是基于已成规模的藤椒地与栀子花地，让其具备生产大豆和玉米的条件，有利于集约化生产，配套建设生产便道和排灌系统，进行粮食作物生产，充分开发农田的生产能力。其次，建设复合型水利设施满足藤椒地、栀子花地灌溉需求。丘陵地区的灌溉方式受地形影响，复合型灌溉系统按照藤椒地、栀子花地的整体面积实施灌溉，同时覆盖大豆与玉米种植区与藤椒地、栀子花地，以便水资源空间分布均匀，整体优化区域的种植环境，解决低丘区域大豆和玉米用水问题。最后，生产便道的建设是开展复合种植的先决条件。农产品的生产和运输都需要生产便道，上瓦村主要生产便道基本覆盖复合种植区域，畅通了生产区域与生活区域，为农业生产提供了便利的通行条件。

（二）积极培育新型农业主体确保粮食安全

党的十八大以来，中央高度重视新型农业经营主体培育，把加快新型农业经营主体培育作为一项重大战略任务，为确保国家粮食安全、实现农业农村现代化和乡村振兴指明了方向。确保国家粮食安全，首先，明确经营主体的问题，到底由谁来种粮，传统的作物种植比较收益低，造成农村劳动力向城镇转移，同时农业生产水平的不断提高有效推动了新型农业主体的发展，其中包括农业专业大户、合作社、农业龙头企业等，对确保我国粮食安全、推进农业农村现代化具有重大意义。其次，新型农业经营主体衔接了农户与现代农业复合种植体系。新型农业经营主体既是现代农业发展主体、主要农产品供给主体，也是社化服务主体。新型农业经营主体主要进行特色产业的生产和管理，农户参与生产粮食作物，即新型农业经营主体和农户共同生产经营，有利于促进农户和现代农业有机衔接，扩大生经营规模，提高农业现代化水平。

种粮整体效益偏低，这在很大程度上压缩了粮食的播种面积，新型农业经营主体的加入可以提高管理水平，实现高效率管理从而提高粮食产能。随着土地经营权的流转，上瓦村在土地利用的结构和布局上实现了集中连片，有着适宜培育新型农业经营主体的前提条件。新型农业经营主体较之普通经营主体生产类型更多元化，上瓦村实行"农户+合作社+龙头企业"多元主体合作机制，进一步把资源、资金、农户有效捆绑起来，形成利益联结，同时采取复合种植的模式把特色产业与粮食生产紧紧结合在一起，提高其生产水平，整合农业土地资源，优化经营模式，促进特色产业与粮食生产的共同发展，夯实乡村振兴的基础。目前全村有藤椒合作社2个、种植合作社5个，保障了藤椒的生产管理，同时农户与种植合作社也能保证大豆和玉米的持续种植，多元主体的复合种植方式促进农业增效、农民增收，实现粮食产业的可持续发展。

（三）加快构建粮经"产业+"融合发展新模式

农村产业融合是产业兴旺的重要途径，农业内部交叉融合是农村产业融合的重要部分。"产业+"发展模式，有利于在调整农业产业结构、增加农民收入、保证粮食生产等方面做出贡献。"产业+"发展主要是当地农业特色产业与粮食产业的融合，充分展现本地优势，实现农业内部交叉融合与耕地资源的高效利用。以粮经结合、耕地提质增效为导向，通过农业内部各产业间交叉融合，按照稳粮、优经的思路持续推进"产业+"的协调发展。

上瓦村在粮食作物方面重点发展大豆和玉米，确保粮食安全。特色产业主要是藤椒与栀子花，共同促进粮食安全与产业提质增效，进一步推动"玉米+藤椒"与"大豆+栀子花"粮经复合种植。发展特色产业是建立乡村振兴长效保障机制的重要内容，上瓦村依托产业扶贫打造了以农业产业为主导的特色产业（主要是玉米与栀子花），推行扶贫政策，推动整体特色产业规模化、集约化和农业内部交叉融合发展。在粮食种植方面，突破粮经种植区域的限制，使"玉米+藤椒"与"大豆+栀子花"相互衔接、相互促进，提质增效成效明显。"玉米+藤椒"与"大豆+栀子花"的复合种植是推动提质增效的主要方式。首先，以"大豆+栀子花""玉米+藤椒"粮经复合种植促进农业产业联合发展。2019年，上瓦村100余亩藤椒产业发展初见成效。据统计，投产藤椒平均亩产约800斤，按市场最低收购价5.5元/斤计算，亩产值约4400元，扣除成本，每亩纯利润在2200元以上。2022年首次推行粮经复合种植模式，包括大豆套作面积180亩、产量27吨，玉米套作面积221亩、产量16吨，在保证粮食生产上初见成效。2023年根据上年粮经复合种植模式经验将进一步扩大套种面积。完善粮经复合种植经营方式，使粮经复合一体化、联合化发展，推动藤椒与栀子花特色产业发展，将大豆和玉米生产作为保障粮食安全的前提。

（四）大力推动多方主体共同参与

1. 政府帮扶：政府出台多方面政策支持

雅安市政府制定《雅安市"十四五"推进农业农村现代化规划》，对上瓦村特色产业发展进行合理有效的规划，制定优惠政策完善农业生产设施，为推进特色产业发展与粮食生产的有效衔接提供了有利的条件。2021年，全村通过产业发展带动户均增收6000元以上，村集体经济收入达到5.9万余元。2022年，村集体经济收入达到8.3万余元。政府投入财政专项资金用于改造农业基础设施，建设适合复合种植的耕地、便道、水利设施等相关农业基础设施，同时对"玉米+藤椒""大豆+栀子花"复合种植进行整体指导和规划。进一步保障粮食安全，确保各主体的经济收益。

2. 多方经营：村集体、合作社、农业龙头企业开展联合经营

农业内部交叉融合主体的参与能力是产业兴旺的关键和基础，村集体、农业专业合作社以及农业龙头企业是联合经营的主力。村集体具有配置村社公共资源的权限，并且对村特色产业项目的实施有着维持秩序的功能，包括藤椒的种植和栽培、粮食作物的生产，专业合作社与龙头企业都负有

监督的责任，制定"玉米+藤椒"与"大豆+栀子花"复合种植模式实施方案。农业专业合作社包括藤椒专业合作社、栀子花合作社、种植合作社等，负责"玉米+藤椒"与"大豆+栀子花"复合种植中的管理工作。龙头企业则负责"玉米+藤椒""大豆+栀子花"复合种植中的产前、产中、产后环节的整体品质和服务，体现创新职能，带动整体价值提升。

3. 村民参与：保证粮食生产的同时形成利益链接

对比起以前农户自产自销，或者把土地租赁给创业者、公司后就退出土地经营管理，每年的收益只有租金，增收效果不明显，上瓦村藤椒党支部改变落后机制，建立"农户+合作社+龙头企业"合作机制，进一步把资源、资金、农户有效捆绑起来，形成利益联结，从而较好地实现了"资源变资产、资金变股金、农户变股东"的改革，把藤椒产业的生产、资金、销售全过程管起来，最终形成多方互补、提升效益。"农户+合作社+龙头企业"合作机制方面，农户是关键环节，农户参与生产有效解决了"谁来种地"的问题，实现农户增收和经济效益最大化，保障粮食安全的同时使"玉米+藤椒""大豆+栀子花"复合种植模式成为实现粮食生产和经济效益双赢的模式。

（五）同步构建党建引领治理机制

上瓦村做好"三个基础工程"治理工作，发挥基层党组织的领导作用。一是开展"连心"工程，密切党群干群关系。二是开展"强基"工程，增强党组织凝聚力。三是开展"模范"工程，提高党组织的号召力。完善村民委员会、藤椒专业合作社、栀子花专业合作社、种植合作社等多元参与的党群服务中心治理体系，上瓦村驻村工作队成立上瓦村藤椒种植合作社，建立藤椒党支部，由村书记任藤椒合作社支部书记，村主任及驻村工作队成员任委员，将支部作为藤椒产业管理主体，确保藤椒产业工作有人思、有人抓、有人管，以党建带动产业建设，有力推动藤椒产业快速发展，走出了一条党建促增收的新路径，通过党员牵头形成党员示范岗，不断提升党员服务能力，发挥党员的模范带头作用。

二　上瓦村粮经复合种植确保粮食安全的主要经验

上瓦村"玉米+藤椒""大豆+栀子花"的特色产业模式，通过村集体、合作社、龙头企业与农户之间的合作，既保证了大豆和玉米的有序生产，也通过以特色产业为支撑产生了可观的经济收益，辅之以扶持政策，整体形成了较好的发展态势。

（一）耕地保护是粮经复合种植保证粮食安全的基本要求

严格落实耕地保护制度是粮经复合种植保证粮食安全的基本要求。耕地保护与复合种植模式有利于提高节约集约利用水平，采取严格的耕地保护措施，有效遏制新增撂荒土地，强化土地节约集约制度约束。

上瓦村坚守耕地和永久基本农田保护红线，以粮经复合种植形式获得经济收益代替传统补偿激励进一步优化土地资源配置，基于有限的土地资源和经复合种植的高质量发展，稳定大豆和玉米产量。同时村集体组织开展有关耕地利用和保护的宣传活动，提高各个主体的耕地保护意识，从而使粮经复合种植模式能产生长期效益。

（二）农业内部交叉融合是复合种植保证粮食安全的前提

农业内部融合模式是指在同一产业内部各个不同子产业之间彼此融合、交叉重组，有效整合资源，调整产业内部结构。农业内部融合模式不像产业链融合模式那样鲜明和典型，不能连接上下游、广泛拓展生产和经营范围，但其优势也很明显，更有利于将利益留在产业内部，尤其是第一产业的内部融合，能避免第二、第三产业对利益的侵占。上瓦村"玉米+藤椒""大豆+栀子花"在同一土地上按照一定比例耕作的方式，有利于充分利用耕地资源，提高土地产出率。复合种植"玉米+藤椒""大豆+栀子花"与只种大豆和玉米的耕地面积基本相同，有利于在保证粮食生产的同时不断提高耕地利用效率，采用科学的种植模式以及合理的技术、经营方式提高整体经济效益。

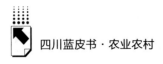

（三）整体指导性规划种植是复合种植保证粮食安全的重点

上瓦村积极推进玉米和大豆种植以保证粮食生产和特色产业的持续发展，形成相对完善的种植体系，并实施"玉米+藤椒""大豆+栀子花"复合种植模式。雅安市名山区统筹规划种植体系，因地制宜提出粮经复合发展模式，通过建立"粮经统筹"示范片，"以粮为主，粮经统筹"，既保"粮袋子"又丰富"菜篮子"。上瓦村积极响应名山区以"粮经统筹"为主的大豆玉米复合种植栽培模式，示范建设大范围大豆玉米带状复合种植示范片区，出实招抓实抓细粮食生产，确保完成全年粮食生产和大豆扩种目标任务。

（四）构建农业社会化服务平台是保证粮食安全的助力

发展农业社会化服务，是实现农户和现代农业有机衔接的基本途径和主要机制，是激发农民生产积极性、提高农业生产力的重要经营方式，成为构建现代农业经营体系、转变农业发展方式、加快推进农业现代化的重大战略举措，同时发展农业社会化服务是保障国家粮食安全和重要农产品有效供给的重要举措。上瓦村通过农业专业合作社、农村集体经济组织等农业社会化服务组织将分散的土地经过流转相对集中起来搞大规模经营，采用复合种植模式将适宜的特色品种藤椒和栀子花等有效导入农业生产，推进资源整合，丰富"以粮为主，粮经统筹"复合种植的内涵，最终实现复合种植高质量发展。

（五）多元化主体参与是复合种植保证粮食安全的基础

粮经复合种植是现代农业衍生出的一种产业形态，在生产环节其特点是多产业复合，很大程度上区别于传统农业。各类农业新型经营主体则能在粮经复合种植的差异化生产环节、功能和分工中获得较好的收益，体现粮经复合种植主体多元、融合发展、利益共享的特征。上瓦村"农户+合作社+龙头企业"的合作机制中，农户是最基本的生产单位，其以家庭成员为主要劳动力。在农产品的具体生产过程中既能保证大豆和玉米的基本产能，也能参与藤椒和栀子花的生产过程，充分发挥农户在粮食生产过程中的基础性作用。藤椒合作社和栀子花合作社是集生产和服务于一体的，把农户和新型经营主体联系在一起，通过规模经营有效保证在粮经复合种植过程中粮经作物生产和服务作业的质量。龙头企业凸显农产品生产、精加工、品牌打造和营销等方面的功能。"农户+合作社+龙头企业"合作机制有利于让企业和农户形成利益共同体，立足于粮食生产全过程，提高粮经复合种植效率，促进现代农业发展。

三　上瓦村实施基本农田复合型
保护模式面临的问题

上瓦村在"玉米+藤椒""大豆+栀子花"复合种植模式上已经具有一定的经验，并且粮油产量也有大幅的提高，这有利于优化粮油种植结构，保证玉米和大豆产量的同时，大幅提高其经济效益。但是从整体上看上瓦村的粮经复合种植模式仍处于发展初期，有着较大的提升空间。

（一）复合种植精细化程度高，人工成本高

在粮食生产过程中人工成本是由粮食种植生产的用工数量和用工精细化程度共同决定的。随着复合种植的推进，农地适度规模经营有利于提高农业生产的精细化程度。玉米与藤椒、大豆与栀子花相互之间属于不同作物类型，粮经作物间精细化程度高，在农业生产过程中施肥、灌溉、除草、收获等时间节点不同，生产要求差异较大，要求投入更多的人力，生产管理成本较高。

（二）缺乏配套复合型农机，生产效率偏低

规模化粮经复合种植，有利于降低劳动强度和生产成本，其中使用高效的种管收作业机具是关键。上瓦村整体上针对"玉米+藤椒"与"大豆+栀子

花"复合种植的配套农机不多，不能够完全满足生产需要，对于藤椒、栀子花而言大部分仍采用手工作业，其间也增加了大豆和玉米种植难度，最终影响大豆和玉米的播种质量。在粮经复合种植中，在耕地、整地、播种、植保、收获、加工整个生命周期都涉及配套农机作业问题，整体缺乏配套复合型农机会降低"玉米+藤椒"与"大豆+栀子花"复合种植生产效率，造成粮经作物产量下降。

（三）复合种植技术指导偏少，粮经关联度偏低

在粮经复合种植方式上，上瓦村采取"玉米+藤椒""大豆+栀子花"复合种植方式，实施"农户+合作社+龙头企业"机制，以合作社和龙头企业提供技术服务和指导。首先，合作社包括藤椒合作社和栀子花合作社提供的技术指导相对集中于特色产业，关于复合种植的技术指导相对不足。其次，在实际的生产种植中农户对于玉米和大豆的种植多是基于传统经验，缺乏复合种植规范技术方面的指导。

四 强化以基本农田复合型保护 确保粮食安全的对策建议

（一）继续完善粮经复合种植政策,确保资金物资充足

完善复合种植保障政策和多元主体参与制度对健全农村基本经营制度、保障粮食安全和重要农产品有效供给、促进农业稳定发展而言具有重要的作用。首先，积极调动农户的种植积极性，统筹资金，对"玉米+藤椒""大豆+栀子花"复合种植给予补贴，并对超额完成种植任务的经营主体给予奖励，优先补贴"玉米+藤椒""大豆+栀子花"复合种植户，提高经营主体的种植收益是确保复合种植面积的前提条件。其次，强化复合种植的科技和人才支撑，科技和人才投入是保障粮食安全的基础，也是落实"藏粮于技"战略的必然要求。最后，结合实际情况对"玉米+藤椒"与"大豆+栀子"

复合种植进行拓展，完善管理体系，通过推广复合种植技术，扩大粮食种植面积，确保国家粮食安全。

（二）深化各主体间利益联结，调动主体积极性

完善农业内部交叉融合利益联结机制，建立股份合作制，针对农村集体经济分股到户，形成利益共享、风险共担的紧密合作机制。建立紧密的利益联结机制，强调各主体之间的契约精神，完善利润返还和分工到户机制。建立科学的利益分配机制，保障合理的分配利润，缩小农户间差距。加强多元主体之间的互惠合作，建立差异化联结机制。应鼓励各类经营主体、服务主体参与产业融合，形成村集体、合作社、农业龙头企业与农户共同经营格局。完善多元主体间利益联结机制，增加各个主体的生产意愿，推动粮食生产与特色产业的可持续发展，确保粮食产量。

（三）争取试验示范点，确保典型带动成效

针对上瓦村特色产业为藤椒和栀子花的特征，建设以藤椒、栀子花标准化粮经复合种植为核心，布设"玉米+藤椒""大豆+栀子花"复合种植格局。在已形成规模化的藤椒 2500 亩和栀子花 200 亩的基础上进行标准化种植，形成农业内部产业交叉融合多元立体种植模式。制定各新型经营主体的粮经复合种植提升计划，加快发展高标准农田数字农业，探索建立智慧种植管理体系，实现复合种植示范点、智慧农业和现代化管理体系的全方位建设，围绕"产业+"主题，建设粮经复合种植园区。

（四）强化技术指导培训，加大复合农机研发力度

强化复合种植技术培训和指导。因地制宜，根据"玉米+藤椒""大豆+栀子花"复合种植情况，差异化开展技术培训和指导，以提高种植户的接受度和实操水平；根据生产节点制定指导表和重点问题清单。按照"玉米+藤椒""大豆+栀子花"复合种植生长周期关键节点和重要步骤及时开展有效的技术指导，提出针对性建议，各个击破式推动复合种植技术规模化应

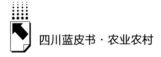

用。针对"玉米+藤椒""大豆+栀子花"复合种植地域差异大、以人工为主的现状,加快推进复合型农业机械化生产,加大宜机化改造力度,进一步提高基本农田复合型保护效率。

参考文献

张红宇:《中国现代农业经营体系的制度特征与发展取向》,《中国农村经济》2018年第1期。

黄玲玲:《乡村振兴视域下农村产业融合发展研究》,《中国集体经济》2022年第33期。

樊祥成:《我国农业基础设施建设政策的演变与发展——以中央一号文件为中心的考察》,《青海社会科学》2018年第6期。

杨钰莹、司伟:《大豆玉米带状复合种植:技术模式、成本收益与补贴政策》,《农业经济问题》2023年第1期。

B.29
农产品电子商务发展
助力"天府粮仓"建设

——以眉山市青神县为例

胡俊波 李文达 李鸿宇 李思懿*

摘 要： 本文以四川省首个电商顺差县——青神县为例，总结其农产品电商经营的主要做法与成效，分析其存在的问题，并据此提出有效建议，以更好地通过农村电商推动粮食生产提质增量。具体而言，青神县通过完善物流配送体系、整合发展数字电商公共服务中心、建立高质量农产品电商品牌体系及标准、发掘培育"种粮+电商"复合型人才等多种方式来推动农村电商发展，取得了显著成果。与此同时，青神县也面临着产业高碳排危机、金融贷动力不够、规模化经营推动不足、农户交易优势减弱等困境，需要进一步改进优化特色产品制备工艺、丰富信贷产品、科学优化农村区域布局、完善平台农户之间的规则体系，以更好地助力"天府粮仓"建设。

关键词： 农产品 电子商务 粮食供给 "天府粮仓" 青神县

在当前信息技术快速发展的大背景下，电子商务正持续性地激励着粮食生产经营方式的进步，保障和提升粮食供给的效率与质量，推动粮食产业实

---

* 胡俊波，四川省社会科学院农村发展研究所副研究员，主要研究方向为农村经济；李文达，四川省社会科学院农村发展研究所，主要研究方向为统筹城乡发展；李鸿宇，四川省社会科学院农村发展研究所，主要研究方向为农村经济；李思懿，四川省社会科学院农村发展研究所，主要研究方向为农村经济。

现产业链的纵向整合和转型升级。农产品电子商务发展对于"天府粮仓"的建设起着越来越重要的作用。伴随着农村数字经济的蓬勃发展，总结农产品电子商务发展经验，对于进一步推动四川"天府粮仓"建设有着至关重要的现实意义。

作为四川省首个电商顺差县，青神县农产品电子商务发展成果突出，其电商应用指数和电商发展指数更是分别居全省第1位和第2位，是四川省唯一同时拥有"全国电子商务进农村综合示范县""四川省电子商务集聚区""四川省电子商务示范基地""四川省农村商务信息服务试点县"四个荣誉称号的电商大县。因此，梳理、总结和剖析青神县的做法和成功经验，可为四川更为完备地推进建设"天府粮仓"提供切实可行的现实借鉴。

一 青神县农产品电子商务发展助力 "天府粮仓"建设的主要做法

青神县坚持高质量发展农产品电子商务，通过多层次、多举措发力，助推"天府粮仓"建设。

（一）健全完善三级物流快递配送体系

在当前要素流动不断加快、国内循环愈发重要的背景下，县、乡、村三级物流快递配送体系的投入使用，对于减少乡村电商运输成本及保障粮食产地与市场的联通具有先决性意义。为此，青神县采取多重措施完善农村电子商务物流体系。一是建设和改造农产品分拣包装中心及县级快递物流中转中心，升级农产品智能化、信息化分拣包装生产线，配套管理、仓储、配送、办公等设施设备，推动智慧仓储物流、智慧快递物流等推广应用；二是整合全县快递物流配送资源，弥合县与村之间的物流资源鸿沟，逐步实现乡—村物流快递的共同配送，进一步健全全县物流配送体系，保障物流发展切实落地进村；三是提升改造乡镇电商公共服务站和村级电商服务站，配备或更新电商运营及快递收发等设施设备，拓展电商代买代卖、快递收发、代交代缴等信息化便民服务功能。通过这一系列措施推动物流快递配送体系更好地保障四川粮食流通。

（二）整合发展数字电商公共服务中心

数字电商公共服务中心能够多方统筹，进而确保粮食产后环节的流通渠道通畅，对于粮食产业运营过程中的数字资源整合、潜在资源挖掘以及农产品资源调配而言至关重要。为建设适用于当地现状的综合性数字电商公共服务中心，青神县主要做了以下工作。首先，整合数字资源，建设配备有数据收集、分析、展示等设施的电商大数据服务中心，以实时监测统计分析全县粮食生产、销售、消费长期趋势等数据。并以此为基础定期形成监测报告，及时科学地分析全县粮食生产、消费动态和电子商务运行情况，实现以数据分析为基础的农产品电子商务的长期健康运行，进而推动粮食产业高质量发展。其次，青神数字电商公共服务中心建有配套产品展示、电商运营、直播营销等相关设施设备的农产品直播营销服务中心，通过多种线上销售渠道增加农产品的有效需求，实现线上线下融合发展。最后，青神数字电商公共服务中心不断推进多系统衔接，促进乡村服务站运营管理服务系统的有效连接，以保障农产品电子商务流畅运营，进而实现乡村服务站点的管理规范有序。这些措施的落实有效地推动了数字电商公共服务中心的发展，助力粮食流通渠道通畅。

（三）建立高质量农产品电商品牌体系及标准

随着我国粮食综合生产能力的提升和居民食物消费结构的升级，粮食安全保障已跨过"吃得饱"阶段，如何保障民众"吃得好、吃得健康、吃得安全"成为现阶段更为迫切的问题。品牌体系的出现会激励经济个体为获取品牌及其产生的附加价值而提升产品质量，因此，青神县选择以建设地方电商网销品牌为抓手，激励生产主体提升粮食生产质量，推动打造更高水平的"天府粮仓"。具体而言，青神县以"支持培育青神农产品区域品牌、地标品牌及产品品牌"为基础，鼓励并帮助品牌完成包装、宣传、推广和营销等后续流程，形成青神县电商网销产品品牌体系。在此基础上，青神县着力制定特色产品品牌标准，完善准入管理制度并建立农产品质量安全标准体系，以保障青神品牌粮食生产质量整体稳定。同时在质量检验层面，青神县通过建设农产品质量检验检疫中心并配套农产品检验检疫、办公等设施设备，更好地实现青神县农产品品控能力的有效提升，在取得网销电商品牌溢出效应的同时有效提升农产品质量。

（四）发掘培育"种粮+电商"复合型人才

复合型人才对于"天府粮仓"建设和乡村综合发展而言具有举足轻重的作用。为此，青神县努力确保在多个层面上有效培育"种粮+电商"复合型人才。一是在原有培训基础上完善农村电商人才培训课程体系和工作机制，充分整合农业行业协会和优质电商企业、专业电商讲师团队和电商企业运营专家等资源，实现培训全过程的高质高效；二是针对农村居民采取多样化培训方式，在保证四成以上培训就业率的前提下推行多形式、多渠道的种粮电商人才培训，同时支持和鼓励县内农业从业人员积极参与农村电商普及直播带货、社交电商、技能培训等专业培训和实践，在实践中提升粮食从业人员的业务能力；三是关注"头部"电商，针对潜力型农村种粮人才重点倾斜资源，培育电商创业带头人和致富带头人，使其在粮食生产、运营、销售等一系列关键环节中发挥引领作用。

二　青神县农产品电子商务发展助力"天府粮仓"建设的主要成效

通过以上做法，青神县电商发展成效显著，对于"天府粮仓"建设起到了重要的推动作用，主要表现如下。

（一）物流配送体系建设成果显著

"村级电商服务站快递物流实现80%以上的配送覆盖率和100%的辐射

率",县、乡、村三级物流快递配送体系建设稳步推进,有效地打通了"工业品下乡、农产品进城"的"最后一公里",推动粮食市场流通更加顺畅。截至2022年,青神县已圆满完成县级仓储物流快递中转中心效能提升工作,实现了3条自动化分拣包装生产线的建成投产,同时线上配送系统及其相关的智能化设施设备也已全面安装调试完成并投入使用,初步实现了智慧仓储、智慧分拣、智慧配送等中心功能化建设。不仅如此,青神县还完成了全县7个乡镇电商公共服务站和40个村级电商服务站的店招店牌和上墙资料的更换与更新,使农村居民享受到更加便利的物流服务。长远来看,物流配送体系对于保证基本生产要素流动、提升资源配置效率、提高粮食运输效率而言起到了基础性作用。

(二)电商公共服务中心投入使用

粮食产业的长效运营和发展离不开全局性的整体统筹和数字信息分析。为此,青神县电商公共服务中心已投入使用,具体表现为:一是安装调试完成县级发展服务型电商大数据中心并于2022年正式投入使用。该中心整合了全县电子商务信息资源,使粮食生产决策能更好地基于对粮食市场波动情况的分析结论,把握未来趋势性变化,实现数字资源整合和农产品资源调配;二是电商公共服务中心内的直播中心已全面建成和调试完毕配套产品展示、电商运营、直播营销等设施设备,并以此开展了多场农产品直播,有效拓展了产品销售渠道,增加了当地农产品需求;三是通过电商公共服务中心推动完成孵化园内相关设施的升级改造,帮助孵化园参与全产业链,强化农产品多系统的有效衔接,进一步保障农村电子商务的有序运行。公共服务中心将对青神县粮食产业的可持续发展而言至关重要。

(三)高质量品牌标准体系着手推行

青神县狠抓"以品牌提质量",通过品牌的创建及授予实现了粮食生产、储存和运输质量水平的稳定提高。截至2022年,青神县已成功创建5个区域公共品牌,并着手其标志的设计印制及包装。通过举办"大学生直播年货节"等多项活动实现品牌推广，青神电商网销品牌建设初见成效。在此基础上，青神县针对相关农产品制定并印发了青神农产品电商标准手册和品牌准入管理制度，要求"青神区域公共品牌+企业产品品牌"下的电商网销产品必须满足相关标准。同时农产品检验检疫中心和农产品网销中心投入使用，要求相关农产品必须经过产品质量检验，以确保相关农产品质量。整体来看，品牌所带来的多重效应间接推动和保证了青神县粮食生产的优质性，有利于当地粮食质量的提升。

（四）农村复合型人才队伍初见规模

现代粮食产业的建设离不开乡村人才队伍，而复合型农村人才更是保证粮食生产和电子商务有机结合的先决条件，能更好地实现个体种粮收益和"天府粮仓"建设全局收益的有机统一。由此，在人才培训方面，青神县已基本落实"在线电商培训系统有效推广""培训转化工作持续进步""针对性人才培训教材印制并发放"等方面的工作。同时推进高素质农民培育，分层分类开展粮食类全产业链人才培训，以壮大粮食产业人才队伍。截至2022年，青神县已累计培训2950余人次，培育"电商达人"5人，其中大量参培人员涉及粮食产业。预计青神县到2025年兼具电商知识与经验的粮油生产型及管理型人才数量将大幅增加。人才队伍建设初见规模，必将为农村不断注入新的活力。

三 青神县农产品电子商务发展助力 "天府粮仓"建设的现实困境

（一）农村电商货源短缺，高碳排产业面临危机

随着"双碳"目标的提出，四川省越来越重视环境质量和农业可持续发展，为了提高农业绿色发展水平，对一些高碳排产业的要求进一步严格。目前，青神县高碳排产业以松木家具、竹编产品和腊制品制作为主。青神县作

为全国最大的火烧木家具网销产地，在家具的制作过程中木材等原材料的加工和喷漆打磨工序会产生大量的碳排放。部分竹编产品最后完工时也要进行高温炭化处理，以使产品更耐用且防虫。腊肉的熏制更会产生大量油烟，对环境造成污染。在政府提出的规范整治的要求下，高碳排生产企业的发展愈来愈困难，本地火烧木货源减少，青神县最大的特色电商产业面临原材料危机。在原料不足的情况下，青神县开始向周边地区寻找货源，这在一定程度上带动了周边地区经济发展，但也使周边地区产生了一定的环境问题，在环境风险外溢的情况下，原材料危机将长期存在。此外，青神县电商主营产品中适合网销的品类还比较少。例如，椪柑生产季节性强，不易储存和运输；茶叶的品牌效应不足，附加价值低，缺乏竞争力；竹编产品依赖人工制作，难以批量生产，产品性能优势不明显等。因此，现阶段青神县部分产业急需改造提升，推广应用低碳生产技术，开展清洁生产，以实现电商农产品的绿色转型。

（二）金融"贷"动力不足，循环难以构成

现阶段，农村电商经营主体多为小农户，数据统计难度较大，导致农村信用体系不完善，普惠金融缺乏数据支撑，难以形成高效的资金支持，部分农户对农村电商经营望而却步，农村电商难以进一步做大做强。青神县下辖镇村金融网点覆盖不足，融资痛点问题明显，大部分农村地区电商经营依赖财政支持，而财政支持力度又相对有限，导致很多从事电商的农户只能通过民间借贷等方式来解决资金问题。另外，在电商经营过程中，电商平台的支付结算往往被第三方平台分流，传统的银行结算业务量减少，加上小农户经营本身具有一定的风险，金融机构对农村电商放贷非常谨慎，难以形成"投入—回报"的循环。

（三）区域差异较明显，规模化经营推动不足

由于区位因素或资源禀赋差异，青神县农村地区之间经济发展不平衡。现阶段，很多农村电商产业之间正逐渐融合发展，但对广大农村地区分散的家庭经营还难以实现有效的统筹管理。农户出于自身认知的局限性对从事的

电商事业经常缺乏通盘考虑，相互之间的联动融合发展劲头不足，难以形成产业集中连片发展态势，规模效应不明显。此外，区域经济发展水平悬殊必然会使农村电商发展水平有所差异。一些条件较好的农村地区电商发展较早，物流产业也发展得较好，但其对周边地区的带动效应不足。而条件较落后的农村地区商品流通体系建设相对滞后，影响了农村电商经营的进一步扩面。经营分散造成生产规模较小，难以形成规模优势，物流成本普遍偏高，而从事电商经营的利润较低，一定程度上挫伤了农户的积极性。

（四）农户交易优势减弱，原经营动力逐渐降低

目前，青神县农村电商经营竞争逐渐加剧。由于农村电商经营的产品种类不多，普遍存在价格竞争现象，导致农产品边际收益下降，小型电商农户逐渐陷入被隐形排斥的处境，无法实现自身的"跨越式发展"，在这种情况下，小农户会选择退出农村电商经营。其背后的经济逻辑是农村电商经营也存在生命周期效应。在农村电商发展初期，经营的产品和生产过程还未标准化，可能凭借外部经济性获取一定的竞争优势。部分思维活跃的农户看到一部分人通过电商经营富起来以后，也想尝尝电商经营的甜头，于是纷纷效仿，在前期其可能会获得理想的收益。但随着电商经营模式多样化和生产效率提高，电商经营会被倒逼走向标准化和规模化，电商经营户之间的竞争逐渐加剧。由于没有实现规模化经营，小农户根本无力应对激烈的市场竞争，其交易优势逐渐削弱，而利润水平也再难以达到小农户的预期，原本经营的内生动力就会减弱，最终导致部分经营主体退出电商经营。

四　青神县农产品电子商务发展助力"天府粮仓"建设的政策建议

（一）改进优化特色产品制备工艺，加快建设现代物流体系

在新的历史时期，四川推进农业现代化、打造"天府粮仓"必须走绿

色低碳发展的道路。青神县的特色产业以松木家具、竹编产品和腊制品制作等为主，在绿色低碳发展的要求下，为保障电商货源，高碳排生产企业亟须探寻一条环保与技术兼具的道路，对既有特色产业的生产过程进行优化。为此，政府首先应当搭建桥梁，加强校企、银企联合，为企业及行业协会提供技术及资金支持，不断提升技术水平，进行生产设备、流程的改造、升级换代，在整个行业推广低碳生产技术。其次，应加快冷链物流建设，制定支持政策保障农产品流通便利。基于部分农产品具有不易储存和运输的特性，加快发展冷链物流，持续加强冷链物流的基础设施建设以及生鲜农产品冷链物流技术的应用和创新，保障农产品质量，规划合理的运输路线以保证速度。通过官产学研联合，鼓励相关企业进行技术创新。助力生鲜电商与冷链物流的协调发展，依托生鲜电商的兴起，抢抓冷链物流的发展机遇。

（二）金融机构丰富信贷产品，政府设立专项资金扶持

鼓励金融机构开发针对性贷款产品，明确银行优先保障粮食安全及农村产业发展。一是开发新的金融信贷产品，加大"政银保""政银担"合作支农力度。加强与涉农银行的合作，有针对性地提供不同额度、种类的融资服务，除县域已有的"青粮贷"外，还应持续开发各层面各方向的农业农村信贷产品。二是简化优化贷款审批程序，鼓励涉农银行提升服务水平，积极推进普惠业务网点下沉，切实服务于中小企业、小农户，服务于地方经济。加强对行业的监管，鼓励涉农金融机构与第三方平台开展合作。三是整肃民间借贷，监督融资担保机构、第三方支付企业，鼓励涉农金融机构与第三方支付企业协同进行依托性建设，扩大银行经营区域，建立收单/结算系统、农村地区银行自助服务网络，合作推进涉农金融发展。鼓励各方助推农村电商发展，构建安全高效的融资渠道。四是针对行业的弱质性，县域应当努力扩大针对特色产业的保险覆盖面，提升农产品的抗风险能力，引导涉农金融机构与农村电子商务服务站点合作，推动金融政策的落实，同时引进第三方平台，借助其科技优势，外加金融机构的资金优势，建立健全农村征信服务体系，降低融资风险，出台优惠政策。另外，由于县域涉农企业规模有限，

为提高融资能力，政府可以给予一定的资金支持。针对地方担保机构数量少、缺乏担保物等问题，除鼓励担保机构发展外，政府还可以提供一定的补贴，提振农村电商经营者的信心。基层金融基础设施建设成本较高，为鼓励金融机构发展，政府可通过制定税收减免等政策进行引导。

（三）科学优化整合农村区域布局，形成规模优势

青神县地处"一核三带十片"的岷江流域，政府应该通过合理规划，打破区域分割。首先，要发展现代物流，提升农产品市场流通水平。由于农村现代物流建设投入大、周期长，为避免盲目发展农村物流，建议由政府牵头统筹规划，从有效发展农村经济的角度出发打破区域分割，制定合理的、有指向性的农村物流发展措施，使得各地电商产业协调发展。其次，进一步加大城市经济带动农村经济的力度，实现区域联动。青神县位于成都的都市圈核心区，应利用区位优势，发挥城市物流对于农村物流的辐射作用，加强与县外地区的联动，将区位优势转变为发展优势，缩小区域间的物流发展水平差距，完善农业物流体系、公共服务体系。最后，要完善产业链，形成电子商务发展的规模优势。以成渝地区双城经济圈建设战略为牵引，与周边地区开展产业联合，弥补产量短板。培育农村新型物流主体，加强市场流通主体与农村个体之间的合作，建立基层物流服务站点，形成基层物流网络，有效降低物流成本，提高生产积极性，扩大生产规模，形成规模效应。

（四）通过"延链定标创牌"，持续提升农产品附加值

一是着力延长农产品的产业链和价值链。从产前、产中、产后对农产品产业链进行延伸以获取更高的经济利益，通过后向延伸加工环节，提升农产品附加值，注重科技投入，增加农产品的科技含量。优化产业链，从种植、加工和销售方面提升农产品的价值链，增加农产品附加值。由于青神县电商产品类别较少，为避免同类竞争，经营主体需要探寻自身产品优势或是进行整合发展，以扩大经营规模并增强竞争优势。二是完善电商平台并制定科学合理的交易规则体系。运用大数据技术，实现电商平台与小农户之间的

"互联互通",搭建信息共通共享的基础平台,使小农户能及时通过数据信息优化营销策略,调整产品生产结构。政府除搭建网络交易数据中心外,还要加强对电子商务平台的监督及管理,保障平台运营的规范与规则公平。三是加快培育农村电商经营主体,加强品牌建设。树立电商经营主体的品牌意识,加强品牌建设。为吸引消费者,电商经营主体应该加大助农力度,打造农产品的品牌效应,以此打开农产品消费市场,打造地域特色品牌,深入挖掘当地农产品特色。要利用线上线下多平台对特色产品进行广泛宣传,政府与电商形成长期合作关系,开展农业品牌化营销推介会,举办或参与各类交流活动,努力提升地区品牌的知名度,继续打造"东坡大米""汉阳花生"等独具特色的地理标志性品牌,不断提升地域品牌的影响力,提高产品的市场辨识度,赋予农产品文化价值。同时通过培养电商人才,推动农村电商经营主体形成"互联网生产思维",增强农民使用电子商务的意识,提高农村电商经营主体的经营能力。

参考文献

《青神香肠 主播全力备战预计销量同比翻番》,《四川农村日报》2022 年 11 月 11 日。

《青神县:奋力建设新时代更高水平"天府粮仓"特色示范区》,《眉山日报》2022 年 11 月 3 日。

孙馨露:《我国主要粮食产业电子商务发展现状与策略》,《粮食与油脂》2020 年第 9 期。

蔡海龙:《我国粮食安全的新趋势、新内涵及新格局》,《人民论坛》2022 年第 19 期。

卞靖:《未来 15 年中国粮食安全面临的主要风险及应对思路》,《经济纵横》2019 年第 5 期。

刘可、庞敏、刘春晖:《四川农村电子商务发展情况调查与思考》,《农村经济》2017 年第 12 期。

徐丽艳、郑艳霞:《农村电子商务助力乡村振兴的路径分析》,《中国社会科学院研究生院学报》2021 年第 2 期。

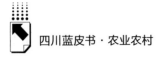

祝红军、邱忠权：《电子商务环境下四川农村物流发展现状与对策》，《物流技术》2015 年第 13 期。

聂召英、王伊欢：《链接与断裂：小农户与互联网市场衔接机制研究——以农村电商的生产经营实践为例》，《农业经济问题》2021 年第 1 期。

梅燕、蒋雨清：《乡村振兴背景下农村电商产业集聚与区域经济协同发展机制——基于产业集群生命周期理论的多案例研究》，《中国农村经济》2020 年第 6 期。

万倩雯、卫田、刘杰：《弥合社会资本鸿沟：构建企业社会创业家与金字塔底层个体间的合作关系——基于 LZ 农村电商项目的单案例研究》，《管理世界》2019 年第 5 期。

魏彤玥、吴振方：《乡村振兴背景下电商助农的发展研究》，《时代经贸》2023 年第 1 期。

范娜娜：《乡村振兴战略下电商助力特色农业发展的路径研究》，《中国市场》2023 年第 3 期。

薛梅、贾颖：《生鲜农产品冷链物流发展对策研究》，《中国农业资源与区划》2022 年第 12 期。

陈惠：《数字普惠金融赋能农村电商高质量发展的路径研究》，《当代农村财经》2022 年第 12 期。

陈瑞琪、徐广才、刘岩、石金、魏铭潇：《农村电商建设发展与金融支持研究》，《农业展望》2021 年第 8 期。

杨婷：《农业产业链整合中的农产品价值链分析》，《商业经济研究》2018 年第 12 期。

王少辉：《小生产对接大市场——农村电商的融合创新》，《商业经济研究》2017 年第 14 期。

杨永亮：《我国农村电子商务发展面临的困境与创新途径》，《农业技术与装备》2020 年第 11 期。

彭山区以宅基地"三权分置"改革助力
耕地保护的做法及经验

高 杰 罗海瑞*

摘 要： 保护耕地是确保粮食安全的基础。在经济发展过程中，由于耕地与建设用地之间的地租差距不断扩大、农村房屋建设管理制度欠完善等，出现了因农村住房等非农建设需求而占用耕地或耕地细碎化的现象。为有效保护耕地，破解集体建设用地有效利用与耕地保护之间的矛盾，眉山市彭山区以宅基地制度改革为契机，探索了以宅基地"三权分置"改革提升耕地保护和粮食生产能力的做法，形成了一系列具有借鉴意义的重要经验。

关键词： 集体建设用地 耕地保护 宅基地

粮食安全是"国之大者"，是国家安全稳定的重要基础，是国家经济发展、社会稳定、人民生活逐渐丰富多彩的必要条件。习近平总书记在党的二十大报告中提出，"全方位夯实粮食安全根基""牢牢守住18亿亩耕地红线""确保中国人的饭碗牢牢端在自己手里"。基于我国农村宅基地现状，进行相应制度改革优化，助力耕地保护、确保粮食安全是新阶段农村改革的重要内容。

眉山市彭山区位于天府之国成都平原经济圈核心层，在成渝地区双城

---

* 高杰，四川省社会科学院农村发展研究所研究员，主要研究方向为农村经济；罗海瑞，四川省社会科学院农村发展研究所，主要研究方向为农业管理。

经济圈中占据重要地位，是全国新一轮农村宅基地改革试点地区、全国农村"两权"抵押贷款试点区、全国国土资源节约集约模范县，更是全国重要的商品粮基地。全区面积 465 平方公里，辖 5 街道 3 镇，总人口 34.58 万，其中农村户籍人口 19.39 万。农用地面积 53.41 万亩，其中耕地面积 29.86 万亩。宅基地总量 4.94 万亩、5.48 万宗，已颁发使用权权属证书的宅基地 4.95 万宗，其中已颁发房地一体不动产权证的宅基地 4300 余宗。自宅基地"三权分置"改革推进以来，农民私自建设占用耕地、农村房屋规划混乱导致耕地分散等问题得到了有效解决，有效推进了耕地保护工作。

一 宅基地"三权分置"改革对于耕地保护的重要作用

（一）宅基地制度改革规范了农村宅基地管理使用制度，减少了农民建房等行为对耕地的挤占

受环境条件限制，农户法律意识欠缺，对土地性质认识不清晰，又因宅基地的修建规制存有不足，导致出现农户私搭乱建的行为，而此类行为在很大程度上占用了耕地，缩减了原有的耕地面积，降低了粮食产量。宅基地制度规范化，是遏制此行为的关键，向农户普及明晰的法规制度，帮助他们认识到占用耕地修建宅基地是违法行为且危害到国家的粮食安全。

（二）宅基地制度改革优化了农村土地资源配置，提高了土地的空间完整性和规模性

长期以来，农村宅基地规划的科学性不足，导致农村宅基地分散、占用耕地问题严重，为后续的使用管理带来了较大困扰。宅基地改革，正是将原有分散的屋舍合理规划后予以统一管理、集中配置。让腾退出的宅基地复垦，同时整合耕地资源，恢复耕地活力，从而提高粮食产量。

（三）宅基地制度改革盘活了乡村闲置资产，提高了各类经营主体进入乡村进行农业生产的积极性

因历史遗留问题，农村宅基地大量被闲置，改革的方向是将闲置宅基地入市再利用，吸引经营主体，为其提供产业基础。经营主体的进入，确保了耕地的有效使用，使耕地撂荒现象有所缓解。随着时代的发展，经营主体能力提升，农业发展实现转型升级，出现了特色农业、技术型农业、循环农业等，耕地价值得以增加，粮食产量稳步提高，农民收益得到保障，继而提高了农民生产积极性，形成了良性循环，确保了粮食安全。

二 宅基地"三权分置"改革在保护耕地上的主要做法

宅基地改革推进之前，彭山区农民住房建设存在缺少规划、私搭乱建侵占耕地等问题，导致全区耕地保护工作面临较大压力。为实现农民居住条件改善、乡村风貌提升、耕地有效保护等多重目标，彭山区以获评国家级改革试点为契机，积极推进以宅基地"三权分置"改革为重点的集体建设用地制度改革。彭山区以"锁定基量、盘活存量、打造标准、流转有序、平台建设、产权清晰、抵押赋能、业态活跃、人才聚集"为改革路径，以耕地保护为重要目标，通过梳理并分类处置历史问题、优化顶层制度设计、发挥集体经济带动作用，形成了一整套与乡村振兴目标相一致的宅基地制度体系，通过宅基地管理使用制度的规范和财产权利的实现，有效确保了全区耕地数量和质量，开展了以宅基地制度改革助力耕地保护的重要探索。

（一）优化宅基地规划审批流程，坚决防止住房建设对耕地的随意占用

围绕宅基地"三权分置"政策体系，眉山天府新区配合彭山审定出台了《眉山市彭山区农村宅基地所有权、资格权、使用权分置暂行办法》《眉

山市彭山区农村宅基地使用权和住房所有权不动产登记暂行办法》等相关文件，破解宅基地权属关系不清和集体所有意识淡化的问题，形成"三权分置"改革推进路径，构建农村宅基地"三权分置"改革制度体系。

围绕入市和市场化供应流程，审定出台了《眉山市彭山区农村宅基地使用权流转暂行办法》《眉山天府新区集体经营性建设用地入市办法》等相关文件，对入市/流转主体、期限、用途、范围、方式等进行必要的约束，构建完善的农村资源资产市场化供应制度体系。同时，成立眉山天府新区农村产权交易中心，建设便于入市、流转的交易场所，通过规范运行流程，构建农村宅基地使用权流转和集体经营性建设用地入市的运行体系。

围绕民主决策和入市委托程序，切实尊重农民意愿，充分保障农户的资格权和使用权，引导形成了群众自主申请、开会表决、集体决议、流转/入市主体委托、流转/入市交易等程序/步骤，推进民主决策和入市等程序规范化开展，构建宅基地使用权流转/委托集体经营性建设用地交易等规范化流程体系。

围绕项目用地与现有规划不匹配问题，通过制定村庄规划，开展村庄整治项目，统筹规划布局农业用地、林业用地、集体经营性建设用地和农村宅基地，实现宅基地的适度转移和整合利用。同时，在供地方式上，创新实施原地、原址、批量、点状供地有机结合的方式，解决项目用地与现有规划不契合的问题。

（二）明确宅基地所有权主体，实现集体经济在宅基地有效利用和耕地保护上的激励相容

围绕集体所有权，通过加强宅基地管理、落实处置和获取收益等权限，明确宅基地所有权的实现路径，助力彭山区耕地保护。一是填补集体所有权虚置的空白，成立眉山市彭山区锦江镇锦江社区三组经济合作社，界定了集体经济组织成员。通过开展权籍调查，为村民小组颁发集体土地所有权证书。二是确定锦江社区三组经济合作社是宅基地所有权主体，实行集体经济

组织民主决策机制,集体经济组织为改革的实施主体,充分保障改革自主、自发、自愿开展。三是构建农村宅基地集中流转机制,赋予集体经济组织统一处理闲置宅基地流转的权利,强化对接产业项目的能力,通过创新集中式"三权分置"模式来完成。四是锦江社区三组经济合作社通过集中转让宅基地使用权和农用地、林地等相关资源资产,与集体经营性建设用地入市协同联动,保障针对宅基地的收益权。

围绕保障资格权,通过宅基地资格权认定,明确保障宅基地资格权的实现路径,同时也保障了耕地的土地属性不被宅基地所占用,从而保证粮食安全。一是充分尊重历史、尊重村民意愿,遵循依法、公开、民主、规范的原则,严格界定宅基地获取的资格主体条件,明晰资格权人认定标准,确立宣传动员、组织讨论、登记、公告、资格确认、上报、颁证等资格权认定程序,认定资格权人,颁发眉山市彭山区宅基地资格权证。二是在颁发资格权证的基础上,进一步完成改革试点区域农户房屋权籍调查、外业测量测绘、基础图件制作、登记公示资料等工作,明确改革试点区域宅基地面积,依法确权颁发房地一体证书。三是对于11宗因房屋倒塌没有颁发房地一体证书的产权主体,保留资格权证上依法申请宅基地建房的权利,让农民吃下改革的"定心丸"。

围绕放活使用权,通过修建安居点满足农民居住需求,通过宅基地使用权流转+集体经营性建设用地入市保障财产变现,明确放活使用权的实现路径,既能发展乡村产业,又能避免在发展过程中出现违规占用耕地的现象。一是将农民的安置问题、发展问题放在首位。按照城乡建设用地增减挂钩试点项目实施办法就高标准确定"三物"补偿标准和安置标准,在选择的规划地块区内建设安居房,帮助农民在规划区就近安居。二是坚守农民"户有所居"的改革底线和红线,通过村集体修建农民安居房,并免费提供给群众居住,享有与宅基地使用权流转期限40年(20年期后延期20年)一致的使用权。同时,拟为群众颁发安居房使用权证,充分保障群众40年的使用权利。三是通过集中整合推进宅基地使用权流转+集体经营性建设用地入市发展新产业、新业态,将获取的资金用于平衡和覆盖农民安居点建设成本。通过以上方式，以农村集体经济组织为主导，集中实现并显化了集体经济组织集体土地所有权、农户资格权、宅基地使用权，通过集中盘活利用途径，创新了集中式宅基地"三权分置"改革模式。

（三）放活宅基地使用权，以财产权利的灵活实现吸引新型经营主体发展农业

通过闲置宅基地入市，吸引经营主体进入农村，能够补充农村缺失的人力要素。经营主体的进入带动了农村农业发展，有利于解决撂荒问题，为粮食生产提供了更多的人力与技术支持，推动粮食产量提升。

带动人才下乡，增强乡村活力。人才是推动农村经济发展的基础，人气的聚集，有利于汇集更多的力量建设农村，使更多的生产资源投入乡村发展、更多的科研成果被运用到粮食生产中。通过闲置宅基地和闲置农房的流转吸纳人才投身到乡村创新创业中，满足其住房需求和生产经营需求，能够吸引更多的农业经营主体留在农村。优化配置公共服务资源和加大基础设施投入，在改善农村生活条件的同时，促进一二三产业融合发展、耕地的提质增效、粮食生产加工坊的建设，使粮食生产由初级加工向精加工转变，形成产业链，增加附加值，让农业经营主体获得收益，再反哺产业，吸引更多的经营主体参与农业经营，形成人口、产业的良性互动，逐步形成宜居、宜业、宜商的社会主义新农村格局。

发展民宿康养，提高产业活跃度，从侧面辅助耕地保护。彭山区在集体建设用地改革中为宅基地盘活利用、经营性用地放宽使用等提供了相关政策支持，为乡村发展民宿康养奠定了基础。民宿康养依托于农村良好的环境。民宿康养圣地的打造，需要对现有环境和土地进行保护，其建设成果既优化了农村环境，有利于农村经营性产业发展，又不改变土地利用性质，有利于耕地保护。对闲置宅基地和闲置农房的充分使用，进一步杜绝了乡村经营主体在生产经营中占用耕地的现象。

三 宅基地"三权分置"改革助力
耕地保护的主要成效

彭山区集体建设用地改革在改革专班小组、政府工作人员、村干部同志等的努力下以及村民的积极配合中取得巨大成效。通过改革，使宅基地产权得以明确、闲置宅基地得以盘活利用、历史遗留问题得到妥善解决，有效确保了粮食安全的关键。

（一）宅基地制度改革成果，带动耕地保护，确保粮食安全

眉山市彭山区在 2020 年被列为全国新一轮农村宅基地改革试点地区。彭山区在宅基地"三权分置"方面积极探索，明确宅基地所有权、资格权、使用权，为耕地保护做好保障工作。从基础做起，制定内容准确详尽的宅基地信息调查表，帮助工作人员更加真实有效地了解基本情况，全区宅基地面积 4.94 万亩、5.48 万宗，已颁发使用权权属证书的宅基地 4.95 万宗，其中已颁发房地一体不动产权证的宅基地 4300 余宗。2019 年，全区一产增加值 15.8 亿元、增速 3%；农村居民人均可支配收入达到 20187 元、增速9.8%。建有"1128"台账资料，数据均已导入宅基地管理和利用信息平台，方便人员查询、交易，不会出现因管理不当而占用耕地修建宅基地来获取额外收益的现象，为切实需要宅基地的经营主体提供有效信息。

处理好宅基地权属关系，做到三权同确、三证同颁。权利人通过确权登记可获得宅基地所有权、资格权、使用权证书，累计为 157 个村民小组颁发集体土地所有权《不动产权证书》，为 31073 户农户颁发《农村宅基地资格权证书》和房地一体《不动产权证书》，在帮助农民获得基本权益的同时，破解了宅基地权属关系不清的难题，为守住 18 亿亩耕地红线提供了法律保障。

将农民的居住问题和产业发展、耕地保护问题紧密地联系在一起，推行跨区域连片规划。将彭山区的土地资源、宅基地现状、农村人口变化趋势和

区域产业发展定位相结合，对宅基地进行科学布局，将占用耕地的宅基地腾退，恢复耕地效用，促进粮食生产，同时满足农民基本住房需求，给农民提供舒适、便利的宜居环境，从而减少农民在耕地上私搭乱建的现象。确保产业发展用地的科学合理规制，不再局限于村庄行政区划，而是以片区的范围为单元来进行乡村规划，已统一协调规划了3个镇级片区、11个村级片区，既保障了农民合理的建房需求，又满足了乡村产业发展的用地需求，在土地资源紧缺的大环境下，同时满足农民和产业发展用地需求，减少了对耕地的占用和破坏行为，保障了粮食安全。

（二）解决历史遗留问题，遏制占用耕地行为，恢复粮食生产力

宅基地制度改革和耕地保护协同推进，彭山区坚持宅基地面积总控原则，坚决制止农民违法占用耕地来修建房屋的行为，对自愿有偿退出的宅基地根据相应情况就地盘活利用或及时复耕，保障耕地面积，确保宅基地总面积不增加，同时农民合法权益不受损。

制度的缺失导致农民大量占用耕地修建宅基地的行为没有得到制止，因此当下的宅基地改革需制止此类行为。解决宅基地历史遗留问题涉及对土地利用性质的摸排。为此，彭山区做好前期排查工作，再对其按性质分类，最后形成账册，以便于管理。通过组织各界专业人士共同讨论解决问题的方案，提出可行性措施，包括依法处置、内部转让、有偿退出、有偿使用、规划引导等，通过层层化解，基本解决了宅基地空置和占用耕地的问题。

（三）体制机制创新成果，加大耕地保护力度

建立"1+6+N"的制度体系，形成制度保障机制。为构建更为完整的制度体系，先后出台《农村宅基地所有权、资格权、使用权分置暂行办法》《农村宅基地资格权认定办法》等文件，统一制作了农村宅基地使用权流转交易各类合同使用范本，包含转让、出租、入股合作、互换等内容。深入探索宅基地"三权分置"，确保制度的有效实现，也促使农户更加清楚地认

识三权、使用三权，做到权能活化，使闲置的宅基地得到合理利用，促进农村二三产业发展，加快农村经济建设，提高农村整体经济发展水平，从制度上改善违规占用耕地进行经济建设的行为，达到对耕地保护的目的。

创新"七步"工作法，形成规范推进机制。彭山区摸索总结出了"七步"工作法：一是宣传动员，解决思想"惑"的问题；二是摸底调查，解决家底"糊"的问题；三是确权颁证，解决权利"虚"的问题；四是村庄规划，解决发展"散"的问题；五是节约集约，解决用地"无"的问题；六是民主管理，解决管理"乱"的问题；七是有序流转，解决资源"闲"的问题。"七步"工作法规范了农村宅基地基本管理问题，解决了历史遗留问题。解决好宅基地问题，正是保护耕地的重点，农民住房问题得到解决，才能更好地投入农业生产，增加粮食产量，保障粮食安全。

探索特殊资格权，形成创新机制。彭山区土地流转率较高，大量新型农业经营主体被可以发展适度规模经营所吸引，为了留住农业经营主体，尝试赋予其"新村民"特殊资格权，在人员界定、申请条件、保障方式上进行了明确，对获取"新村民"资格的新型农业经营主体准许其流转产业所在村的闲置宅基地用来居住，可选择与当地农户协商合作建房居住。根据新型职业农民制度，给予"新村民"养老保险50%的补贴，促进新型农业经营主体扎根农村、振兴乡村。新型农业经营主体不仅有利于推动规模化生产，还能带来先进的生产技术，有利于提高粮食作物的产量，拉动耕地面积需求的增加，增强耕地保护力量。

构建土地信息管理平台、退出风险监测和供后管理等长效机制。合理布局村民聚集居住区，对点状分散区域，依托村级连片规划，整理村与村之间的离散点位，探索"村村挂钩"，通过规划整合后，剩余土地可用作乡村振兴业态及集体经济发展用地。实行"退出+入市"的递进方式，将闲置宅基地的使用权退出与集体经营性建设用地入市相衔接，为需要农村土地来进行经济建设的个人和社会资本提供合法合规的土地资源，减少违规占用耕地的现象。创建"农户+集体+企业"三方联营的新经营组织。在农户自愿以及户有所居的原则下，利用好闲置宅基地，解决产业发展配套用地不足的问

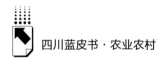

题，为产业发展提供更多的机遇。解决农业产业发展配套用地问题，有助于提高粮食生产附加值，增加农民种粮意愿，从整体上提高粮食产量和质量。

四 宅基地"三权分置"改革对耕地保护的经验启示

彭山区将改革实施、成果转化与耕地保护一体化推进，以改革促发展、以发展护耕地，形成了农村集体建设用地改革助力耕地保护、推动打造更高水平"天府粮仓"的典型样本。从更广泛意义上，彭山区的成功探索为更大范围全面深化农村宅基地制度改革提供了颇具意义的经验和启示。

（一）注重协同农村集体经济发展，发挥集体经济参与保护和监督耕地的作用

彭山区协同推进农村宅基地改革，整合人力资源，共同推进改革，不仅解决了宅基地产权的管理主体和交易主体"缺位"问题，也充分发挥了农村集体经济组织在方向把握、动员农户、整合资源、守住"耕地红线"等方面的优势，为乡村新产业新业态高速高质成长"保驾护航"，实现了对农民利益和耕地质量的有效保护，实现了在促进农村集体经济发展的同时使耕地得到有效保护。彭山区的经验表明，在农村宅基地改革中，需充分考虑到农村集体经济组织重构的正向意义，联合推进农村集体产权制度改革，加强建设村集体能力，形成新型农村集体经济发展与宅基地盘活利用、乡村产业迭代升级、遏制耕地"非农化"的协同机制。

（二）注重建立配套改革的联动机制，确保耕地的有效使用

改革之初，可利用地块分散、细小与产业开发需求不匹配导致产业协同度低是各地在农村宅基地改革中面临的共性难题。彭山区在改革中加强统筹规划，把宅基地制度改革与村庄规划调整联动推进，达到宅基地资源的分散腾退、集中使用、一体开发的效果，将占有的基本农田退还，做到应耕尽

耕、应种尽种,确保耕地总量稳中有升,也更加有效地激发农村宅基地资源承载产业的潜力,形成规模效益好、产业链匹配度高的产业体系。彭山区的经验表明,在宅基地改革中,应当高度重视配套改革的同步推进,特别是要瞄准宅基地供求空间错配的突出矛盾,对于一些农户或农业经营主体而言,需要依托宅基地生产生活,而对于外出打工或搬离农村的农户而言,宅基地处于长期闲置状态,既无法带来收益,又不能更好地与需求者对接,出现有需求的人冒着违规占用耕地的风险来修建宅基地,极大威胁到粮食安全的现象。探索建立村庄规划动态调整机制和以农村集体经济组织为主导的集体建设用地收储机制及整体利用机制,能够在更大空间范围内进行宅基地资源的整体性规划和重构性利用,腾退占用耕地的宅基地,减少威胁耕地的风险。

(三)注重强化农民利益权益保护,提高农民生产积极性

农民权益受损是农村在推进集体建设用地改革中面临的重要潜在风险,也是打击农民生产积极性的原因之一。彭山区通过村集体再造实现对农民利益的保护,引导农民与投资主体建立多元化的利益联结机制,不仅使农民得以分享土地溢价和产业升级收益,也使宅基地改革得到了农民的响应和认同。彭山区经验表明,农村宅基地改革应高度重视保护农民权益,注重提高农民的参与度,促进农民和投资主体之间建立紧密的利益关系,引导农民就地参与新产业、新业态发展,增加农民收入,确保土地利用性质不会发生改变,耕地安全得以保障,产业稳定发展,从而增加农民的幸福感、获得感。

(四)注重联动实施乡村振兴战略,从多角度改善耕地问题,保障粮食安全

彭山区以农村宅基地改革打通资金、人才、技术等优质要素下乡的制度性壁垒,协同推进新型产业成长,并对彭山区粮食生产技能提升、打造高标准农田、实施科技引领工程提供了充足的条件。村庄环境优化和农村集体经济发展,有利于实现产业振兴、人才振兴、生态振兴、组织振兴等的同频共

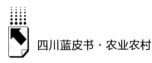

振。彭山区的经验表明，农村宅基地改革具有牵一发而动全身的效应，在解决宅基地问题的同时，改善了耕地违规占用情况，提高了农民种粮积极性，增加了粮食产量。树立"一盘棋"思维，探索将农村宅基地改革与各项农村改革任务及政策有效整合、集成推进，实现以农村宅基地改革为重要动力源促进乡村全面振兴，带动耕地保护，提高粮食质量，把彭山区建成"美田弥望、稻谷飘香、物阜民丰、幸福和乐"的新时代更高水平的"天府粮仓"示范区。

打造更高水平"天府粮仓"丘区样板：
川东丘陵区的广安实践

陈明红　王启作　赵艺先*

摘　要： 广安作为四川的产粮大市，历年来坚持执行最严格的耕地保护制度，并立足丘区特质，在加快推动农业生产设施建设的基础上，着力完善配套政策体系，创新农业经营体系，推进农业产业集群运营，粮油实现连年增产提质，形成丘陵区粮油生产的"广安经验"，广安也成为保障国家粮食安全、建设更高水平"天府粮仓"不可或缺的组成部分。广安"天府粮仓"建设成效虽已初步显现，但在比较效益、粮食品质、建设成本、粮食收储等方面仍存在可持续优化的空间。

关键词： 粮食安全　"天府粮仓"　广安市

粮食安全是"国之大者"，四川是全国 13 个粮食主产区之一，更是中国西部地区唯一的产粮大省。四川省打造更高水平的"天府粮仓"，不仅对于保障省内粮食供给具有重要意义，对于保障国家粮食安全和"以国内稳产保供的确定性来应对外部环境的不确定性"更是具有不可或缺的作用。经过多年的建设，成都平原已逐渐成为"天府粮仓"的核心区，但是要打造新时代更高水平的"天府粮仓"，更加需要与广安等四川盆地中适宜种粮

---

* 陈明红，四川省社会科学院农村发展研究所副研究员，主要研究方向为"三农"政策、社区发展等；王启作，四川省社会科学院农村发展研究所，主要研究方向为农业管理；赵艺先，中国人民大学，主要研究方向为农业管理。

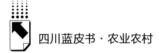
的其他平坝地区、丘陵地区、山区协同建设，形成全域粮油产业集群，实现粮食安全、区域发展与农民增收的协同共进。

近年来，广安市认真学习贯彻习近平总书记关于"三农"工作的重要论述和来川视察重要指示精神，深入落实四川省第十二次党代会和广安市委六届五次全会精神，并结合省委、省政府印发的《建设新时代更高水平"天府粮仓"行动方案》，按照农业农村"1234"工作思路，立足现代农业园区建设"311"现代农业产业体系，思路清晰、扎实有序地推进乡村振兴战略实施，坚决扛起加强耕地保护、保障粮食安全的重大政治责任，为打造更高水平的"天府粮仓"贡献广安力量。

一 广安市概况及"天府粮仓"建设的基础条件

（一）广安市概况

广安市位于四川盆地东部，地处长江支流嘉陵江与渠江交汇的三角区域，是中国社会主义改革开放和现代化建设总设计师邓小平同志的家乡。全市面积6339平方公里，辖广安区、前锋区、华蓥市、岳池县、武胜县、邻水县及国家级经济技术开发区广安经开区，"两项改革"①后，全市乡镇（街道）由182个调减至124个，村（社区）由2994个调减至1715个，其中行政村1366个。截至2021年末，全市户籍总人口453.2万人，乡村人口341.9万人，乡村劳动力204.4万人。广安地处中亚热带湿润季风气候区，气候温暖，雨量充沛，四季宜农，适合水稻、玉米、小麦等多种粮食作物生产，历来就是四川省粮食主产区之一。

近年来，共建"一带一路"倡议，以及长江经济带发展、新时代西部大开发、成渝地区双城经济圈建设等战略的深入实施，推动了广安市经济持

---

① "两项改革"全称是乡镇行政区划和村级建制调整改革，是近年来四川省部署开展的涉及最广泛、群众最关注、影响最深远的重大基础性改革之一。

续平稳恢复，稳中加固、稳中提质。2021 年 10 月，中央印发了《成渝地区双城经济圈建设规划纲要》，要求建设现代高效特色农业带、共同推动城乡产业协调发展，并明确支持广安全面融入重庆都市圈打造川渝合作示范区。得益于诸多战略机遇与政策加持，广安市 2022 年 GDP 达到 1425 亿元，同比增长 0.3%，为打造更高水平"天府粮仓"奠定了坚实的基础。

（二）广安市"天府粮仓"建设的基础条件

1. 耕地资源丰富

"三调"成果显示，全市耕地面积 369.25 万亩，占总面积的 38.8%。旱地 170.16 万亩，占比 46.08%；水田 198.58 万亩，占比 53.78%；水浇地 0.51 万亩，占比 0.14%。岳池县、邻水县、广安区等 3 个区县耕地面积较大，占全市耕地面积的 71.5%。坡度在 25° 以上的不适宜耕种的耕地仅占 3.84%。适宜耕种的土地主要为水稻土、紫色土等品质好的土壤，有机质和有效养分含量高，不仅能为作物生长提供充足的营养，还能提高化肥利用率，生产出的作物产量高、品质好。

2. 光热条件优越

广安属中亚热带湿润季风气候，雨热同期，霜雪稀少，优越的光热条件十分适合水稻、玉米等多种粮食作物生产，全市 6 个县（市、区）中有 4 个产粮大县。从粮食产量看，"十三五"时期以来粮食产量实现七连增，2019 年再次突破 180 万吨大关，2021 年达到 183.7 万吨、居全省第 10 位，2022 年受两轮异常高温干旱天气影响，产量略有下降但下降幅度不大（2022 年粮食产量 179.7 万吨），粮食单产水平长期高于全省平均水平。

3. 基础设施全省一流

广安市坚持以建设新时代更高水平的"天府粮仓"为统领，按照"集中连片推进、水旱立体建设、适度规模经营、粮经融合发展"的思路，持续推进农田水利基本建设和高标准农田建设。截至 2022 年，累计建成中型灌区 16 个、小型灌区 332 个，有效灌溉面积 172.17 万亩；2022 年新建高标准农田 25 万亩，累计建成高标准农田 283 万亩，占全市耕地面积的

76.64%，新建的高标准农田全部用于粮食生产，确保"良田粮用"，高标准农田建设标准高、要素呈现全、规模面积大、视觉冲击强，可以有力地助推广安打造成为更高水平"天府粮仓"的重点区域。

4. 仓储及加工体系完备

储备体系方面，政策性粮食储备体系健全、储备充足，粮食加工企业履责能力初步显现，基本形成政府储备与企业储备功能互补、协同高效的粮食安全保障体系，原粮储备规模达到17.52万吨，食用油储备规模为0.827万吨。仓储能力方面，全市总仓容达到75万吨，其中低温仓容28万吨；建成储粮库点135个，仓储设施基本能够满足本地区粮食收储和物流需要。应急供应方面，全市已建成142个应急供应网点、8个应急加工网点、11个应急运输企业的粮油应急保障体系，实现应急保障横向到边、纵向到点。加工体系方面，依托现代粮油园区，布局建设产地加工厂和加工园区，稻谷烘干率、稻米初加工率均达到80%以上。

5. 特色产业配套支撑强

广安市在抓实粮食生产主业的基础上，按照"一县一特色、一园一支柱"思路，以县为单元聚集优势资源，建设全国农业产业强镇6个，建成中国特色农产品优势区1个、省级特色农产品优势区4个。同时，成功引进并推进新希望六和、正邦集团2个生猪产业化项目落地，依托东西部扶贫协作建成全国首个万头湖羊种养基地，全市累计建成"生猪（湖羊）+种养循环"园区11个。此外，广安还积极培育休闲农业、生态康养、农村电商等新业态，促进农文旅体康养跨界融合，形成特色鲜明的产业集群，通过强劲的特色产业配套支撑拓宽农民的增收来源，保障农民种粮收入。

二 广安市"天府粮仓"建设的主要做法

（一）奠基：加快农业生产设施建设

在"天府粮仓"建设中，广安市始终将基础设施建设作为首要任务。

立足浅丘带坝广布、深沟深丘交织的地理特征，聚力补齐"灌无水、行无路、地贫瘠"的关键短板，彰显丘区特色，打破行政区划，高质量、快速度、全方位地推进基础设施建设，为全面实现宜机作业打好坚实的基础，为保障国家粮食安全和重要农产品供给、促进全面推进乡村振兴做出积极贡献。

1. 聚力农田改造，纾解基建难题

一是持续推进储水设施建设。加快小水池、小塘堰、小水窖、小泵站建设，突出加强山坪塘、蓄水池、提灌站建设，实施标准化提灌站建设和更新改造计划。此外，配套完善渠系工程，新建一批支、斗、农、毛渠，维修改造一批损毁严重、老化失修的渠系，着力解决有水源、没渠系、到不了田的问题。二是加强设施运行管理。严格落实"田长制"有关规定，加强对农田水利设施日常巡查、维修和养护责任，建立农田水利设施运行管理台账，定期不定期开展监督检查，确保设施用得上、用得好。三是高质量、快速度、整区域推进高标准农田建设，夯实粮食基础。首先，在全域规划的基础上，按照重点投向粮经复合现代农业园区、聚焦建设100万亩现代粮油基地的思路，坚持田土同调、水地一体、机技并重，编制《广安市高标准农田建设规划（2021—2030年）》《广安市高标准农田技术导则》，到2030年，规划建设高标准农田150万亩以上。其次，全域连片推进高标准农田建设，坚持新建与改造提升并重，以灌区、流域为单元，实行整村、整镇全域建设模式，按照单个项目片区连片规模不低于5000亩整区域推进。此外，提高综合建设水平，综合实施"小并大、薄增厚、坡改梯、陡放缓"，有效解决土地碎片化问题；因地制宜建设下田坡道、到地机耕道，畅通"连公路、入库棚、下田地"的作业道路网络，全面实现宜机作业。最后，逗硬落实最严格的耕地保护制度，新建与改造完成的高标准农田全部用于粮食生产，确保"良田粮用"，坚决遏制耕地"非农化"，防止耕地"非粮化"；持续整治耕地撂荒，确保"应种尽种"。

2. 注重选优育良，保障粮食品质

持续加强保护广安本地的优质种子资源，与四川省现代种业发展集团有限公司开展合作，共同构建品种研发、生产繁育、试验示范的种业发展体系，并积极引导新型农业经营主体采购或出售适合广安气候和地貌特点的优质高效种源，多渠道向农户推广、输送良种。目前全市粮食作物良种推广率达到97%以上，粮食作物品质得到明显提升，粮食品牌效应初步形成。

3.推动宜机改造，提高种养效率

通过高标准农田建设、标准化提灌站配套建设来促进农田的宜机化改造，支持鼓励各产粮大县培育农机专业合作社，支持现代农业园区配套建设"全程机械化+综合农事"服务中心，推动耕、播、防、收、烘全程机械化。同时，不断完善和落实农机购置补贴政策，积极推动农机装备转型升级。目前，全市主要农作物耕种管收综合机械化率已达70.2%，农业生产效率得到显著提升。

4.加快农技应用，提升产出能力

农业灾情防治方面，制定极端天气应急预案，做好农业灾情预警，建立"常规调度"与"应急调度"相结合的灾情调度机制。病虫害防治方面，全面分析预测病虫害趋势，明确防控技术路线，同时大力培育农业社会化服务组织，推广病虫害防治全程承包、代防代治等服务模式。此外，推动广安市农林科学研究院挂牌运行，搭建与中国农业科学院、四川农业大学等科研院所和高等院校深化合作平台，建立农业科研成果转化机制，推广有机肥替代化肥、种养循环利用等新技术的应用，不断提升粮食作物生产能力。

5.支持仓储建设，建强冷链物流

按照市商务、发展改革、交通运输、农业农村、邮政管理五部门联合印发的《关于推进广安农村物流配送体系建设的实施方案》，完善物流配送基础设施，打造物流配送网络，建立农村物流综合公共服务平台，建立全程农产品冷链物流体系，创新农村物流配送服务模式，形成"跨部门资源整合、跨行业协同融合、分级支撑的网络体系、便捷稳定的末端节点"的农村物流配送新格局。支持在现代农业产业带和农业园区内就地就近建设气调库、通风库、冷藏库、冷冻库、烘干房等挑选整理、清洗烘干、冷藏保鲜、包装贴牌等商品化处理设施设备，力争实现产业带和农业园区内农产品产地初加工率达到80%以上。在延伸产业链条方面，围绕粮油产业"产购储加销"各环节，支持各地培育建设烘干设施、收储企业等社会化服务组织，完善粮油产业链条；积极包装推介优质大米、优质大豆等粮油品牌，提升无公害农产品价值。

（二）垒台：完善农业政策保障体系

1. 推行多项惠农政策，保护种粮积极性

流转方面，采取业主流转、合作社流转、村集体经济组织或县属国企兜底流转等模式，推行"先流转后建设"，推动流转后"保底分红"。奖补方面，认真落实国家粮食最低收购价、耕地地力保护、种粮大户补贴、稻谷目标价格、实际种粮农民一次性补贴等奖补政策，出台水稻、油菜、大豆等粮油作物生产奖励扶持政策，安排专项资金用于粮食作物生产奖补，并对县级以上示范家庭农场和农民合作社示范社新建仓储保鲜冷链设施进行补贴。保险方面，推行三大粮食作物完全成本保险和收入保险，探索大豆完全成本保险和将柠檬产业纳入特色产业政策性保险范围，探索"基本保险+补充保险""成本保险+价格保险"等方式，牢固树立减灾意识，积极防范化解种植风险。

2. 完善多元投入机制，强化产业发展保障

探索建立"财政资金推动、债券资金引导、金融资金撬动、社会资金汇聚吸引、综改资金带动、东西部协作资金帮扶"等资金投入保障模式，健全以财政投入为主导、社会资金广泛参与的多元投入机制，持续加大农业农村投入，充分保障农业农村发展需求。落实土地出让收入、新增耕地指标调剂收益等用于农田建设的政策，着力提升财政投入标准。以深化农村集体产权制度改革为突破口，组建国有投资集团和农业担保公司，全面推进农村承包地、宅基地等资产资源"三权"分置，激活"沉睡资本"，着力解决农业产业发展投资与担保难题。

3. 推进供销系统改革，提升供销服务水平

近年来，全市供销系统坚持以综合改革为统揽，突出"两端""两网"，

深化"双线"运行，将综合改革工作纳入乡村振兴、农业农村改革重大事项，搭建全市农资联购分销平台，建立重要农资分级储备制度，铺设异地销售、批发门店，建立线上线下一体的粮食营销平台体系；通过开展绿色农资、品质农资行动，"供销品牌·放心农资"深入人心；通过推进"供销服务园区"建设，推广"耕种管收加储销"一体化服务，实现农业社会化服务覆盖面积达到38.4万亩；通过推动农村会计服务、电商物流、人居环境治理等领域加快发展，实现供销服务由单一性向综合性转变。

（三）积厚：推进农业产业集群运营

1. 引导产业融合发展，提升综合效益

积极培育休闲农业、生态康养、农村电商等新产业新业态，促进农文旅体康养跨界融合，统筹规划现代农业示范基地与宜居美丽乡村建设，高水平建设一批产业强镇、田园综合体，坚持种养结合、循环发展，延伸产业链条，推动农业高质量发展。

2. 助力现代园区建设，夯实产业载体

科学编制园区建设"1+N"规划，启动建设100万亩优质粮油基地，巩固提升80万亩特色优势产业基地。全市规划到2025年创建国家级、省级、市级、县级现代农业园区100个，其中，规划建设粮油（粮经）现代农业园区40个，强化现代农业园区示范引领作用，突出粮食园区建设重点，全面落实"市抓县、县管园"工作机制，全面落实农业园区"园长制"，持续推进国家现代农业产业园和省星级现代农业园区、市级及县级现代农业园区的培育和创建，率先在现代农业园区内实现粮食产业链、价值链、供应链"三链"协同发展，引领带动全市粮食产业高质高效发展。

3. 强化现代科技赋能，提升生产管理水平

大力推进粮油现代农业园区加快智慧农业系统建设，包括环境检测系统、智慧农业综合应用平台等，利用物联网设备、遥感技术、新一代移动网络传输平台等，实现粮食作物播种栽插、用水管理、施肥管理、病虫害防治、收割等关键环节的智能化操作、数字化分析和综合化服务，开发部署园区大数据平台，将采集的物联感知数据用于分析预测。市内多个粮油现代农业园区现已完成智慧农业系统建设并投入使用。此外，支持组建粮食和大豆油料科技服务队下沉包县包乡开展科技服务，成立农业技术指导组，开展水稻机械化育插秧与丰产高效栽培、大豆玉米带状复合种植等关键核心技术培训服务；培育一批农村实用人才、农村电商人才、乡村工匠和致富带头人，大力招引年轻、高学历农业专业人才，优化农业干部队伍结构，不断满足智慧农业产业多样化发展对人才的需求。

（四）成势：提质农业经营综合水平

1. 聚焦主体培育，高质量推动新型经营主体全覆盖

按照"大园区+小业主"发展思路，以农业企业为主体，以专合组织为支撑，大力培育和引进农业企业、农民合作社、家庭农场等新型农业经营主体。积极争取新一轮深化家庭农场和农民合作社带头人职业化试点，重点培育一批具有较强市场意识和管理能力、较高生产技能和经营水平的农业职业经理人。培育一批有文化、懂技术、善经营、会管理的高素质农民，带动农户多种粮、种好粮。

2. 聚焦利益联结，高质量推动农业综合服务全覆盖

以片区为单元，规划建设综合农事服务中心 10 个，培育农业生产社会化服务组织 130 个。综合农事服务中心立足于为农业生产提供服务，以"机器换人"为抓手，集成农机、农资、育种、植保、养殖、加工、销售等全产业链、全方位综合服务，推广机耕、机播、机防、机收、机烘，构建统一组织方式、统一技术服务、统一种苗供应、统一培训管理、统一产品收购、农户分户种植"五统一分"联农利农模式，有效解决"谁来种地"和"如何把地种好"的问题，有效提高农业生产力，推进资源数据化、管理精准化、生产智能化，实现小农户与现代农业发展的有机衔接。

3. 聚焦共同富裕，高质量推动小农户振兴全覆盖

以"园区服务+业主主导+农户主体"重构经营方式，大力推广"先流转后建设"，打破田坎地界，以聚小成大、握指成拳的理念，注重龙头引领，鼓励业主流转规模控制在100~300亩，注重联农带农，鼓励农户流转规模控制在30~50亩，推动"传统农民"向"职业农民"转变，园区发展"量质双增"。建立健全租金、股金、酬金等联农带农利益联结机制，2022年以来带动项目区内农民年人均增收近500元。

三　广安市"天府粮仓"建设的主要经验

（一）超前布局、高位谋划，树立"天府粮仓"建设战略观

广安是产粮大市，是保障国家粮食安全、建设更高水平"天府粮仓"不可或缺的组成部分。广安坚决扛起维护国家粮食安全的重大责任，把提高粮食生产能力摆在更加突出的位置，以"走在前，多贡献"的担当，全面开展粮食安全党政同责考核，逐级签订粮食生产和耕地保护责任书，作为刚性指标实行严格考核、一票否决、终身追责，压紧压实各级党委、政府主体责任，确保粮食播种面积稳中有增。在布局上，广安立足地理特征，彰显丘区特色，大力推进农业生产设施建设，不断完善农业政策保障体系，持续推进农业产业集群运营，努力提升农业经营综合水平，用实际行动加快打造新时代更高水平"天府粮仓"。

（二）政府引导、多元策动，凝聚"天府粮仓"建设向心力

广安全力向上争取资金支持，安排农业切块资金用于现代农业园区建设，实施"筑巢引凤"工程，安排专项资金奖励现代农业园区建设综合考核排名靠前的县（市、区），吸引更多的社会资本落地广安。广安支持发行乡村振兴专项债券6亿元用于高标准农田建设、现代农业园区建设、现代农业发展、乡村振兴等。同时，指导县（市、区）整合涉农资金，统筹用于现代农业园区建设，加强涉农项目资金使用监管，增加项目资金使用绩效。此外，广安还深入推进农村资产资源"三权分置"，放活承包地经营权。鼓励村集体组织依法通过物业租赁、集体资产入股、财政资金量化入股分红等

方式，建立现代农业园区稳定的收入来源，推动资源变资产、资金变股金、农民变股东，让集体经济资产保值增值、农民持续受益，加速农业资本化进程。

（三）灵活施策、科学整治，筑牢"天府粮仓"压舱石

广安市委、市政府高度重视撂荒地整治工作，出台《广安市撂荒地整治攻坚行动方案》《广安市整治撂荒地六条措施》，市、县两级整合 8000 余万元涉农资金对撂荒地整治进行补助和追加补贴整治后用于种粮的耕地，各乡（镇）、村同时也积极探索对复耕复种主体进行补贴的方式，撂荒地整治取得突出成效。坚持因地制宜、分类施策的原则，主推以农户为主体的自行复耕、以村集体经济组织为主导的托管复耕和以新型农业经营主体为主要方向的流转复耕三类撂荒地整治模式。坚持"宜粮则粮，宜经则经"的原则，因地制宜发展粮食、特色水果、中药材等，严格管控耕地占补平衡，防止耕地"上山下河"被迫造成新增耕地撂荒。此外，建立农户承包耕地利用台账和"三农"大数据平台对耕地种植、撂荒和"非粮化"等情况进行数字化、信息化、动态化监管，着力构建撂荒地治理长效管理机制。

（四）园区承载、规模经营，把稳"天府粮仓"建设定盘星

以粮食安全为导向，坚持把现代农业园区建设作为推进农业高质量发展的"牛鼻子"，抓紧抓实粮食生产主责主业，依托全市四大产粮大县产粮优势，突出良机、良田、良种、良法、良制"五良"配套，围绕提升发展效益和供给质量，以"以粮为主、粮经复合，种养结合、五良融合"为路径，加快推进 100 万亩优质粮油基地建设和巩固提升 80 万亩特色产业，以建基地、创品牌、搞加工、促融合为重点，强化基础配套、加工提升、科技支撑、信息服务，梯次推进国家级、省级、市级、县级园区建设，推动形成粮油产业适度规模经营，着力把广安打造为成渝地区的"米袋子""菜篮子""油瓶子"。

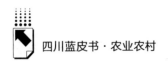

（五）生态保护、产业融合，创新"天府粮仓"建设方法论

全域推进高标准农田建设项目的实施，在扩大良种种植面积的同时，有效控制坡改梯区域内的水土流失面积，不断改善农业资源高效利用和生态环境，缓解农业发展和耕地、水资源紧张之间的矛盾。通过推广施用有机肥、测土配方施肥、土壤酸化防治等耕地质量提升技术，提升土壤基础肥力、养分平衡状态、土壤有机质，改善土壤理化性状，减少肥料流失和浪费，减轻地表水和地下水的硝酸盐污染。此外，"农业供给侧改革、种养循环、经营机制、新农村建设、乡村旅游"等农村多项事业的发展，有利于进一步保护农业农村的生态环境、美化农业农村的田园景观、强化农业农村的屏障功能，促进农业生产中的生态保护与建设，全方位提高农业的生态涵养能力、服务城市能力和可持续发展能力。

（六）经营创新、服务配套，成就"天府粮仓"建设高水平

在全市布局建设综合性农事服务中心，以机械化服务为核心，以科技创新、机制创新、政策创新为发展动力，推行综合社会化服务，已经成为新时代促进农业生产力与生产关系协调发展的新引擎。它聚集了农业农村先进的生产要素，能有效激活农村土地承包经营权，推动土地流转和土地托管，促进设施农业、现代农业的发展。它还进一步创新了联农带农机制，探索出"公司+合作社+农户"等多种经营方式，形成了别具生命力的"返租倒包"模式，鼓励农户以产销合作等形式参与产业化经营，带动大量农户就业，大幅增加农户收入。

四 广安市"天府粮仓"建设存在的困难和问题

（一）比较效益低引致的农户种粮积极性受压

受各种市场行情因素的影响，种子、肥料和农业机械等粮油生产成本费

用不断上涨，而粮油收储价格却长期保持平稳，种植粮食、油料作物的效益空间进一步被压缩，过高的机会成本促使农户转而种植比较效益更高的作物或是从事其他行业，种粮效益与耕地"非农化""非粮化"之间的矛盾在未来一段时期内仍会存在，农村劳动力供给短缺困境也伴随着人口老龄化的加剧而难以在短时期内得到有效解决。虽然广安市近两年大力推进撂荒地整治并取得较为突出的成效，但政府的补贴政策效果并不明显，真正发放到农户手中的补贴很少，农户种粮积极性得不到有效激发。如果没有同样的政策持续扶持，复耕复种难以为继，撂荒反弹风险增加。

（二）粮食品质不高导致粮食商品率低和产业链延伸受限

由于自然条件较差，丘区生产条件相对落后，广安目前主要种植的粮食作物品种品质不高，高品质良种产量又较低，粮食品种的品质和产量很难取舍。以水稻为例，广安大米生产主体为散户和小业主，缺少引领带动区域粮食标准化、专业化生产的龙头企业，缺乏消费者普遍认可的主导粮油品牌，本地生产的稻谷绝大部分以农民自己消费为主，上市销售的优质品牌大米占比不足5%，无论是品质、品牌还是产后加工等相比五常大米、东北大米等都存在较大差距，这对于稳定市场、扩大供给是极为不利的，也制约了其他衍生产业的发展，产业链延伸严重受阻。

（三）成本约束下的"天府粮仓"建设成效有待实现

一方面，高标准农田等农业基础设施建设投入大、周期长、比较收益低且风险系数相对较高，大部分项目不适合商业性金融参与，金融机构及普通农户缺乏参与的积极性，在相当长时间内主要依赖财政投入。例如，由于受到财评、招标下浮等因素的影响，各县（市、区）的高标准农田工程建设实际投入均未达到不低于3000元/亩的标准，投资完成率、资金拨付率、资金执行率不高。已建成省星级现代农业园区6个，但还没有国家级现代农业园区，在园区规模、硬件基础、现代化技术水平、经营管理模式等方面与先进地区相比还有差距。持续推进农田水利基础设施建设，但标准不高，水、电、路、田、讯"五网"配套水平参差不齐。另一方面，在资金投入方式、补贴对象、授信抵押、绩效考核等方面的探索还不够深入。比如种粮补贴更多关注的是种植面积，对产出、产后环节缺乏精准考核，在农业生产资料价格不断上涨的形势下，种粮成本持续攀升，但种粮补贴、收购保护价格等增幅甚微，导致广安"天府粮仓"建设成效有待实现。

（四）粮食收储机制不健全导致地方政策性粮食储备水平受影响

目前市内大部分县（市、区）都有两家以上的政策性粮食储备企业，均为中小微利企业，由于县级粮食储备规模小，储存费用补贴长期较少，人员多包袱重，普遍存在经营模式单一、渠道狭窄、盈利能力弱等问题，多个政策性粮食储备主体面临经营困难，加上省市两级储备粮轮换实行定额包干，使承储企业面临较大的市场风险，个别企业为了生存和稳定职工收益，在粮食轮换时出现以陈抵新、"转圈粮"等违反政策规定的操作，引发了廉政风险。而且，有些国有粮食收储企业在收购粮食过程中，检测时间与排队等待时间过长，增加了收储的运输成本、人力成本，农户难以承担，宁愿以低于托市收购价卖给个体经营者或者饲料公司，这在一定程度上影响了农户种粮积极性，间接导致了地方政策性粮食储备水平受影响。

五　广安市打造更高水平"天府粮仓"的几点建议

（一）逐步提升种粮比较效益，培养农户种粮责任感

牢牢抓住"天府粮仓"建设工程带来的政策机遇、项目支撑、资金支持，一是不断加大粮食作物品种的研发投入。在保证产量不断增加的前提下，持续提升粮食品质，并全域推行农产品质量安全可追溯制度和食用农产品合格证制度，积极培育"三品一标"产品，打造知名粮油品牌，确保种粮有利可图。二是不断提升配套服务能力，鼓励更多社会资本投入。推动"全程机械化+综合农事"服务中心这一亮点工作由点扩面，拓宽综合农事服务中心的服务半径，充分释放农事中心的综合服务能力，全方位提

供农民种粮所需的各种便捷服务，确保农民种得好、卖得出。三是不断优化补贴发放机制。精准收集核对农户信息，精准核实耕种面积，精准公开信息，精准拨付资金，精准解答疑惑，精准监督考核，确保真正精准有效地做好耕地地力保护补贴资金发放工作，确保农户种粮积极性不受影响。四是要让农民认识到种粮是义务、保证粮食安全是责任。要在保障种粮有比较效益的基础上，加强粮食安全责任宣传，让更多农民主动承担起种粮义务，引导更多大学生扎根农业，这是解决当下我国种粮农民减少危机的根本途径。

（二）进一步培育新型农业经营主体，引领"天府粮仓"建设

紧扣"天府粮仓"建设定位，打造粮油产业集群，要进一步完善现代农业经营体系，改善营商环境，培育壮大更多农业产业化龙头企业，鼓励更多农民合作社走向联合与合作，推动更多家庭农场互联互助，让农业市场主体活起来、多起来、强起来，持续推进地区粮油产业规模经营，辐射带动更多小农户振兴。同时，要加大对农业经营主体的服务力度，联合抵押担保企业、金融机构，积极打造农业经营主体信贷服务体系，全力争取更多项目资金支持农业经营主体，提升农业经营主体质量。此外，要加强人才培育，构建相应的教育培训、资格认定、生产扶持、金融支持、风险防控、社会保障等体系，积极开展职业农民培训，让农民享有充分的职业保障的同时，为农业经营主体输送人才及培育农业经营主体领办、创办人才，提高新型农业经营主体的创新能力。

（三）持续提高财政投入水平，撬动更多社会资本投入粮食生产

要积极向上争取资金，提高高标准农田建设投入和建设标准，坚持新建与改造提升并重，优先把中低产田、土改造成高标准农田，确保能排能灌、宜机作业、旱涝保收，持续推进灌区续建配套、农村道路建设等项目，加快补齐农田基础设施短板。尽快制定出台为打造更高水平"天府粮仓"贡献广安力量的工作方案，明确加大市级财政支持粮食生产力度，优先支持粮油

产业创建省星级、市级粮油现代农业园区，同时下达地方财政投入粮食生产的目标任务，并将完成情况纳入粮食安全和乡村振兴实绩考核范围。此外，要加强与银行、信贷担保机构的合作，深化粮食生产、流通、运输等环节的配套金融服务，推进建立以政府为主导的多元化、多渠道投入机制，撬动更多的社会资本投入粮食生产。

（四）深化粮食收储制度改革，完善政策性粮食收储管理机制

一是深化政策性粮食储备企业改革，有序推进国有粮食企业政策性职能和经营性职能分离，让国有粮食企业退出经营性职能，将经营业务全部推向市场，让国有粮食企业聚焦主责主业，全力保障国家粮食安全，促进政策性粮食业务的稳定经营和政策性粮食储备企业的可持续发展。二是完善政策性粮食储备费用补贴管理机制，适当调高地方储备原粮保管费标准，改包干轮换为划清责任，据实结算。同时不断提升政策性粮食储备企业人员的福利待遇，实现人才引得进、留得住、用得好。三是持续推进粮食收储监管，进一步完善监管机制，加强收储企业作风建设，确保粮食收储企业保持工作运行顺畅、政策执行到位、外部形象良好，做到应收尽收、能收尽收，切实为农户解决"卖粮难"问题。

（五）健全政策性农业保险服务体系，充分发挥农业保险防灾减损作用

2022年，广安市的广安区、武胜县、岳池县、邻水县被纳入完全成本保险实施地区，同年全市三大粮食作物保险覆盖率为71.79%，达到省里70%的覆盖面的要求。但是近年来全球极端气象灾害频发，增加了农业保险市场的不确定性，因此必须坚持实事求是的原则，客观分析农业保险发展现状和特征，根据实际需要推进中央险种和地方优势特色险种中的农业保险增品扩面。同时，严格执行《广安市政策性农业保险保费补贴资金拨付管理暂行办法》，不断加大农业保险保费补贴的支持力度，着力提升大豆、柠檬、红薯、油菜、柑橘、花椒等作物保险覆盖率。政府各部门要加强对农业

保险的业务指导，督促承保机构增加人力，及时勘查现场取证，据实按时足额赔付，做到承保到户、定损到户、理赔到户，持续提升广安市政策性农险市场管理效率。政府与保险机构要强化宣传引导，积极引导农业经营主体参保，不断提升政策性农业保险覆盖率，充分发挥农业保险的防灾减损作用。

参考文献

樊胜根：《大食物观引领农食系统转型，全方位夯实粮食安全根基》，《中国农村经济》2022 年第 12 期。

周慧、周鑫：《耕地非粮化：成因、矛盾与对策》，《农业经济》2022 年第 11 期。

普蕡喆、钟钰：《市场化导向下的中国粮食收储制度改革：新风险及应对举措》，《农业经济问题》2019 年第 7 期。

肖卫东、张宝辉、贺畅、杜志雄：《公共财政补贴农业保险：国际经验与中国实践》，《中国农村经济》2013 年第 7 期。

B.32
遂宁市安居区推进撂荒地复耕复种的"三地共治"探索与经验启示

虞洪 吴思雨 卢介春 徐小慧*

摘 要： 耕地撂荒不仅会直接减少当前农作物播种面积，也会对保障粮食
安全和重要农产品供给带来不利影响，并且长期撂荒还将对耕地
造成破坏，降低耕地生产能力。近年来，为破解撂荒地治理问题，
遂宁市安居区因地制宜采取了一系列应对措施，通过引入业主和
鼓励村集体经济组织、农户等各类经营主体积极参与，推进连片
撂荒地、分散撂荒地、零星撂荒地"三地"共治，形成了上下联
动提升治理长效性、分类施策提高政策精准性、奖惩分明增强推
进积极性的撂荒地治理经验，以特色产业带动、农民专业合作社
带动、惠民政策驱动等方式，引导农民和新型农业经营主体利用撂
荒地复耕复种从事粮食等农作物种植，既让耕地得到了充分利用，
增加了粮食播种面积，又为农民提供了增收空间，提升了乡村治理
实效。

关键词： 粮食安全 土地撂荒 复耕复种 遂宁市

粮食安全是"国之大者"，要将广大人民的"铁饭碗"牢牢端在自己手

---
* 虞洪，四川省社会科学院农村发展研究所副所长、研究员，主要研究方向为农业经济、农村
经济；吴思雨，四川省社会科学院农村发展研究所，主要研究方向为农村发展；卢介春，四
川省社会科学院农村发展研究所，主要研究方向为农村发展；徐小慧，四川省社会科学院农
村发展研究所，主要研究方向为农村发展。

中，就必须贯彻好"藏粮于地"战略、守好粮食安全的"命根子"。遂宁市安居区作为典型的丘陵地区，劳动力外出务工比重高，农村"空心化"、人口老龄化程度不断加剧，加上农业比较效益低，耕地抛荒现象成为保障粮食安全和重要农产品供给面临的重要挑战。近年来，安居区始终把确保粮食生产作为实现"六稳""六保"工作的根本和先决条件，以严格守住耕地红线、确保粮食安全为重点，对撂荒地进行精确复耕，适度引入业主开展连片土地经营、实行分散地代耕代种、鼓励农户复耕复种，以"三地共治"的探索实践有效破解了撂荒地治理问题。

一　安居区基本概况

遂宁市安居区位于四川省中部，处于成渝经济走廊和川中丘陵腹地，是四川省典型的丘陵地区，地貌以浅丘平坝为主。安居区耕地面积共 64.47 万亩，虽然全区土壤肥沃，适宜种植水稻、玉米、小麦等多种粮食作物，但农业基础生产条件相对较差，土地零散化、碎片化问题比较突出，平均每户农户拥有的土地数量，多的有二十多块，少的也有七八块。同时，直接用于粮食生产的基础设施建设投入不足，高标准农田建设滞后，农田道路、渠系以及堤灌等基础设施不配套，抗御自然灾害能力不强，农机化程度较低，生产潜力难以得到充分发挥，加之新生代劳动力大量流出，从而形成了耕地撂荒现象。近年来，针对耕地撂荒存在点多、面宽、量大等情况，安居区多措并举推进撂荒地治理，截至 2022 年，全区完成撂荒地整治 9.23 万亩。其中，2020 年 2.7 万亩；2021 年 2.03 万亩；2022 年完成 4.5 万亩，是任务 2 万亩的 2.25 倍，复种 4.2 万亩，是年度任务的 2.1 倍。

二　安居区推进撂荒地复耕复种的 "三地共治"探索

土地是农业的命脉，全面开展农村撂荒地治理是关系粮食安全、保障重要农产品有效供给以及农村经济可持续发展的重要工作。遂宁市安居区积极响应政策，为推进撂荒地复耕复种，实行"主要领导亲自抓、分管领导主动抓、部门领导具体抓"的工作机制，一方面，根据撂荒地类型探索"三地共治"方式，将撂荒地分成三类，即连片、分散、零星撂荒地，政府为各类经营主体提供政策、资金支持和便利的信息服务平台。另一方面，由分管领导、执法队工作人员组成撂荒地整治督导检查组，定期不定期对各村撂荒地整治工作进行督导检查，分类施策形成了招引业主经营连片撂荒地、集体组织代耕分散撂荒地、鼓励农户复耕零星撂荒地的"三地共治"模式。

（一）招引业主经营连片撂荒地

连片撂荒地是指土地连片且面积超过 50 亩的撂荒地。针对连片撂荒地，安居区主要是通过招商引资的方式吸引有能力的农业业主进行规模化的复耕，扩大粮食种植面积。一是梳理全区撂荒土地情况，建立撂荒地项目招商库。安居区通过对大面积闲置的荒地进行统计，梳理并建立连片撂荒地数据库，开展招商引资活动，集中向农业业主推荐，将闲置的土地信息与投资业主需求相匹配，既有效解决了农村大面积土地流转的问题又为有意向的投资者提供了投资渠道。目前，入库撂荒地项目 79 个，签订项目招商协议 65 个，其中从事粮食生产项目 58 个。① 二是整合多方投入，降低生产成本。一方面，加快流转撂荒地的基础设施建设。安居区 2019~2021 年连续三年加大流转撂荒地基础设施投入，整合项目资金 3.5 亿元，建设农田的水利设施、道路交通等撂荒地配套设施，有效降低业主生产成本。另一方面，适当减免土地流转费用。对业主和农户双方的土地流转费实行"三免两减半"政策，即前三年免租金、后两年租金或分红减半，实现业主和农户"双赢"，有效破解撂荒地复垦成本高的难题。三是强化风险意识，降低农业产业风险。由于从事农业具有不可抗的自然风险，政府为业主提供农业天气指数保险等特色农业保险，加大企业融资政策扶持力度，注入产业发展风险

---

① 《撂荒地复耕　有力保障粮食扩面增产》，《四川农村日报》2020 年 6 月 17 日。

保证金 800 万元，开展"政银担"为投资业主担保贷款 1.2 亿元，有效解决融资难题和降低业主投资风险。截至 2022 年，全区已复垦连片撂荒地达到 1.4 万亩，增加粮食适度规模种植面积 1.1 万亩。

（二）集体组织代耕分散撂荒地

分散撂荒地是指土地较为分散，面积为 5~50 亩的撂荒地。针对分散撂荒地，主要是通过集体经济组织进行复耕。安居区建立财政激励政策，区财政投入 360 万元，用于集体经济组织复耕的奖励，撬动各方资金积极投入农业生产。一是突出集体带动，开展自主经营。在村支部书记"一肩挑"的情况下，鼓励领办集体经济组织，将集体经济组织业绩和村支部书记的工作考核结合起来，并将经营获利的部分奖励给集体经济组织的负责人，调动负责人的工作积极性，完善利益联结机制，村集体经济组织负责人、村集体、村民按照 1∶5∶4 比例实现收益分成，充分调动村党支部书记领办集体经济组织的积极性，实现村均集体经济收入增加 4.3 万元以上，农户亩均分成 300 余元。二是广泛招募优秀人才，开展合作经营。安居区积极推进人才回引工作，吸纳了 240 余名优秀的农民工、农业专业大学生和经营者参与村集体经济组织的管理。为了推动乡村振兴，通过"百村千户"评选活动鼓励乡村人才建立农民合作社，并吸纳土专家和田秀才为集体经济组织提供专业的农技服务，以推进农业机械化、专业化和标准化，并实现按比例分红。[①] 三是强化村集体经济组织功能。为了提高村集体的生产和经营效率，鼓励农民将闲置土地用于投资，利用集体经济组织的资金重新开垦这些土地，然后出售给业主和农户，由村集体收取租金，村民参与分红。

（三）鼓励农户复耕零星撂荒地

零星撂荒地是指面积不足 5 亩，地块零碎的撂荒地。针对较为零碎的撂

[①] 杨茂君：《众擎易举　"三方共耕"——看撂荒地复耕的遂宁经验》，《农村经营管理》2020 年第 12 期。

荒地，主要采用鼓励农户自主耕作和邻里委托或代耕的方式。一是增强农户主体意识。一方面从法律层面，向农户普及《中华人民共和国农村土地承包法》等相关法律，引导农户增强保护地力的意识，通过地力保护补贴等方式增强农户的自主性和积极性。另一方面，为农户提供品质优良的水稻种子，依托遂宁市的现代农业园区建立产业化联合体，帮助农户实现产销一体化，解决农产品滞销难题，提高农户种粮的积极性。二是大力培育高素质农民。安居区对农户进行专业技术培训，提高农户的生产经营能力，鼓励有能力的农户组织起来建立家庭农场，探索粮经复合种植模式，既增加了粮食产量又能够提高经济效益。三是提高农业社会化服务能力。针对劳动力短缺的农户，通过帮扶单位和帮扶干部代购农事服务，以及提供农资商品购买、代耕或代管等服务，帮助其实施撂荒地复耕种植粮食，增加困难群众收入。

三 安居区推进撂荒地复耕复种的实践成效

安居区探索形成的"三地共治"模式不仅提高了耕地的利用效率，而且增加了粮食播种面积、提高了土地规模化经营水平、促进了新型经营主体发育、优化了乡村治理、拓宽了农户增收渠道等。

（一）增加粮食播种面积

安居区围绕"5+10"产业发展布局，坚决扛稳粮食安全重任，狠抓粮食生产面积稳定，将耕地保护和高标准农田建设工作摆在"三农"工作的首要位置，并取得了一定成效。2021年，安居区粮食作物播种面积为116.25万亩，同比增长0.4%；2022年，安居区粮食播种面积为117.62万亩，同比增长1.18%，全年粮食总产量达40.1万吨，粮食播种面积和产量均位居全市第一。

（二）提高土地规模化经营水平

近年来，安居区高度重视农村撂荒土地流转工作，以提升土地规模化经营水平为目标，大力宣传撂荒土地流转法规和相关政策，积极引导农村土地承包经营权合理流转，尤其是通过招引业主经营连片撂荒地，在提高农村土地规模经营方面取得较好成效。其中，位于遂宁市安居区三家镇场口村的遂宁市安居区绿机种植专业合作社流转撂荒土地980余亩从事绿色水稻、水果、蔬菜种植，并注册"杜大姐"虾田大米商标，为附近农户创造就业岗位20余个，年利润80余万元。

（三）促进新型经营主体发育

安居区从2022年开始将整治复耕财政补助标准由180元/亩提高到300元/亩，同时，为解决撂荒地治理前期资金问题，区、镇两级筹资以撂荒地基数核定村级复耕整治预拨资金100~300元/亩。村集体充分利用"三免两减半"模式，从农户手中流转并复耕撂荒地后，积极招引业主，撬动社会资本投入治理，招引和培育奉光荣家庭农场、巧农农机、盛禾君利等农业经营主体35家参与撂荒地复耕。

（四）促进乡村治理优化

在撂荒地治理中，充分发挥村（社区）"两委"和乡镇换届后村（社区）书记主任"一肩挑"比例高达95%、村"两委"成员平均年龄降低到42岁的优势，加强撂荒地复耕、土地流转等协调和推进工作，强化村集体的耕地所有权主体地位，并坚持建后管护与工程建设并重、日常管护和专项维护相融合的管理制度，结合行业管理、属地管理和"谁受益、谁管护，谁使用、谁管护"原则，引导农户约1万户、村集体约120个和承包土地进行经营的各类经营主体对建后的高标准农田进行管理，提高耕地综合生产能力，降低耕地撂荒率。

（五）拓宽农户增收渠道

安居区推进撂荒地复垦"三地共治"模式，不仅提高撂荒地复耕复种率，还为农户拓宽了增收渠道。一是通过引进业主连片流转复耕复种撂荒地增加村民土地租金和劳务收入；二是通过集体代耕领耕分散撂荒地发展集体经济，增加农户土地入股分红收益、劳务收入和集体经济组织成员集体收益；三是通过农事服务组织代耕、零星撂荒地农户扩耕，增加农户经营性收入，从而有效拓展农户利用撂荒地的多元增收渠道。

四 安居区推进撂荒地复耕复种的经验启示

安居区立足丘区特征和自身实际探索形成的"三地共治"模式，其价值不仅仅在于充分利用了撂荒地、提高了耕地利用效率，更为重要的在于其探索蕴含的具有普适价值的撂荒地治理经验。

（一）上下联动提升治理长效性

为了有效推进撂荒地治理、避免撂荒地利用尤其是撂荒地复耕种粮在政策刺激下形成短期行为，安居区首先是通过各镇（街道）党委政府统筹镇、村、社三级工作力量，形成上下联动的推进机制，统筹推进农户承包耕地撂荒治理；其次是建立农户承包耕地撂荒基本情况信息台账，形成区、镇（街道）、村（社区）三级台账信息网，形成上下贯通的数据体系，为科学推进全区撂荒地治理提供基础支撑；最后是采取区级干部包片、农口单位包镇（街道）督导的方式，形成上下互动的撂荒地利用情况跟踪监测机制，从而通过区、镇、村、组的上下协同联动形成治理方案制定有据、方案执行推进有序、利用方式督导有力的工作格局，有效增强了撂荒地复耕和后续利用的长效性。

（二）分类施策提高政策精准性

安居区针对连片撂荒地、分散撂荒地、零星撂荒地分别采取引进业主带治、集体代耕领治、引导农民自治的分类差异化治理模式，实质上是构建起了不同类型撂荒地特征与不同主体优势之间的精准对接机制，从而大幅提高了耕地治理效率。而且，在政府加强基础设施建设的基础上，区、镇两级筹资以撂荒地基数核定村级复耕整治预拨资金，引导形成"三免两减半"机制，内生性地形成了注重撂荒地长期利用和前期整治成本分担、后期经营效益分享的撂荒地整治共建共享机制，精准破解了撂荒地治理前期成本高、投资乏力的难题和顺应了耕地地力逐步恢复提升的投资收益规律，从而凸显了有限财政投入的"杠杆效应"。

（三）奖惩分明增强推进积极性

安居区的撂荒地治理不单单是提高了耕地利用率，更重要的是在于其将减少撂荒地与增加粮食播种面积有机结合起来，是在种粮绝对效益低、比较效益低"双低"情况下形成的"藏粮于地"的生动实践。在耕地集体所有权主体长期缺位、承包主体耕地依赖性极低、种粮积极性不高等挑战下，推进撂荒地治理面临着多方阻力，安居区在此情况之所以能取得良好的成效，关键在于奖惩结合，对流于形式、交差应付、整治不到位的村，由督导组组长现场指出问题，下发整改通知书，限期整改到位，未按限期整改到位的，在全镇范围内予以通报曝光；对整治效果好、力度大的村进行表扬激励，从而形成"比学赶超"的浓厚氛围。

参考文献

杨茂君：《众擎易举 "三方共耕"——看撂荒地复耕的遂宁经验》，《农村经营管理》2020 年第 12 期。

《撂荒地复耕 有力保障粮食扩面增产》，《四川农村日报》2020 年 6 月 17 日。

B.33
丘陵地区整治撂荒地的
内江实践及经验启示

张克俊　汪子超　唐仕姗*

摘　要： 随着城镇化、工业化发展和农村劳动力的大量转移，外加农业比较效益低短时间内难以改变的现实，近年来耕地撂荒问题在各地较为突出，尤其是在一些丘陵地区。丘陵地区撂荒地治理成为新形势下挖掘耕地粮食增产潜力的重要途径。本文选取了具有典型丘陵地貌特点的内江市市中区作为研究对象，分析了其耕地撂荒的现状和成因、治理撂荒地的成功做法，提出了有针对性的建议，以期能为有效盘活其他丘陵地区的撂荒地、建设更高水平"天府粮仓"、保障粮食安全提供一些参考。

关键词： 丘陵地区　撂荒地　内江

　　第三次全国国土调查结果显示，我国耕地面积 19.179 亿亩、园地 3 亿亩、林地 42.6 亿亩、草地 39.67 亿亩、湿地 3.5 亿亩、建设用地 6.13 亿亩，对比十年前，全国耕地地类减少了 1.13 亿亩。"三调"成果显示，当前虽然成功守住了国家确定的 18 亿亩耕地保护红线，完成了国家规划所确定的 18.65 亿亩耕地保有量的任务，但我国人均耕地少、耕地质量总体不高、耕地后备资源不足的基本国情仍然没有改变，耕地保护形势依然十分严

---

　　* 张克俊，四川省社会科学院农村发展研究所所长、研究员，主要研究方向为统筹城乡、农村经济；汪子超，四川省社会科学院农村发展研究所，主要研究方向为农村经济；唐仕姗，内江市市中区农技总站农艺师。

峻。有学者通过对全国 25 个省份、135 个山区县、235 个村庄耕地撂荒规模进行大范围多次抽样调查，结果显示，78.3%的村庄出现耕地撂荒现象，其中多发生在山地或丘陵地区，平原地区较少。有别于平原地区的耕地撂荒，丘陵地区耕地撂荒有其特殊的内在机理。从自然因素来看，丘陵作为山脉长期侵蚀的产物，由起伏的低山组成，通常坡度平缓，地面崎岖不平，形成了田块较小、面积狭窄、形状不规则、田与田之间存在高度差、不利于机械化作业的丘陵地貌特征和地形条件。从社会因素和经济因素来看，丘陵地区农业机械化程度低、农民土地经营效益较低、农村劳动力大量流出，撂荒地愈来愈多，逐渐成为撂荒地高发地。这些撂荒地不仅关系到地区性粮食或农副产品安全，还关系到经济和社会稳定。将撂荒地盘活已成为丘陵地区稳定粮食及其他经济作物生产、提高农业比较效益、促进农业现代化发展中一个不容忽视的问题。本文选择了具有代表性丘陵地区地貌特征的内江市市中区。该区过去存在严重的土地撂荒、农业机械化短板突出等问题，如今通过引进"新主体"、开发"新产业"，探索出一条多元化、集约化的丘陵地区土地利用路径，在减少土地资源浪费、增加农民收入方面取得了显著成效。

一　丘陵地区土地撂荒形成的背景

撂荒地是一个涉及政治、生态、经济、人文等错综复杂的、长期的、普遍存在的社会性问题。多年来，丘陵地区受限于山丘连绵起伏、地面崎岖不平、土地细碎化的天然地貌特征，以及随着城市化进程的推进，产生了城乡比较收益扩大、劳动力不断流出等现象，再加之撂荒地闲置时间过长、基础设施差、治理难度大、复耕后生产力低等原因，耕地撂荒现象持续增加。必须厘清撂荒地形成的主要诱因和内在机理，才能开展行之有效的撂荒地治理工作。

（一）农业比较效益不高

四川是农业大省，是全国粮食作物和经济作物的重要产地，但受限于天然地理条件、农耕习惯、科技含量较低等因素，近年来农业生产成本迅速提高，比较收益持续下降，三大粮食作物种植收益在全国处于较低水平。通过对四川粮食生产成本收益关系进行剖析可以发现：①每亩平均成本上升。2021年全省中籼稻、玉米、小麦三种粮食作物每亩平均成本1420.72元，同比上升6.93%。其中，中籼稻每亩平均成本同比上升6.33%，玉米每亩平均成本同比上升7.35%，小麦每亩平均成本同比上升7.10%。②农资成本上升。在农户使用较高价优质良种、复合肥用量占比提升、农资价格上涨等综合因素影响下，三种粮食作物每亩平均农资费用218.63元，同比上升4.75%，其中种子、化肥等费用上涨幅度较大，平均每亩种子费63.75元，同比上升3.78%；平均每亩化肥费116.59元，同比上升6.53%。③人工成本上升。随着农村经济发展，农村居民人均可支配收入不断提高，加之年轻劳动力流出，导致劳动日工价和雇工工价不断上涨。虽然随着机械化程度提高，用工天数呈下降趋势，但人工成本仍在走高，三种粮食作物人工成本每亩平均高达954.66元，同比上升8.99%。从收益端来分析，国家稳步上调粮食最低收购价格，2021年平均每50公斤出售价格133.22元，同比上升6.38%，亩均净利润-303.64元，比上年亏损减少12.23元。但受限于种植成本递增，在扣除家庭用工折价和自营地折租后，每亩平均现金收益仅为743.59元。①

对一般农户而言，相较于务农收入，外出务工收入明显更高，通常农民外出务工一个月的收入，相当于在一个生产季节种植8~10亩地粮食的收入。农民工月均收入的数据显示，2022年农民工月均收入水平为4615元，比上年增长4.1%。② 2017~2022年，我国农民工月均收入由3485元增加到4615元，增长率达32.4%，充分说明了农民工月均收入稳步增长、权益保障状况不断改善（见图1）。务农效益和务工效益形成了鲜明的对比，导致农民种粮积极性不高。同时受根深蒂固的弃农文化影响，目前农民这一概念

① 数据来源于四川省成本调查监审局。
② 数据来源于国家统计局。

依旧没有从身份回归到职业的范畴。社会上对农民的认同感和归属感不强，一直存在农民社会地位不高的刻板印象。对规模化经营主体而言，除了同样存在生产资料和劳动力成本高涨、比较效益低的问题外，还存在土地租金居高不下、土地流转不通畅、经营者不懂农业生产等问题，导致经营效益不高，现有的农村劳动力和人才不愿意轻易从事农业生产，阻碍了农业的集约化、规模化发展，造成了土地资源浪费，以上因素正是撂荒地形成的症结所在。

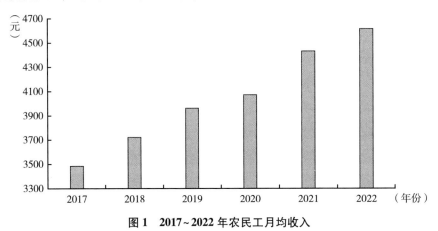

图1　2017~2022年农民工月均收入

（二）农村劳动力大量转移

随着工业化和城市化水平不断提高，农业比较收益持续下降，随之而来的是传统村落逐渐瓦解，以家庭为生产单位的小农经济的作用被削弱，大量劳动力从农村流出。国家统计局的数据显示，2017年农民工总量为28652万人，2022年农民工总量高达29562万人（见图2），体现了农民工就业总体保持稳定、国民经济稳中有进、人民生活水平持续提升。[①]

相较于平原地区，丘陵地区农村劳动力大量流出的现象尤为突出。劳动力转移比例、地域的不同以及劳动力转移成本的高低，对撂荒地的形成产生了不同的影响。首先，资源禀赋的约束限制了丘陵地区农户对耕地的开发利

---

① 数据来源于国家统计局。

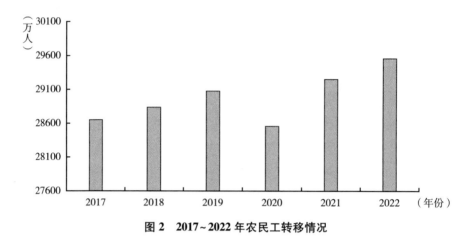

图2 2017~2022年农民工转移情况

用。地形复杂的丘陵地区劳动力成本和强度远高于平原地区，农户就算将平原地区的种植经验完全套用在丘陵地区，扩大种植规模、调整种植结构，从传统的劳动密集型生产方式向资本密集型生产方式转变，其经营收益往往也达不到预期。其次，农业比较收益低也会进一步诱发农户耕地撂荒、外出务工从事非农产业。农户作为"理性的经济人"，在农业经营风险高、收益低的背景下，在谋求自身收入发展和福利保障时，理论上会自觉选择利润最大化的途径。他们通常会优化家庭劳动力在农业和非农业之间的配置比例，选择非农就业途径或者兼业化就业途径，因此很大一部分青壮年农户实现了从农业产业向非农产业的转移，这部分转移出去的农民工又分为本地农民工和外出农民工，前者仍在户籍所在地域内就业，农忙时回乡播种，虽在外务工但仍未完全放弃土地；后者则在户籍所在地域外就业，大多完全放弃耕种土地，选择撂荒或者赠送给他人耕种。第七次全国人口普查数据显示，二、三产业即工业和服务业对农业人口产生巨大的"虹吸"效应，大量青壮年劳动力从农村"析出"，农业从业人员老龄化问题日益严重，劳动力匮乏。当前，内江市市中区全区常住人口为13.7万人，农村外出务工人员约10.57万人，其中市内就业1.92万人，市外就业8.65万人，约占农村人口总数的43.6%，农业劳动人口流出现象明显，这一现象也加剧了撂荒地的形成。

（三）丘陵地区土地细碎化问题突出

四川盆地在地壳运动、河流冲刷、气候波动的长期作用下，部分腹心地带逐渐演化形成了有凹凸度、高度差、上缓下陡的丘陵地貌。川中丘陵山峦连绵、错综起伏、沟谷纵横交错，形成众多细碎化的土地。土地碎片化可以细分为自然细碎化和权属细碎化。自然细碎化主要表现为土地零碎狭小、形状不规则，坡面高低不一，田块存在高度落差，不能整体性、系统性、区域性开发。丘陵是存在一定坡度、地形高度不一的特殊地形，雨水的冲刷和侵蚀不仅会将一部分土壤冲刷到谷底，减少了土壤的体积和肥力，还容易形成泥石流、山体滑坡等自然灾害，破坏土地的完整性以及土壤质量，进一步加重了耕地的碎片化程度。权属细碎化方面，我国家庭联产承包责任制即包产到户开始实施时，为保证公平公正，村集体对土地按所拥有的成员数进行平均分配，插花式的分地方式使得每位农户所拥有的土地呈现出地块数量多、地块面积小、地块距离远近和肥瘦不一的特征，致使土地难以规模整治和流转。在家庭联产承包责任制实施初期，因农村劳动力充足没有出现明显的冲突，然而随着城镇化发展，农村青壮年劳动力转移、农村人口老龄化，这种模式的局限之处就越来越凸显，在一定程度上阻碍了农民对土地的长期打算和长期投入，助长了农民针对土地经营的短期行为，制约了规模化经营和农业现代化发展。细碎的耕地增加了用工成本、不便于机械化、收益回报较低，农民会自觉选择耕地撂荒。

（四）农业生产基础条件差

四川盆地大部分地区都呈现出丘陵广布、溪沟纵横的显著地理特征，川中地区经嘉陵江、涪江、沱江及其支流切割后，地表丘陵起伏、沟谷迂回。受复杂地形地貌的限制，丘陵地区先天形成以及后天农民开荒的田地往往会具有不同的坡度、高度，离水源的远近也各不相同。通常坡度较高、凹凸度较大、阳光被遮挡住的阴面以及离水源较远、取水灌溉不方便的田块，较坡度平缓、土地平整、方位向阳、交通便利的田块更容易引发撂荒。这些先天资源禀赋的约束限制了丘陵地区农民对土地的开发利用，土地开发程度不高，往往呈现出村落切割分散、农业生产基础条件较薄弱的局面，具体表现为：地块离居住地较远，不利于农用物资运输及机械化；灌溉水源和渠系配套均较差，不能有效保障农作物生长基本用水；个别地块土壤肥力差，肥水吸收率和养分转化率不高，土地有效收入低；离山林较近的耕地被林木遮挡，导致农作物不能正常生长；地势不平整、道路不通畅、设施不健全，降低了农业抵御自然灾害的能力，加大了农业生产的风险和难度。与此同时，由于生态系统的脆弱性，丘陵地区往往雨水侵蚀性大、岩石风化强、土壤保肥供肥能力差，外加高密度、高增长率的人口，人地矛盾突出，生态恢复难度较大，在雨水强大侵蚀动力的作用下，水土流失问题加剧，土地利用的价值不高。

（五）耕地占补制度的局限性

所谓耕地"占补平衡"，是中央为了保护耕地数量而推出的一项政策，即各地永久性建设项目占用多少耕地，当地政府就应补充划入数量相等和质量相当的耕地的过程，政策初衷是稳定耕地面积、保障粮食安全，这种制度在保持耕地数量动态平衡方面发挥着重要的作用，但也有其内在局限性。随着城镇化的发展，后备耕地不足，致使耕地占补出现质量、数量、生态等方面的失衡，在一定程度上也加剧了耕地撂荒问题。首先，存在"质"和"量"的失衡，丘陵地区耕地后备资源严重不足，为了完成"占补平衡"指标，各地只能在数量上不断增加低等级耕地的面积，逐渐出现了高等级耕地减少、低等级耕地增加的倒流现象，导致耕地边际效益下降。例如，许多"占补平衡"的垦造地块分布在小山坡或者偏远村庄里，山上的耕地土地贫瘠，交通、水源等基础设施不健全，垦造已久的地块依旧呈现荒芜状态或者仅种植一些草或谷类，农户自然不愿意耕种，进而导致撂荒。与之相反的是，工业园区、城市基建都建在平坦的耕地上，这些地方通常被划分为高质量耕地。其次，存在生态失衡。由于丘陵地区生态的脆弱性，撂荒地整治必须与区域生态安全保护相结合，不能一味追求占补平衡指标建设，采用不恰当的方式扩大耕地面积,在未开发的自然保护区开垦耕地,造成生态环境的恶化,而是要以生态修复为前提,科学开发未利用地,生态垦造宜耕土地。最后,还存在交易平台的失衡。由于地理区位、经济发展状况不同而产生占补平衡指标上的差异,自然资源禀赋优异的地区往往能够快速补充后备耕地,卖出一部分指标,经济实力雄厚的地区往往对建设用地的需求较大,需要买入大量占补平衡指标,但由于没有搭建统一的平台来进行市场化交易,交易机制不完善,导致信息不对称和资源浪费,无法实现指标的最优化配置。

二　内江市市中区耕地撂荒治理探索及成效

内江市市中区隶属四川省内江市,东连巴渝、西驰蓉雅、南通滇海、北接秦陇,素有"川中枢纽""川南咽喉"之称。地形地貌以丘陵为主,东南、西南面低山环绕,海拔350~450米的丘陵地区面积约占90%。

内江作为丘陵地区城市,部分偏远坡地灌溉、机耕机收等基础条件差,再加上大量青壮年外出务工,劳动力不足,在社会、经济与自然等因素的共同作用下,农户对现有耕地停止或减少耕作,大量土地处于一种未知性的荒芜或未充分利用的状态,总体呈现散状分布、复耕积极性不高的特点。近年来,内江市市中区按照"基本农田不减少、粮食播面不减少、粮食产量不减少"的撂荒地治理要求,遵循"守底线、优结构、提质量"的撂荒地治理思路,优化种植结构、拓展种粮面积、创新撂荒地治理方式,不仅有效遏制了耕地撂荒,最大限度地提高了耕地利用率,而且在坚持保障粮食安全的前提下,依托特色种养产业让撂荒地重焕生机,促进了村级经济组织的发展和农民增收。

(一)坚持党政统揽,层层责任落实

内江市市中区全区上下凝聚共识,把撂荒地整治作为重要政治任务、重大民生工程。为确保专项行动沿着正确方向推进,建立健全"区级督导、镇级负责、村级落实"的责任体系,实行"区领导包镇、区级部门包村"的办法,进一步明确责任分工,强化指挥调度,确保责任层层落实。内江市

市中区还汇聚合力，实施"千企进千村、万人帮万户"全面整治农户承包耕地撂荒的专项行动。政府发动 90 家龙头企业、家庭农场、专合社等新型经营主体"一对一"对接帮扶全区所有建制村，确保"人人都是责任人、人人都有责任田"。内江市市中区按照"明确到户、落实到图"的总要求，以县、镇、村为单元逐村逐户摸清农户承包耕地撂荒底数，建立完善的农户承包耕地撂荒翔实台账，逐步实现市乡村三级联网。在撂荒耕地专项治理时期，定期召开镇村调度会，汇总撂荒面积及治理面积等信息，通过数据分析厘清撂荒原因，找准治理方向，做到不落一户、不漏一块，有序推进撂荒土地治理工作，确保撂荒耕地及时复耕复种。

（二）分类施策，科学整治

耕地撂荒情况复杂、类型多样，需要分类制定切实可行的整治计划和措施。内江市市中区根据撂荒地的实际情况，绘好资源利用"一张图"，按照"一村一策""一地一策"的原则进行分类实施、科学整治。一是整合社会资源、调动多元力量。对零星分散和无劳动力耕种的撂荒地，引导农户自主复垦复耕，剩余无人耕种的分散撂荒地由村集体经济组织负责兜底复耕；对集中成片、耕种条件较好的撂荒地，积极引进培育专合社、家庭农场、种粮大户等主体流转代耕撂荒地。二是增强治理资金投入保障。提高农户农业收入，保障农户复耕复种收益，是解决撂荒地问题的关键举措。一方面出台撂荒地奖补政策，复耕复种资金按"中省补、区级奖、镇村筹"的方式，以每亩补贴 400 元的标准对复耕撂荒地的集体经济组织或经营主体进行支持。另一方面对复耕复种撂荒地实行"零"租金、免费技术指导等优惠政策，引导家庭农场、农民合作社等新型经营主体流转经营撂荒地。三是创新土地经营模式。市中区坚持整治与发展相结合，通过"村集体+公司+合作社+农户"的运作模式，由村集体集中收回土地，再将农户土地经营权委托给合作社，由合作社引进农业企业共同开展粮经复合种植，推动现代化农业成片成规模发展。截至目前，全区 5247.58 亩 1 年及以上的农户承包耕地撂荒地已全部完成复耕，复种率达到 100%。

（三）充分发挥村级集体经济组织在撂荒地整治中的作用

撂荒地整治一方面关系着粮食安全，另一方面关系着农民利益，这与村级集体经济组织促农增收、实现农业农村现代化的目的有异曲同工之处。村级集体经济组织以公有性和服务集体的特性、丰富多样的实现形式、不断与时俱进的内涵和外延、强大的生命力和包容性，成为撂荒地治理中重要的依托力量。内江市市中区充分发挥村级集体经济组织在撂荒地整治中的作用，依法有序有偿地引导农民把分散经营的土地流转给经营主体，集中实现农业生产规模化发展，通过紧密的利益联结机制在壮大村集体经济的同时增加了农户比较收益。

内江市市中区以"实施乡村振兴战略，壮大集体经济"为主题，以增强村级集体经济实力、增加农民收入为目标，以党的建设为引领，因地制宜壮大村级集体经济，与此同时，内江市市中区结合"一村一品"工作，采取"一村一策"的发展模式，因地制宜精准培育村集体经济"增长极"，将发展壮大村集体经济与利用撂荒地有机衔接、同步推进；鼓励农户采取出租、入股或者其他方式向他人流转土地经营权，加快发展多种形式农业适度规模经营；积极引导各村广辟增收途径，找准增收着力点，探索资源开发型、服务增收型、股份合作型、项目带动型、乡村旅游型、现代农业型等发展模式，不断增强村级经济组织自身"造血"功能和服务能力，同时为丘陵地区有效利用撂荒地提供了新思路、新途径。

（四）依托新型农业经营主体和农户合作参与撂荒地整治

内江市市中区为了避免土地"撂荒"，鼓励农户依法采取转包、出租、互换、转让、入股等方式流转承包地，将流转土地向农民专业合作社、专业大户、农业龙头企业等新型农业经营主体集中，引导社会资本特别是鼓励新型农业经营主体更多地参与土地整治。内江市市中区凭借各类新型农业经营主体的组织优势，通过使用先进农业机械、引进优良品种、采用新技术、开展土地托管经营等措施，辐射带动周边农户改进生产技术、提高产量、降低成本，建立健全利益分享联结机制，增强社会化服务能力，加速释放发展活力，在新型农业经营主体与撂荒农户主间形成有机衔接。在规模化经营方面，新型经营主体主要通过土地有序流转，打造以龙头企业为引领、农民合作社为纽带、家庭农场和种养大户为基础的农业产业化生产经营联合体，使多个合作方在互利互惠中实现合作共赢。内江市市中区利用新型农业经营主体主要采用"订单式""托管式"模式开展撂荒地整治工作。首先，针对无力耕种但又不愿放弃土地承包经营权的农户，交由新型经营主体代耕代种或由农户与经营主体合作进行联耕联种，在推动撂荒耕地治理恢复耕种的同时也实现了新型经营主体和农户的互利共赢。其次，对自愿交回承包地或转为非农户口而无力耕种的农户，通过引导和鼓励本地种植大户、农民专业合作社、家庭农场、农业企业等新型农业经营主体参与撂荒耕地治理，提供生产技术、农机耙田、农资供应、产销协同等社会化服务，共同对撂荒时间长、治理难度大的撂荒耕地进行连片开发，力促形成土地流转吸引大户开发、大户带动土地流转的良性循环，实现了土地、资金、技术、劳动力等生产要素的有效配置，推动撂荒耕地治理提质增效。

（五）统筹考虑将撂荒地纳入高标准农田建设

丘陵山区撂荒地多为坡地或细碎地块，耕作条件较差、生产成本高、种粮效益低。为了改善落后的土地耕作条件、强化农田基础设施建设，市中区根据《农业农村部关于统筹利用撂荒地促进农业生产发展的指导意见》，将撂荒地专项整治纳入高标准农田建设范畴，建设成土地平整、集中连片、与现代农业生产和经营方式相适应的旱涝保收、高产稳产农田，确保国家粮食安全，推动农业高质量发展。

内江市市中区把高标准农田建设作为保障粮食安全和农产品有效供给的重要手段、实施乡村振兴战略的重要内容、推进农业农村现代化的重要抓手，以万亩粮油园区、特色水产园区、种养循环农业示范园区、精品蔬菜园区为重点，通过统筹规划"五良"融合宜机化改造、高标准农田、旱改水与水利设施等项目建设向撂荒地整治区域倾斜，逐步完善提灌站、山坪塘、灌排管网、输配电、田间道路、农田防护等基础设施，着力完善农田基础设施，改善撂荒地生产条件，集中打造园区配套基础设施，高质高效推进高标准农田建设，将撂荒地建设为"旱涝保收、层次分明、结构合理、高产稳产"的高标准农田。截至目前，全区累计建成高标准农田14.3万亩。

（六）因地制宜采取多种复耕复种模式

内江市市中区在守住粮食安全底线的基础上，按照"一村一案""一地一策"的策略，将撂荒地整治与特色产业发展相结合，以优势特色产业为引领，因地制宜开展抛荒弃耕和休耕轮作耕地复耕复种工作，积极盘活闲置低效存量用地，有效落实了"长牙齿"的耕地保护硬措施，遏制了耕地"非农化""非粮化"，将昔日的"撂荒地"打造成今日的"致富田"。

受限于丘陵的地貌特征，农业主要集中在山间河谷的少数耕地上开展，而大量的山坡地并未得到合理利用，尤其是坡度为25°以下的缓坡地，具有发展规模种植的良好条件，应重点予以开发利用。内江市市中区针对这一情况，首先，做好科学规划，把自身优势与市场需求紧密结合，在坡度小于25°的坡体上修筑梯田发展种植业，种植小麦、水稻、土豆、水果、油菜等农作物；在坡度大于25°的较陡坡地上种植经济林。其次，按照土地性质发展特色产业规模种植，在复耕的永久基本农田上种植水稻、小麦、玉米、高粱等粮食作物，推广"粮食+粮食""粮食+蔬菜""粮食+油菜""粮食+果树""粮食+中药材"等生产模式，提高土地产出率。在复耕的一般耕地上发展蔬菜、油料和饲草饲料等生产。同时还结合耕作条件确定作物种类。对耕作条件较好的撂荒地，优先种植粮食作物，扩大粮食播种面积；对耕作条件较差的撂荒地，按照"宜粮则粮、宜特则特"的原则，发展粮食、特色水果、中药材等生产，增加多样化产品供给；对季节性休耕地，种植绿肥，以地养地，提高耕地质量。最后，对复合利用撂荒地发展特色产业的新型经营主体在政策上予以倾斜，积极鼓励种植大户、家庭农场、农民专业合作社、农村集体经济组织、农业企业流转耕地开展粮经复合种植、果豆间作种植、白乌鱼稻渔综合种养，打造优质粮油产业核心区和标准化渔业养殖基地,实现规模化、标准化、科学化经营,扩展农民增收渠道,充分调动小农户和新型经营主体的种粮积极性。市中区在提升特色产业收益的同时,也使撂荒地"重获新生"。

(七)建立撂荒地整治的有效激励机制

内江市市中区完善复耕复种补贴机制,强化政策扶持力度,加大农业生产社会化服务项目种粮支持力度,建立完善的社会保险体系,重点对家庭农场、农民合作社等流转撂荒地种粮给予补助,切实提高撂荒地整治的针对性和导向性,为新型经营主体的培育保驾护航。一是充分发挥惠农政策的引导作用。严格落实国家出台的耕地地力保护补贴、稻谷补贴、耕地轮作休耕补贴、农机具购置补贴等惠农政策,对利用撂荒地开展复耕复种的耕作者,相关惠农补贴直接兑付给实际种植者,提高种粮农户的积极性,让农民种粮有账算、有钱赚。同时安排财政补贴资金,对撂荒地进行复耕且面积相对集中达30亩以上(含30亩)的集体经济组织或经营主体,由财政按照400元/亩的标准进行一次性补贴。二是进一步完善政策性农业保险。把农业风险防范与保险体系纳入公共财政的扶持范围,促使保险业更好地为新型农业经营主体的平稳快速发展保驾护航,以解决现行农业保险险种少、理赔率低的问题。近年来,内江市市中区将粮油作物财政补贴比例稳定在75%,极大地减少了农户因自然灾害而遭受的损失。三是落实农村各项社会保障制度,弱化土地社会保障功能。市中区严格落实农村各项社会保障制度,使因土地流转而失去基本生活保障的农民,能够通过养老保险、医疗保险、失业保险、义务教育等相关社会保险制度维持基本生活,消除其"以地养老"的后顾之忧。同时,制定统一的土地流转规模经营财政支持政策,鼓励农民采取转包、转让、出租、互换、入股等形式流转土地经营权,促进农村土地规模化经营。四是加大涉农项目资金的支持力度。对参与撂荒地整治且需要配套完善基础设施的,财政、农业农村、水利等部门在安排相关涉农项目时给予优先倾斜。

三 经验启示

近年来，内江市市中区持之以恒地推进撂荒地整治工作，抢抓春耕时节复耕复种，确保耕地"应播尽播、应种尽种"，有效遏制了耕地撂荒，最大限度地提高了耕地利用率，全区5247.58亩撂荒地复种率达100%，取得了长足进展。目前，包括内江市市中区在内的广大丘陵地区撂荒地整治工作已经取得了阶段性成效，但是，应当看到，大多数丘陵地区撂荒地整治还主要依靠行政力量予以推动，缺乏撂荒地利用的内生动力机制，已经取得的成效也是暂时的，还缺乏稳固性。持续巩固撂荒地整治成果、确保复耕良田不再撂荒仍是一个长期课题，必须建立健全撂荒地整治利用的长效机制，根本的就是要提高务农的比较收益。

（一）撂荒地复耕复种要因地制宜，统筹粮经作物发展

丘陵地区地形复杂多样，撂荒地整治需要灵活变通、因地制宜进行复耕，宜粮则粮、宜经则经、宜特则特，不能简单地"一刀切"要求必须种植粮食；应按照"面向市场、注重效益，因势利导、农民自愿"的治理原则和"村集体主导、市场化运作"的治理思路，在确保粮食种植面积稳定的前提下，建立集体经济组织引领、产业化经营、市场化导向的撂荒地治理模式，以重要农产品稳产保供为目标，立足区域资源禀赋，聚焦地区产业优势，因地制宜科学发展特粮特经产业，构建全产业链发展新模式，进一步推动丘陵地区特粮特经产业高质量发展。

丘陵地区可以在河谷地带以及坡度较小的坡地，按照产业集群的思路，以建设粮经复合产业园区为核心，以大豆—玉米、花生—油菜等多元多熟间作套种、连片高标准生态蔬菜为特色，以聚焦业态融合共兴为路径开展技术示范，引导农户由种植传统粮油作物向种植经济效益较高的青贮（鲜食）玉米、酿酒高粱、鲜食大豆等作物转变，调优种植结构，提高农业种植的品质和效益；在土壤条件稍差、坡度较陡、基础水源有保障的地方，因地制宜地

调减水稻、玉米、大豆、油菜等投入成本高且经济效益低的大宗粮油作物面积，扩大林木、花卉、果树、中药材、茶叶、青花椒等高附加值经济作物面积。可以在山地丘陵间实行间作套种、粮经轮作、立体化种植，如"烤烟—大豆""烤烟—荞麦""葡萄—马铃薯""桑葚—中药材"等，不仅能有效利用山坡谷地的自然资源，提高撂荒土地的产出率，还能建立果树花生互惠共生、共存共荣的生态系统。同时，结合丘陵地区现有优势产业，围绕主导产业全力推进现代农业产业园区建设，坚持种养循环、特色高效，大力发展生态农业，发挥优质水果、优质蔬菜、优质畜禽、优质水产等主导产业优势，同时广泛开展农产品精深加工技术和新产品研发，做优做强区域公用品牌，引领传统产业向现代高值化产业转型，推动丘陵土地高效利用、农业特色转型。

（二）构建市场化撂荒地复耕补贴机制

当前复耕复种补贴的主要形式为现金补贴、实物补贴和技术补贴，在实施过程中面临着补贴资金来源单一、财政补贴范围小标准低、财政压力大、农户积极性不高等困境。其中现金补贴较易被农民接受，但农民拥有的耕地面积小，到手的现金补贴微薄，对农民增收没有显著的影响，不能充分激活农户复耕的主观能动性；同时实施撂荒地整治过程中产生收割、翻土等额外工作费用，发放实物补贴、开展技术补贴不能有效抵减撂荒地整治损失，易遭到农民抵制，而如果大幅提高补贴标准，也不符合当前财力状况。因此，在综合考虑耕地保护成本、发展机会成本和生态服务价值的基础上，必须探索市场化的撂荒地补贴机制。市场化的撂荒地补贴机制作为一种利益协调机制，不同于单纯的以政府纵向转移支付、专项基金投资等非市场途径对撂荒地复耕复种进行补贴，而是基于平等自愿、协商一致的原则，在单一政府支付的基础上挖掘多个利益相关渠道，通过综合性产权交易、契约式经营、产业承接或转移、园区共建、区域横向转移支付补贴、农产品生态标识补贴等市场化手段进行补贴，逐步探索形成参与主体多元化、资金渠道多样化、补贴方式灵活化、补贴过程透明化、相关利益主体高度参与的市场化补贴模式，不仅有利于拓宽撂荒地复耕复种的资金来源渠道，提高复耕复种补贴效率，而且有利于使撂荒地复耕治理的外部性内部化，激发利益相关者整治撂荒和复耕复种的积极性和主动性，使撂荒地复耕复种补贴完成由"输血"向"造血"的转变。

（三）积极鼓励社会资本参与撂荒地整治

近年来，随着经济的迅速发展和城镇化建设的推进，城市建设用地外延扩展和稀缺耕地资源之间的矛盾日趋尖锐，使丘陵地区人均耕地面积少、耕地后备资源严重不足的情况雪上加霜。同时，在撂荒地整治过程中，政府建设高标准农田任务艰巨且资金严重不足，实现耕地占补平衡尤其是占优补优的难度日益加大。针对上述问题，单纯依赖财政的模式已不能满足经济社会发展对耕地保护及占补平衡的需求，必须改变过去单一政府投资模式，鼓励政府和社会资本采取PPP、以奖代补等方式，引导农村集体经济组织、农民和新型农业经营主体等，充分发挥市场的能动作用，拓宽融资渠道，充分发挥财政资金的杠杆效应，实现城镇化过程中建设用地与耕地的协调统一，实现经济、社会和生态效益的多赢。

丘陵地区将社会资本纳入撂荒地整治的建设与运营，有助于引入市场竞争机制，建立政府主导、社会参与的工作机制，充分调动各方积极性，实现多元主体互利共赢。对社会资本而言，相较于已耕土地，撂荒地在土地流转成本上有一定优势，且没有化肥等污染，土壤修复与改良相对简单，经过修复后可以形成绿色生态种植循环，适合打造经济效益较高的绿色食品品牌；对于村集体而言，土地流转后由企业负责招工实施项目，突破了劳动力短缺的"障碍"，同时在与企业达成合作后，村集体和村民的收入也将更加稳定，每年除了有固定的管理费和租金收入外，还有开展多平台销售、发展农文旅项目等获得的分成收益；对农户而言，政府通过撬动社会资本，引进在农业领域实力雄厚、信誉度良好的公司，形成"企业+合作社+农户"或者"企业+家庭农场"的农业产业化经营模式，以现代化生产方式和经营手段提升农产品的品质和附加值，与当地农民建立起紧密的利益联结机制，多途径带动农民增收致富。

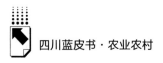

参考文献

李升发、李秀彬、辛良杰、谈明洪、王学、王仁靖、蒋敏、王亚辉：《中国山区耕地撂荒程度及空间分布——基于全国山区抽样调查结果》，《资源科学》2017年第10期。

郭万明：《浅析农村耕地撂荒形成的原因及对策措施》，《农家参谋》2021年第23期。

唐仕姗、陈竞天、余瑞、王海鹏：《浅谈四川丘区撂荒地现状及对策建议——以N区为例》，《四川农业科技》2022年第8期。

张琳、张凤荣、薛永森、严良政：《中国各省耕地数量占补平衡趋势预测》，《资源科学》2007年第6期。

温婧媛、李小英：《农村撂荒地开发利用研究综述》，《现代农业科技》2016年第15期。

Preface

The year of 2022 is a very important year in the process of the development of the Party and the State, with the triumphant convening of the 20th Party Congress, which depicts a grand blueprint for the comprehensive construction of a modern socialist country. In the face of the high winds and waves of the international environment and the domestic new crown epidemic high frequency, multiple difficulties overlapping, a variety of risks intertwined with the severe situation, Sichuan adhere to the Xi Jinping thought of socialism with Chinese characteristics in the new era as a guide, the full implementation of the spirit of the Party's 20th National Congress, in-depth implementation of the spirit of General Secretary Xi Jinping's series of important instructions to the work of Sichuan, firmly put the good "three agricultural " In 2022, the added value of Sichuan's primary industry will be In 2022, the added value of the primary industry in Sichuan will be 596. 43 billion yuan, an increase of 4. 3 percent; grain production will be 71. 5 billion kg, 65. 484 million live pigs will be slaughtered, vegetables, fruits, livestock, poultry, aquatic products and other important agricultural products will be in sufficient supply and prices will be stable; the development of rural industries was accelerated, with two new national modern agricultural industrial parks created and 92 new provincial star-rated modern agricultural parks identified; the per capita disposable income of rural residents reached 18, 672 yuan, an increase of 6. 2 percent; the results of poverty eradication were continuously consolidated, rural construction and rural governance were solidly promoted, rural infrastructure conditions were accelerated and improved, rural reforms were deepened, and rural society was harmonious and stable.

The year of 2023 is the beginning of the implementation of the spirit of the

20th National Congress of the Party, and there are both hopes and challenges. To do a good job in 2023, Sichuan should adhere to the guidance of Xi Jinping's thought of socialism with Chinese characteristics in the new era, comprehensively implement the spirit of the 20th CPC National Congress, thoroughly implement General Secretary Xi Jinping's important remarks on the work of the "three rural areas" and his series of important instructions for Sichuan's We will adhere to the priority development of agriculture and rural areas, adhere to the integrated development of urban and rural areas, take the lead in building a higher level of "Tianfu Granary" in the new era, resolutely guard the bottom line of ensuring food security, preventing large-scale return to poverty and strengthening arable land protection, solidly promote the development of rural industries, accelerate the construction of livable and beautiful villages, and speed up the construction of build a strong agricultural province with strong food security and food supply guarantee capability, strong agricultural foundation, strong science and technology equipment, strong operation services, strong risk resistance, strong quality efficiency and competitiveness.

The Sichuan Blue Book "Sichuan Agricultural and Rural Development Report (2023): Building the Tianfu Granary" is a continuation of the Sichuan Blue Book "Sichuan Agricultural and Rural Development Report (2022): Promoting Common Wealth". The book focuses on the comprehensive implementation of the spirit of the No. 1 Document of the Central Government and the No. 1 Document of Sichuan Province, and objectively reflects the overall situation of Sichuan's agricultural and rural development in 2022 and the basic trends in 2023. At the same time, it focuses on the scientific connotations, practical paths and policy initiatives for building a higher level of "Tianfu Granary" in Sichuan under the new situation of food security. The book consists of a general report, a special section and a case study, written by researchers and postgraduate students, mainly from the Institute of Rural Development, Sichuan Academy of Social Sciences. This book is composed of three parts: a general report, a special chapter and a case chapter. It is written by researchers and graduate students from the Rural Development Institute of the Sichuan Academy of Social Sciences. The writing of this book has been strongly supported by the Sichuan Provincial

Department of Agriculture and Rural Affairs, the Sichuan Provincial Bureau of Statistics, the Sichuan Provincial Rural Revitalization Bureau and other relevant departments, and the editing and publication has been strongly supported by the Social Sciences Literature Publishing House. I would like to express my heartfelt thanks here!

Due to the lack of time and insufficient preparation of materials, this book must have many shortcomings and deficiencies. Leaders, experts, scholars and readers are welcome to criticize and correct it.

Abstract

The Sichuan Agriculture and Rural Development Report (2023) — Construction of "Tianfu Granary" focuses on the main problems and experience and practices in the construction of "Tianfu Granary" in Sichuan in the past year, including the overall overview of Sichuan's agricultural and rural development in 2022 and the forecast and prospect of Sichuan's agricultural and rural development in 2023. It is a blue book that comprehensively displays the important research results of Sichuan's agricultural and rural development. The book is divided into three parts: the first part is a general report, including the situation of Sichuan's agricultural and rural development in 2022 and the forecast and outlook for 2023, the main ideas and countermeasures for Sichuan's agricultural and rural development in 2023, the research on the construction of a higher level of "Tianfu Granary" in the new era, and the research on the construction of "Tianfu Granary" based on the "big food view"; The second part is a special chapter, which conducts research on the relevant topics of the construction of Tianfu granary in Sichuan, mainly including the status, difficulties and countermeasures of cultivated land protection of Tianfu granary, the status, problems and countermeasures of the development of modern seed industry in Sichuan Province, strengthening farmland water conservancy facilities to promote the construction of Tianfu granary, Sichuan Province supporting the construction of Tianfu granary with agricultural science and technology innovation, upgrading agricultural machinery and equipment to help build a higher level of "Tianfu granary" and new grain production

The development status and countermeasures of business entities, the construction of service capacity system to promote the scale of grain production, the construction research of modern grain industrial parks, grain and oil processing and brand building, the analysis and efficiency improvement of the current situation of the grain reserve circulation system in Sichuan Province, the basic status, problems and countermeasures of Sichuan's high-standard farmland construction, the development status, problems and countermeasures of digital agriculture in Sichuan, and the improvement of the income guarantee mechanism for grain farmers; The third part is a case chapter, which summarizes and analyzes the typical cases of the construction of "Tianfu Granary" in different rural areas of Sichuan, summarizing its effectiveness and practical experience, including the exploration cases of the construction of "Tianfu Granary" in Miyi County of Panzhihua City, Xinjin District of Chengdu, Pingwu County of Mianyang City, etc., as well as the creation of characteristic grain and oil brands, the development of family farms, the improvement of grain reserve capacity, the construction of modern agricultural (grain industry) parks, the return of seedlings to grain, the collective economy to help the construction of "Tianfu Granary", and the "non-grain" transformation of cultivated land Problem management, the construction of the "core area" of "Tianfu granary", the complex protection of basic farmland to help food security, the development of e-commerce of agricultural products to help the construction of "Tianfu granary", the reform of "separation of powers" to help cultivated land protection, the "three-place co-governance" of recultivation and replanting of wasteland, and the rectification and desertion of hilly areas, etc., are representative cases in Sichuan.

Keywords: Agriculture and Rural Areas; Sichuan; Farmers; "Tianfu Granary"

Contents

I   General Reports

B . 1   Agricultural and Rural Development in Sichuan: Current
Situation in 2022 and Prospects for 2023

The Project Team of Sichuan's Agriculture

and Rural Development / 001

Abstract: In 2022, the work of "agriculture, rural areas, and farmers" has been solidly promoted. Under the impact of severe drought, the agricultural production capacity of Sichuan Province has become prominent, and the grain yield has remained basically stable, firmly holding the bottom line of ensuring food security. This report focuses on the current situation of agricultural development in 2022, as well as the problems and challenges that exist under the pressure of food production. At the same time, in 2023, the central and provincial No. 1 documents clearly pointed out the need to comprehensively promote rural revitalization and accelerate the construction of an agricultural power. Based on the guidance of the documents, the agricultural and rural economic situation in Sichuan in 2023 was predicted and forecasted, and the main ideas and countermeasures for building Sichuan into a strong agricultural province were proposed, To achieve a high-level increase in Sichuan's agricultural economy.

Keywords: Sichuan; Agricultural and Rural Areas; Rural Revitalization

B . 2   Building a Higher Level of "Tianfu Granary" in the
New Era in Sichuan

Abstract: Building a higher level "Tianfu Granary" is an important historical mission of the "three rural" work in Sichuan in the new era, a fundamental guarantee for polishing the golden brand of Sichuan's agricultural province, and an important measure to promote the modernization of Sichuan's agriculture and rural areas. The higher level of "Tianfu Granary" in the new era is manifested in a higher level of comprehensive grain production capacity, a higher level of grain seed industry, a higher level of farmland and water conservancy facilities, a higher level of material and equipment conditions, a higher level of scientific and technological support, a higher level of agricultural management system, a higher level of industrial system, and a higher level of green development. In the new era, Sichuan still faces many difficulties and challenges in building a higher level "Tianfu Granary". Through measures such as improving the quantity and quality of cultivated land, supplementing the shortcomings of agricultural water conservancy infrastructure, improving the level of agricultural material equipment and technological innovation, cultivating service entities for grain production and operation, improving the comparative efficiency of grain production, improving the income guarantee mechanism for grain farmers, and promoting the construction of digital Tianfu granary, strong support is provided for the construction of a higher level "Tianfu Granary".

Keywords: "Tianfu Granary"; Food Security; "Three Rural"; Sichuan

B . 3   Research on the Construction of "Tianfu Granary" Based
on "Greater Food" Concept

Abstract: Common prosperity is the essential requirement of socialism. The key area for promoting common prosperity should fall on the rural areas, and the focus should be on the vast group of farmers. Common prosperity for farmers is a necessary requirement for consolidating and expanding the achievements of poverty alleviation and comprehensively promoting rural revitalization. It is another blueprint for achieving a moderately prosperous society in all respects. It is another goal to strive from the fundamental interests of the majority of farmers. By interpreting the connotation of common prosperity of farmers, this paper constructs a measurement index system of common prosperity of farmers from two dimensions of "common" and "prosperity", and proposes measures to promote common prosperity of farmers from improving agricultural productivity, cultivating new collective economy, etc. in the light of the actual situation in Sichuan.

Keywords: "Tianfu Granary"; "Greater Food "; Food Security

II   Special Reports

B.4   The Current Situation, Difficulties and Countermeasures of Cultivated Land Protection in "Tianfu Granary"

Zhang Kejun, Wen Haoyu, Wang Zhiwei / 066

Abstract: Sichuan as a major agricultural and grain province in China, promoting the construction of its Tianfu granary is of great theoretical and practical significance in helping China achieve the goal of becoming a powerful agricultural country and ensuring national food security. This article analyzes the current situation of cultivated land protection in Sichuan from five perspectives: cultivated land area, soil quality, "non grain trend", abandoned cultivated land phenomenon, and high standard farmland construction. It is found that the overall situation of cultivated land protection in Sichuan in 2022 is showing a trend of continuous improvement, but there are still shortcomings. Based on the special economic situation at home and abroad, this paper analyzes the contradiction between urbanization, industrialization, and farmland protection in Sichuan, and analyzes the problems existing in Sichuan in terms of improving the quality of farmland, implementing farmland protection policies, and farmers' awareness of farmland protection. Based on this, it is necessary to implement the main responsibilities at all levels, strictly implement the farmland occupation and compensation balance management system, control the use of farmland, and improve farmers' awareness of farmland protection The corresponding countermeasures and suggestions are proposed from five aspects: accelerating the construction of high standard farmland and controlling farmland pollution.

Keywords: Farmland Protection; "Tianfu Granary"; Rural Revitalization

B . 5   Current Situation, Problems and Countermeasures of Modern Seed Industry Development in Sichuan

Gao Jie, Luo Qiaoling / 079

Abstract: As the only major grain producing area in western China and an important province with large seed industry resources, Sichuan bears the important responsibility of grain security and seed security. It is an important content of the strategy of building a strong agricultural province in Sichuan to realize the goal of building a higher level "Tianfu Granary" in the new era by promoting the development of modern seed industry with high quality. Since the 18th National Congress of the CPC, Sichuan Province has made remarkable achievements in germplasm resources protection, variety innovation and breeding, multi-subject cultivation and other aspects. However, it still faces major problems such as key technological breakthroughs, suitable variety breeding, and the linkage of breeding and propagation. It should focus on the development of provenance, technological innovation, market connection, enterprise cultivation and other aspects. For the in-depth implementation of seed industry revitalization action to make an important contribution to Sichuan.

Keywords: Modern Seed Industry; Seed Industry Policy; Seed Industry Revitalization; Sichuan

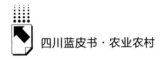

B.6 Strengthening Farmland Water Conservancy Facilities to
Promote the Construction of "Tianfu Granary"

Tang Xin, Mao Xiaojing / 091

Abstract: Farmland water conservancy is an important foundation for
ensuring national food security and promoting agricultural modernization, and is a
strong support for implementing the rural revitalization strategy. As a major grain
producing province in southwestern China, the construction of agricultural water
conservancy facilities in Sichuan Province seriously affects the quality of its arable
land, grain yield, and quality. Based on the analysis of the present situation of
farmland water conservancy construction in Sichuan, combined with the main
challenges faced by farmland water conservancy in Sichuan, this paper puts forward
the main paths for farmland water conservancy facilities to support the construction
of Tianfu granary.

Keywords: Farmland Water Conservancy; "Tianfu Granary"; Grain Security

B.7 Agricultural Technological Innovation Supports the
Construction of "Tianfu Granary"

Gao Jie, Yang Xiaoyu / 100

Abstract: Agricultural science and technology innovation is an important
driving force to promote the high-quality development of modern agriculture.
Based on the current situation of agricultural development, this paper analyzes the
necessity of agricultural science and technology innovation to ensure food security,
summarizes the practice of Sichuan agricultural science and technology innovation
in promoting the high level of construction of Tianfu granary, and also sorts out
the characteristics and shortcomings of the current development of agricultural
science and technology innovation policy. Therefore, according to the above
analysis and research, in order to strengthen the scientific and technological support

for the construction of Tianfu granary, the relevant development measures and implementation path are put forward.

Keywords: Agricultural Science and Technology Innovation; Grain Security; "Tianfu Granary"

B.8 Upgrading Agricultural Machinery and Equipment Helps Build a Higher Level "Tianfu Granary"

Chen Minghong, Yang Xu / 113

Abstract: As the material and equipment support for modern agriculture, agricultural machinery and equipment is a key step in achieving the goal of building a higher level "Tianfu granary" by improving its technological innovation and application level, and playing its key role in saving grain and reducing losses, increasing production and efficiency. In recent years, Sichuan Province has achieved significant improvement in agricultural machinery and equipment, but it still faces many difficulties, such as the coexistence of structural surplus and insufficient demand for agricultural machinery and equipment, relatively insufficient technological innovation, lack of market orientation in equipment research and development, and weak core competitiveness of agricultural machinery manufacturing enterprises. In order to achieve the goal of building a higher level "Tianfu Granary", it is necessary to improve the technological innovation level of agricultural machinery and equipment; Promote the intelligent and green upgrading of agricultural machinery and equipment; Promote the intensive development of the agricultural machinery industry; Improve the construction of agricultural machinery and equipment promotion system; Optimize support policies for agricultural machinery and equipment.

Keywords: Agricultural Machinery Equipment; "Tianfu Granary"; Agricultural Machinery Industry

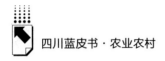

B . 9   Current Situation of New Grain Production Entities in Sichuan and

Policy Suggestions   *Zhao Limei, Fang Zhiwei, Liu Chunyu* / 124

Abstract: Actively cultivating the main body of food production and management is a major strategy of agricultural modernization. Sichuan, as a major agricultural province and the only grain-producing province in the west, has always taken ensuring food security as the primary task of "agriculture, rural areas and farmers" work. Based on the research data of the basic situation, planting intention, cost and income, main demand and problems of the new grain production and management subjects in Sichuan Province, the main methods in cultivating the grain production and management subjects in Sichuan Province were summarized. This paper analyzes the problems existing in the development and cultivation of new grain production and management subjects and the challenges faced by grain production and management subjects in some areas, such as weak basic conditions and imperfect supporting facilities, and puts forward corresponding countermeasures, that is, improve the infrastructure of agricultural production service; Do a good job of guidance, effectively protect the farmer income; Relying on scientific and technological innovation and personnel training, constantly raise the level of grain production; Develop characteristic products, enhance radiation drive ability. In order to stabilize the scale and level of grain production in Sichuan, mobilize the enthusiasm of farmers to grow grain, and constantly improve the efficiency of grain production, so as to ensure food security, promote agricultural efficiency and increase farmers' income.

Keywords: New Grain Production Entities; Agricultural Modernization; Sichuan

B . 10   Building Service Capacity System to Promote Scale of

Grain Production in Sichuan

Hu Junbo, Wang Jianrui, Liang Xinyu, Liu Qinyang / 135

Abstract: Building service capacity system is an important way to promote grain production scale. Sichuan is focusing on developing agricultural socialization service, innovating service cooperation mode, establishing modern service industry, adhering to scientific and technological innovation and strengthening quality and safety supervision to build a perfect service capacity system. However, the construction of service capability system cannot be accomplished overnight. There are some problems in the construction of service capability system in Sichuan Province, such as obvious differences between counties, lack of coordination within the system, low level of service modernization and low degree of service subject diversification. It is necessary to strengthen policy support, establish service network, enhance service ability and cultivate multiple service subjects, so as to build a modern service ability system and promote large-scale grain production in Sichuan.

Keywords: Service Capacity; Grain Production; Sichuan

B.11　The Construction of Modern Grain Industry Park in Sichuan

Fu Zongping, Zhang Hui, Yang Danyao / 150

Abstract: Sichuan Province, with its rich Sichuan Basin, once ranked first in grain output in the country, and has always shouldered the heavy responsibility of food security since the reform and opening up. However, while grain output has achieved brilliant results, the economic development level of Sichuan's grain industry has always been in a low position in China, forming a situation of "large grain production and weak economy", which has also brought many adverse impacts to the development of the grain industry in the province. As an important carrier for exploring a new mode of food industry development, modern grain industrial parks are an important starting point for promoting the revitalization of the food industry, and it has important theoretical and practical significance to conduct in-depth research on modern food industrial park. Through the analysis of the construction status and construction results of grain industrial parks in our province, this paper sorts out the existing problems, puts forward corresponding countermeasures and suggestions based on the current situation, and provides feasible construction suggestions for promoting the construction of modern grain industrial parks.

Keywords: Grain Industrial Park; Grain Security; Sichuan

B.12　Grain and Oil Processing and Brand Building in Sichuan

Zeng Xuhui, Xu Jie, Zhao Wenqi / 163

Abstract: Sichuan earnestly implements the new development concept, continuously burnishes the "golden sign" of Sichuan as a major agricultural province, strives to build a higher-level "Tianfu Granary" in the new era, and continues to fulfill the responsibility of grain and oil production and processing. In recent years, Sichuan Province has made a lot of positive explorations in the process of promoting grain and oil processing and brand building, and has achieved the rapid development of grain and oil processing industry and regional brand building. While making achievements, there are also many problems. Based on the development situation of grain and oil processing and brand building in China, this paper analyzes the opportunities and challenges faced by Sichuan Province in the development process, summarizes the main ways of promoting grain and oil processing and brand building in Sichuan Province, and combines the experience and inspiration of foreign developed countries. Moreover, specific countermeasures and suggestions are put forward in industrial layout and processing structure, extension of grain and oil processing industrial chain, strengthening grain and oil processing innovation ability, strengthening grain and oil product quality certification and accelerating the development of regional public brands.

Keywords: Grain and Oil Processing; Brand Building; "Tianfu Granary"

B . 13 Analysis of the Current Situation and Efficiency
Improvement of the Grain Reserve and Circulation
System in Sichuan Province

Mao Yu / 177

Abstract: Sichuan Province is one of the important grain producing areas in China. Ensuring the stability of grain supply and improving the level of supply security are not only the basic requirements of the central government for Sichuan, but also the major responsibility of Sichuan as a major grain and oil producing area. However, in recent years, Sichuan has imported more than 14 million tons of grain from other provinces every year, and most of the imported grain is used for feed and industrial processing. Increasing import causes balance between grain supply and demand has tightened. The article pointed out that mismatch between Sichuan's grain reserve structure and consumption structure become a protruding problem, and the reserve supervision mechanism needs to be improved. Sichuan should actively adapt to the adjustment of the grain production structure, cultivate grain intensive processing enterprises, strengthen the scientific and technological equipment for reserve processing, clarify the subject and scope of grain reserve rights and responsibilities, and strengthen accountability and punishment mechanisms.

Keywords: Grain Reserves; Grain Circulation; Grain Intensive Processing Enterprises

B . 14 The Construction of High-standard Farmland in Sichuan:
SituationDifficulties, and Optimized Suggestions

Gan Tingyu, Zhang Xianhao / 191

Abstract: The party's 20th report proposed that the construction of high-standard farmland is a major measure to promote the strategy of "storing grain in the ground, storing grain in technology", but also the foundation of consolidating food security in an all-round way. As a major grain producing province in China, Sichuan is also a major grain consumption province. In keeping with the red line of cultivated land, it will continue to increase grain output and production capacity to help ensure national food security. This year's "Sichuan Province High-standard farmland Construction Plan (2021−2030)" plan, by 2030, the amount of high-standard farmland in Sichuan will reach 63.53 million mu, so as to build a higher level of "Tianfu granary" in the new era. This paper summarizes and summarizes the construction achievements of the first decade of Sichuan Province in 2011, the development status in recent years and the technical requirements for the construction of high standard farmland in different regions of Sichuan. On this basis, analyze the difficulties existing in the construction management, think the existing difficulties mainly reflected in the field facilities, part of the mountain hilly area construction difficult, construction investment and local finance does not match, built the difficulties of the management, and for the above difficult development multiple subject investment, improve standard, improve construction quality, optimize the mechanism of policy advice.

Keywords: High-standard Farmland; Grain Security; Sichuan

B.15 Development Status, Problems and Countermeasures of Digital Agriculture in Sichuan

Pang Miao, Tang Mingjun / 206

Abstract: Digital agriculture is the main way of promoting our country agricultural modernization and the necessary means to realize the strategic goal of rural revitalization. Sichuan Province is a populous province, a major agricultural province and a major grain-producing province in China. It vigorously develops digital agriculture, enables traditional agriculture with digital technology, and continuously promotes the construction of a higher-level "Tianfu granary", so as to better guarantee the food security of Sichuan and make more contributions to realizing the transformation of Sichuan from a major agricultural province to a strong agricultural province. In recent years, in order to accelerate the construction of digital agriculture, Sichuan Province has achieved good results in the exploration of the construction of digital agriculture. This paper analyzes the current situation, main practices and results of the development of digital agriculture as well as the problems existing in the development process, and proposes that the development of digital agriculture needs to improve infrastructure, promoting platform sharing and cultivating digital talents and other strategies.

Keywords: Digital Agriculture; "Tianfu Granary"; Sichuan

B. 16 Mechanism for Ensuring the Income of Grain-planting

Farmers in Sichuan

Yin Yexing, Liang Jing / 222

Abstract: Sichuan is a big agricultural province and an important granary of the country. Ensuring grain farmers' income and making grain farming profitable not only increases farmers' enthusiasm for grain farming, but also increases the willingness of major grain-producing areas to secure grain supply. This will help stabilize grain output, and safeguard food security. In recent years, Sichuan has continuously improved the income guarantee mechanism for grain farmers from the aspects of strengthening farmers' skill training, improving planting conditions, developing the collective economy, and perfecting the subsidy system. Given the current challenges such as rising grain planting costs, declining crop yields, constraints on sustainable development, and frequent natural disasters in some regions, it is necessary to further establish a mechanism to guarantee favorable policies for agriculture and grain compensation, improve natural risk monitoring and response mechanisms, and strengthen the protection of cultivated land resources and basic support. In this process, we should not only bring into play the

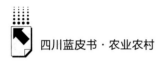

role of market mechanisms, but also strengthen policy support and protection.

Keywords: Grain-planting Farmers; Income Protection; Mechanism Design

Ⅲ   Case Reports

B . 17   Exploration of Building " the Second Tianfu Granary ":
TakingMiyi County of Panzhihua City as an Example

Zhang Zemei, Hu Hao / 241

Abstract: Miyi County has unique natural resources and plays an important role in the construction of "the second Tianfu granary". Miyi County has explored a new model of coordinated development of food crops and cash crops, such as rice and vegetable rotation, interplanting of fruits and food crops, and farming by agricultural enterprises instead of farmers. This paper comprehensively analyzes the practices, achievements and difficulties in the construction of the "second Tianfu granary" in Miyi County. Some suggestions are put forward, such as strengthening infrastructure construction, exploring various modes, cultivating new agricultural management subjects, implementing the concept of developing food resources in all directions and in many ways, strengthening brands.

Keywords: Miyi County; Anning River Basin; "The Second Tianfu Granary"

B . 18   Practical Exploration and Experience Enlightenment
of Constructing High-level " Tianfu Granary" inXinjin
District, Chengdu City

Pang Miao, Yong Xingfan, Zhang Zhengxia / 252

Abstract: The report of the 20th National Congress of the Communist Party of China pointed out that it is necessary to accelerate the construction of a powerful agricultural country and comprehensively promote rural revitalization. Building a high-level "Tianfu granary" in the new era is an important starting point for Sichuan to assist in the construction of an agricultural power. It is of great significance to accelerate the transition of Sichuan from a major agricultural province to a strong agricultural province, and to contribute more Sichuan's strength to accelerating the construction of an agricultural power. Based on the analysis of the basic conditions for the construction of "Tianfu Granary" in Xinjin District, Chengdu, this article summarizes the importance of Xinjin in improving the industrial chain, strengthening the digital application of the entire industrial chain Experience in promoting the effective connection between small farmers and modern agriculture, as well as the combination of traditional rice field culture and modern agriculture, and suggestions for countermeasures based on the problems existing in the construction process. It is expected to provide certain Xinjin experience for other places to build high-level "Tianfu Granary".

Keywords: Agricultural; Xinjin; "Tianfu Granary"

B. 19   A Case Study on the Practical Exploration of High Standard Farmland Construction in Mountainous Areas: Pingwu County as an Example

Gan Tingyu, Liu Siyu / 265

Abstract: The report of the 20th Party Congress proposes to gradually build all permanent basic farmland into high-standard farmland. However, the construction of high-standard farmland in mountainous areas often faces problems such as excessive altitude disparity, difficulty in site selection and construction. This paper takes Pingwu County, which is located in the mountainous area around the basin, as an example. By sorting out the difficulties faced by Pingwu in the construction of high-standard farmland in mountainous areas, such as difficulties in

461

site selection, difficulties in construction and implementation, insufficient awareness and support from villagers, apparently low investment and weak post-construction management, the main practices of Pingwu in terms of organizational guarantee, management mechanism, project management, capital investment, risk management and its post-construction management and care are On this basis, the experience of Pingwu County in promoting the construction of high-standard farmland in mountainous areas through county-level departments leading the construction of high-standard farmland, multi-faceted efforts to improve the input guarantee mechanism, perfecting the responsibility system, strengthening legislation on high-standard farmland and establishing a guarantee mechanism for farmers' interests is summarized and summarized, with a view to providing reference for the construction of high-standard farmland in other mountainous areas in Sichuan.

Keywords: Mountainous Areas; High-standard Farmland; Pingwu County

B.20　Zhaohua District's "Five Focuses and Five Improvements"
　　　　to Build a "Wangjia Gongmi" Featured Grain and Oil Brand

Yu Hong, Lyu Zhiyong, Wang Huchuan,
Li Ling, Lu Jiechun, Xu Xiaohui / 278

Abstract: The grain and oil industry is a basic industry of a country or region, which is related to the overall development of the national economy and society. The grain and oil brand construction is related to the market competitiveness of the grain industry, and it is an urgent problem to be solved to promote the high-quality development of grain and oil production. Building characteristic grain and oil brand is an important way to improve the added value of grain and oil and solve the low efficiency and lack of enthusiasm of grain planting. Relying on the national geographical indication protection product "Wangjia Gongmi", Zhaohua District focuses on the construction of green production base, improves the product quality guarantee, focuses on the independent innovation of agricultural science and technology, enhances the core competitiveness of the brand, focuses on the building of regional public brand, enhances the brand market influence, focuses on the all-round supervision of the whole process, and enhances the brand social credibility. Focusing on the " five focuses and five improvements" measures to build marketing promotion platform and improve the conversion rate of brand value, forming a complete system from quality improvement to brand building and then to brand construction, improving grain efficiency while ensuring food security, and effectively promoting the high-quality development of "Wangjia Rice" industry. At the same time, it puts forward some suggestions to further develop and expand the brand of "Wangjia Rice".

Keywords: Zhaohua District; "Wangjia Rice"; Grain and Oil Brands

B.21　Origin, Experience and Enlightenment of the Development of Fengguangrong Family Farm

Zhao Limei, Tian Jie, Li Xia / 286

Abstract: The main body of new agricultural food production and management, is the " bellwether " and the main force of agricultural modernization, is a key link to realize the strategy of rural revitalization, is also an important measure to solve the "who will farm". Family farm is an important part of the main body of new agricultural food management, but also an important force to build a new agricultural management system. This paper takes the practice and exploration of Fengguangrong planting family farm in Anju District, Suining City, Sichuan Province as an example, reviews and analyzes the development path and mode in the past 10 years, and summarizes its development experience.

Keywords: Fengguangrong; New Main Body of Grain Production and Management; Family Farm

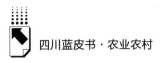
B.22 Case Study on Improving Grain Reserve Capacity

Fu Zongping, *Duan Jun* / 294

Abstract: Granaries are full, and the world is safe. To ensure food security, grain reserves are a key link and an important foundation. As one of the main grain producing provinces and a major grain consumption province, Sichuan Province has the courage to take responsibility in grain reserves, and takes multiple measures to build a three-dimensional "safety net" of grain reserves. With the construction of high standard farmland, build "grain storage on the ground"; use the construction of high standard grain warehouse, expand warehouse, increase efficiency and reduce losses; empower with science and technology, and strengthen the construction of "grain storage in technology", integrate into the national grain market and realize grain "double cycle"; build the guarantee mechanism with the participation of multiple subjects, practice the mass line of food security in the new period; build the diversified food supply system with grain control, and protect the "Tianfu granary" with more mission responsibility.

Keywords: Grain Reserves; "Tianfu Granary"; Tianfu Forest Grain Depot

B.23 Study on the Construction Practice of Modern Grain
Industry in Dayi County

Fu Zongping, *Shi Jiangnan* / 305

Abstract: Chengdu City has thoroughly implemented the central government's decision to promote the integrated development of rural industries, and insisted on developing and building modern grain industrial parks as a leading project to accelerate the modernization of agriculture and rural areas and high-quality agricultural development. The modern agricultural (grain industry) park in Dayi County, Chengdu City, focuses on smart digital agricultural production, vigorously promotes the transformation and upgrading of the modern agricultural industry in the area and the deeper development of industrial integration, effectively pushing the grain production in the park towards high-tech, high-standard and modernization roads. From the practice of modern agricultural (grain industry) park construction in Dayi County, we summarize the effectiveness and experience in the process of its development and construction, analyze the main problems that still exist in the park construction at this stage, and conclude the recommendations of continuously strengthening scientific and technological support, establishing a sound park management system, transforming the park function into market-oriented, adjusting and optimizing the industrial structure, deepening the interest linkage mechanism of multiple subjects, and exploring the ecological value function of modern agriculture. Suggestions for countermeasures.

Keywords: Modern Grain Industrial Park; Dayi County; Modern Agricultural Industry

B. 24 Practice Exploration and Experience Enlightenment

of Returning Seedlings to Grain in Wenjiang District

Guo Xiaoming, *Lu Yingqi* / 317

Abstract: In November 2020, the General Office of the State Council issued the Opinions on Preventing Arable Land from Being "Degrainized" and Stabilizing Grain Production. All regions should earnestly implement the decisions and plans of the CPC Central Committee and The State Council. We will take effective measures to prevent arable land from becoming "non-grain", effectively stabilize grain production, and firmly safeguard the lifeline of national food security. Based on the actual situation of returning seedlings to grain in Wenjiang District, this paper comprehensively analyzed the main exploration and practical experience of returning seedlings to grain in Wenjiang District, scientifically sorted out the key issues that need to be paid attention to in promoting the return of seedlings to grain in Wenjiang District, and put forward countermeasures and

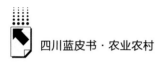

suggestions for further improvement.

Keywords: Food Security; Flowers and Trees Take Off; Returning Seedings to Grain; Wenjiang District

B.25   ThePractical Exploration and Experience Revelation of Xinfu Community Collective Economy Helping "Tianfu Granary"

Zhou Xiaojuan, Lu Xiaoling / 328

Abstract: The rural collective economy is one of the forces of rural development and revitalization, and it has natural advantages that other subjects do not have in the overall planning of village resources and assets and the participation of members in mobilization, and giving full play to the advantages of the collective economy can activate the endogenous development momentum of the village and effectively reduce the threshold for the activation of the power to improve the quality and upgrading of the grain and oil industry. It is of great significance to explore how to build a higher-level "Tianfu granary" in the new era and take advantage of the advantages of rural collective economy in endogenous power activation. As a traditional grain and oil industrial village in the Chengdu Plain, Xinfu Community, Dayi County, Chengdu, Sichuan Province, relies on the grain and oil industry as the foundation and uses the collective economy to lead the improvement of land resource utilization efficiency, the self-sufficiency of seed services, the comprehensive upgrading of traditional grain industries, the establishment of agricultural management service system, and the increase of income of villagers and grain farmers. It provides valuable experience for the construction of Tianfu granary in the plain grain areas.

Keywords: Collective Economy; "Tianfu Granary"; Grain and Oil Industry

Abstract: To discuss on grain production should first pay attention to cultivated land. While effectively protecting cultivated land, actively managing the "Non-grain" of cultivated land is the focus of current food security in China. Guang'an City has achieved outstanding results in the process of controlling the "Non-grain" of cultivated land. The experience of Guang'an has shown that in the process of controlling the "Non-grain conversion" of cultivated land, it is necessary to adhere to a holistic governance approach, explore the crux of governance, grasp the key points of governance, and implement governance measures, in order to achieve the goal of ensuring food security through the specific path of collaborative governance, clarifying rights and responsibilities, and improving mechanisms.

Keywords: "Non-Grain" Cultivated Land; Guang'an; Well-facilitated Farmland

Abstract: Building a higher-level "Tianfu granary" in the new era is the need to comprehensively build a park city demonstration area that practices the new development concept, the need to promote the rural revitalization strategy, the need to ensure food security in Sichuan and even the whole country, and the need to inherit the farming culture of Tianfu. As the essence irrigation area of Dujiangyan Water Conservancy Project and known as the "Tianfu Granary", Chongzhou City regards the construction of the core area of the "Tianfu Granary" as one of the core functions of urban construction, and relies on this to drive farmers to continue to

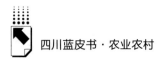

increase income steadily, develop agriculture with high quality, and make rural development better, accelerate the comprehensive revitalization of rural areas, and contribute more strategic forces and Chongzhou experience in exploring and practicing the new journey of agricultural and rural modernization.

Keywords: Agricultural Co-operation; "Tianfu Granary"; Chongzhou

B.28 Compound Protection of Basic Farmland Helps Food Security

Gao Jie, Huang Ke / 365

Abstract: Ensuring the stability of food production and supply is the basic premise of ensuring food security, and it is an important way to consolidate food security by means of compound planting to ensure the win-win situation of food production and economic benefits. Taking Shangwa Village in Ya'an City, Sichuan Province as an example, this paper summarizes the compound planting mode of cross-integration in its agriculture, explores the successful practices of compound protection of basic farmland in the agricultural industry, cultivating new business entities, multi-party participation and leading the governance mechanism with party building, and extracts the experience and enlightenment of promoting the win-win situation of grain and economy through the compound planting mode of "soybean+rattan pepper" and "corn+gardenia".

Keywords: Compound Planting Food; Grain Security; Ya'an Shangwa Village

B.29 E-commerce Development of Sichuan Agricultural
Products Helps the Construction of "Tianfu Granary":
A Case Study of Qingshen County in Meishan City

Hu Junbo, Li Wenda, Li Hongyu, Li Siyi / 377

Abstract: Qingshen County, the first e-commerce surplus county in

Sichuan Province, as an example, this article summarizes the main practices and achievements of its agricultural product e-commerce operation, points out its existing problems accordingly, and puts forward effective suggestions to better promote the quality and quantity of grain production through rural e-commerce. Specifically, Qingshen County has achieved remarkable results in promoting the development of rural e-commerce by improving the logistics and distribution system, integrating the development of digital e-commerce public service centers, building and promoting high-quality brand standards for agricultural products, and exploring and cultivating hybrid talents of "grain cultivation+e-commerce". At the same time, Qingshen County is also facing difficulties such as the crisis of high carbon emission industries, insufficient financial lending efforts, insufficient promotion of large-scale operation, and weakened transaction advantages of farmers. It is necessary to further improve and optimize the preparation process of characteristic products, enrich and simplify credit products, scientifically optimize and integrate the regional layout of rural villages, and improve the rule system among platform farmers to better assist in the construction of "Tianfu Granary".

Keywords: Agriculture Products; Electronic Commerce; Food Supply; "Tianfu Granary"; Qingshen County

B. 30 The Practice and Experience of Helping Cultivated Land Protection with the Reform of "Three Rights Separation" of Homestead inPengshan District

Gao Jie, Luo Hairui / 389

Abstract: Protecting arable land is a key basis for ensuring food security. However, in the process of economic development, the gap between cultivated land and construction land is constantly expanding, as well as the lag of rural housing construction management system and implementation, leading to the phenomenon that farmland is occupied or fragmented due to non-agricultural construction needs such as rural housing. In order to effectively protect cultivated land and solve the contradiction between effective use of collective construction land and cultivated land protection, Pengshan District of Meishan City took the reform of homestead system as an opportunity to explore the practical practices of improving cultivated land protection and grain production capacity with the reform of "three rights separation" of homestead, and formed a series of important experiences with reference significance.

Keywords: Collective Construction Land; Cultivated Land Protection; Homestead

B . 31   Creating a Higher Level of "Tianfu Granary":
Guang'an Practice in the Hilly Area of Eastern Sichuan

Chen Minghong, Wang Qizuo, Zhao Yixian / 401

Abstract: Guang'an City, as a large grain-producing city in Sichuan, has insisted on implementing the strictest arable land protection system over the years, and based on the characteristics of hilly areas, it has accelerated the construction of agricultural production facilities, improved the supporting policy system, innovated the agricultural management system, promoted the operation of agricultural industry clusters, and realized the increase in production and quality of grain and oil for many years, forming the "Guang'an Experience" of grain and oil production in hilly areas. Guang'an City has also become an indispensable part of guaranteeing national food security and building a higher level of "Tianfu granary". Although the effectiveness of the construction of "Tianfu granary" in Guang'an has been initially shown, there is still room for sustainable optimization in terms of comparative efficiency, grain quality, construction cost, grain storage and other issues.

Keywords: Food Security; "Tianfu Granary"; Guang'an City

B. 32 Exploration and Experience of "Three Land Co-Governance"
in Anju District of Suining City to Promote Reclamation
and Cropping of Abandoned Land

Yu Hong, *Wu Siyu*, *Lu Jiechun*, *Xu Xiaohui* / 418

Abstract: Farmland abandonment not only directly reduces the current crop
sown area, which has a negative impact on the guarantee of food security and the
supply of important agricultural products, but also causes damage to cultivated land
and reduces the production capacity of cultivated land in the long term. In recent
years, in order to solve the problem of abandoned land management, Suining
Housing Area has adopted a series of countermeasures according to local conditions.
By introducing owners, encouraging various business entities such as village
collective economic organizations and farmers to actively participate, Suining has
promoted the co-management of contiguous abandoned land, scattered abandoned
land and scattered abandoned land. The management experience of abandoned land
has been formed to enhance the long-term management of the upper and lower
linkage, improve the precision of policies by classification, and enhance the
motivation of promoting rewards and punishments. Driven by characteristic
industries, farmers' professional cooperatives, and policies that benefit the people,
farmers and new agricultural operators are guided to use the abandoned land to
resume cultivation and planting of food and other crops, so as to make full use of
the farmland. It has increased the grain sown area, provided space for farmers to
increase income, and improved the effectiveness of rural governance.

Keywords: Grain Security; Land Abandoned; Refarming and Replanting;
Suining City

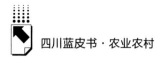

B.33　Neijiang's Practice of Remediating Abandoned Land in
　　　Hilly Areas

Zhang Kejun, *Wang Zichao*, *Tang Shishan* / 426

Abstract：With the development of urbanization and industrialization, the relationship between people and land is becoming increasingly tense. In order to ensure food security and economic and social stability, the management of abandoned land in hilly areas has become an important way to tap the potential of arable land for increasing food production under the new situation. In this paper, we have selected Shizhong District of Neijiang City, which has typical hilly landscape characteristics, as the object of study, and analysed the current situation and causes of the abandoned arable land, the successful practices of managing abandoned land, and put forward targeted and constructive experience and inspiration, with a view to effectively revitalising abandoned land in other hilly areas of Sichuan, building a higher level of "Tianfu granary" and ensuring food security. The project aims to provide some reference for the effective revitalisation of abandoned land in other hilly areas of Sichuan, the construction of a higher level of "Tianfu granary" and the guarantee of food security.

Keywords：Hilly Areas；Abandoned Land；Neijiang

皮 书

智库成果出版与传播平台

❖ 皮书定义 ❖

皮书是对中国与世界发展状况和热点问题进行年度监测，以专业的角度、专家的视野和实证研究方法，针对某一领域或区域现状与发展态势展开分析和预测，具备前沿性、原创性、实证性、连续性、时效性等特点的公开出版物，由一系列权威研究报告组成。

❖ 皮书作者 ❖

皮书系列报告作者以国内外一流研究机构、知名高校等重点智库的研究人员为主，多为相关领域一流专家学者，他们的观点代表了当下学界对中国与世界的现实和未来最高水平的解读与分析。截至2022年底，皮书研创机构逾千家，报告作者累计超过10万人。

❖ 皮书荣誉 ❖

皮书作为中国社会科学院基础理论研究与应用对策研究融合发展的代表性成果，不仅是哲学社会科学工作者服务中国特色社会主义现代化建设的重要成果，更是助力中国特色新型智库建设、构建中国特色哲学社会科学"三大体系"的重要平台。皮书系列先后被列入"十二五""十三五""十四五"时期国家重点出版物出版专项规划项目；2013~2023年，重点皮书列入中国社会科学院国家哲学社会科学创新工程项目。

皮书网

（网址：www.pishu.cn）

发布皮书研创资讯，传播皮书精彩内容
引领皮书出版潮流，打造皮书服务平台

栏目设置

◆ **关于皮书**
何谓皮书、皮书分类、皮书大事记、
皮书荣誉、皮书出版第一人、皮书编辑部

◆ **最新资讯**
通知公告、新闻动态、媒体聚焦、
网站专题、视频直播、下载专区

◆ **皮书研创**
皮书规范、皮书选题、皮书出版、
皮书研究、研创团队

◆ **皮书评奖评价**
指标体系、皮书评价、皮书评奖

◆ **皮书研究院理事会**
理事会章程、理事单位、个人理事、高级
研究员、理事会秘书处、入会指南

所获荣誉

◆ 2008 年、2011 年、2014 年，皮书网均
在全国新闻出版业网站荣誉评选中获得
"最具商业价值网站"称号；
◆ 2012 年，获得"出版业网站百强"称号。

网库合一

2014 年，皮书网与皮书数据库端口合
一，实现资源共享，搭建智库成果融合创
新平台。

皮书网

"皮书说"
微信公众号

皮书微博

权威报告·连续出版·独家资源

皮书数据库
ANNUAL REPORT(YEARBOOK)
DATABASE

分析解读当下中国发展变迁的高端智库平台

所获荣誉

- 2020年，入选全国新闻出版深度融合发展创新案例
- 2019年，入选国家新闻出版署数字出版精品遴选推荐计划
- 2016年，入选"十三五"国家重点电子出版物出版规划骨干工程
- 2013年，荣获"中国出版政府奖·网络出版物奖"提名奖
- 连续多年荣获中国数字出版博览会"数字出版·优秀品牌"奖

皮书数据库

"社科数托邦"
微信公众号

成为用户

　　登录网址www.pishu.com.cn访问皮书数据库网站或下载皮书数据库APP，通过手机号码验证或邮箱验证即可成为皮书数据库用户。

用户福利

- 已注册用户购书后可免费获赠100元皮书数据库充值卡。刮开充值卡涂层获取充值密码，登录并进入"会员中心"—"在线充值"—"充值卡充值"，充值成功即可购买和查看数据库内容。
- 用户福利最终解释权归社会科学文献出版社所有。

数据库服务热线：400-008-6695
数据库服务QQ：2475522410
数据库服务邮箱：database@ssap.cn
图书销售热线：010-59367070/7028
图书服务QQ：1265056568
图书服务邮箱：duzhe@ssap.cn

社会科学文献出版社 皮书系列
SOCIAL SCIENCES ACADEMIC PRESS (CHINA)

卡号：972668379778
密码：

S 基本子库
UB DATABASE

中国社会发展数据库（下设 12 个专题子库）

紧扣人口、政治、外交、法律、教育、医疗卫生、资源环境等 12 个社会发展领域的前沿和热点，全面整合专业著作、智库报告、学术资讯、调研数据等类型资源，帮助用户追踪中国社会发展动态、研究社会发展战略与政策、了解社会热点问题、分析社会发展趋势。

中国经济发展数据库（下设 12 专题子库）

内容涵盖宏观经济、产业经济、工业经济、农业经济、财政金融、房地产经济、城市经济、商业贸易等 12 个重点经济领域，为把握经济运行态势、洞察经济发展规律、研判经济发展趋势、进行经济调控决策提供参考和依据。

中国行业发展数据库（下设 17 个专题子库）

以中国国民经济行业分类为依据，覆盖金融业、旅游业、交通运输业、能源矿产业、制造业等 100 多个行业，跟踪分析国民经济相关行业市场运行状况和政策导向，汇集行业发展前沿资讯，为投资、从业及各种经济决策提供理论支撑和实践指导。

中国区域发展数据库（下设 4 个专题子库）

对中国特定区域内的经济、社会、文化等领域现状与发展情况进行深度分析和预测，涉及省级行政区、城市群、城市、农村等不同维度，研究层级至县及县以下行政区，为学者研究地方经济社会宏观态势、经验模式、发展案例提供支撑，为地方政府决策提供参考。

中国文化传媒数据库（下设 18 个专题子库）

内容覆盖文化产业、新闻传播、电影娱乐、文学艺术、群众文化、图书情报等 18 个重点研究领域，聚焦文化传媒领域发展前沿、热点话题、行业实践，服务用户的教学科研、文化投资、企业规划等需要。

世界经济与国际关系数据库（下设 6 个专题子库）

整合世界经济、国际政治、世界文化与科技、全球性问题、国际组织与国际法、区域研究 6 大领域研究成果，对世界经济形势、国际形势进行连续性深度分析，对年度热点问题进行专题解读，为研判全球发展趋势提供事实和数据支持。

法律声明

"皮书系列"（含蓝皮书、绿皮书、黄皮书）之品牌由社会科学文献出版社最早使用并持续至今，现已被中国图书行业所熟知。"皮书系列"的相关商标已在国家商标管理部门商标局注册，包括但不限于LOGO（▧）、皮书、Pishu、经济蓝皮书、社会蓝皮书等。"皮书系列"图书的注册商标专用权及封面设计、版式设计的著作权均为社会科学文献出版社所有。未经社会科学文献出版社书面授权许可，任何使用与"皮书系列"图书注册商标、封面设计、版式设计相同或者近似的文字、图形或其组合的行为均系侵权行为。

经作者授权，本书的专有出版权及信息网络传播权等为社会科学文献出版社享有。未经社会科学文献出版社书面授权许可，任何就本书内容的复制、发行或以数字形式进行网络传播的行为均系侵权行为。

社会科学文献出版社将通过法律途径追究上述侵权行为的法律责任，维护自身合法权益。

欢迎社会各界人士对侵犯社会科学文献出版社上述权利的侵权行为进行举报。电话：010-59367121，电子邮箱：fawubu@ssap.cn。

社会科学文献出版社